KB145083

YUZA OS

Vol.1 소프트웨어편

WIN32 플랫폼에서 C++로 운영체제 제작하기

Developing YUZA OS

YUZA OS
Vol.1 소프트웨어편

박주항 지음

i!i
에이콘

| 지은이 소개 |

박주항(juhang3@daum.net)

서강대학교에서 컴퓨터공학과 물리학을 전공했으며, JCE(현 조이시티) 온라인 게임 서버 프로그래머, 라인의 백엔드 플랫폼 프로그래머 그리고 모바일 게임 개발 회사 대표를 거쳐 현재 프리랜서로 활동 중이다.

안 되는 걸 되게 하는 것에 관심이 많으며, 고전 어드벤처 게임을 좋아해 번역되지 않은 다수의 명작 어드벤처 게임의 한국어화 패치를 제작했다.

주요 저서로는 한빛미디어에서 출간한 『CGSF를 활용한 게임 서버 제작』(2014), 『CGSF 파헤쳐 보기』(2014), 『C++ 개발자를 위한 WIN32 오픈소스 라이브러리 100』(2015), 『SDL과 C++를 이용한 크로스 플랫폼 프로그래밍』(2015), 에이콘에서 출간한 『C++로 나만의 운영체제 만들기』(2018) 등이 있다. 번역서로는 『데이터베이스 첫걸음』(한빛미디어, 2016)과 에이콘에서 출간한 『Game Programming in C++』(에이콘. 2019)가 있다.

『C++로 나만의 운영체제 만들기』 서적을 집필한 후 자신만의 운영체제 제작이라는 목표를 달성했다고 생각했다. 하지만 그건 큰 착각이었고 그전에는 보이지 않았던 수많은 운영체제 개발 영역이 존재함을 인식하게 됐다. 결국 지의 늪에 빠져버린 필자는 운영체제 개발이라는 영역에 계속 시간을 투자하게 됐다. 앞으로 이 즐거운 시간 낭비가 언제까지 지속될지는 모르겠지만 스스로 만족할 때까지 계속 작업을 진행하려고 한다.

여러 운영체제를 리서치해 보면 각각의 나라에는 대표적으로 내세울 수 있는 운영체제가 존재하지만 한국에는 딱히 내세울 만한 운영체제가 없다. 필자가 개발 중인 YUZA OS가 그 자리를 차지할 수 있기를 바라며 이 책을 출시하는 시점에서도 OS 개발은 계속 진행하고 있다.

운영체제 개발은 어려운 작업이다. 내용이 방대할 뿐만 아니라 운영체제의 동작 원리를 정확하게 이해하지 못한다면 개발 자체가 어렵기 때문이다. 그만큼 운영체제 개발은 많은 지식과 경험을 요구한다. 또한 운영체제 개발이 어려운 이유는 하드웨어 관련 개발 자료를 찾기가 어렵기 때문이다. 소스코드 레벨의 버그라면 어떻게 해서든지 수정할 수 있지만 하드웨어와 연관된 버그가 발생하면 개발자는 패닉에 빠지기 쉽다. 그리고 운영체제 개발이라는 주제는 생활을 영위하는 것에 큰 도움이 되지 않기 때문에 더더욱 관심을 갖지 않는 분야다. 필자도 왜 계속 이 운영체제 개발을 진행하고 있는지 이해가 불가하지만 두 가지만은 확실히 답할 수 있다. "운영체제 개발은 정말 재밌다"와 "아무도 하지 않기 때문에 희소성이 있는 작업이다"라는 것이다. 이 두 가지만으로도 운영체제를 직접 제작해 보는 것은 충분한 가치가 있다고 본다.

운영체제 커널 개발회사에 몸을 담은 적이 없고 개발 관련 노하우도 일천한 상황에서 운영체제를 개발하려면 기존 운영체제를 자세히 관찰하고 분석하는 방법밖에는 없다. 그래서 『C++로 나만의 운영체제 만들기』에서는 기존의 이론서 등을 참조하고 어떻게든 운영체제가 실기에서 동작하는 작업에 주력했다. 반면 이 책에서는 상용 운영체제의 시스템 동작을 살펴보면서 프로그래밍 인터페이스를 다듬는 데 주력했다. 즉 운영체제 상에서 동작하는 응용앱을 개발하는 관점에서 작업을 진행했다.

자화자찬하는 것은 그렇지만 YUZA OS는 혁신적인 운영체제라고 평가한다. 가능성이 무궁무진한 만큼 YUZA OS 소스코드를 완벽하게 장악할 수 있다면 독자분들에게 큰 도움이 될 것이라고 확신한다. 이 책을 통해 독자분들의 프로그래밍 능력이 한층 더 업그레이드되길 기대해 본다.

YUZA OS의 YUZA는 '유자'를 뜻한다. 어릴 적 추억이 깃든 유자를 떠올리며 YUZA OS를 개발할 수 있는 능력을 부여해 주신 부모님께 감사한 마음을 전하고 싶다.

저자 박주항

| 감수자 소개 |

박소남

JCE(현 조이시티) 클라이언트 프로그래머

— ETRI와 협업해 인공지능 공동연구 및 스포츠 게임에 인공지능 기술 접목

— FPS AI 기술 개발

NHN 프로그래머

— 시뮬레이션 게임 클라이언트 개발

— 신규 게임 개발 및 프로그램 파트 리딩

에이콘출판의 기틀을 마련하신 故 정완재 선생님 (1935-2004)

| 차례 |

0
들어가며

YUZA OS는『C++로 나만의 운영체제 만들기』에서 소개한 공개용 운영체제인 SKY OS의 후속 버전이며 X86 32비트 프로세서에서 동작하는 운영체제다. 이후 64비트 멀티코어로 확장하고 ARM 프로세서에서도 동작하도록 구현할 예정이다. 이 책은 YUZA OS 커널을 자세히 설명함으로써 자신만의 개성있는 운영체제를 제작하는 데 도움을 주는 것을 목표로 한다.

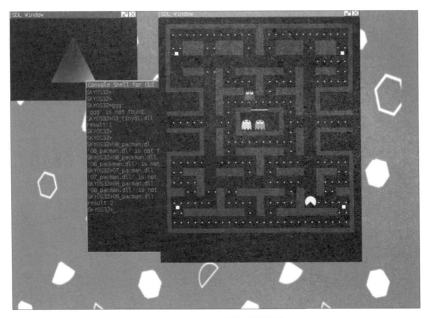

그림 1 YUZA OS로 팩맨을 실행한 화면

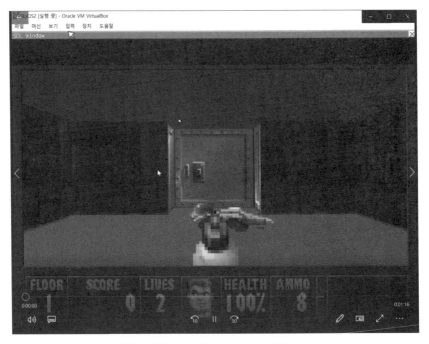

그림 2 YUZA OS로 울펜스타인 3D를 실행한 화면

그림 3 YUZA OS로 도스박스를 실행한 화면

위의 그림들은 YUZA OS에서 동작하는 프로그램이다. 위의 앱뿐만 아니라 수많은 프로그램이 YUZA OS에서 동작한다. YUZA OS의 최종 목표 중 하나는 일반적으로 알려진 오픈소스를 큰 수고를 들이지 않고 YUZA OS상에서 실행할 수 있도록 프로그래밍 인터페이스를 제공하는 것이다.

1 YUZA OS

운영체제 개발은 프로그래밍의 꽃임에도 불구하고 실제 운영체제 제작에 도전하는 프로그래머는 많지 않다. 그나마 외국에서는 운영체제 개발 인프라가 어느 정도 활성화돼 있으나 한국에서는 솔직히 전무하다고 보는 것이 옳다. 결국 한국에서 개인이 운영체제를 개발하는 것은 시중에 출간된 서적을 토대로 공부를 하거나 소스 공유 사이트에 공개된 개인 취미용 운영체제 소스코드를 분석하는 것 외에는 달리 방법이 없다. 혹자는 일반적으로 잘 알려진 유닉스/리눅스 계열의 오픈소스 운영체제를 수정해서 개발하기도 한다. 필자도 운영체제 개발을 위해 이런 단계를 거쳤으며 시행착오 끝에 YUZA OS의 기반이 되는 SKY OS를 완성했다.

그림 4 SKY OS 실행화면

SKY OS 운영체제를 개발하면서 느낀 점은 다음과 같다.

- 운영체제 개발은 너무 어렵다.
- 기능을 구현해도 제대로 동작하는지 확인하기 어렵고 먼저 동작이 제대로 돼야 다음을 진행할 수 있기 때문에 운영체제 초기 개발에서 정교한 아키텍처 구현은 요원한 일이다.
- 디버깅 환경 구축이 어렵다.
- 운영체제 개발 생태계가 대부분 리눅스 환경 기반으로 구축돼 있는데 리눅스 개발 환경은 윈도우 운영체제 기반 프로그래머 관점에서 볼 때 대단히 불편하다.
- 운영체제 개발 관련 핵심 내용은 대중에게 공개돼 있지 않다.

즉 운영체제 개발을 위한 환경 자체가 제대로 조성돼 있지 않다는 것이다. 물론 운영체제 개발은 난이도가 높은 만큼 규모가 큰 회사에서 프로젝트를 진행할 수밖에 없다. 그리고 이런 대기업에서 개발한 OS는 수많은 노하우가 축적돼 있다. 그래서 대기업과 비교해 볼 때 개인이 제작한 운영체제는 단순한 취미 정도의 수준에 그친다. 하지만 잠시 게임 개발로 시선을 돌려보자. 게임 개발 엔진인 유니티를 사용하면 게임을 아주 쉽게 개발할 수 있는데 실제 앵그리 버드 유형의 게임은 한두 시간 정도 시간을 투자하면 프로토타입 구현이 가능하다. 2004년도에 앵그리 버드의 프로토타입을 구현했다면 개발 기간이 한 달 이상 소요될 텐데 유니티 엔진으로 이렇게 시간을 단축할 수 있다는 것은 놀라운 일이다.

그림 5 단 몇 시간 개발로 완성한 앵그리 버드 프로토타입

운영체제 개발에서 유니티 엔진의 경우처럼 개발 기간을 단축할 수 있는 방법론이 있는지는 잘 모른다. 솔직히 마이크로소프트사에 근무하는 커널 개발자를 납치(?)해서 커널 개발 관련 노하우를 전수받는 것이 가장 효율적인 방법일 것이다. 왜냐하면 외부에서 운영체제를 관찰하고 구현하는 것에는 한계가 있기 때문이다. 필자의 경우 운영체제 개발 관련해서 조언받을 만한 인맥이 없었기에 운영체제 개발은 서적을 참조하거나 시스템 프로그래밍 지식을 기반으로 진행을 했다. 지금 생각해 보면 굉장히 비효율적이었다고 판단되며 앞으로도 효율성이 높아질 것이라고는 확신할 수 없다. 하지만 『C++로 나만의 운영체제 만들기』를 집필하면서 운영체제를 쉽고 재미있게 개발할 수 있는 나만의 토대를 마련했다고 생각한다. 또한 기반으로 파생된 운영체제인 YUZA OS는 생산성과 재미 측면에서 비약적인 성과를 달성했다고 자부한다. 그럼 여기서 YUZA OS의 특징을 간략히 살펴보겠다.

표 1 YUZA OS의 특징

항목	내용
비주얼 스튜디오로 커널 개발	윈도우 운영체제 환경에서 현존 최고의 IDE인 비주얼 스튜디오 2019를 사용해 커널 및 응용 프로그램을 개발한다.
C++로 운영체제 개발	로레벨에 접근할 수 있고 언어 레벨에서 추상화할 수 있는 언어의 마지노선인 C++를 사용한다.
DLL로 모듈 제작	윈도우용 파일 포맷인 PE 포맷을 채용해 모듈을 정교하게 제어할 수 있다.
듀얼 플랫폼 빌드	윈도우 운영체제에서도 동작하고 실기에서도 동작하는 운영체제를 제작할 수 있다. 두 플랫폼은 일부분을 제외한 대부분의 코드를 공유하므로 한 플랫폼에서 동작하면 다른 플랫폼에서도 동작함을 보장한다.
강화된 디버깅 시스템	선행 디버깅으로 버그 수정 작업의 효율성을 극대화한다.
GRUB을 통한 부팅 간소화	하드웨어 차이에 따른 부팅 문제를 해결한다.
손쉬운 콘텐츠 추가	프로그래밍 표준 인터페이스를 준수해 기존 오픈소스를 YUZA OS로 가져오는 비용이 최소화됐다. 또한 멀티스레드 앱 제작을 할 수 있다.

비주얼 스튜디오와 C++로 운영체제 개발

YUZA OS 커널은 비주얼 스튜디오로 개발한다. 커널을 빌드하는 데 어떤 외부 라이브러리도 필요하지 않으며 리눅스 기반 운영체제를 개발할 때 필요한 복잡한 환경설정(링커스크립트 설정, 툴체인 구축)도 불필요하다.

그림 6 비주얼 스튜디오로 OS 커널 개발

그리고 C++로 개발함으로써 소스의 가독성을 높인 것은 의미있는 작업이었다. 운영체제 개발에 관심이 있는 개발자라면 특정 모듈의 코드만 보고도 전체적인 맥락 및 흐름을 이해할 수 있는 능력을 갖췄을 것으로 판단한다. 물론 이 경우는 C++로 제작된 모듈에 국한된 얘기다. C로 작성됐다면 주석 등의 도움을 받지 않고는 코드의 전반적인 흐름을 파악하는 것이 약간 어렵다. YUZA OS는 100%는 아니지만 핵심 부분을 C++로 구현해서 독자분들이 코드를 쉽게 이해할 수 있도록 하는 데 주력했다.

코드 1 C++ 구현된 FAT 파일 시스템 인터페이스

```
class FAT_FileSystem : public I_FileSystem
{
    FAT_FileSystem(char* fileSysName);
    ~FAT_FileSystem();
    virtual bool Initialize(FILE_IO_INTERFACE* io_interface) override;
    virtual int Read(PFILE file, ......) override;
    ......
}
```

디버깅 시스템 강화

YUZA OS의 또 다른 장점 중 하나는 선행 디버깅 지원이다. 잠시 주제를 게임 개발로 전환해서 얘기를 진행하겠다. 필자는 온라인 게임 개발자 출신으로 클라이언트와 서버 개발 모두를 경험했다. 게임 개발에서 중요한 요소는 다음과 같다.

- 클라이언트 게임 엔진 및 서버 프레임워크 구현
- 로직 구현
- 발 빠른 콘텐츠 추가
- 디버깅

게임의 핵심은 재미이므로 로직 구현은 게임 개발에서 가장 중요한 요소다. 특히 패키지 게임이라면 로직 구현은 게임 자체라고 말할 수 있겠다. 하지만 온라인 게임에서는 로직 구현만큼 중요한 요소가 디버깅이다. 온라인 게임은 유저가 게임 플랫폼에 접속해서 게임을 즐기고 게임 내에서 상품을 구매함으로써 이윤을 창출한다. 이런 환경에서 게임 플랫폼에 문제가 발생하거나 접속 장애 등의 문제가 발생하면 이는 곧 매출 감소와 직결된

다. 특히 온라인 게임 태동기 시절에는 그래도 유저가 버그에 관대했지만 요즘처럼 게임이 넘쳐나는 시대에는 버그는 곧 경쟁력 상실을 뜻하며 이는 곧 서비스 종료로의 직행을 의미한다. 버그 수정이 완료될 때까지 오랫동안 기다려줄 만큼 유저들은 관대하지 않다.

그러므로 애초에 버그가 생기지 않도록 프로그램을 작성하는 것이 최선이지만 사람이 신이 아닌 이상 프로그램 버그의 100% 예방은 불가능하다. 그래서 버그가 발생했을 경우 발빠르게 대처해서 문제를 해결하는 것이 중요하며 이때 필요한 것이 디버깅 능력이다.

한편 프로그래밍 관점에서 보면 크게 차이가 없지만 디버깅만 놓고 보면 클라이언트 프로그래밍보다 서버 프로그래밍이 디버깅 난이도가 높은 것이 사실이다. 서버 프로그래밍의 경우 시스템과의 연관성이 강하며 멀티코어를 활용한 병렬 프로그래밍 부분 때문에 버그가 발생하면 시각적으로 어느 정도 확인할 수 있는 클라이언트 버그와 달리 원인을 특정하기가 어렵기 때문이다. 그런데 운영체제 프로그래밍은 서버 프로그래밍에서 난관이 되는 부분을 더해 하드웨어라는 복병 때문에 버그 찾기가 더욱더 어렵다. 그래서 운영체제 개발에서 디버깅 테크닉은 로직 구현 못지않게 중요도가 매우 높다. 하지만 이렇게 중요한 디버깅 테크닉에 대해서는 운영체제 개발 이론서나 참조문헌을 살펴봐도 관련 내용을 찾기가 어렵다. 그래서 필자는 운영체제 개발 초기에 버그를 찾고 수정하느라 수많은 시행착오를 거쳤다. 다행히도 지금은 YUZA OS에서 구축한 강력한 디버깅 시스템 덕분에 개발 생산성을 획기적으로 높일 수 있었다.

> 프로젝트를 진행하기에 앞서 강력한 디버깅 시스템 환경을 반드시 구축해야 한다.

듀얼 빌드 시스템을 통한 손쉬운 응용앱 추가

YUZA OS는 커널이나 응용앱을 윈도우 앱 개발하듯이 제작할 수 있다. 그림 7은 윈도우 운영체제에서 실행되는 YUZA OS 및 응용앱을 보여준다.

그림 7 WIN32 앱으로 동작하는 YUZA OS와 YUZA OS 내부에서 실행되는 지뢰 게임

YUZA OS는 실기 또는 가상 에뮬레이터에서 실행되는 것만을 고려했다. 이는 당연한 것으로 OS는 실제 컴퓨터상에서 동작하는 것만을 목표로 해서 개발하기 때문이다. 그러다보니 운영체제가 어느 정도 완성된 다음에는 운영체제상에서 동작하는 응용앱을 제작할 때 약간의 어려움을 겪는다. 왜냐하면 응용앱을 테스트하려면 제작한 운영체제를 실행한 후 운영체제상에서 응용앱을 실행하고 디버깅을 해야 하는데, 이 일련의 작업을 위한 디버깅 환경 구축이 쉽지 않고 테스트 자체도 시간이 많이 소요되기 때문이다. 그래서 취미로 개발한 운영체제들은 이 허들을 넘지 못해 프로젝트를 종료하는 경우가 허다하다. 하지만 YUZA OS는 WIN32 앱으로 실행할 수 있고 응용앱은 이 WIN32 앱 내부에서 실행된다. 이처럼 WIN32 앱으로 실행된다는 것은 비주얼 스튜디오의 막강한 디버깅 기능을 활용할 수 있다는 것을 의미한다. 그래서 YUZA OS는 프로그램의 버그를 쉽게 추적할 수 있으며 이에 따라 응용앱도 손쉽게 개발할 수 있다.

표준 인터페이스 준수

YUZA OS는 POSIX나 ANSI 그리고 완전하지는 않지만 일부 WIN32 API로 작성된 소스코드를 수정없이 빌드할 수 있도록 인터페이스를 제공한다. 다음 샘플 코드에서 알 수 있듯이 표준 인터페이스로 작성된 소스코드는 별다른 수정없이 빌드된다.

```
int main(int argc, char** argv)
{
        time_t rawtime;
        struct tm* timeinfo;
        time(&rawtime);
        timeinfo = localtime(&rawtime);
        printf("Current local time and date: %s", asctime(timeinfo));
        Sleep(3000);
        return 0;
}
```

지금까지 설명한 YUZA OS의 특징을 다시 정리하면 다음과 같다.

- 윈도우 운영체제에서 비주얼 스튜디오로 개발하는 C++ OS다.
- 개발 생산성 향상을 위해 디버깅 기능 강화에 주력했다.
- 실기/WIN32 듀얼 플랫폼에서 동작한다.
- 자신만의 응용앱을 손쉽게 제작하고 테스트할 수 있다.
- 표준 프로그래밍 인터페이스를 준수한다.

이 외에도 YUZA OS는 다른 OS와 차별되는 장점이 여러 가지 존재한다. 이런 부분에 대해서는 책 중간중간에서 언급하겠다.

2 개발 전략

운영체제 개발은 여타의 프로그램 개발과 달리 개발 규모가 방대할 뿐만 아니라 다뤄야 될 내용도 많다. 그래서 운영체제 개발을 위한 기반을 갖추지 않고 무작정 개발에 들어가면 개발이 진행될수록 그 속도가 더뎌지며 완성도도 떨어진다. 그래서 결국에는 자신이 달성하고자 하는 운영체제를 완성하는 것이 불가능해진다. 예를 들어 영어권 영화를 본다고 가정하자. 영어 듣기가 어느 정도 된다면 그 이후에 본 영화 천 편은 자막보다는 음성에 집중하게 될 것이고 천 편의 영화를 다 보고 난 후에는 영어 듣기 능력이 더욱더 향상돼 있을 것이다.

한편 자막에만 의존해서 영화를 본다면 귀의 영어권 소리에 대한 적응은 실패해 이후에 다시 영어 공부를 하는 것이 어려워진다. 즉 영화 천 편을 봤을 때 재미와 영어 듣기 능력 두 가지를 동시에 얻을 기회가 있었지만 영어 듣기를 위한 기반이 갖춰지지 않아 그 기회를 상실한 것이다.

운영체제 개발도 영어권 영화를 보는 것과 마찬가지라서 개발을 위한 기반이 갖춰진 상태라면 운영체제를 개발함에 따라 OS에 대한 이해도를 더욱더 심화시킬 수 있고 개발 속도도 매우 향상시킬 수 있다. 그러므로 운영체제 개발에 들어가기 전에 사전에 갖춰야 할 기반 사항에는 어떤 것이 있는지 브레인스토밍을 해보는 것이 좋다.

- C/C++에 대한 이해도
- 운영체제 이론

이 두 가지 요소는 영화 천 편을 보기 전에 기본적으로 갖춰야 할 영어 듣기 능력에 해당한다. 이 영어 듣기 능력은 앞으로 이 책을 읽어나가면서 강화해 나갈 수 있는 영역이지만 기본적인 소양은 갖춰야 한다. 그래서 우선 단순히 자신만의 운영체제를 개발하고 싶다는 열의에서 벗어나서 운영체제를 개발할 수 있는 기본 소양을 갖췄는지 자가점검해 봐야 한다.

이 두 가지를 제외하고 지금부터 언급하는 항목은 괜찮은 운영체제를 개발하기 위해 사전에 고려할 필요가 있는 전략적인 사항들을 나름대로 정리한 것이다. C/C++에 대한 기본소양 그리고 기본 운영체제 지식에 더해 이제 언급할 항목들을 미리 유념한다면 운영체제 완성이라는 목표를 효율적으로 공략할 수 있다.

2.1 개발 규모

홀로 운영체제를 개발한다는 것은 일반적으로 개인의 지적 만족에 불과하다. 또한 운영체제 개발을 통해 상업적인 뭔가를 추구하는 것도 힘들다. 게임과 비교해 보면 이런 상황은 매우 명확하다.

표 2 게임 개발과 운영체제 개발의 차이

	운영체제	게임
개발 규모	방대하다.	운영체제 개발에 비해 규모가 작다.
틈새 시장	존재하지 않는다. 이미 시장은 마이크로소프트, 리눅스 운영체제로 통일됐기 때문에 새로운 운영체제가 두각을 나타내기 힘들다.	개발비가 크지 않더라도 틈새 시장 공략을 통한 성공이 가능하다.
개발 기간	운영체제는 수천 명의 프로그래머가 개발했으며 몇십 년의 노하우가 축적된 결과물이다.	이전 게임 개발의 노하우를 살려 게임을 개발할 수 있겠지만 그 영향력은 운영체제에 비해 작다. 또한 상대적으로 결과물은 빠른 기간 내에 산출할 수 있다 (폴리싱을 제외하면).
상업성	불가능하다고 봐야 한다.	1인도 상업용 게임을 개발하는 것이 가능하다(예: 안드로이드 마켓을 통한 앱 배포 등).

대규모 제작비, 천 억 이상 투입된 게임은 투입된 자금만큼 성공할 확률이 크다. 이 정도 개발비가 들어간 MMORPG가 존재한다고 가정하자. 그리고 다른 개발사에서 MMORPG를 만들어 시장에 출시했는데 이 게임의 개발비가 상대적으로 적었다 하더라도 유저들은 후발 게임을 플레이한다. 즉 게임 같은 경우는 차별성이라는 것이 존재하기 때문에 단순하게 개발비가 많이 투자된 게임만을 즐기지는 않는 것이다. 또한 게임은 MMO외에 FPS, 스포츠, 전략 시뮬레이션 등 다양한 장르가 존재한다. 잘 기획해 게임으로 출시한다면 분명 게임은 틈새 시장에서 성공할 가능성이 존재한다. 하지만 운영체제의 경우는 상황이 다르다. 아무리 멋지게 운영체제를 만들어 봤자 아래와 같은 말 한마디에 개발 의욕이 다운된다.

"윈도우 운영체제에서 다 할 수 있는데 굳이 그 운영체제를 사용할 필요가 있나?"

네트워크 기능을 개발하거나 그래픽 카드 가속 지원을 구현해도 상용 운영체제는 이미 이런 기능들을 안정적으로 지원한다. 굳이 새로운 OS를 설치해서 이런 기능들을 활용할 필요는 없어 보인다.

> **MEMO** '운영체제 개발 입문자의 오해'란 글 중에서 '상업용 OS 개발'이란 글을 읽어보기 바란다.
> https://wiki.osdev.org/Beginner_Mistakes#Commercial_OSDev

결국 개인의 운영체제 개발은 상용으로 성공하려는 의도에서는 많이 벗어난 발걸음인 것이다. 필자의 경우 오래전부터 운영체제 개발에 관심이 있었고 개인 만족이라는 관점에서 운영체제 개발을 진행해 왔다. 상용 운영체제를 능가하기에는 무리가 있는 만큼 현시점에서 YUZA OS는 다음과 같은 방향으로 개발 진행 중에 있다.

- 운영체제 개발 시 필자가 많은 시간을 허비했던 부분에 대해 다른 개발자들이 동일한 상황을 겪지 않게 한다.
- 교육용으로써 학생들이나 시간이 부족한 직장인들이 운영체제에 관심을 갖게 한다.
- 모듈 단위로 개발해서 코드에 생명력을 부여한다.
- 쓸만한 수준의 운영체제를 만든다.
- 상용으로 개발할 수 있는 진입점까지 도달한다.

쓸만한 운영체제를 만든다는 것은 다음과 같은 항목이 포함돼야 함을 의미한다.

- USB FAT32로 부팅 가능한 운영체제
- 윈도우 운영체제처럼 멀티태스킹 GUI 인터페이스 지원
- 네트워크 지원
- 사운드 지원
- 그래픽 가속 지원

사실 위에서 언급한 개발 규모도 너무 방대해서 목표를 달성하는 것은 쉽지 않다. 그리고

약간은 막연한 감이 있다. 그러므로 개발 규모를 구체적으로 결정하려면 이미 완성된 대표적인 운영체제와 비교/대조해 본다면 도움이 될 것이다.

표 3 대표적인 운영체제 리스트

운영체제	설명
윈도우 운영체제	책을 집필하는 시점에서 윈도우 10이 최신 OS다. 윈도우 NT를 시작으로 2000, XP, 비스타 윈도우 8을 거쳐 지금에 이르렀다.
리눅스 운영체제	리누스 토발즈가 개발한 커널을 토대로 엄청난 발전을 이뤘다. 우분투, CentOS 등 다양한 파생 운영체제가 존재하며 풍부한 서드파티 생태계를 갖추고 있다.
ReactOS	윈도우 운영체제와 거의 유사한 형태로 운영체제 개발
HAIKU OS	FREEBSD 기반으로 제작된 OS다.

YUZA OS를 아무리 잘 만든다고 하더라도 윈도우나 리눅스 기반 운영체제를 초월하는 것은 불가능하다.

ReactOS는 윈도우 운영체제에서 동작하는 앱이나 드라이버를 자신의 운영체제에서도 동작할 수 있도록 개발 중인 운영체제다.

그림 8 ReactOS 실행화면

HAIKU OS는 개인용 컴퓨터에 초점을 맞춘 운영체제로 다음과 같은 특징을 지닌다.

- 빠른 개발을 위한 다양한 객체 지향 API 제공
- 통합되고 응집력있는 인터페이스
- 메타 데이터를 활용해서 데이터베이스와 유사한 파일 시스템 제공

- 멀티 프로세서/코어를 최대한 활용해서 효율성 극대화, 이를 위한 완벽한 스레드 디자인
- 클라이언트–서버 모델을 채택한 응답성에 특화된 커널

또한 HAIKU OS는 미디 사운드를 완벽히 지원한다. 여러 오픈소스 운영체제를 살펴보면 사운드를 지원한다고 스펙을 공개하고 있지만 VirtualBox로 실행해보면 대부분 제대로 소리가 출력되지 않는다. HAIKU OS는 아무런 문제없이 완벽하게 사운드를 출력한다.

그림 9 HAIKU OS 실행화면(출처 : https://itsfoss.com/haiku–os–release/)

상용 운영체제도 그렇지만 현실적으로 ReactOS나 HAIKU OS 수준을 목표로 하는 것도 불가능에 가깝다. 물론 이것은 개인이 밑바닥부터 개발한다고 했을 때의 얘기다.

그렇다면 개인이 목표로 삼을 수 있는 수준은 어느 정도가 현실적일까? 지금까지 오픈소스로 공개된 좋은 OS를 리서치해 보면 그 한계선은 어느 정도 윤곽이 드러난다.

표 4 참조할 만한 운영체제

운영체제	설명
HellenOS	모든 것을 처음부터 새롭게 구현한 포터블 마이크로 커널 기반 멀티서버 운영체제다. http://www.helenos.org/
ToAruOS	유닉스 계열의 운영체제로 교육 목적을 위해 제작됐다. GCC 및 파이썬 3를 사용할 수 있다. https://github.com/klange/toaruos
KolibriOS	어셈블리 언어로 제작된 OS로 커널 크기는 매우 작지만 다양한 앱을 지원하고 매우 빠른 성능을 보여주는 운영체제다. 8MB의 램과 몇 메가의 디스크 공간만 있으면 KolibriOS를 구동하는 것이 가능하다. http://kolibrios.org/en/
Thor OS	64비트 운영체제다. https://github.com/wichtounet/thor-os
MINIX3	안정성이 뛰어나고 유연하게 설계된 무료 오픈소스 운영체제로 NetBSD와 호환되므로 수많은 NetBSD 패키지를 그대로 사용할 수 있다. https://www.minix3.org/

표 4에서 언급한 OS는 필자가 판단했을 때 개인이 OS를 개발할 때 도달할 수 있는 바로미터라고 생각한다. 시간이 될 때 표 4에서 언급한 OS를 살펴보기 바란다.

> MEMO 표 4에서 언급한 운영체제뿐만 아니라 다양한 오픈소스 운영체제가 인터넷상에 공개돼 있다. 또한 미공개 운영체제, IoT를 위한 운영체제 등을 고려하면 운영체제 생태계도 생각보다는 작지 않다. 다만 이는 외국에 국한된 얘기다.

YUZA OS는 표 4에서 언급한 OS 규모를 넘어서거나 MINIX3 운영체제만큼의 인지도를 얻는 것을 최종 목표로 한다. 물론 이것은 필자의 목표에 불과하다.

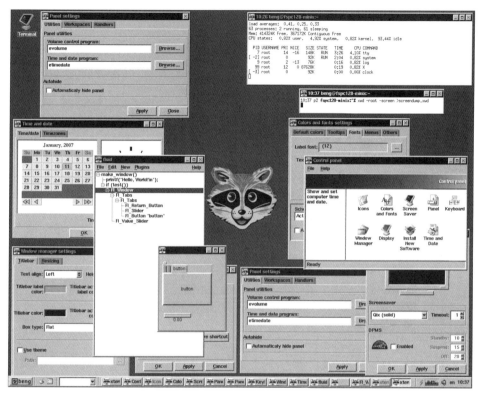

그림 10 MINIX3 운영체제(출처 : minix3.org)

MINIX3는 교육용 운영체제로써 마이크로 커널을 지향하는 OS다. 커널을 최대한 간소화해서 어떤 상황에서도 커널에서 버그가 발생하지 않는 것을 지향한다. 모듈에서 버그가 발생해도 재시작할 수 있는 시스템을 구축했기 때문에 매우 견고한 운영체제 중 하나다. MINIX3 정도의 운영체제를 구현한다면 필자는 미련없이 운영체제 개발이라는 긴 여정에서 발을 뗄 수 있을 것 같다.

> MEMO YUZA OS는 MINIX3 운영체제 수준에 도달하는 것을 목표로 한다.

2.2 듀얼 플랫폼

운영체제 개발 규모를 결정했다면 그 다음으로 생각해야 될 부분은 효율적인 운영체제 개발이다. 그리고 효율적인 운영체제 개발을 위한 중요한 요소 중 하나는 세련된 디버깅 환경의 구축이다. 이를 위해 YUZA OS는 앞에서 언급했듯이 WIN32/실기 모두에서 동작할 수 있는 듀얼 플랫폼을 구축했다. 물론 하드웨어에 종속된 어셈블리 명령어나 인터럽트 처리 코드 등은 WIN32와 실기가 공유할 수 없다. 하지만 공통 코드를 극대화해 WIN32에서 프로그램이 실행되면 실기에서도 정상 동작함을 목표로 한다. 공통 코드가 95%를 상회한다면 한 플랫폼에서의 정상 동작은 다른 플랫폼의 무결성을 보장할 수 있다고 본다. 나머지 5% 부분은 각자의 환경에서 제공하는 디버깅 방법으로 무결성을 확인하면 된다.

그림 11 듀얼 플랫폼 전략

운영체제 개발은 실기 동작이 목표이므로 YUZA OS가 실기에서 동작하면 그걸로 충분한데 군이 WIN32에서도 실행할 수 있게 구현할 필요가 있을까라는 의문을 가질 수도 있다. 하지만 WIN32 플랫폼에서 동작이 된다면 시간이 지남에 따라 OS 개발 속도가 크게 향상된다. 비주얼 스튜디오의 막강한 디버깅 기능을 활용할 수 있기 때문이다.

2.3 차별화

비록 상용 운영체제를 능가하지 못하더라도 YUZA OS만의 장점이 있어야 사용자가 이 운영체제를 사용할 것이다. 원래는 최종 사용자를 고려하는 것이 순리겠지만 현재로서는 먼 얘기인 것 같다. 프로그래머만 사용자로 고려해 다시 한 번 YUZA OS의 특징을 나열해 보겠다.

- 리눅스 계열이 아닌 윈도우 플랫폼에서 운영체제 개발
- 리눅스 커널을 기반으로 하지 않고 스크래치로부터 소스 전반을 관장
- WIN32/실기 동시에 동작하는 운영체제
- 윈도우 시스템 프로그래밍에 대한 이해 심화
- 최상의 디버깅 환경 제공
- 심화된 가상 주소 시스템
- 하향식 개발
- 서드파티 포팅 비용 최소화

언급된 항목들은 앞에서 대부분 설명했으므로 여기서는 하향식 개발과 서드파티 포팅 비용 최소화에 대해서만 부연 설명을 하겠다.

하향식 개발

운영체제 개발은 상향식 개발로부터 시작할 수밖에 없다. 시스템에 동작하는 프로그램을 작성하려면 하드웨어와 소프트웨어가 통신하는 부분을 우선적으로 구현할 수밖에 없기 때문이다. 하지만 운영체제를 처음으로 배워보려는 개발자에게는 상향식 접근법은 그다지 좋지 않다. 자동차를 자세히 알고자 한다고 가정하자. 부품 하나하나에 대한 이해를 끝마치고 이를 조립한 결과물인 자동차를 이해하는 것이 학습에 도움이 되겠는가, 아니면 자동차가 동작하는 원리, 핸들 조작, 브레이크의 원리, 백라이트 사용 등 사용자 최전선에 있는 모듈을 학습한 뒤 자동차를 더 깊이 파고드는 것이 학습에 도움이 되겠는가? 이 책은 후자인 하향식 접근법을 토대로 접근한다. 물론 이것이 가능한 이유는 필자가 SKYOS 개발을 통해 하향식 개발이 가능한 토대를 구축했기 때문이다. 따라서 이 책은 하향식 접근을 통한 설명을 진행할 것이며 내용이 심화됨에 따라 커널 심층부와의 연동과정을 설명할 것이다.

서드파티 포팅 비용 최소화

이미 작성된 소스코드, C나 C++로 작성된 모듈을 YUZA OS 같은 플랫폼에 가져오려면 해당 모듈이 플랫폼 독립적이어야 한다. 이런 대표적인 플랫폼 독립적인 라이브러리에는 zlib 등이 있으며 zlib를 소스코드 수정없이 해당 플랫폼에 가져오려면 해당 플랫폼이 표준 프로그래밍 인터페이스를 제공해야 한다.

예) fopen, printf 함수 등

대부분의 서드파티는 크로스 플랫폼을 고려했기 때문에 다른 플랫폼으로 이식할 때 마이그레이션 비용이 적다. 하지만 크로스 플랫폼 라이브러리라고 해서 마냥 장밋빛일 수는 없다. 새로운 플랫폼으로 이식하기 위해서는 운영체제가 기존 프로그래밍 인터페이스를 모두 제공해야 하기 때문이다. 물론 인기있는 운영체제는 표준 프로그래밍 인터페이스를 모두 구현해 놨다.

한편 WIN32 운영체제는 WIN32 네이티브 API를 통해서 응용앱을 개발하며 리눅스 진영에서는 리눅스 전용 API나 POSIX 인터페이스를 통해서 프로그램을 개발한다.

표 5 플랫폼 종속 WIN32 API

윈도우 API	내용
CreateThread	스레드를 생성한다.
SetCurrentDirectory	현재 디렉터리를 저장한다.
CreateFile	파일을 생성한다.
LoadLibrary	DLL을 로드한다.

물론 윈도우 운영체제와 리눅스는 네이티브 API뿐만 아니라 ANSI 인터페이스도 당연히 지원한다. 심지어 윈도우 운영체제는 리눅스 API를, 리눅스는 WIN32 소스를 빌드할 수 있는 환경도 제공한다.

필자의 경우 운영체제 초기 개발 당시에는 프로그래밍 표준 인터페이스를 고려하지 않았다. 실기에서 동작하는 운영체제를 만드는 것이 최우선 과제였기 때문이다. 공개된 수많은 오픈소스가 YUZA OS에서도 별다른 수정없이 동작하면 좋겠다는 판단이 선 것은 『C++로 나만의 운영체제 만들기』를 집필하고 나서였다.

수많은 오픈소스를 YUZA OS에서 수정없이 빌드하기 위해 고려할 프로그래밍 인터페이스는 다음과 같다.

- ANSI 표준 C 인터페이스
- POSIX 인터페이스
- WIN32 API 프로그래밍 인터페이스
- 리눅스 함수들
- 기타 등등

위에서 언급한 API를 구축할 수 있다면 대부분의 소스코드를 YUZA OS에서 거의 수정없이 컴파일할 수 있다고 판단한다. 프로그래밍 인터페이스를 정립하고 가다듬는 내용에 대해서는 11장, '표준 프로그래밍 인터페이스'에서 자세히 설명한다.

2.4 행사비용 최소화

YUZA OS는 행사비용을 최소화하는 방향으로 개발을 진행한다. 행사비용^{Ceremony Cost}은 실질적인 프로그램 개발과 무관한 시간 투자를 뜻하며 프로그래밍 작업에서 비효율적인 부분을 지칭하는 용어인데 행사코드^{Ceremony Code}란 용어에 착안해 필자가 새롭게 만든 신조어다.

TIP **행사코드**

행사코드는 임백준 님의 저서 『폴리글랏 프로그래밍』(한빛미디어, 2014)에서 언급된 용어로
프로그램의 실행과 직접적으로 관계가 없는 문법적 서식을 의미한다. 다음 코드를 살펴보자.

```
public class Hello {
    public static void main(String[] args) {
        System.out.println("Hello JAVA World");
    }
}
```

위의 코드는 "Hello JAVA World"라는 문자열을 출력하는 데 필요한 자바 코드다. 실제 문자
열을 찍기 위한 코드는 System.out.println("Hello JAVA World"); 한 줄뿐임에도 프로그램 실
행과 관계없는 코드가 많이 존재한다. 이런 코드를 행사코드라고 한다.

행사비용의 예를 들어보겠다. 작업한 커널 코드를 테스트하기 위해서는 빌드된 바이너리
를 가상 이미지에 복사한 뒤 가상 에뮬레이터 QEMU를 실행해서 결과를 지켜봐야 한다.
그런데 이 과정은 여러 번 반복해야 하므로 매우 시간이 걸리는 작업이다. 그래서 커널을
수정하는 작업 시간보다 수정된 결과를 살펴보는 시간이 더 길었는데 수정된 결과를 확인
하는 데 걸리는 시간이 행사비용에 해당한다.

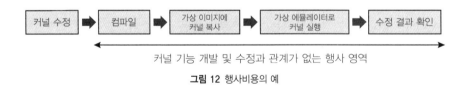

그림 12 행사비용의 예

행사비용이 커지다 보니 작업 시간은 상당했지만 작업 효율은 형편없음을 깨닫고 어떻게
하면 이를 극복할 수 있을까를 고민하게 됐다. 그 결과 WIN32/실기에서 동작하는 프레임
워크를 제작하자는 아이디어에 도달했다.

물론 하드웨어 관련사항은 실제로 테스트를 해봐야 결과 확인이 가능하므로 실기나 가상 에뮬레이터에서 확인하는 작업은 피할 수 없다. 하지만 대부분의 프로그래밍 로직은 YUZA OS와 WIN32 YUZA OS가 공유한다. 그래서 일반적인 상황에서는 WIN32에서 단위 테스트를 통과하면 굳이 실기에서의 동작 유무를 확인할 필요가 없다. 그리고 두 플랫폼에서 동작하는 프레임워크는 이제 어느 정도 안정화됐다. 이 덕분에 행사비용이 크게 줄어들어 작업 시간을 커널 기능 구현에 집중적으로 투자할 수 있게 됐다.

사실 행사비용은 실기에서 결과를 확인하는 작업 외에도 다양하다.

커널 개발 시간 투자 대비 코드 작업 비율

그림 13 커널 개발을 더디게 만들었던 초기 행사비용

프로젝트 구성

YUZA OS 초기 작업 당시에는 프로젝트마다 다수의 프로젝트 구성이 존재했다. 그리고 프로젝트 구성이 바뀌면 모든 프로젝트의 구성 항목을 수정해야 했으므로 지나친 행사비용을 초래했다.

디버깅

실기에서 디버깅을 진행할 경우 실기로 파일을 복사하는 데 시간이 걸릴 뿐만 아니라 디버깅 시스템이 제대로 갖춰진 상태가 아니라서 버그를 찾는 데 상당한 시간을 소요했다.

컴파일 시간

코어 프로젝트 구성이 자주 변경되면 모든 프로젝트를 새롭게 컴파일해야 했다.

소스 저장소 문제

깃허브로 소스코드를 커밋하는 데 소요되는 시간을 말한다(물론 커밋이 완료될 때까지 다른 작업을 한다면 상관없다).

위에 언급한 요소들은 모두 행사비용에 해당하는 것으로 프로그램 개발과는 무관한 요소다. 프로그램 개발이 한 달이나 그 이하면 몰라도 일 년이나 그 이상으로 지속된다면 이런 행사비용은 엄청난 시간 낭비가 될 수 있다. 극단적으로 얘기한다면 일 년 동안 커널 개발을 진행했는데 코드 작업에 투자한 시간은 실제 한 달 정도에 지나지 않을 수 있는 것이다. 그러므로 프로그램 개발 시에는 행사비용을 줄이기 위한 방법을 적극적으로 강구해야 한다. 아래 내용은 행사비용을 줄일 수 있는 대표적인 예다.

- 커널 개발에 최신 컴퓨터를 사용한다.
- 깃허브 저장소를 유료 저장소나 개인 NAS로 변경한다.
- 프로젝트 구성 수를 최대한 줄인다.
- 디버깅 환경을 제대로 구축한다.

특히 정교한 디버깅 환경 구축은 행사비용을 극적으로 줄인다. 예를 들어 커널 개발 시에 일반 앱 제작에서는 생각지도 못한 문제가 종종 발생하므로 강력한 디버깅 기능을 제공해야 문제를 해결하는 시간을 대폭 줄일 수 있다. 실제 YUZA OS가 비주얼 스튜디오의 디버깅 기능을 활용할 수 있게 된 이후로 행사비용이 크게 줄어들었으며 이 덕분에 생산성이 매우 증대됐다.

필자는 행사비용을 줄이는 노력 외에도 어떤 경우에는 행사비용을 피하는 방향으로 작업을 진행했다. 대표적인 예가 사운드 출력의 구현이다. 사운드 출력의 구현은 사운드 카드나 하드웨어 제반사항을 잘 알아야 한다. 하지만 필자는 하드웨어 프로그래밍 경험이 일천하고 실기 운영체제 디버깅에 대한 테크닉이 부족해서 사운드 출력 작업이 쉽지 않았다. 잘 알지도 못하고 시간을 투자해서 성과가 나오지 않는다면 매달리지 않는 것이 좋다. 이런 관점에서 사운드 출력 같은 하드웨어와 연동하는 작업은 개발 우선순위에서 제외했다.

물론 우선순위에서 제외했다고 해서 하드웨어 관련 작업을 하지 않겠다는 의미는 아니다. 실제 YUZA OS는 하드웨어를 제어하는 구조가 이미 갖춰진 상태다. 좀 더 정교한 개발을 위해 작업을 뒤로 미뤘다고 보는 것이 옳겠다.

하드웨어 관련 작업이 어려운 것과는 별개로 운영체제는 하드웨어 제어를 위한 인터페이스를 제공해야 한다. 예를 들어 하드웨어는 데이터 입출력을 위해 물리 메모리의 주소가 필요하므로 운영체제는 물리 메모리 공간을 할당해서 하드웨어에 제공할 의무가 있다. 그런데 이런 물리 주소는 4바이트, 8바이트, 16바이트 등과 같이 4의 배수로 정렬된 주소를 할당하는 기능을 제공해야 한다. 정렬된 주소가 아니라면 하드웨어와의 통신에서 예상치 못한 오류가 발생할 수 있기 때문이다. 이런 부분은 하드웨어 프로그래밍에 익숙한 개발자가 아니라면 사전에 고려하기 어렵다. 또한 물리 메모리의 주소가 특정 영역에 해당하지 않는다면 하드웨어와의 데이터 통신에 실패하는 경우도 있다.

하드웨어 관련 작업은 기존에 구축된 프로그램 구조에 영향을 미치지 않도록 작업을 진행할 것이다. 또한 하드웨어 프로그래밍에서 발생하는 행사비용을 줄일 수 있는 방안을 찾고 있다. 할 수만 있다면 마이크로소프트사의 커널 개발자로부터 유효한 정보를 얻어내는 것이 가장 빠른 방법이겠지만 현실적인 대안은 아니다. 최근 임베디드 시스템 프로그래밍 관련 서적을 읽으면서 효율적인 디버깅 방안에 대한 아이디어를 얻게 됐는데 그것은 네트워크 환경 구축을 통한 디버깅 환경을 구축하는 것이다. 운영체제 커널 측에서는 커널 부팅 시 디버깅 에이전트라는 모듈을 실행해서 특정 포트의 접속을 대기한다. 디버거 측에서는 이 특정 포트에 접속한 후(별도의 프로그램을 제작해야 할 것이다) 커널에 실행 중지, 재개 명령을 내려 내부 상태를 관찰하면 된다. 디버거를 직접 제작해 본 경험이 있다면 특정 주소와 커널 소스코드 라인을 맞추는 작업은 그렇게 어렵지 않다는 것을 알고 있을 것이다.

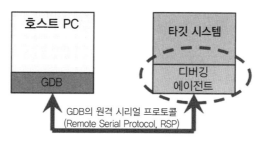

그림 14 GDB를 활용한 원격 디버깅

하지만 이런 원격 디버거를 구현하기 위해서는 커널에 디버깅 에이전트를 구축해야 하며 네트워크 포트를 대기할 수 있어야 하는데 이는 NIC의 인식, 즉 디바이스와의 통신 기능을 구현해야 된다는 것을 의미한다. 이런 부분은 결국 실기로 테스트하면서 정상적으로 동작할 때까지 로그를 살펴보며 결과를 확인해야 하는 과정이다.

TCP 네트워크를 구현하거나 정교한 디바이스 드라이버를 제작하는 것은 책의 시리즈가 진행됨에 따라 분명히 다루게 될 주제다. 하지만 현시점에서는 디바이스 드라이버 제작 시 발생하는 행사비용을 최소화하는 데 우선적으로 초점을 맞춘다.

2.5 조건 최소화

YUZA OS는 32비트 운영체제다. 32비트를 고수하고 있는 이유는 다음과 같다.

- 오래된 32비트 데스크톱 컴퓨터에서도 YUZA OS를 실행할 수 있다.
- 비주얼 스튜디오에서 32비트는 인라인 어셈블리를 허용한다. 64비트는 인라인 어셈블리를 허용하지 않는다.
- 몇 가지 이슈를 제외하고 32비트 프로그램을 64비트 프로그램으로 마이그레이션하는 데 비용이 많이 들지 않는다.

16비트 프로그래밍과 32비트 프로그래밍 간에는 크나큰 이질성이 존재하지만 32비트와 64비트는 적어도 소스코드 레벨에서는 이질성이 거의 존재하지 않는다. 그래서 32비트로 운영체제를 작성하더라도 64비트로 확장하는 것이 크게 어렵지 않다.

물론 32비트 코드를 64비트 코드로 컨버전하는 것이 그렇게 쉬운 작업만은 아니다. 그리고 64비트 지원은 프로그램 속도 향상을 위해서라도 반드시 필요하다. 다만 운영체제 개발은 그 개발 규모가 매우 방대한 만큼 문제를 단순화시켜야 짧은 시간 내에 자신이 원하는 목표에 도달할 수 있다. 그래서 지금 당장은 64비트 지원은 고려하지 않을 것이다. YUZA OS에서 조건을 단순화한 항목을 표 6에 정리했다.

표 6 조건 단순화

항목	내용
코드 생성	32비트
플랫폼	X86
코어 수	멀티 프로세서, 멀티코어는 고려하지 않음. 싱글 코어
해상도	GUI 시스템은 1024 * 768 해상도에 32비트 픽셀로 한정
테스트	VirtualBox와 WIN32 통과만을 목표로 함
렌더링	소프트웨어 렌더링만 고려하고 하드웨어 렌더링은 고려하지 않음
사운드	더미 사운드 드라이버 사용
네트워크	디바이스 프레임워크가 완성된 다음에 작업

조건을 단순화했다 하더라도 추후에 확장할 수 있도록 개발을 진행한다. 예를 들어 CPU 아키텍처를 다루는 플랫폼 종속적인 코드는 한곳에 모아서 수정하고 관리한다. 또한 새로운 아키텍처의 추가가 용이하도록 작성한다. 그리고 코어 수와 관련해서는 시스템이 멀티 코어라 가정하고 동기화 객체를 구현한다. 그래서 이후 멀티코어 OS로 전환하더라도 전환비용을 최대한으로 줄인다.

원래는 견고한 운영체제 프레임워크를 작성한 다음 이를 기반으로 응용앱을 개발하는 것이 순리다. 하지만 실제 개발을 진행해 보니 개발 중에 프레임워크가 수정되는 경우가 많았다. 첫 번째 이유로는 필자의 지식 부족으로 운영체제의 기능이 부실하다 보니 이를 강화하기 위해서였다. 두 번째 이유로는 다른 운영체제에서 소개하는 좋은 개념을 반영하려다 보니 발생했다. 이런 이유로 YUZA OS의 커널이 계속해서 변경되고 있기 때문에 YUZA OS는 안정적이지 않다. 언젠가 프레임워크가 큰 맥락에서 더 이상 수정할 필요가 없다고 판단되면 디바이스와의 연동을 적극적으로 구현할 것이다. 그때까지는 개발 관련 고려사항을 최소화해 행사비용을 최대한 줄이는 개발 전략이 절대적으로 필요하다. 이 모든 고민은 이 책을 끝까지 소화해낸다면 이해할 수 있겠지만 지금의 YUZA OS 수준에 도달하기까지도 너무나 많은 시간이 필요했다.

3 정리

YUZA OS는 스크래치로부터 제작한 OS다. 따라서 리눅스 계열 커널과는 성격이 다르다. 리눅스같이 성숙한 OS는 커널 구조를 변경하기가 매우 힘들며 브랜치 형태로 제작한다고 해도 커널 수정이 쉽지 않다. 물론 커널을 자유자재로 수정하지 못한다는 단점만 제외하면 리눅스 커널이 갖는 장점은 매우 명확하다.

- 수많은 플랫폼에서 테스트됐으며 안정성이 검증됐다.
- 데스크톱에서 임베디드 시스템에 이르기까지 그 활용도가 높다.
- 커널을 배우기가 쉽다. 튜토리얼이나 리눅스 커널 관련 서적이 매우 많다.
- 빠르게 자신만의 운영체제를 제작할 수 있다. 기존 커널 위에 데스크톱 GUI를 입힌다면 색다른 운영체제를 만들 수 있다.
- 하드웨어 처리에 대한 풍부한 노하우가 녹아 있다.

그러므로 운영체제를 제작하기로 마음먹었을 때는 리눅스 커널 계열로 개발하는 것을 진지하게 고민해 볼 필요가 있다.

YUZA OS의 특징은 다음과 같다.

- WIN32/실기에 동시 동작하는 운영체제다.
- 비주얼 스튜디오를 활용하며 최상의 디버깅 환경을 제공한다.
- 유용한 앱을 손쉽게 제작해서 테스트할 수 있다.
- 행사비용을 최대한 줄임으로써 개발 생산성을 극대화한다.
- C++ 언어를 사용해서 디자인 패턴을 적용할 수 있는 여지를 남긴다.
- 심플한 구조를 통해 커널을 쉽게 이해할 수 있다.

무엇보다 YUZA OS의 최고 장점은 독자분들이 이 책을 완전히 소화하고 난 후 YUZA OS를 더욱 발전시켜서 자신만의 개성있는 OS를 제작하는 것이 가능하다는 것이다. 또한 책에서 설명한 이론을 바탕으로 YUZA OS 기반이 아닌 새로운 OS를 제작할 수 있는 능력을 습득할 수 있다는 것이다. 그러므로 YUZA OS는 운영체제 학습자에게 최고의 선택이 될 것이다.

개인적으로는 운영체제 개발 환경이 리눅스 계열에만 편중된 것 같아 안타깝다는 생각이 들었다. 그래서 윈도우 환경에서도 운영체제를 개발할 수 있는 생태계를 조성하고 싶은 욕심이 있었다. YUZA OS는 리눅스/유닉스 개발 환경에 대항하는 최초의 윈도우 운영체제 개발 환경이 될 것이다.

4 대상독자

이 책의 대상독자를 말하기 전에 이 책을 읽지 말아야 할 독자를 먼저 언급하고 싶다.

> 프로그래밍을 학문의 관점이 아니라 문제해결 도구로 여기는 분

서울에서 부산으로 이동할 때 자동차를 이용한다면 자동차는 도구에 해당할 것이다. 사용자 입장에서는 이 자동차를 조작하고 유지보수할 수 있는 능력이 있다면 그걸로 충분하다. 자동차의 내부 구성이 어떻게 돼 있는지는 알 필요가 없다. 마찬가지로 우리는 운영체제 위에서 각종 프로그램을 개발하고 있지만 운영체제 자체에 대해 자세히 알 필요는 없다. 유용한 툴, 예를 들어 게임맵 생성을 위한 툴 제작 시 우리는 유니티 엔진을 사용할 수도 있고 MFC를 사용할 수도 있다. 하지만 그렇다고 해서 유니티 엔진의 내부 구조나 MFC 구조를 살펴보지는 않는다. 운영체제 내부 탐색은 다분히 학문적인 성향이 강하고 지적 욕구에서 시작되는 만큼 실용주의를 지향한다면 굳이 이 책을 읽을 필요가 없다. 필요가 있다고 판단될 때 읽으면 될 것이다.

> 끈기가 없거나 스스로 해결할 의지가 없는 분

운영체제 개발은 방대한 프로그래밍 지식을 요구하며 로레벨을 다루기 때문에 디버깅하기 까다로운 면이 존재한다. 또한 문제가 발생했을 때 그 원인을 특정하기 어렵다. 그래

서 이런 문제들을 해결하려면 상당한 시간을 소모할 가능성이 크므로 인내심이 강해야 한다. 뭔가 의도대로 잘되지 않을 때 깊이 파고드는 성향이 아니라면 이 책은 그런 분들과 맞지 않는다.

필자에게 프로그래밍에 대한 것이 아니라 그 외적인 것에 대해 질문하는 분

필자가 운영체제 책을 집필한 데는 여러 가지 이유가 있지만 프로그래밍 관련해서 독자분들과 의사소통을 해서 필자의 실력을 향상시키자는 의도도 있다. 운영체제 개발에 필수적인 툴들, 예를 들어 가상 에뮬레이터나 비주얼 스튜디오 같은 툴은 이 책에서 어느 정도 소개하고 있지만 모든 유저의 환경에 대응해서 설명할 수는 없다. 그래서 툴이 제대로 동작하지 않을 때에는 독자분 스스로 문제의 원인을 파악하고 해결하는 자세가 필요하다. 물론 책의 설명에 오류가 있거나 설명이 불충분할 수도 있다. 하지만 필자는 독자분들과 프로그래밍 관련 소통을 하고 싶은 것이지 툴의 문제에 관해 논하고 싶지는 않다. 두 번째 항목과 마찬가지로 이런 경우는 독자분들이 스스로 문제를 해결하려는 의지가 부족하다고 판단한다. 이런 성향의 독자분이라면 바로 이 책을 덮는 것이 정신건강에 좋다.

이 책은 최대한 필자가 겪었던 문제를 독자분들이 겪지 않고 쉽게 운영체제를 개발할 수 있도록 구성하는 데 심혈을 기울였다. 그 노력에 대해서는 책의 중간중간에서 언급하겠지만 그렇다고 하더라도 이 책은 편하고 쉽게 읽을 수 있는 책이 아니다. 난이도로 따진다면 기술서적 중 최상층에 해당하므로 사전 지식이 상당히 필요하다. 필자가 생각하는 이 책을 읽기 위한 최소한의 사전 지식은 다음과 같다.

- C++ 언어, STL
- 윈도우 시스템 프로그래밍
- 스크립트 언어에 대한 이해
- 대학 또는 대학원 수준의 운영체제 지식
- 『C++로 나만의 운영체제 만들기』 구독
- 어셈블리 언어

한편 『C++로 나만의 운영체제 만들기』에서는 독자분들로부터 다음과 같은 피드백을 받았다.

> 운영체제 과목을 수강한 직장인이더라도 시간이 많이 흘렀기 때문에 관련 내용을 떠올리기가 쉽지 않다.

운영체제 관련 이론서는 많기 때문에 이들 책을 참조한다면 될 것이라 판단해 『C++로 나만의 운영체제 만들기』에서는 핵심 이론만을 간추려서 내용을 전달했었다. 하지만 앞서의 피드백을 받고 난 후 이번 책에서는 이론도 상세하게 설명하려고 노력했다. 이런 관점에서 이 책을 읽을 수 있는 최소한의 스타트라인은 다음과 같다.

- C++ 프로그래밍이 가능한 분
- (선택) 『C++로 나만의 운영체제 만들기』 구독

사실 필자가 생각하기에 이 책을 읽는 데 필요한 덕목은 끈기와 인내심이라고 본다. 끈기와 인내심이 강하다면 이는 문제해결 능력의 향상을 가져오고 그 결과 프로그래밍 역량을 높일 수 있다. 프로그래밍 스킬이나 다양한 언어, 소프트웨어 아키텍처 구현 등은 실제 우직하게 계속 반복하다 보면 발전한다. 물론 뛰어난 멘토를 뒀다면 이 속도는 더욱더 빨라질 것이다. 하지만 끈기와 인내심은 지식이 아무리 쌓여도 해결할 수 있는 영역이 아니다. 오로지 자기자신과 프로그램 코드와의 처절한 사투만을 통해 향상시킬 수 있는 영역이다.

즉 이 책을 읽는 데 필요한 것은 프로그래밍 관련 사전 지식보다는 운영체제 개발이라는 큰 바다를 헤엄쳐 보려는 의지가 있어야 한다.

이 책을 읽는 데 필요한 또 다른 항목은 동기다. 아래 사항을 만족하는 경우라면 이 책을 읽을 대상이 된다.

- 자신만의 운영체제를 개발해 보고 싶은 일반 개발자
- 운영체제론을 공부하고 있는 학생

- 현대 운영체제의 기본 콘셉트를 이해하고 싶은 프로그래머
- 이론보다는 구체적으로 실행되는 결과물을 원하는 개발자
- 산이 있으면 정상에 오르고 싶은 자
- 바닥부터 개발을 원하는 프로그래머
- 상업적으로 운영체제를 개발하려는 분

다시 한 번 언급하지만 이 책은 필자의 개인 목표 외에도 운영체제를 개발해 보려는 독자분들이 필자가 겪었던 상황을 겪지 않고 최소한의 시간 투자로 그 목표에 도달할 수 있도록 심혈을 기울였다. 『C++로 나만의 운영체제 만들기』에서 운영체제 개발을 위한 기초를 마련했다면 이 책에서는 해당 내용을 보강하고 더 견고한 커널 개발 프레임워크를 구축했다고 보면 된다.

또한 필자가 게임 개발자 출신이다 보니 구현한 결과물을 눈으로 확인하는 것에도 신경을 많이 썼다. 다양한 GUI 예제와 유용한 라이브러리 소개 등이 대표적인 예다. 그리고 여러 가지 게임을 소개함으로써 독자분들이 지루하지 않도록 하는 데 최선을 다했다.

추천 이론서

이 책은 독자가 운영체제 이론을 어느 정도 알고 있다고 가정하고 내용을 전개하고 있다. 그러므로 책을 읽다가 어느 시점에서 내용이 어렵다고 느껴진다면 아래에서 언급하는 이론서를 읽고 난 후 이 책에 도전하는 것을 추천한다.

- 『Operating System Concepts』
- 『Modern Operationg Systems』
- 『Operating Systems Three Easy Pieces』
- 『C++로 나만의 운영체제 만들기』

5 책의 구성

『C++로 나만의 운영체제 만들기』가 한 권으로 구성됐다면 이번 책은 두 권으로 구성된다.

1권에서는 운영체제와 응용 소프트웨어를 효율적으로 개발하기 위한 방법을 모색한다. 그래서 부제가 소프트웨어 편이다.

1권의 대략적인 목차는 다음과 같다.

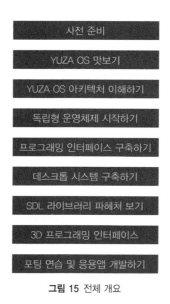

그림 15 전체 개요

1. 사전 준비

YUZA OS를 살펴보기에 앞서 학습하는 데 필요한 사전 지식을 습득한다. 운영체제 개발에 필요한 각종 툴을 살펴보고 운영체제를 빌드하는 데 사용하는 비주얼 스튜디오에 대해 학습한다. 마지막으로 기본적인 운영체제 이론을 습득해서 사전 준비를 마친다.

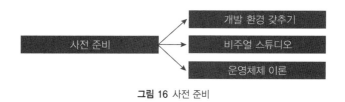

그림 16 사전 준비

2. YUZA OS 맛보기

YUZA OS에서 동작하는 응용앱은 다양하다. 이 응용앱을 실행시키기 위해 먼저 YUZA OS를 빌드하는 방법과 커널을 실행하고 디버깅하는 방법을 습득한다. 그런 다음 샘플 앱을 실행시켜 보고 앱이 동작하는 원리를 이해한다. 마지막으로 YUZA OS에서 실행할 수 있는 다양한 콘솔 응용앱을 실행시켜 보면서 YUZA OS에 익숙해지도록 한다.

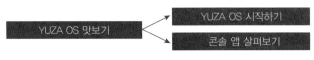

그림 17 YUZA OS 맛보기

3. YUZA OS 아키텍처 이해하기

YUZA OS는 WIN32 응용앱으로 동작하고 실기 및 가상 머신에서도 동작한다. 또한 우리가 일반적으로 제작하는 멀티스레드 애플리케이션 개발도 할 수 있다. 이것을 지원하기 위해 필요한 YUZA OS 아키텍처를 파헤쳐 본다.

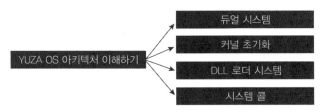

그림18 YUZA OS 아키텍처 이해하기

4. 독립형 운영체제 제작하기

PC상에서 동작하는 운영체제는 범용 데스크톱 시스템을 채용해 다양한 GUI 애플리케이션을 실행할 수 있게 해준다. 이 데스크톱 시스템을 구축하기에 앞서 MS-DOS처럼 하나의 응용앱만 실행하는 독립형 운영체제를 제작해 본다. 여기서는 루아로 동작하는 커널을 구체적으로 설명한다.

5. 프로그래밍 인터페이스 구축하기

새로운 플랫폼이 다양한 오픈소스 라이브러리를 지원하려면 표준 프로그래밍 인터페이스를 제공해야 한다. 표준 프로그래밍 인터페이스에는 몇 가지 종류가 있는데 표준 프로그래밍 인터페이스뿐만 아니라 C++로 프로그래밍을 하기 위해서는 STL이 필요하다.

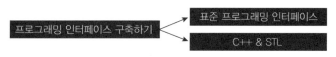

그림 19 프로그래밍 인터페이스 구축하기

프로그래밍 인터페이스 구축하기 편을 통해 다양한 서드파티 라이브러리를 YUZA OS로 포팅할 수 있는 기반을 마련한다.

6. 데스크톱 시스템 구축하기

여러 개의 GUI 앱을 관리하고 특정 앱으로 메시지를 전송하는 메커니즘을 학습한다. 또한 윈도우 운영체제의 GDI와 같은 기본 그리기 API를 학습하고 리스트 박스, 파일 다이얼로그 박스 같은 컴포넌트를 제작하는 방법을 학습한다.

7. SDL 라이브러리 파헤쳐 보기

'데스크톱 시스템 구축하기'에서 소개한 기본 그리기 API나 컴포넌트 생성 API는 표준 프로그래밍 인터페이스가 아니므로 이 API를 사용해서 우리가 앱을 제작하지 않는 한 해당 API는 활용될 소지가 적다. 한편 SDL 라이브러리는 비디오/오디오 입출력을 제공하는 멀티미디어 라이브러리로 게임이나 유틸, 동영상 제작에 사용된다. 그리고 이 프론트엔드/백엔드 GUI 라이브러리를 활용해서 작성된 응용앱은 수없이 많다. SDL 라이브러리 파헤쳐 보기 편에서는 이 SDL 라이브러리를 활용해서 제작된 게임들을 살펴보고 YUZA OS와 SDL이 연동하는 과정을 살펴봄으로써 운영체제의 그래픽 시스템을 강화한다. 궁극적으로는 독자가 SDL 라이브러리를 자유자재로 활용할 수 있기를 기대한다.

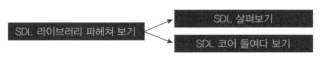

그림 20 SDL 라이브러리 파헤쳐 보기

8. 3D 프로그래밍 인터페이스

SDL은 2D 프로그래밍을 위한 라이브러리이므로 YUZA OS에서 3D 프로그래밍을 하려면 별도의 인터페이스가 필요하다. 3D 관련 대표적인 프로그래밍 인터페이스로는 Direct3D와 OpenGL이 있다. 이 책에서는 부족하지만 OpenGL로 프로그래밍이 가능하도록 환경을 구축하는 방법을 간략히 설명한다.

9. 포팅 연습 및 응용앱 개발하기

지금까지 언급한 주제는 운영체제상에서 다양한 응용앱을 실행시키기 위해서였다. 또한 기존 플랫폼에서 프로그래밍하듯이 새로운 플랫폼에서 이질감없이 개발 환경을 구축하기 위함이었다. 포팅 연습 및 응용앱 개발하기 편에서는 이 구축된 환경을 보다 강화하기 위해 다양한 오픈소스 라이브러리를 소개한다. 한편 오픈소스 라이브러리는 손쉽게 마이그레이션 되기는 어려우며 어느 정도의 포팅 테크닉을 필요로 한다. 그래서 포팅 연습 및 응용앱 개발하기 편에서는 몇 가지 고급 라이브러리의 포팅 과정을 상세히 설명할 것이다. 그리고 지금까지 진행했던 내용을 마무리하는 차원에서 다양한 응용앱을 살펴보고 오목 게임과 장기 게임을 제작하는 과정을 설명함으로써 1권을 마무리할 것이다.

2권에서는 소프트웨어 주제에서 벗어나 하드웨어 관련 주제를 다룬다. 커널의 핵심 요소인 동기화 객체, 스레드, 페이징 시스템, 가상 메모리 시스템 등을 다루며 IDE, USB 등의 몇 가지 디바이스 드라이버를 제작하는 과정을 설명한다.

마지막으로 언급하고 싶은 것이 하나 있다. 필자가 몇 권의 책을 집필하면서 느낀 바가 있는데 그것은 IT 기술서적도 하나의 '작품'이라는 것이다. 작품이라는 관점에서 책을 집필한다면 객관적인 정보 전달 외에도 필자 개인의 경험이나 주관이 들어가면 좋을 것으로 판단했다. 이런 필자의 주관이 반드시 옳다고 볼 수는 없겠으나 독자분들의 생각과 비교해 보는 데는 도움이 될 것으로 판단한다. 그래서 "Memo"에 필자의 주관이 반영된 내용을 담았다.

또한 앞에서 언급했듯이 『C++로 나만의 운영체제 만들기』가 너무 어렵다는 피드백이 있었다. 그래서 필자 나름대로 내용을 최대한 쉽게 풀어서 내용이 더 쉽게 전달될 수 있도록 노력했다. 하지만 이 책은 심화된 내용을 많이 다루기에 근본적으로 쉽지 않은 책이다. 책을 읽는 도중 잘 이해가 되지 않는다면 YUZA OS 카페에 글을 남겨주기 바란다. 또한 워낙 방대한 분량을 다루고 있어서 유저 환경에 제대로 대응하지 못하거나 프로젝트가 제대로 빌드되지 않는 경우가 발생할 수 있다. 이런 경우에도 카페에 글을 남겨준다면 최대한 상세하게 답변할 수 있도록 노력하겠다.

https://cafe.naver.com/codemasterproject

독자분들과 필자의 피드백이 활성화된다면 이 책은 더욱더 강화될 것이고 YUZA OS는 안정화돼 한 단계 진화할 수 있는 계기를 마련할 것이다.

그럼 지금부터 필자와 같이 운영체제 개발이라는 길고 긴 여행을 떠나보자. 이 험한 길의 최종 도착점은 자신만의 OS에서 〈페르시아 왕자 1〉 구동시키기다.

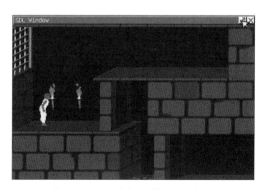

그림 21 YUZA OS에서 실행한 페르시아 왕자 1

정오표

정오표는 에이콘출판사의 도서정보 페이지 http://www.acornpub.co.kr/book/yuza-os1에서 찾아볼 수 있다

질문

이 책과 관련해 질문이 있다면 이 책의 지은이나 에이콘출판사 편집 팀(editor@acornpub.co.kr)으로 문의해주길 바란다.

개발 환경 갖추기

1

YUZA OS는 마이크로소프트 윈도우 운영체제 10에서 개발을 진행한다. 필자가 개발을
진행하고 있는 컴퓨터 환경은 다음과 같다.

Windows 버전
Windows 10 Pro
© 2018 Microsoft Corporation. All rights reserved.

시스템

프로세서:	Intel(R) Core(TM) i7-8750H CPU @ 2.20GHz 2.21 GHz
설치된 메모리(RAM):	16.0GB(15.7GB 사용 가능)
시스템 종류:	64비트 운영 체제, x64 기반 프로세서

그림 1-1 운영체제 개발 환경 스펙

쾌적한 개발을 위해서는 컴퓨터 성능이 좋을수록 좋다. 빌드를 해보고 프로그램을 실행
했을 때 뭔가 버벅거린다는 느낌이 든다면 주저치 말고 컴퓨터 사양을 업그레이드하자.
다음으로 필요한 것은 개발 IDE와 가상 머신 에뮬레이터, 가상 디스크 에뮬레이터 등 운
영체제를 개발하는 데 필요한 도구들이다.

1 비주얼 스튜디오 2019

컴파일 도구로 비주얼 스튜디오 2019 커뮤니티 버전을 사용한다. IDE는 다음 링크에서 다운받을 수 있다. 설치과정은 생략한다.

https://visualstudio.microsoft.com/ko/downloads/

C++로 개발을 진행하므로 설치과정에서 C++ 빌드를 위한 컴포넌트는 꼭 설치한다. 비주얼 스튜디오 2019 이후 출시될 새로운 버전에서도 YUZA OS 소스코드는 문제없이 빌드될 것이다. 다만 컴파일러가 변경되는 만큼 반드시 문제없이 빌드된다고는 보장할 수 없으므로 주의한다.

 TIP 새 버전의 컴파일러는 특정 코드를 오류로 처리할 수도 있으며 미묘한 문법의 경우 에러를 출력할 수도 있다. 같은 버전의 비주얼 스튜디오에서도 마이너 버전이 올라가면 문제없이 빌드되던 소스도 아주 드물지만 빌드되지 않는 경우가 있다.

비주얼 스튜디오를 설치한 다음에는 비주얼 스튜디오 마켓플레이스에서 확장 모듈을 설치한다.

VSNASM

NASM 구문으로 작성된 어셈블리 코드를 비주얼 스튜디오에서 빌드하려면 어셈블리 파일에 커스텀 빌드를 설정해야 한다. 이 작업은 개별 파일마다 해줘야 해서 다소 번거롭다. 하지만 VSNASM이라는 확장 모듈을 설치하면 편리하게 어셈블리 코드를 컴파일할 수 있다. 아래 링크에서 VSNASM을 다운받은 뒤 관리자 모드로 콘솔 창을 실행한 다음 다운받은 폴더로 이동해서 install_script.bat 배치파일을 실행하면 VSNASM을 설치할 수 있다.

https://github.com/ShiftMediaProject/VSNASM

비주얼 스튜디오를 설치하고 나서는 간단한 WIN32 콘솔 프로젝트를 생성하고 "Hello World" 문자열을 찍는 프로젝트가 정상적으로 빌드되는지 확인한다.

2 VirtualBox

가상 PC 에뮬레이터는 VMWare, VirtualBox, PCEM, VirtualPC, QEMU 등 종류가 다양하다. SKY OS 개발 시에는 QEMU를 주력으로 사용했지만 YUZA OS에서는 VirtualBox가 운영체제 테스트에 더 적합하다고 판단해 VirtualBox를 주력으로 사용한다. 필자가 사용한 버전은 6.0.14이다.

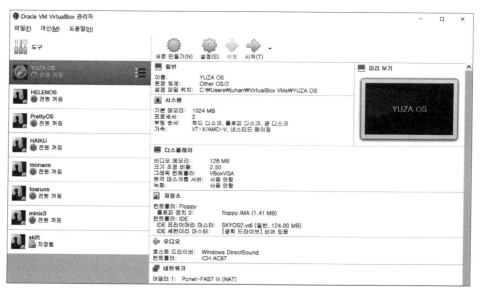

그림 1-2 VirtualBox

그림 1-2를 보면 YUZA OS뿐만 아니라 다양한 OS가 설치된 것을 볼 수 있다. OS 개발을 위해 바로 이론 습득 및 코딩에 들어가는 것도 좋지만 다양한 OS를 경험하고 이들 OS가 어떻게 동작하는지 살펴보는 것은 큰 도움이 된다. 시간이 허락한다면 다양한 OS를 조사해서 VirtualBox에서 실행시켜 보고 동작을 확인해 보자.

3 ImDisk

ImDisk는 가상 디스크 에뮬레이터다. 다양한 가상 디스크 파일을 에뮬레이션해 준다. 프로그램은 아래 링크에서 다운받을 수 있다. 자신의 운영체제에 맞는 버전을 다운받자(32비트 또는 64비트).

https://sourceforge.net/projects/imdisk-toolkit/

그림 1-3 ImDisk를 사용한 가상 디스크 파일 마운트

가상 디스크 파일을 클릭하고 오른쪽 마우스 버튼을 클릭한 다음 패널의 Mount as ImDisk Virtual Disk 항목을 선택한다. 그러면 그림 1-3과 같은 창이 뜨는데, **OK** 버튼

을 누르면 가상 디스크가 생성된다. ImDisk는 버추얼박스^{VirtualBox}가 사용하는 가상 이미지 VDI 그리고 ISO 및 IMG 파일의 마운트를 지원한다.

가상 디스크 프로그램으로 ImDisk 외의 프로그램을 사용하는 것도 상관없다. UltraISO, WinIMA, 데몬툴 등 다양한 프로그램이 존재하는데 필자의 경험으로는 ImDisk가 제일 사용하기 편했다. 자신이 편하다고 생각하는 가상 디스크 프로그램을 사용하도록 하자.

4 DLL Export Viewer

YUZA OS는 실행파일이나 동적 라이브러리를 DLL 포맷으로 개발한다. 그래서 DLL이 익스포트하는 함수 리스트를 확인할 수 있는 툴이 필요하다. 특히 함수를 익스포트했다고 확신하는 상황에서 실제 확인해 보면 함수가 익스포트되지 않은 경우가 많기 때문에 이 툴은 익스포트한 함수 리스트를 확인할 때 꽤 유용하다. 해당 프로그램은 아래 링크에서 다운로드할 수 있다.

https://www.nirsoft.net/utils/dll_export_viewer.html

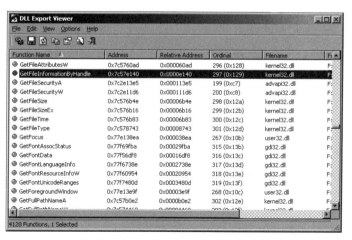

그림 1-4 DLL Export Viewer를 통해 DLL이 익스포트하는 함수 확인

DLL Export Viewer 외에도 DLL 내부 구조를 살펴보는 프로그램은 많으므로 DLL Export Viewer가 마음에 들지 않는다면 자신이 선호하는 프로그램을 사용하자.

5 CMAKE-GUI

유용한 오픈소스 라이브러리를 YUZA OS로 포팅하기 위해서는 프로젝트를 수동으로 구성해서 빌드하는 것도 하나의 방법이지만 WIN32에서 빌드할 수 있게 작업한 후 YUZA OS로 포팅하는 것이 더 좋다. CMAKE는 크로스 플랫폼 프로젝트 생성 프로그램으로 CMAKE 규격으로 작성된 프로그램은 여러 플랫폼에서 빌드되는 프로젝트를 생성할 수 있다. 당연히 비주얼 스튜디오에서도 빌드되는 솔루션 파일 및 프로젝트 파일을 생성할 수 있다.

https://cmake.org/

CMAKE 사용법은 레퍼런스나 인터넷상의 글을 참조한다.

6 QEMU

QEMU는 VirtualBox와 같은 가상 에뮬레이터다. 이 책에서 주력으로 사용하는 가상 에뮬레이터는 VirtualBox지만 보조용으로 QEMU도 사용하므로 설치한다. 또한 QEMU는 운영체제 디버깅을 위해 활용할 것이므로 VirtualBox와 더불어 QEMU의 사용법을 꼭 숙지하도록 한다.

https://www.qemu.org/download/

위 링크에서 윈도우용 바이너리를 다운받고 설치한다. 필자가 사용한 설치 바이너리는
qemu-w64-setup-20200201.exe이다.

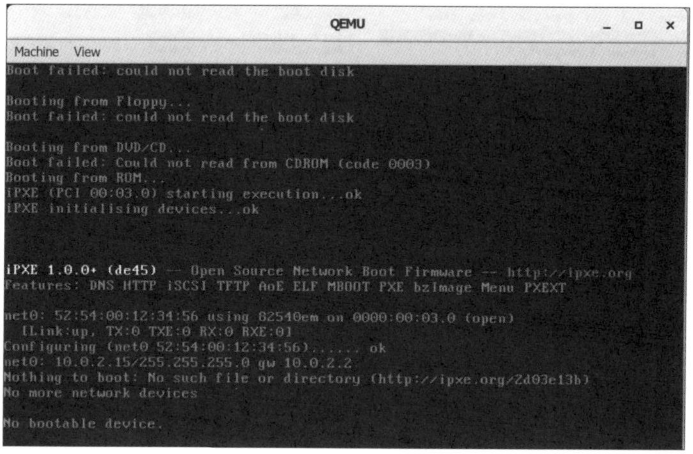

그림 1-5 QEMU 실행화면

7 기타

이번 절에서 언급하는 툴은 필수는 아니지만 매우 유용하다. 당장 설치할 필요는 없으며
이 책에서 해당 툴을 사용할 때 설치하자.

7.1 PE Explorer

PE 포맷 헤더를 분석해서 정보를 보여준다. 이 툴의 장점은 DLL 종속성 관계를 트리 관계
로 보여주는 데 있다. 그래서 프로그램이 실행되지 않을 때 어떤 DLL이 빠져서 실행이 되
지 않는지를 파악하는 데 매우 유용하다.

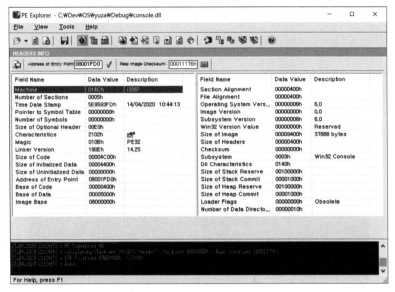

그림 1-6 PE Explorer 실행화면

소스코드가 공개돼 있으므로 아래 링크에서 소스코드를 다운받아 빌드해서 사용한다.

https://github.com/zodiacon/PEExplorerV2

7.2 StarUML

클래스 다이어그램을 작성할 수 있다. 현재 최신 버전은 3.2.2다.

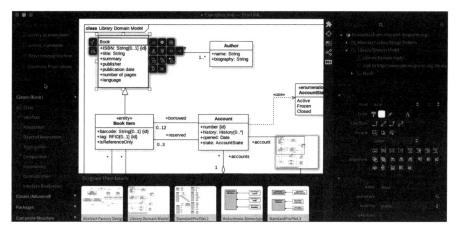

그림 1-7 StarUML

아래 링크에서 다운받을 수 있다.

https://staruml.io/

7.3 HxD

바이너리 데이터를 분석하는 데 사용하는 편집기다.

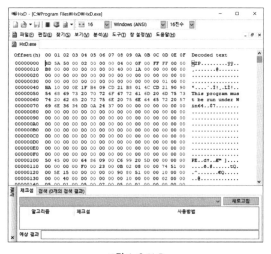

그림 1-8 HxD

아래 링크에서 다운받을 수 있다.

https://mh—nexus.de/en/hxd/

7.4 PEView

윈도우용 실행파일의 구조를 분석할 수 있는 프로그램이다. PE나 DLL의 헤더 정보를 살펴보고 싶을 때 매우 유용하다.

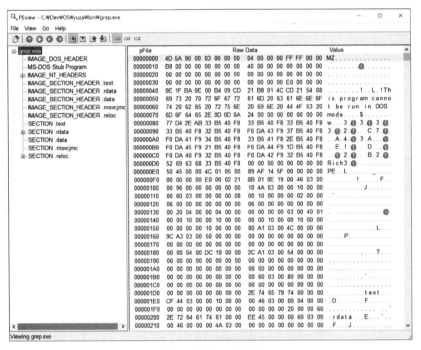

그림 1-9 PEView 실행화면

아래 링크에서 다운받을 수 있다.

http://wjradburn.com/software/

7.5 WSL / WSL2

WSL^{Windows Subsystem for Linux}은 윈도우 운영체제에서 리눅스 환경을 제공하는 하위시스템이다. 우분투 기반이며 시스템이 굉장히 가볍고 호환성도 완벽해서 윈도우 운영체제에서 리눅스 프로그래밍을 위한 최상의 환경을 제공한다. 현재 WSL의 두 번째 버전이 나온 상태며 WSL2는 파일 입출력 부분에서 큰 개선을 이뤘다고 한다.

WSL : 우분투, 18.04
WSL2 : 우분투, 20.04

여러 소스를 빌드하다 보면 특정 GCC 버전에서는 빌드가 되지 않는 경우가 많으므로 두 버전 모두 설치해 두면 도움이 된다. WSL이 GCC 7 버전을 유지하고 WSL2가 GCC 9 버전을 유지한다면 GCC 버전에 따른 소스코드 빌드 실패 문제는 대부분 해결할 수 있다.

WSL, WSL2 설치 및 소스코드 빌드를 위한 패키지 설치는 인터넷을 참조한다. WSL, WSL2를 활용하려면 리눅스 패키지 시스템에 대한 이해가 필요하지만 그렇게 어렵지 않으므로 미리 학습해 둔다. 처음 리눅스를 접한다면 "Hello World!!"를 출력하는 프로그램을 작성하고 나서 WSL상에서 빌드를 해본다.

MEMO Windows Terminal을 설치하면 WSL, WSL2, 콘솔 프로그램을 효율적으로 관리할 수 있다.

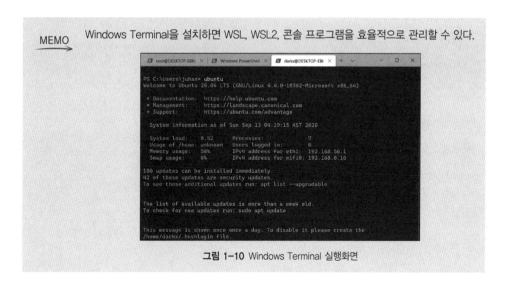

그림 1-10 Windows Terminal 실행화면

7.6 MSYS2

MSYS2는 유닉스 환경에서 빌드할 수 있는 코드를 윈도우 운영체제에서도 빌드할 수 있게 도와주는 개발 플랫폼이다. MSYS2는 윈도우 애플리케이션을 생성하는 mingw-w64 개발 플랫폼을 사용한다. mingw-w64는 리눅스 계열의 소스코드를 빌드해서 윈도우용 애플리케이션을 생성할 수 있지만 POSIX 인터페이스 전체에 대응하지 못하는 반면 MSYS2는 POSIX에 대응할 수 있는 에뮬레이션 환경을 구축했기 때문에 유닉스 계열의 코드나 도구를 수정없이 윈도우 운영체제에서 사용할 수 있게 해준다.

```
https://www.msys2.org/
```

MSYS2와 유사한 개발 플랫폼으로는 Cygwin^{시그윈}이 있다.

7.7 DJGPP

DJGPP^{DJ's GNU Programming Platform}는 GNU 컴파일러 모음^{GCC}을 32비트 도스 운영체제에서 동작하도록 포팅한 버전이다. 이 책에서는 PE나 ELF 파일이 아닌 파일 헤더가 존재하지 않는 바이너리를 생성하기 위해 DJGPP를 활용한다. 아래 링크에서 다운받을 수 있다.

```
http://www.delorie.com/djgpp/
```

윈도우 10에서 동작하는 DJGPP는 카페에서 확인한다.

7.8 TortoiseSVN

TortoiseSVN은 소스 관리 툴의 일종이다. 아래 링크에서 다운받아 설치한다. 사용법은
인터넷을 참조한다.

https://tortoisesvn.net/downloads.html

7.9 GIT 클라이언트

GIT는 소규모 프로젝트에서 대규모 프로젝트까지 모든 것을 효율적으로 빠르게 처리하도
록 설계한 버전 제어 시스템이다. 아래 링크에서 윈도우용 GIT 클라이언트를 다운받는다.

https://git-scm.com/download/win

GIT는 WSL을 통해서도 사용할 수 있으므로 독자분들이 선택해서 사용하도록 한다. GIT
명령어나 소스 제어에 대해서는 인터넷을 참조한다.

MEMO ⟶ 소스 관리 시스템으로 깃 클라이언트를 사용할지 TortoiseSVN을 사용할지는 독자분들이
결정하자. 필자는 현재 윈도우용 GUI 깃 클라이언트를 사용 중이다. 윈도우용 GUI 깃 클라
이언트도 위 링크에서 다운받을 수 있다.

8 정리

1장에서 언급한 툴에 익숙하지 않으면 당장 커널 개발을 시작하는 것은 어렵다. 최우선적으로 다음 세 가지 툴은 능숙하게 다룰 수 있어야 한다.

- 비주얼 스튜디오 2019, VirtualBox, ImDisk

비주얼 스튜디오는 2장에서 기본 사용법을 설명하지만 이에 앞서 독자는 C++ 프로젝트를 생성하고 간단한 실행 프로그램을 제작할 수 있어야 한다. 또한 확장 툴의 설치 등 기본적인 운용방법에 대해서도 숙지하는 것이 좋다.

VirtualBox의 경우에는 다양한 OS 이미지를 내려받아 실제로 VirtualBox에서 실행시켜서 사용법에 익숙해지자. 우분투나 CentOS 이미지는 무료로 제공하므로 다운받아 설치해 본다.

세 가지 툴을 제외한 나머지 툴들은 지금 당장은 아니더라도 자주 사용될 것이기 때문에 미리 학습해 두면 도움이 된다. 예를 들어 WSL을 설치하고 WSL 환경에서 간단한 C 프로그램을 작성해서 GCC로 빌드한 다음 생성된 결과물을 실행해 본다. 또는 CMAKE로 프로젝트를 생성할 수 있는 오픈소스를 찾아서 비주얼 스튜디오용 솔루션 파일을 생성한 다음 솔루션 파일을 열어서 비주얼 스튜디오로 빌드해 본다. 경험자라면 쉬운 작업이겠지만 처음 툴을 접하는 독자분이라면 생각보다 쉽지는 않을 것이다.

서두에서도 언급했지만 기반이 제대로 갖춰지지 않은 상태에서 작업을 진행하면 시간이 지날수록 그 효율성은 떨어지게 된다. 1장에서 언급한 툴에 익숙하지 않다고 판단되면 툴 사용법을 제대로 숙지한 후 2장으로 넘어가도록 한다.

2 비주얼 스튜디오

비주얼 스튜디오는 현존하는 IDE 중에서 가장 편리한 통합 개발 환경이다. 이 비주얼 스튜디오를 커널 개발 IDE로 선택함에 따라 우리는 운영체제 개발에 가속도를 부여받게 됐다. 그런데 『C++로 나만의 운영체제 만들기』 서적의 피드백을 받으면서 질문을 많이 받았던 부분 중 하나는 비주얼 스튜디오의 사용법에 관련된 질문이었다. 그래서 이 책에서는 별도의 장을 마련해서 비주얼 스튜디오와 관련해서 꼭 알아두면 좋을 만한 내용들을 소개하려 한다.

1 단축키

단축키의 적극적인 활용은 개발자에게 타이핑 속도만큼이나 무기가 될 수 있다. 표 2-1은 코드 작성 시 자주 활용하는 단축키를 정리한 것이다. 꼭 기억하고 활용하도록 하자.

표 2-1 일반 단축키

단축키	설명
CTRL+K+F	자동 줄 정렬
ALT+SHIFT+방향키	사각형 영역을 잡아둔다. 이 영역 단위로 내용을 제거하거나 추가가 가능하다.
F12	함수 몸체를 찾아간다. CTRL+F12는 함수 선언을 찾는다.
CTRL+SHIFT+B	솔루션에 등록된 프로젝트 전부를 빌드한다.
CTRL + B	종속성 프로젝트에 변화가 없는 경우 현재 선택된 프로젝트만 빌드한다.
F5	선택된 프로젝트를 빌드하고 실행한다.
F10	프로그램을 실행하되 모듈 진입점에서 실행을 멈춘다.
CTRL+ALT+B	브레이크 포인트가 설정된 부분을 모두 보여준다.
CTRL+SHIFT+G 또는 F12	include에 포함된 파일에서 단축키를 실행하면 해당 파일로 이동한다.
ALT+방향키	문장 위/아래 위치 바꾸기
CTRL+R+R	참조되는 함수의 이름을 변경한다. CTRL+SHIFT+F는 치환 시 문자열이 동일하면 무조건 변경하므로 함수나 변수의 이름 변경 시에는 CTRL+R+R을 사용하는 것이 좋다.
CTRL+SHIFT+F	솔루션 내 전체 파일에서 문자열 검색 및 치환
코드 자동 완성 기능	적당히 명령어를 입력한 후 Tab 키를 누르면 구문이 완성된다(if, for, try/catch, switch/case 구문 작성할 때 편리).
Ctrl+K+C/ Ctrl+K+U	주석 설정 및 해제
ALT+ENTER	함수 정의에서 이 단축키를 누르면 함수 뼈대를 생성한다.
SHIFT+F12	해당 함수를 참조하는 코드를 찾는다.

인터넷상에서 C++ 샘플 프로젝트를 하나 다운받은 뒤 표 2-1에서 언급한 단축키를 모두 사용해 본다. 어느 정도 익숙해졌다면 그 다음에는 프로젝트를 실행해서 디버깅 관련 단축키를 시험해 본다. 표 2-2에 주요 디버깅 단축키를 정리했다. F5 키를 누르면 프로젝트를 실행할 수 있다.

표 2-2 주요 디버깅 단축키

단축키	설명
F9	브레이크 포인트 설정 및 해제
CTRL+SHIFT+F9	설정된 브레이크 포인트 모두 해제
F10	step over, 한 줄씩 디버깅하며 함수 실행 시 내부로 진입하지 않는다.
F11	step in, 한 줄씩 디버깅하며 함수 실행 시 내부로 진입한다.
CTRL+ALT+B	브레이크 포인트 창을 연다. 현재 설정된 브레이크 포인트 리스트를 확인할 수 있다.
SHIFT+F9	함수나 변수, 객체의 값을 빠르게 확인할 수 있도록 조사식 창을 띄운다.

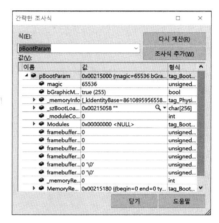

그림 2-1 SHIFT+F9 단축키

그림 2-1은 브레이크 포인트가 걸린 상태에서 BootParams라는 구조체로 선언된 pBootParam의 내용을 빠르게 살펴보기 위해 SHIFT+F9 단축키를 사용해서 간략한 조사식을 띄운 화면이다. 단축키를 적절히 활용하면 프로그램 개발 속도를 비약적으로 향상시켜 주므로 적어도 표 2-2에서 언급한 단축키에 익숙하지 않다면 익숙해질 때까지 반복해서 연습하도록 한다.

비주얼 스튜디오에서는 순수 가상 인터페이스를 상속받은 클래스의 뼈대 자동 생성을 지원한다. 다음 클래스를 살펴보자.

```
class AbstractionInterface
{
        virtual int Sum(int x, int y) = 0;
        virtual int Mul(int x, int y) = 0;
};
```

위와 같은 가상 함수 인터페이스를 선언하고 이 인터페이스를 상속받은 클래스를 선언한다.

```
class MathModule : public AbstractionInterface
{

};
```

이제 위 코드의 추상 인터페이스에 커서를 클릭한 뒤 "CTRL + ." 누르면 팝업창이 뜨는데 '기본 AbstractionInterface에 대한 순수 가상 구현'이라는 항목을 선택하면 순수 가상 함수에 대한 함수 정의 및 구현부 뼈대가 자동 생성된다.

```
int MathModule::Sum(int x, int y)
{
        return 0;
}

int MathModule::Mul(int x, int y)
{
        return 0;
}
```

이 기능은 C# 및 비주얼 베이직도 지원하는 기능이다.

2 디버깅

F9 키로 브레이크 포인트를 설정하고 브레이크 포인트가 히트하면 F10 키를 통해서 한 줄씩 디버깅을 진행할 수 있다. 브레이크 포인트가 히트된 상태에서는 변수에 커서를 옮기면 값을 확인할 수 있다. 그리고 디버깅에서 중요한 단계 중 하나는 스레드의 콜스택을 확인하는 것이다. YUZA OS의 샘플 앱 중 하나인 protobuf.exe라는 프로그램을 실행해서 콜스택을 확인해 보겠다(독자가 프로그램을 실행할 필요는 없다).

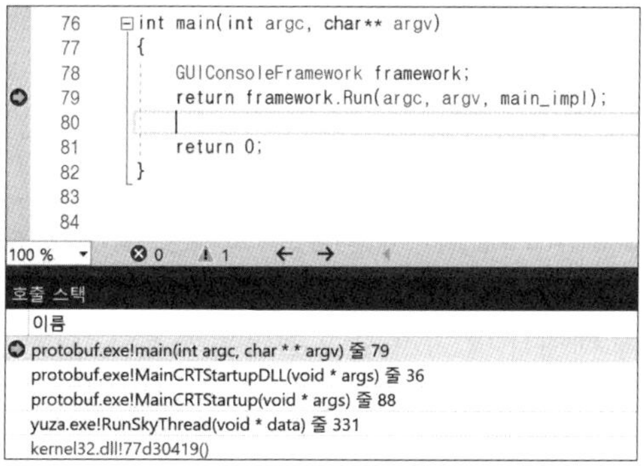

그림 2-2 메인 스레드의 브레이크 포인트 히트

그림 2-2는 브레이크 포인트를 히트했을 때 콜스택과 소스코드의 위치를 보여준다. 한편 이 상황에서 다른 스레드의 호출스택을 확인하려면 **CTRL+ALT+H**를 누르거나 메뉴의 **디버그 → 창 → 스레드 항목**을 선택해서 스레드 콤보 박스가 나오게 한 뒤 특정 스레드 항목을 선택하면 된다.

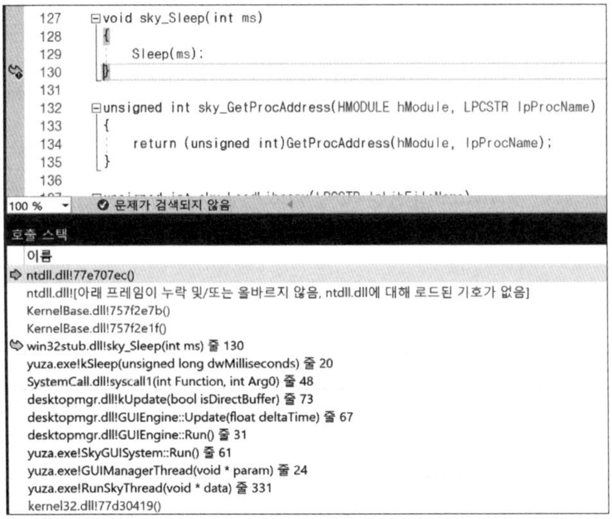

```
127  □void sky_Sleep(int ms)
128   {
129       Sleep(ms);
130  □}
131
132  □unsigned int sky_GetProcAddress(HMODULE hModule, LPCSTR lpProcName)
133   {
134       return (unsigned int)GetProcAddress(hModule, lpProcName);
135  □}
136
```

100 % ✓ 문제가 검색되지 않음

호출 스택

이름
ntdll.dll!77e707ec()
ntdll.dll![아래 프레임이 누락 및/또는 올바르지 않음, ntdll.dll에 대해 로드된 기호가 없음]
KernelBase.dll!757f2e7b()
KernelBase.dll!757f2e1f()
win32stub.dll!sky_Sleep(int ms) 줄 130
yuza.exe!kSleep(unsigned long dwMilliseconds) 줄 20
SystemCall.dll!syscall1(int Function, int Arg0) 줄 48
desktopmgr.dll!kUpdate(bool isDirectBuffer) 줄 73
desktopmgr.dll!GUIEngine::Update(float deltaTime) 줄 67
desktopmgr.dll!GUIEngine::Run() 줄 31
yuza.exe!SkyGUISystem::Run() 줄 61
yuza.exe!GUIManagerThread(void * param) 줄 24
yuza.exe!RunSkyThread(void * data) 줄 331
kernel32.dll!77d30419()

그림 2-3 브레이크 포인트 히트 시 다른 스레드의 호출스택 및 소스코드 출력

그림 2-3의 호출스택에 대해서 몇 가지 부연 설명을 하겠다. 먼저 콜스택 최하단과 상단 부분의 kernel32.dll에서는 함수 이름이 제대로 나오지 않고 숫자로 표기되고 있다. 어떤 함수가 호출되는지 알고 싶다면 kernel32.dll의 심벌을 로드하면 된다. 제대로 나오지 않는 함수를 오른쪽 마우스로 클릭하면 패널에 여러 항목 중 '기호 로드'라는 항목이 있다. 이 항목을 선택하면 kernel32.dll 심벌 파일을 다운받아 함수 이름을 정확히 보여준다. 두 번째로 위 스레드는 Sleep 함수를 호출하는데 이 함수는 WIN32 전용 함수다. WIN32에서 YUZA OS가 동작하기 위해 필요한 함수 중 하나다. 물론 실기에서는 그 함수를 호출하지 않는다. kSleep 함수에서 플랫폼별 분기가 처리된다. 함수가 제대로 나오는 부분은 WIN32/실기에서 공통으로 적용되는 소스코드다.

3 프로젝트 환경설정

YUZA OS는 WIN32 응용앱 개발에 사용하는 헤더 파일, 라이브러리를 전혀 사용하지 않으므로 비주얼 스튜디오 기본 설정을 변경해서 이 의존성을 완전히 제거해야 한다. 지금부터는 프로젝트의 속성을 열어 항목들을 자세히 살펴보고 YUZA OS 개발 환경 구축 시 변경해야 하는 항목의 확인을 통해 프로젝트 환경설정에 익숙해지도록 한다.

 TIP YUZA OS는 윈도우 운영체제에서 비주얼 스튜디오로 개발한다고 하지만 윈도우 운영체제와 는 전혀 관계없는 운영체제다. 다만 개발을 위해 비주얼 스튜디오를 사용하므로 생성된 결과 물이 유사성을 보일 뿐이다. 그리고 비주얼 스튜디오는 기본적으로 WIN32에 특화된 결과물 을 생성하기 때문에 이 특화된 부분은 YUZA OS에서 사용할 수 없다. 그래서 반드시 프로젝 트의 속성을 변경할 필요가 있다.

3.1 일반

중간 디렉터리는 최종 결과물을 생성하는 데 필요한 중간 단계 파일들이 생성되는 폴더 다. 소스코드가 존재하는 폴더에 생성되면 일일이 지우기가 번거롭다. 그래서 다음과 같 이 설정한다.

```
$(SolutionDir)\Intermediate\$(ProjectName)\
```

이렇게 설정하면 프로젝트의 중간 생성물들이 솔루션 파일이 존재하는 폴더의 하위폴더 인 Intermediate 폴더에 모이므로 프로젝트를 손쉽게 정리할 수 있다.

3.2 디버깅

디버깅 항목에서는 로컬 디버거를 사용할지, 원격 디버거를 사용할지를 결정할 수 있다. 원격지에 있는 리눅스 시스템의 GDB 서버를 통해서 리눅스 앱을 디버깅하는 것은 원격 디버거의 좋은 예다.

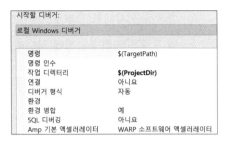

그림 2-4 디버깅 항목

작업 디렉터리는 프로그램을 디버깅할 경로를 지정힌다. 명령 인수 항목에 파라미터를 넣으면 프로그램 시작 시에 제공된 파라미터가 전달된다.

3.3 C/C++

C/C++ 항목에서는 코드의 최적화 강도를 지정하거나 헤더 파일 경로를 설정할 수 있다. C/C++ 항목은 다수의 서브 항목으로 구성된다.

일반

일반 항목에서는 추가 포함 디렉터리나 소스코드 경고 레벨 등을 지정할 수 있다.

표 2-3 C/C++ → 일반

항목	내용
추가 포함 디렉터리	프로젝트에서 사용하는 헤더 파일 경로를 지정하는 곳으로 상대경로를 사용해도 되고 절대경로를 사용해도 된다.
디버깅 정보 형식	/Z7, /Zi, /ZI
경고 수준	경고 수준을 지정한다. /W1에서 /W4가 존재한다.
경고를 오류로 처리	예로 설정하면 모든 경고가 오류로 처리돼 컴파일되지 않는다.

전처리기

전처리 작업은 컴파일러가 컴파일을 시작하기 전에 코드를 가공하는 행위며 코드 가공 시에는 전처리기에 선언된 지시자나 매크로를 참조한다.

표 2-4 전처리기

항목	내용
전처리기 정의	전처리기를 정의한다.
모든 전처리기 정의 해제	비주얼 스튜디오가 제공하는 전처리기 정의를 모두 무시한다. 예) _MSC_VER, WIN32, DEBUG 등
표준 포함 경로 무시	비주얼 스튜디오가 제공하는 런타임 헤더나 STL 헤더 폴더 경로를 무시한다.

YUZA OS에서는 '모든 전처리기 정의 해제' 항목과 '표준 포함 경로 무시' 항목은 모두 예로 설정한다.

최적화

프로그램의 크기 최적화나 실행 속도 최적화에 관련된 옵션을 설정할 수 있다.

표 2-5 최적화 옵션

항목	내용
최적화	/Od : 최적화를 사용하지 않는다. /O1 : 작은 코드를 만든다. /O2 : 빠른 코드를 만든다. /Ox : 최대한 최적화된 코드를 만든다.
내장 함수 사용	컴파일러가 제공하는 빌트인 함수 사용 여부

YUZA OS에서는 코드 최적화가 되지 않도록 /Od 최적화 옵션을 선택한다.

코드 생성

코드 생성 항목은 컴파일러가 프로그램을 생성하는 방법을 지정한다.

표 2-6 코드 생성

항목	내용
최소 다시 빌드 가능	최소 재빌드 사용
C++ 예외처리 가능	'아니요'로 설정한다. C++ 예외처리 기능은 운영체제의 도움을 받아야 하는데 YUZA OS는 책을 집필하는 시점에서 완벽하지 않다.
기본 런타임 검사	런타임 검사는 윈도우 운영체제에 종속된 부분이므로 '아니요'로 설정한다.

항목	내용
구조체 멤버 맞춤	기본값(4바이트 정렬)으로 설정한다. 예를 들어 특정 프로젝트가 1바이트 정렬을 사용한다고 가정하자. 이 경우 프로젝트에 속한 모든 구조체가 1바이트 정렬을 사용한다. 그런데 다른 프로젝트가 이 프로젝트의 구조체를 사용하는데 4바이트 정렬을 사용한다면 구조체의 크기가 달라지게 된다. 이런 상황에서 두 프로젝트 간에 구조체를 넘기는 부분이 있다면 문제 발생의 소지가 있으므로 주의한다.
런타임 라이브러리	다중 스레드 DLL(/MD)로 지정
보안 검사	YUZA OS에서는 '보안 검사 사용 안 함'으로 설정한다.
함수 수준 링크 사용	링커에서 개별 함수를 제외하거나 함수 순서를 지정할 수 있다.

3.4 링커

링커 항목은 출력파일의 생성 방식을 지정한다. 여기서는 서브 항목인 일반, 입력, 고급에서 중요한 요소들에 대해서만 표로 정리했다.

표 2-7 링커 → 일반

항목	내용
출력파일	실행파일이 생성될 경로와 이름을 지정한다.
추가 라이브러리 디렉터리	추가 라이브러리 디렉터리 경로를 지정한다.

표 2-8 링커 → 입력

항목	내용
추가 종속성	실행파일을 생성하는 데 필요한 라이브러리를 추가한다.
모든 기본 라이브러리 무시	윈도우 운영체제의 라이브러리 도움을 받지 않으므로 YUZA OS에서는 예(/NODEFAULTLIB)로 설정한다.

표 2-9 링커 → 고급

항목	내용
진입점	진입점을 정의한다.
기준 주소	모듈이 로드되는 주소를 지정한다.
임의 기준 주소	기준 주소에 로드가 불가능할 때 임의의 주소에 모듈을 로드하는 것을 허락할지를 결정한다.

항목	내용
이미지에 안전한 예외처리기	구조화된 예외처리(SEH) 설정 여부. YUZA OS에서는 '아니요'로 설정한다.
섹션 맞춤	선형 주소 공간 내에서 각 섹션의 맞춤을 지정한다. 기본값은 4096 바이트며 YUZA OS에서는 1024로 지정한다.

3.5 빌드 이벤트

프로그램은 여러 단계를 거쳐서 빌드되며 비주얼 스튜디오는 이 각각의 단계마다 별도의 작업을 실행할 수 있도록 빌드 이벤트를 제공한다. 빌드 이벤트에는 세 가지 유형이 존재한다.

- 빌드 전 이벤트
- 링크 전 이벤트
- 빌드 후 이벤트

'빌드 전 이벤트'의 예로는 프로그램이 몇 번이나 빌드됐는지를 기록하는 리비전 시스템이 대표적인 예다. YUZA OS는 다음과 같은 실행구문을 넣어 리비전 번호를 기록하고 있다.

```
revision.exe build msvc
```

위 실행 코드를 통해 revision.h 헤더 파일이 갱신되며 이후 프로그램이 컴파일되면 이 헤더 파일을 참조해서 리비전 번호를 갱신한다.

'빌드 후 이벤트'는 프로그램이 생성된 후 실행파일을 다른 폴더로 옮기는 작업이 필요할 때 유용하다.

```
copy "$(TargetDir)*$(TargetExt)" "$(SolutionDir)\Bin\"
```

예를 들어 빌드 후 이벤트의 명령줄에 위와 같이 입력하면 솔루션 빌드가 끝난 뒤 솔루션에 등록된 모든 프로젝트의 출력 생성물이 솔루션 폴더 내 Bin 폴더로 복사된다.

표 2-10 기억해 두면 좋을 매크로

매크로	내용
"$(TargetDir)	출력파일이 생성되는 기본 전체 경로. 백슬래시가 뒤에 붙는다.
$(TargetExt)	출력파일의 확장명. '.'이 붙는다.
$(SolutionDir)	솔루션 디렉터리의 전체 경로. 백슬래시가 뒤에 붙는다.
$(ProjectDir)	프로젝트 디렉터리의 전체 경로. 백슬래시가 뒤에 붙는다.
$(SolutionName)	솔루션의 이름
$(ConfigurationName)	프로젝트 구성 이름. 예) Debug 또는 Release
$(OutDir)	출력파일 경로. 프로젝트 폴더에서 상대적임

이벤트 명령줄은 조건문도 가능하다.

```
if $(ConfigurationName) == Release copy "$(TargetDir)*$(TargetExt)" "$(SolutionDir)\
Bin\"
```

위의 경우 프로젝트 구성이 Release면 솔루션 폴더 내의 Bin 폴더로 출력파일이 복사된다.

3.6 사용자 지정 빌드 단계

사용자 지정 빌드 단계에서는 비주얼 스튜디오 컴파일러는 다룰 수 없는 파일들을 외부 툴과 연결해 결과물을 생성할 수 있게 해준다.

예를 들어 float형을 long 타입으로 변환시켜 주는 _ftol.s 어셈블리 코드는 MASM으로는 빌드가 불가능해서 NASM을 사용해야 한다.

84

명령줄	nasmw -f win32 _sqrt.s
설명	Performing Custom Build Tools
출력	_sqrt.obj

그림 2-5 NASM 어셈블러 사용

위와 같이 사용자 지정 빌드 단계를 설정하면 nasmw 어셈블러를 통해 _sqrt.s를 빌드해서 _sqrt.obj 파일을 생성한다.

어셈블리 코드의 경우 이전에는 그림 2-5와 같은 방법으로 소스코드를 빌드했지만 이제는 VSNASM을 사용해서 어셈블리 코드를 빌드하므로 주의한다.

4 기타

4.1 프로젝트 구성 관리자

프로젝트 구성 관리자는 솔루션에 등록된 프로젝트 리스트를 보여준다.

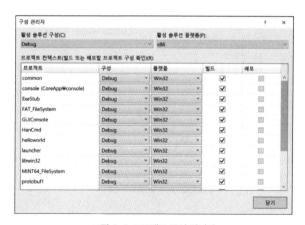

그림 2-6 프로젝트 구성 관리자

표 2-11 프로젝트 구성 관리자 항목

항목	내용
프로젝트	프로젝트 이름을 보여줌
구성	프로젝트 구성 항목을 결정. Release/Debug
플랫폼	아키텍처를 결정
빌드	체크 박스를 통해 빌드 참여 여부를 결정

4.2 빌드 종속성

프로젝트가 특정 프로젝트에 의존할 경우 빌드 종속성을 설정해야 한다. 예를 들어 a.exe 는 a.lib를 필요로 하는데 a.exe를 빌드하기 전에 a.lib가 먼저 빌드되지 않았다면 a.exe 프로젝트의 빌드는 실패할 것이다.

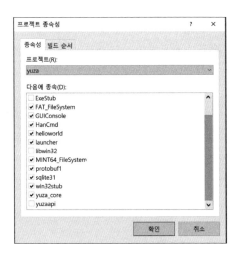

그림 2-7 빌드 종속성 설정

최종 프로젝트에 앞서 먼저 빌드돼야 하는 프로젝트가 존재한다면 그림 2-7과 같이 종속 성을 체크해 주면 된다.

5 정리

2장에서는 YUZA OS를 분석하고 개발할 때 알아두면 좋을 비주얼 스튜디오 관련 내용을 설명했다. 비주얼 스튜디오는 계속 버전업 되면서 수많은 기능이 추가됐으며 이에 따라 편의성도 크게 증가했다. 클래스에 메소드를 정의하면 메소드의 구현부 뼈대를 직접 타이핑하지 않고 생성할 수 있는 기능이 좋은 예다. 비주얼 스튜디오를 잘 다루려면 단축키 사용에 익숙해져야 하고 디버깅에 능수능란해야 한다. 또한 프로젝트 환경설정에 대해서도 정확히 이해해야 한다. 비주얼 스튜디오에 익숙하지 않다면 3장으로 넘어가기 전에 간단한 C++ 프로젝트를 작성해서 2장에서 언급한 내용에 익숙해질 때까지 반복 학습하기 바란다.

비주얼 스튜디오는 현존하는 개발 IDE 중 단연 최고다. 생산성을 높이기 위해서 한 번쯤은 비주얼 스튜디오란 툴 자체에 관심을 가져보기 바란다.

1장의 다양한 툴과 더불어 비주얼 스튜디오 사용에 익숙하지 않다면 3장으로 넘어가기 전에 한 번 더 자가점검하도록 한다.

3

운영체제 이론

운영체제는 개발철학이나 아키텍처 선택에 따라 몇 가지 타입의 운영체제로 분류할 수 있으며 대표적인 유형으로는 모놀리식 커널과 마이크로 커널을 들 수 있다. 3장에서는 몇 가지 유형의 커널 아키텍처를 살펴볼 것이다. 그런 다음 커널을 이루는 내부 핵심 요소를 확인할 것이다. 독자가 운영체제에 대한 기본적인 이해도를 갖고 있다고 생각하지만 만일 GDT, IDT, PIT, 페이지, DMA 등의 용어가 생소하다면 기본적인 이론서를 읽고 나서 다시 이 책을 읽을 것을 권한다. 하지만 이 책이 하향식 접근법을 지향하고 있는 만큼 적어도 1권에서는 기본 이론에 대한 기초가 부족하다 하더라도 읽는 데는 크게 무리가 없을 것으로 판단된다. 그래도 이 책의 모든 내용을 완벽히 이해하려면 계속 강조하지만 기본기가 가장 중요하다. 이 책과 더불어 개관 마지막에서 언급한 도서를 참조한다면 좀 더 수월하게 책의 내용을 학습할 수 있을 것이다.

1 운영체제 유형

운영체제를 최초 개발할 때에는 어떤 유형의 운영체제를 만들 것인가를 결정하는 것이 매우 중요하다. 이 유형에 따라 운영체제 내부 구조가 확연히 달라지며 한 번 결정된 구조는 개발 도중에 변경하기가 어렵기 때문이다. 그러므로 현존하는 운영체제의 여러 모델을 살펴보고 어떤 유형의 운영체제를 개발할 것인지를 결정하는 것이 매우 중요하다. 커널 아키텍처는 다음과 같은 대표적인 유형이 존재한다.

- 모놀리식 커널, 마이크로 커널, 하이브리드 커널, 엑소 커널

1.1 모놀리식 커널

모놀리식이란 하나의 서비스나 애플리케이션이 단일 커널의 모습을 지향할 때를 가리킨다. 즉 모놀리식 커널은 서비스 요청을 처리하는 서비스 프로시저가 단일 컴포넌트로 구성돼 있다고 생각하면 된다.

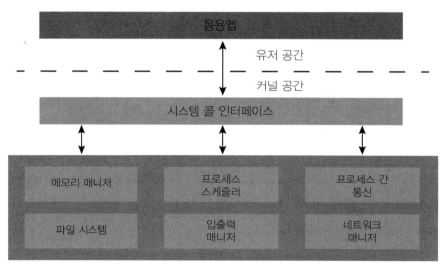

그림 3-1 모놀리식 커널

응용앱은 커널의 시스템 콜 API를 호출해서 커널 서비스를 이용한다. 그림 3-1 하단부의 커널에는 메모리 매니저, 프로세스 스케줄러, IPC, 파일 시스템, IO 매니저, 네트워크 매니저 등이 있는 것을 확인할 수 있는데 이런 컴포넌트는 모두 커널 요소에 해당하며 커널은 이런 요소들의 집합체다. 이런 커널 컴포넌트들은 명확히 분리돼 있지 않기 때문에 특정 모듈에서 문제가 발생하면 커널 전체에서 문제가 발생한다는 단점이 있다. 그러나 직관적인 구조기 때문에 운영체제 개발에서 대중적으로 선호하는 모델이다.

1.2 마이크로 커널

마이크로 커널은 운영체제 커널이 요구하는 최소한의 기능만 갖춘 커널을 뜻한다. 마이크로 커널은 보통 만 줄 이하의 코드로 구축되며 마이크로 커널 구조인 MINIX3 OS는 커널 코드량이 12,000줄 정도밖에 되지 않는다. 핵심 부분만 커널로써 동작하고 그 외의 부분은 외부 모듈로 제작해 통신하는 구조를 채택하고 있다. 외부 모듈과 커널 간 통신이 필요하므로 메시지 패싱 시스템 구축이 필요하며 설계자의 성향에 따라 구조가 바뀔 수는 있겠지만 각 모듈은 메시지 송수신을 위한 큐를 가진다. 또한 마이크로 커널 및 각 모듈은 통신을 위한 동기/비동기 전송 지원이 모두 가능하며 각 모듈은 별도의 프로세스로 동작한다. 파일 시스템이나 네트워크 시스템 등을 외부 모듈로 빼고 디바이스 드라이버도 커널에 두지 않음으로써 커널 코드를 매우 신뢰할 수 있게 된다. 예를 들어 마이크로 커널 구조에서는 파일 매니저 모듈에서 문제가 발생했다 하더라도 그 여파가 커널에 미치지 않으며 파일 매니저 모듈을 재부팅해서 파일 시스템을 복원할 수 있다는 장점이 있다. 그림 3-2는 마이크로 커널 구조에서 커널과 응용앱 그리고 모듈이 통신하는 과정을 나타낸 것이다.

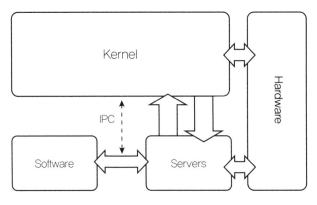

그림 3-2 마이크로 커널 구조

TIP 마이크로 커널 구조에서 파일 매니저나 네트워크 매니저처럼 외부로 뺀 모듈을 '서버'라는 용
어로 지칭하기도 한다.

대표적인 마이크로 커널인 MINIX3의 커널 레이아웃은 다음과 같다.

MINIX3의 계층적 마이크로 커널 아키텍처

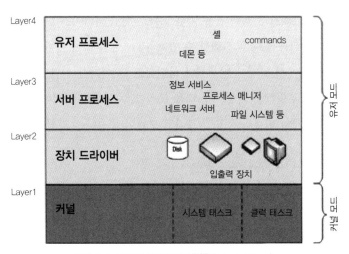

그림 3-3 MINIX3 커널 레이아웃(출처 : minix3.org)

하지만 응용앱이든 운영체제든 단일 구조를 여러 개의 서비스로 분할하는 것은 복잡도를 높이기 때문에 관리가 어려워진다는 단점이 있다. 그림 3-4는 모놀리식 커널과 마이크로 커널을 비교한 것이다.

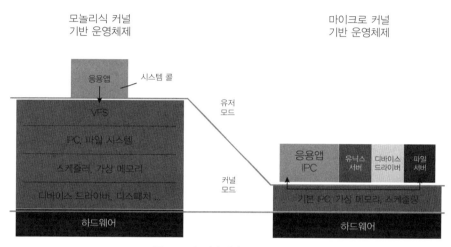

그림 3-4 모놀리식 커널 VS 마이크로 커널

그림 3-4에서 왼쪽이 모놀리식 커널, 오른쪽이 마이크로 커널이다. 두 모델을 비교해 보면 알겠지만 모놀리식 커널은 디바이스 드라이버, 가상 시스템 등이 모두 하나의 커널에 포함돼 있다. 응용앱 입장에서는 거대한 커널 하나와 통신하는 것이다. 반면 마이크로 커널에서는 응용앱에서 커널 서비스가 필요한 경우 해당 서비스에 특화된 '서버'에 요청을 보낸다. 예를 들어 파일 입출력이 필요하다면 응용앱은 커널을 거쳐 파일 서버에 이벤트 또는 패킷을 전송한다. 응용앱은 요청 결과가 올 때까지 대기할 수도 있으며 또는 비동기로 결과를 확인할 수 있다. 만일 파일 서버가 크래시됐다면 응용앱은 파일 입출력 서비스를 이용할 수 없으며 마이크로 커널은 주기적으로 모듈 상태를 체크해서 모듈이 크래시됐다고 판단되면 해당 모듈의 재부팅을 시도한다. 이후 파일 서버가 복구되면 응용앱은 파일 서비스를 이용할 수 있게 된다.

모놀리식 커널과 마이크로 커널은 각각 자신만의 장점을 갖고 있다. 하지만 최근 개발되는 OS는 현대적인 추세에 맞게 다소 성능상의 손해를 감수하더라도 마이크로 커널로 제작하는 추세다.

마이크로 커널은 모듈 간 메시지를 주고받는 점에서 클라이언트−서버 모델이라고 부르기도 한다. 순수 프로그래밍 관점에서 본다면 마이크로 커널 시스템은 로컬 분산 시스템에 해당하므로 각 컴포넌트 간 통신을 위해 RPC[Remote Procedure Call]나 RMI[Remote Method Invocation]를 도입하는 것도 생각해 볼 수 있다.

1.3 하이브리드 커널

하이브리드 커널은 모놀리식 커널과 마이크로 커널 구조를 동시에 갖는 아키텍처다.

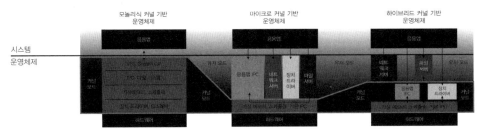

그림 3-5 하이브리드 커널

하지만 구조상 하이브리드 커널은 여러 모듈이 커널과 분리되지 않고 커널에 대부분 통합돼 있기 때문에 모놀리식 커널에 더 가깝다고 말할 수 있다.

1.4 엑소 커널

엑소 커널은 개발자에게 하드웨어와 밀접한 로레벨 인터페이스를 제공함으로써 개발자에게 하드웨어 관련 많은 결정권을 제공한다.

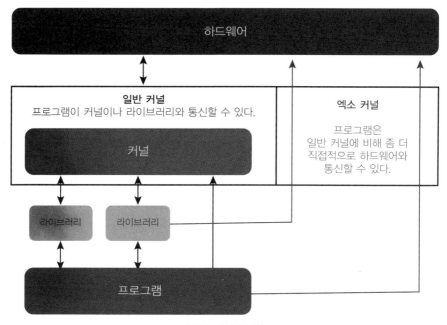

그림 3-6 엑소 커널

일반적으로 프로그램은 그림 3-6의 일반 커널을 사용하는 프로그램처럼 하드웨어 서비스를 사용하기 위해 수많은 추상화된 레이어를 거쳐야 한다. 이런 추상화된 레이어가 많으면 많을수록 일반 프로그램의 하드웨어 제어권은 낮아진다. 한편 엑소 커널은 이런 추상 레이어를 최소화함으로써 하드웨어에 대한 제어권을 높였다. 그렇다 하더라도 엑소 커널은 하드웨어 접근을 위한 최소한의 인터페이스를 제공해야 하는데 엑소 커널이 제공하는 추상화된 라이브러리를 라이브러리 커널이라 한다.

1.5 YUZA OS

YUZA OS는 모놀리식 커널이다. 하지만 간단히 모놀리식 커널이라고 못박을 수는 없다. 왜냐하면 커널의 여러 요소를 컴포넌트화했기 때문이다. 필자는 HAIKU OS나 MINIX3 OS를 접하면서 이런 운영체제가 지향하는 마이크로 커널의 단순성에 깊은 인상을 받았다. 그래서 지금은 구조적으로는 모놀리식 구조지만 클라이언트-서버 모델로 전환이 가능하도록 개발 중이다.

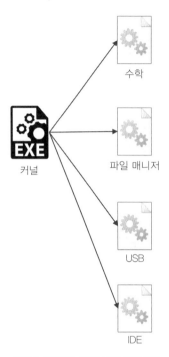

수학

파일 매니저

USB

IDE

그림 3-7 YUZA OS의 모듈 지향 구조

그림 3-7만 보면 YUZA OS는 마이크로 커널 구조 또는 하이브리드 커널 구조라고 생각할 수도 있다. 하지만 각 모듈 간의 통신은 메시지 패싱 기법을 통해서 수행되는 것이 아니다. 그림 3-7의 모든 컴포넌트들은 유기적으로 연결된 단일 커널이다. 모듈 지향 시스템은 구축했지만 마이크로 커널 시스템의 핵심인 메시지 패싱 시스템은 구현되지 않았다. 그래서 현시점에서 YUZA OS는 모놀리식 커널이다.

YUZA OS를 마이크로 커널 또는 클라이언트-서버 모델로 전환할 것인가에 대해서 질문한다면 필자가 계속 운영체제를 개발하는 한 그렇게 할 생각이다. 필자는 게임 서버 개발자 출신이라 로컬/원격 분산 시스템에 관심이 많고 메시지 패싱 시스템 구축에도 흥미가 많기 때문에 YUZA OS를 계속 개발한다면 마이크로 커널 형태로 전환하고 싶다. 여기서 중요한 점은 YUZA OS가 모놀리식 커널이든 마이크로 커널이든 그 전환이 쉬워야 한다는 점이다. 이를 위해서는 모듈 간 종속성이 없어야 한다. 리눅스 같은 성숙한 OS는 이런 커플링의 최소화가 불가능하기 때문에 구조 변경이 쉽지 않다. 그러므로 모듈 간 종속성이 낮은 YUZA OS는 운영체제를 밑바닥부터 개발하고 싶은 독자분들이 가질 수 있는 최소한의 선물이라고 판단한다.

 TIP 분산 시스템은 일반적으로 원격 네트워크를 통해서 구현하지만 프로그래밍 인터페이스 관점에서 보면 소프트웨어 컴포넌트 간의 통신과 개념적으로 큰 차이가 없다. 그러므로 초기 개발 시 설계를 잘해두면 로컬 통신과 원격 통신을 동일한 인터페이스로 접근하는 시스템을 개발할 수 있다. 마이크로 커널을 작성하고 싶다면 통신 인터페이스의 명세를 우선적으로 결정하는 것이 필요하다.

1.6 정리

운영체제 구조는 크게 모놀리식 커널과 마이크로 커널로 나뉜다. 초기에 결정한 아키텍처 모델은 운영체제 디자인 전체에 영향을 미치므로 커널 아키텍처를 선택하는 것은 매우 중요하다. 분산 시스템에 관심이 많고 서비스는 가능한 한 잘게 나눠서 커플링을 줄이는 것을 선호한다면 마이크로 커널을, 요청/응답이라는 심플한 구조로 운영체제를 제작하고 싶다면 모놀리식 커널을 채택하는 것이 좋다. 모놀리식 커널과 마이크로 커널의 장단점은 다음과 같다.

표 3-1 모놀리식 및 마이크로 커널의 장단점

커널 아키텍처	장점	단점
모놀리식 커널	심플한 구조	특정 부분에서 문제가 발생하면 커널 복구가 불가능하다.
마이크로 커널	• 모듈 간 커플링이 거의 없다. • 모듈에서 문제가 발생해도 커널은 동작한다.	• 유지보수가 어렵다. • 코드 분석이 어렵다(디버깅이 어렵다).

YUZA OS는 모놀리식 커널이지만 개념적으로는 마이크로 커널에 가깝다. 그 이유는 YUZA OS가 모듈 지향 시스템을 채택했기 때문이다. 비록 마이크로 커널은 아니지만 모듈 지향 시스템 덕분에 YUZA OS는 코드의 유지보수가 쉬워졌다. YUZA OS에서 모듈은 DLL로 구축되며 DLL은 실행파일 또는 동적 라이브러리로 활용된다.

YUZA OS는 언젠가 마이크로 커널 아키텍처로 전환할 예정이지만 현시점에서는 모놀리식 커널 아키텍처를 유지할 것이다. 그 이유는 다음과 같다.

- 모놀리식 커널은 구조가 간단하므로 운영체제 구조를 이해하기가 쉽다.
- 정교한 아키텍처를 구현하기 전에 안정적으로 동작하는 운영체제를 먼저 구축해야 한다.
- 마이크로 커널은 메시지 패싱 시스템이 필수며 메시지 패싱 시스템은 네트워크 시스템과도 연관성이 크다. 그러므로 마이크로 커널로의 전환은 네트워크 시스템을 정교하게 구현하려 할 때 같이 작업하는 것이 좋다.

2 운영체제 개발 요소

운영체제 개발 모델을 결정했으면 그 다음으로 고려해야 할 사항은 운영체제를 구성하는 세부적인 개발 요소를 확인하는 것이다. 여러 운영체제를 살펴보면 내용은 달라도 공통 개발 요소를 갖추고 있다. 운영체제 이론 서적에서 소개하는 내용을 기준으로 보면 이런 부분은 스케줄링이나 동기화 알고리즘, 프로세스, 스레드 등이 해당할 것이다. 운영체제를 한 번 개발해 본 입장에서 분류해 본 공통 개발 요소는 다음과 같다.

표 3-2 운영체제 개발 요소

개발 요소	설명
아키텍처 영역	X86이나 ARM 프로세서에서 동작하기 위한 기계어 구현 및 인터페이스 구축
디바이스	그래픽 카드 및 오디오 제어, USB나 저장장치의 제어, 네트워크 구현
파일 시스템	FAT32, NTFS 등의 파일 시스템 구축

개발 요소	설명
GUI 시스템	멀티태스킹 GUI를 통한 현대 운영체제의 외관 확립
커널 서비스	응용 프로그램이 호출할 수 있는 커널 서비스 구축
동기화 인터페이스	프로세스 또는 스레드 간 임계 영역을 보호. 특정 이벤트를 받기 위한 동기화 인터페이스 구축
가상 주소 시스템	모든 프로세스에 독립적인 메모리 공간을 제공하고 물리 메모리와 가상 주소 간 연동을 위한 인터페이스 구축
표준 프로그래밍 인터페이스	C나 C++로 구축된 모듈이나 유용한 소스를 최소한으로 수정해서 컴파일되도록 표준 인터페이스 제공

2.1 아키텍처

프로그래머에게 가장 이상적인 환경은 단일 프로그래밍 언어로 자신의 생각을 모두 표현해내는 것이다. 훌륭한 언어일수록 프로그래머의 생각을 더 쉽게 서술할 수 있다. 하지만 프로그래머가 생산해낸 바이너리는 결국 특정 머신에서 동작할 수밖에 없다. 이 특정 머신은 개인용 데스크톱 환경일 수도 있고 TV나 오디오, 냉장고 같은 임베디드 시스템일 수도 있다. 또한 스마트폰도 이에 해당한다. 제약이라고까지 말할 수는 없겠지만 이런 특정 머신에서 프로그래밍을 하려면 특정 머신이 제공하는 규약을 준수해야 한다. 이 규약은 간단히 요약하면 해당 머신을 제어하기 위한 어셈블리 언어를 의미하며 프로그래머, 정확히는 하드웨어 프로그래밍에 종사하는 사람들은 이 규약에 맞춰 프로그램을 개발해서 하드웨어를 제어한다.

머신은 표현 범위를 좁히면 간단히 CPU라고 말할 수 있다. 그리고 이 CPU는 특정 회사가 독점하지 않는 이상 다양할 수밖에 없다. 그래서 여러 머신에 대응하는 운영체제를 제작하려면 다양한 CPU를 제어할 수 있는 특정 코드를 머신(또는 플랫폼)별로 구현해야 한다.

코드 3-1 X86 어셈블리 코드

```
main proc
call    Clrscr
call    prompt_user
```

```
call    print_sum
exit
main endp
end main
```

코드 3-2 SPARC 어셈블리 코드

```
.global main
 main: save    %sp, -96, %sp

 mov    PROMPT, %o0
 call   writeChar
 nop
 call   readInt
```

X86 프로세서는 인텔이 제작한 CPU를 떠올리면 된다. SPARC는 확장형 프로세서 아키텍처의 줄임말로 썬 마이크로시스템이 개발한 RISC 프로세서다. 각 프로세서를 제어하기 위한 어셈블리 코드는 차이가 있으나 유사함을 알 수 있다. 다만 어셈블리어가 기계어로 번역되면 그 내용이 확연히 달라진다. 운영체제 개발자가 이 두 프로세서에서 모두 동작하는 운영체제를 제작하려면 두 개의 언어로 작성된 어셈블리 코드를 구현해야 한다.

운영체제를 개발하는 프로그래머 입장에서는 이런 아키텍처의 종속적인 내용을 쉽게 다루기 위해 인터페이스를 추상화하는 것이 더 중요하다. 추상화를 잘해두면 추후 새로운 아키텍처를 추가한다 하더라도 운영체제 코어 코드를 수정할 일은 거의 발생하지 않기 때문이다. 예를 들어 특정 포트에 1바이트를 쓰는 추상화된 함수는 다음과 같다.

```
bool WriteByteToPort(int portNum, unsigned char& value);
```

이 함수의 구현은 플랫폼별로 준비돼야 할 것이다. 하지만 이 함수를 사용하면 인터페이스가 변경되지 않는 한 코어의 수정은 발생하지 않는다. 그래서 아키텍처 영역에서는 위 함수 같은 플랫폼 독립적인 함수를 잘 정의하는 것이 중요하다. 위와 같은 함수는 하드웨어 제어 프로그래머와 운영체제 개발자의 역할을 분리시키는 가이드 라인도 된다.

2.2 디바이스

그래픽 카드나 오디오 장치 등을 제어하기 위해서는 디바이스에 입출력이 가능하도록 디바이스 프레임워크를 구축해야 한다. 그리고 규모가 큰 운영체제는 여러 디바이스에 대응하기 위한 표준 인터페이스를 제공한다. 사운드 카드를 제어하는 샘플 코드를 통해서 디바이스를 제어하는 간략한 흐름을 살펴보자. 코드 3-3은 AC97 사운드 카드의 정보를 담는 구조체다.

코드 3-3 AC97 사운드 카드 정보 구조체

```
typedef struct
{
        uint32_t pci_device; // 디바이스 고유 식별자
        uint16_t nabmbar;       // 네이티브 오디오 버스 마스터링 BAR
        uint16_t nambar;        // 네이티브 오디오 믹싱 BAR
        size_t irq;             // AC97 사운드 카드의 IRQ
        uint8_t bits;           // 볼륨 제어를 위해 제공되는 비트 수(5~6)
        ac97_bdl_entry_t * bdl;         // 버퍼 디스크립터 리스트
        uint16_t * bufs[AC97_BDL_LEN];  // 버퍼 디스크립터 리스트에 할당하는 버퍼를 위한 가
상 주소
        ......
} ac97_device_t;

static ac97_device_t _device; // AC97 사운드 카드 정보 구조체 선언
```

사운드 카드 정보를 채웠으면 이제 이 구조체를 사용할 수 있도록 사운드 카드 제어를 위한 일반 인터페이스에 매핑시킨다.

```
static snd_device_t _snd = {
        .name           = AC97_SND_NAME, // 디바이스 이름
        .device         = &_device, // AC97 디바이스
        .playback_speed = AC97_PLAYBACK_SPEED,  // 플레이 속도
        .playback_format = AC97_PLAYBACK_FORMAT, // 음원 포맷
        ……
        .mixer_read  = ac97_mixer_read,  // 믹서 읽기 메소드
        .mixer_write = ac97_mixer_write, // 믹서 쓰기 메소드
};
```

코드 3-4를 통해 AC97 사운드 카드 정보를 일반 사운드 카드 인터페이스로 접근하도록 은닉했다. 그런 다음 사운드 카드를 커널에 등록한다.

```
snd_register(&_snd);
```

사운드 카드가 등록됐다면 이제 AC97 사운드 카드로 소리를 출력하기 위해 커널은 다음 과 같은 인터페이스를 사용할 것이다.

```
snd_device_t _snd* pSoundCard = GetCurrentSoundCard();
pSoundCard->mixer_write(buffer);
```

예시로 보여준 소스코드는 간단해서 구조를 파악하는 것이 쉬울지도 모르지만 이런 범용 디바이스 인터페이스의 규모가 커지면 디바이스의 추가 및 삭제는 좀 더 편해진다 하더라 도 개발자는 운영체제를 디버깅하기가 어려워지고 프로그램 흐름을 파악하기가 어렵다. 또한 인터페이스가 강제하는 방식으로 디바이스 드라이버를 제작하는 수밖에 없다. 물론 상용 운영체제는 검증된 OS라서 디바이스 프레임워크에 문제가 발생할 리 없기 때문에 드라이버 개발 시의 요구사항을 준수하면 손쉽게 디바이스 드라이버를 개발할 수 있다. 하지만 우리는 이런 디바이스 드라이버를 제작하는 것뿐만 아니라 디바이스 드라이버와 연동할 수 있는 디바이스 프레임워크도 구축해야 한다. 물론 디바이스 프레임워크는 우리

가 임의로 구현할 수도 있지만 이미 구현된 OS를 참조해서 만드는 것이 좋다. 신뢰할 수 있는 운영체제 중 하나인 리눅스를 분석해서 디바이스 프레임워크에 대한 아이디어를 얻을 수 있다면 더욱 좋을 것이다.

그런데 디바이스 시스템에 대한 이해는 코드를 분석해서 해결한다 하더라도 관련 코드를 재활용하는 것은 쉬운 작업일까? 예를 들어 리눅스의 ES1371이라는 사운드 카드 디바이스 드라이버를 활용하고 싶은데, 이 드라이버는 리눅스라는 커다란 프레임워크에 종속돼 있으므로 이런 드라이버를 새로운 OS로 이식하는 것은 쉽지 않을 것이다. 즉 재활용이 어렵다. 따라서 디바이스 시스템 및 드라이버 개발은 이미 검증된 OS로부터 아이디어를 얻는다 하더라도 코드 재활용이 어렵기 때문에 관련 코드는 다시 작성하는 것이 좋다.

그렇다 하더라도 하드웨어 동작에 대한 디버깅은 쉽지 않고 테스트도 번거롭기 때문에 디바이스 프레임워크를 구축하고 디바이스 드라이버를 개발하는 것은 결코 쉬운 작업이 아니다.

2.3 파일 시스템

상용 OS는 복수의 파일 시스템을 다룰 수 있다. 예를 들어 윈도우 운영체제는 FAT32, NTFS 파일 시스템 등을 다룰 수 있다. 일반적으로 운영체제는 자체 파일 시스템을 가진다. 그런데 실제 운영체제 개발을 시도해 본 개발자라면 알겠지만 취미용 운영체제의 경우 파일 시스템의 읽기는 구현돼 있지만 쓰기는 구현돼 있지 않은 경우가 많다.

다양한 저장장치나 파일 시스템에 상관없이 동일한 인터페이스로 읽기 및 쓰기가 가능하려면 운영체제는 가상 파일 시스템을 지원해야 한다. 가상 파일 시스템은 개발자에게 동일한 프로그래밍 인터페이스를 제공한다.

가상 파일 시스템의 예
- fopen → 가상 파일 시스템 → FAT32 → IDE 하드디스크 접근
- fopen → 가상 파일 시스템 → NTFS → 사타 하드디스크 접근

2.4 GUI 시스템

운영체제는 그래픽 프로세스를 생성하기 위한 인터페이스를 제공해야 한다. 기본적으로 윈도우 창을 생성할 수 있어야 하며 윈도우 창 내부에서는 콤보 박스, 텍스트 박스, 에디트 박스 등의 컴포넌트를 생성할 수 있어야 한다. 또한 여러 윈도우 창 간에 클리핑을 지원해야 한다.

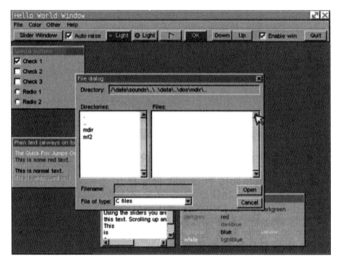

그림 3-8 GUI 컴포넌트

또한 마우스로부터 특정 좌표를 입력받았을 때 해당 위치에 있는 윈도우 창에 마우스 이벤트를 전송할 수 있어야 하고 윈도우 창의 생성과 삭제를 담당할 수 있는 데스크톱 매니저를 구현해야 한다. 이 데스크톱 매니저는 오동작하는 태스크를 강제 종료하는 기능도 갖춰야 한다.

 TIP 커널 개발 측면에서 본다면 GUI 시스템(데스크톱 매니저)은 커널 서비스를 이용만 하는 객체에 불과하기 때문에 중요한 요소가 아니라고 생각할 수 있다. 하지만 최종 사용자에게 있어서 운영체제를 평가할 수 있는 핵심 요소는 시각적으로 접하는 유저 인터페이스, GUI 시스템이 전부다. 그러므로 GUI 시스템 구축을 결코 가볍게 대해서는 안 된다.

2.5 커널 서비스

커널 컴포넌트나 응용 프로그램은 하드웨어에 직접 접근할 수 없으므로 커널에게 자신이 필요로 하는 서비스를 요청해야 한다. 커널 서비스의 대표적인 예로는 파일 입출력, 터미널에 문자열을 출력하는 것을 들 수 있다. 스레드를 생성하거나 동기화 객체를 생성하는 것도 모두 커널이 제공하는 서비스를 통해 실행된다.

표 3-3 커널 서비스 함수 예

서비스 함수	설명
KCreateThread	스레드를 생성한다.
kSuspendThread	스레드를 멈춘다.
kResumeThread	스레드 실행을 재개한다.
kCreateSemaphore	세마포어를 생성한다.
kCreateMutex	뮤텍스를 생성한다.
kCreateSpinLock	스핀락을 생성한다.
kprintf	콘솔에 문자열을 출력한다.

표 3-3의 함수는 커널에서 사용하는 함수다. 그래서 응용앱에서는 직접 호출하는 것이 불가능하며 시스템 콜System Call을 경유해야 서비스를 실행할 수 있다. 시스템 콜에서 커널 서비스 호출의 유효성 검증을 철저히 한다면 커널은 수상한 응용앱으로부터 자신을 좀 더 안전하게 보호할 수 있다.

2.6 동기화 인터페이스

아키텍처의 종속적인 기능을 구현하거나 디바이스 프레임워크를 구축하는 것은 논외로 하고, 개발자 관점에서 가장 중요한 영역 중 하나는 동기화 인터페이스의 구축이다. 동기화 인터페이스는 커널이나 응용 프로그램이 빈번하게 사용하는데 동기화 인터페이스가 변경되면 해당 인터페이스를 사용하는 커널 및 응용 프로그램 전부를 수정해야 되기 때문이다. 새로운 플랫폼을 추가로 지원하거나 멀티 프로세서를 지원하는 등 하드웨어 명세가

변경되더라도 동기화 인터페이스는 변경돼서는 안 된다. 운영체제 개발 초기에 개발자는
동기화 인터페이스의 정확한 명세를 결정해야 한다.

코드 3-5 동기화 인터페이스 의사 코드

```
Lock();
keyBuffer.Pop();
Unlock();
```

태스크가 하나만 존재한다면 동기화 인터페이스는 필요가 없다. 하지만 운영체제상에서
는 여러 태스크가 동시에 동작하기 때문에 동일한 공유자원에 동시 접근해서 데이터를 읽
거나 쓰는 상황이 발생한다. 이 과정에서 공유자원의 무결성을 훼손할 수 있기 때문에 동
기화 기능은 반드시 필요하다.

2.7 가상 주소 시스템

가상 주소 시스템은 각각의 프로세스(또는 태스크)에 독립적인 주소 공간을 제공한다.

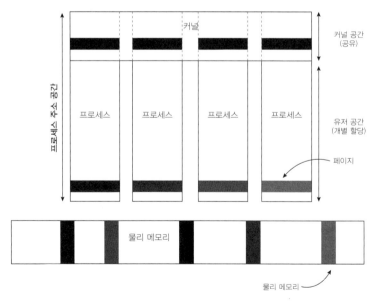

그림 3-9 프로세스별 독립적인 주소 공간

프로세스가 독립적인 주소 공간을 갖는 것은 매우 중요한 의미를 지닌다. 여러 프로세스가 주소 공간을 공유한다면 다른 프로세스가 사용하는 주소 공간을 망치거나 훼손할 우려가 있지만 독립적인 주소 공간을 사용한다면 그 가능성이 매우 줄어들기 때문이다.

또한 독립적인 주소 공간을 통해서 프로그래머는 동일한 프로그래밍 인터페이스로 프로그램을 제작할 수 있다. 프로세스가 동일한 주소 공간을 공유한다면 해당 주소 영역이 자신이 점유한 영역인지를 고려할 필요가 있는데 독립주소 공간을 제공받는다면 그럴 필요가 없다. 가상 주소 시스템은 매우 복잡하긴 하지만 프로세스를 편하게 관리하기 위한 필수불가결한 시스템이다.

> MEMO 해당 운영체제가 가상 주소 시스템을 제대로 구현했는지 여부에 따라 운영체제의 개발 스펙이 크게 달라진다. 본격적으로 운영체제를 공부하고자 한다면 YUZA OS를 포함해서 가상 주소 시스템이 완벽히 구현된 운영체제를 분석하는 것이 좋다.

2.8 프로그래밍 인터페이스

모든 기능을 프로그래머가 직접 개발할 수 있다면 가장 이상적이겠지만 우리에게는 시간이 그렇게 많지 않다. 이미 누군가가 개발한 라이브러리를 활용할 수 있다면 우리의 작업 효율이 매우 증대될 것이다. 하지만 이런 라이브러리를 활용하려면 해당 라이브러리의 소스코드를 새로운 플랫폼에서 빌드할 수 있어야 한다.

표 3-4 유용한 서드파티 라이브러리

라이브러리	설명
zlib	압축 라이브러리
SDL	멀티미디어 라이브러리
freetype	폰트 라이브러리
lua	루아 스크립트를 해석할 수 있는 라이브러리
ffmpeg	동영상 인코딩 및 디코딩 라이브러리

표 3-4에서 언급한 라이브러리들은 표준 ANSI C 인터페이스나 POSIX 인터페이스를 사용했으므로 해당 라이브러리를 사용하고 싶다면 언급한 표준 인터페이스를 구현하면 된다. 예를 들어 표준 ANSI C 인터페이스는 다음과 같다.

표 3-5 표준 ANSI C 인터페이스

함수	내용
fopen	파일을 연다.
fread	파일로부터 데이터를 읽는다.
fwrite	파일에 데이터를 쓴다.
sprintf	버퍼에 특정 서식의 문자열을 출력한다.
malloc	메모리를 할당한다.
free	메모리를 해제한다.

운영체제가 표준 인터페이스를 제공해 주면 기존의 소스코드를 포팅하기가 쉬워진다. 물론 표준 인터페이스를 제공한다 하더라도 내부 구현의 오류로 의도치 않은 동작이 발생할 수 있으므로 수많은 테스트를 통해서 구현한 인터페이스가 정상적으로 동작하는지에 대한 검증이 필요하다.

YUZA OS는 처음부터 표준 인터페이스를 고려하고 제작하지는 않았지만 서드파티를 포팅해 나가면서 프로그래밍 인터페이스를 점차 다듬어 나갔다. 그 결과 이 책에서 언급하는 오픈소스 라이브러리는 이제 큰 수정없이 빌드할 수 있다.

2.9 정리

앞에서 언급한 8가지 개발 요소는 운영체제 개발 시 확연히 구분되는 영역이다. 그러므로 각 영역은 가능한 한 커플링을 줄이는 것이 좋다. 커플링이 줄어든다는 것은 특정 요소가 크게 변경된다 하더라도 그 여파가 다른 개별 요소에 미치는 영향이 제한적이라는 것을 뜻한다. 다르게 말하자면 개발 요소 간 커플링을 줄이는 것은 차후 발생할 수 있는 불필요한 개발 비용을 줄인다는 것을 의미한다.

3 결론

YUZA OS는 모놀리식 커널 아키텍처로 개발됐지만 언제든지 마이크로 커널 아키텍처로 전환할 수 있는 구조로 개발하고 있다. 독자분들은 이 책을 다 읽고 난 후 YUZA OS를 기반으로 한 새로운 운영체제를 개발할 수도 있고 스크래치부터 새로운 운영체제를 제작할 수도 있을 것이다. 어떤 선택을 한다 하더라도 시작하기 전에 반드시 개발하려는 운영체제의 모델을 결정해야 한다. 그리고 운영체제 모델을 결정했다면 운영체제를 구성하는 핵심 부분을 컴포넌트 형태로 분류해서 각 컴포넌트 간 커플링을 줄이는 방법을 강구해야 한다. 이 두 가지 결정은 별것 아닌 것처럼 보일 수도 있지만 한 번 결정하고 난 이후에는 절대 변경해서는 안 된다. 개발 도중 운영체제 모델을 변경하고 컴포넌트 분류방법을 변경하는 등의 행위는 마치 63빌딩을 짓는데 35층까지 지었다가 지층이 취약하다고 판단해 다른 지역에서 다시 건물을 건설하겠다는 행위와 다를 바 없다.

4장부터는 지금까지 학습한 내용을 기반으로 해서 YUZA OS를 본격적으로 다뤄볼 것이다. YUZA OS의 세계에 진입하기에 앞서 다시 한 번 자가점검하는 시간을 가져보자.

- 비주얼 스튜디오 및 다양한 툴의 사용법에 익숙해졌는가?
- 운영체제에 대한 기본적인 이론은 숙지했는가?
- 운영체제 개발을 위한 본인의 의지는 확고한가?

4

YUZA OS 시작하기

백 번 듣는 것보다 한 번 보는 것이 훨씬 낫다는 옛말이 있듯이 YUZA OS와 친숙해지는 최고의 지름길은 동작 원리를 먼저 살펴보기보다는 YUZA OS상에서 응용앱을 직접 구동시켜 보고 더 나아가 직접 응용앱을 작성해 보는 것이라 생각한다. 4장에서 학습할 내용은 다음과 같다.

- YUZA OS와 응용앱을 빌드하기 위한 환경설정 방법을 이해한다.
- 기초적인 디버깅을 해본다.
- YUZA OS의 콘솔 시스템을 살펴본다.
- 응용앱을 작성하는 방법을 학습한다.

1 환경 구축

우선 아래 깃허브 사이트에 접속해 YUZA OS의 소스코드를 다운받자.

https://github.com/pdpdds/yuzaos

그런 다음 Releases 탭에서 버전 1.0의 소스코드를 다운받는다. YUZA OS 최신 버전을 사용하고 싶다면 다음 방법 중 하나를 사용해서 소스코드를 다운받자.

- 윈도우용 깃 클라이언트
- TortoiseSVN
- WSL을 통한 깃 사용
- 압축파일

최신 YUZA OS 소스코드는 계속 수정 작업 및 리팩토링을 진행 중이기 때문에 일부 내용은 이 책에서 설명한 내용과 다를 수 있다. 소스코드를 다운받았으면 루트 폴더로 이동한다. YUZA OS의 폴더 구성은 다음과 같다.

표 4-1 YUZA OS의 폴더 구성

폴더	내용
corelib	운영체제 제작 시 중요한 라이브러리 모음
device	디바이스 드라이버 모음
kernel	YUZA OS 커널
luakernel	독립형 OS인 루아 커널
runtime	응용앱이나 모듈을 제작할 때에 필요한 런타임 라이브러리
Sample	샘플 프로젝트 모음
thirdparty	검증된 오픈소스 라이브러리
support	일반 라이브러리
bin	빌드된 바이너리 및 맵 파일이 이 폴더로 복사됨. WIN32에서 디버깅 시 대상 폴더가 이 Bin 폴더임

루트 폴더에는 솔루션sln 파일들이 있다. 소스코드를 참조할 때는 각 장에 해당하는 솔루션 파일을 실행해서 참조하면 된다. 프로젝트 빌드 시 반드시 솔루션 구성은 DEBUG, 솔루션 플랫폼은 WIN32로 맞춘 후 빌드한다.

그림 4-1 솔루션 구성과 플랫폼의 설정

기본 프로젝트 빌드

커널 및 응용앱을 빌드하려면 우선 기본 프로젝트를 빌드해야 한다. 아래에서 설명하는 순서대로 프로젝트를 빌드한다.

- runtime 폴더로 이동해서 runtime.sln을 실행한 다음 빌드한다.
- 정상 빌드가 되지 않는 경우 어셈블리 파일 빌드를 위해 필요한 확장 플러그인인 VSNASM이 설치됐는지 확인한다.
- corelib.sln을 실행하고 빌드한다.
- thirdparty 폴더로 이동해서 ThirdParty.sln을 실행한 다음 빌드한다.
- support.sln을 실행하고 빌드한다.
- device.sln을 실행하고 빌드한다.
- thirdParty/SDL/SDL2 폴더로 이동해서 SDL2.sln을 실행한 다음 빌드한다.
- thirdParty/SDL/SDL1CL 폴더로 이동해서 sdlcl.sln을 실행한 다음 빌드한다.
- thirdparty2 폴더로 이동해서 ThirdParty2.sln을 실행한 다음 빌드한다.
- kernel.sln 솔루션을 실행한 다음 빌드한다.

기본 프로젝트를 모두 빌드한 다음에는 각 장에서 언급하는 솔루션 파일을 실행해서 학습을 진행하면 된다.

가상 이미지 파일 구축

YUZA OS는 WIN32/실기의 파일 시스템 동기화를 위해 가상 디스크 이미지를 사용한다. 그래서 WIN32에서 디버깅을 하려면 각 장의 내용을 진행할 때마다 다음과 같은 작업을 해줘야 한다.

- 구글 드라이브나 카페 자료실에서 yuza_basic.img 파일을 다운받는다. 그러고 나서 bin 폴더에서 image 폴더를 만든 다음 image 폴더로 파일을 복사한다. 구글 드라이브 주소는 카페에서 확인한다.
- bin 폴더의 yuza.cfg 파일을 열어서 image 카테고리의 HARDDISK 항목을 다음과 같이 수정한 다음 저장한다.

```
HARDDISK = ( {name = "image/yuza_basic.img";
              enable = 1;});
```

이후 각 장의 내용을 진행할 때는 해당하는 장의 솔루션을 실행한 다음 프로젝트를 빌드하고 나서 bin 폴더에 생성된 바이너리 및 맵 파일 등을 가상 이미지 파일 내부로 복사해 주면 된다. 다만 이 작업은 조금 귀찮은 면이 있기에 학습의 편의를 위해 각 장에 사용할 가상 이미지 파일을 미리 제작해 뒀다. 예를 들어 01_console.img 가상 이미지는 4장에서 사용할 가상 이미지 구성을 미리 만들어 둔 파일이다. 지금부터는 편의를 위해 미리 만들어 둔 가상 이미지를 사용한다고 가정하고 설명한다.

> 미리 만들어 둔 가상 이미지 파일도 구글 드라이브나 카페에서 확인할 수 있다.

기본 설정 파일

커널이 사용하는 기본 설정 파일에는 두 개의 파일이 존재한다.

```
yuza.cfg, driver.cfg
```

yuza.cfg는 전역 환경 변수나 가상 이미지 경로, 디버깅 관련 정보를 저장한 설정 파일이다. driver.cfg 파일은 장치 정보를 기술한 설정 파일이다. 이 두 파일은 WIN32/실기 모두 필요로 하는 정보이므로 커널이 실행되지 않는다면 이 파일들이 누락됐는지 확인한다.

이제 커널을 빌드하고 실행할 준비가 완료됐다. 빌드나 환경설정에 어려움을 겪는다면 깃허브나 카페에 질문을 하기 바란다.

2 Hello World!!

모든 프로그래밍 언어가 그렇듯 YUZA OS 튜토리얼도 "Hello World!!"라는 문자열을 출력하는 HelloWorld 프로젝트부터 시작한다. HelloWorld 프로젝트를 분석하면 "Hello World!!" 문자열을 출력하는 과정, 다시 말해서 커널에서 응용 프로그램까지의 호출 흐름을 쉽게 파악할 수 있다. 또한 반드시 필요한 내용으로만 구성돼 있기 때문에 좋은 시작점이 된다. 먼저 yuza.cfg의 HARDDISK 항목을 01_console.img로 변경한다. 그리고 01_console.sln 솔루션을 실행한 후 yuza 프로젝트의 **YuzaOSConsole** 함수를 찾는다. 가상 이미지 파일은 앞에서 설명했지만 카페나 구글 드라이브에서 확인할 수 있다. bin\image 폴더에 01_console.img 파일을 복사했는지 확인한다.

코드 4-1 YUZA OS 콘솔 시작부

```
void YuzaOSConsole(char* consoleName)
{
        SkyConsole::Clear();
        PrintInfomation();
        PrintCurrentTime();

#if YUZA_DEBUGGER
        Debugger::GetInstance()->DebugKernel();
#else
        HANDLE handle = kCreateProcess(consoleName, nullptr, 16);
```

```
        SKY_ASSERT(handle != 0, "YuzaOSConsole exec fail!!\n");
        WatchDogProc(0);
#endif


        //not reached
}
```

YuzaOSConsole 함수는 콘솔 커널의 시작 엔트리다. 커널 부팅 이후 여러 가지 초기화 작업을 거쳐 이 함수가 호출된다. kCreateProcess는 커널 API로 프로세스를 생성하는 API다. 콘솔 환경을 제어하는 실질적인 모듈은 console.dll이며 console.dll은 응용앱에 해당한다. 실행 결과는 그림 4-2와 같다.

그림 4-2 console.dll 실행 결과

이제 그림 4-2의 실행 결과를 출력하도록 프로젝트를 빌드해 볼 것이다. 4장은 운영체제의 구조에 대해 이해를 하는 것보다는 YUZA OS에 친숙해지는 것이 목표이므로 잘 모르는 부분이 나와도 무작정 따라해서 내용을 진행한다.

 TIP 솔루션 파일을 열고 나서는 yuza 프로젝트가 시작 프로젝트로 설정돼 있는지 꼭 확인한다.

실습 1 - DLL 디버깅 모드

yuza 프로젝트에서 BuildOption.h 파일을 열어서 상수들을 다음과 같이 설정한다.

```
SKY_CONSOLE_MODE  1
SKY_EMULATOR      1
SKY_EMULATOR_DLL  1
```

위와 같이 설정해서 빌드하면 yuza.exe, console.dll, helloworld.exe 등 YUZA OS를 실행하기 위한 기본 파일들이 디버그 폴더에 생성된 후 자동으로 Bin 폴더에 복사된다. 지금은 모든 파일이 가상 이미지 파일 내부에 존재하므로 문제가 되지 않지만 차후에는 Bin 폴더에 생성된 파일들을 가상 이미지 파일로 복사하는 작업이 필요할 것이다.

 TIP 빌드한 생성물이 Debug 폴더에서 Bin 폴더로 복사되는 이유는 yuza 프로젝트의 '빌드 후 이벤트' 덕분이다. 그래서 yuza 프로젝트가 갱신되지 않으면 바이너리들이 Bin 폴더로 복사되지 않는 경우가 발생한다. 이 문제는 다음과 같은 방법으로 해결한다.

- 프로젝트 전체를 재빌드한다.
- yuza 프로젝트를 수정한 다음 빌드한다.
  예) yuza 프로젝트의 특정 파일에 공백문자를 입력하고 빌드

Bin 폴더로 바이너리가 복사되지 않았더라도 디버깅하는 데는 문제가 없지만 가상 이미지 파일로 바이너리를 복사할 때 Bin 폴더의 파일은 갱신되지 않은 바이너리일 가능성이 있으므로 주의한다. 물론 Debug 폴더에서 복사하면 문제는 없겠지만 Debug 폴더에는 불필요한 파일들이 혼재하므로 파일을 복사하는 것이 조금 불편하다.

F5 키를 눌러서 프로그램을 시작해 보자. 그러면 그림 4-3과 같은 화면이 뜰 것이다. 그런 다음 이 프롬프트 화면에서 그림 4-3과 같이 helloworld.exe를 실행한다.

그림 4-3 helloworld.exe 실행

이제 helloworld 프로젝트의 main.cpp 파일을 열어본다.

코드 4-2 helloworld 프로젝트 main 코드

```
#include <stdio.h>

int main(int argc, char** argv)
{
        printf("hello world!!\n");
        return 0;
}
```

프로그래밍 인터페이스는 우리가 일반적으로 콘솔 프로그램을 제작할 때와 동일하다. 이제 문자열 출력 함수에 브레이크 포인트를 걸고 F5키를 눌러서 커널을 실행한 뒤 helloworld.exe를 실행해 본다. 브레이크 포인트가 히트될 것이다. 브레이크 포인트가 히트되면 콜스택 창을 열어 그 내용을 살펴본다.

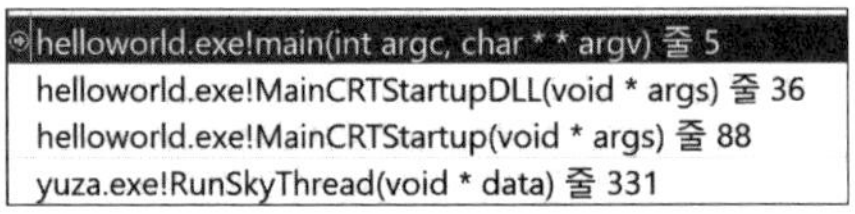

```
⊛helloworld.exe!main(int argc, char * * argv) 줄 5
 helloworld.exe!MainCRTStartupDLL(void * args) 줄 36
 helloworld.exe!MainCRTStartup(void * args) 줄 88
 yuza.exe!RunSkyThread(void * data) 줄 331
```

그림 4-4 브레이크 포인트 히트 시 콜스택

마지막으로 문자열 출력 함수에 문자열을 아무렇게나 수정해서 빌드한 뒤 브레이크 포인트를 걸고 실행한다. 수정된 결과가 반영됐는지 확인한다.

실습 2 - DLL 디버깅 미지원 모드

이 모드는 첫 번째 실습처럼 WIN32에서 동작하는 프로그램을 생성하지만 DLL의 디버깅이 불가능한 모드다. BuildOption.h 파일을 열어서 상수들을 다음과 같이 수정한 다음 커널을 빌드한다.

```
SKY_CONSOLE_MODE  1
SKY_EMULATOR      1
SKY_EMULATOR_DLL  0
```

그런 다음 실습 1의 단계를 그대로 따라해 본다. 문자열 출력 함수에 브레이크 포인트를 걸어도 히트되지 않음을 알 수 있을 것이다.

SKY_EMULATOR_DLL 상수가 1이면 윈도우 운영체제의 WIN32 로더가 helloworld.exe를 실행한다. 반면 이 상수가 0이면 YUZA OS의 모듈 로더가 실행파일을 메모리에 적재하고 실행시킨다. WIN32 로더가 실행한 코드는 비주얼 스튜디오 디버거가 정확한 브레이크 포인트 지점을 계산해서 설정하는 것이 가능하지만 YUZA OS 모듈 로더로 실행하면 정확한 브레이크 포인트 지점을 계산하지 못해서 브레이크 포인트 히트가 되지 않는다.

DLL 디버깅 미지원 모드는 실행파일을 디버깅할 수 없다 하더라도 YUZA OS의 실제 동작에 더 가깝기 때문에 실기로 OS를 구동했을 때와 근접한 결과를 산출한다.

MEMO →

프로젝트가 완성되기까지 코드로 드러나지 않는 숨은 노력들이 굉장히 많았다. 그중 하나가 YUZA OS 모듈 로더로 DLL을 로드할 때 디버깅이 가능하게 구현하는 것이었는데 수많은 연구 및 리서치를 했으나 해결책은 찾을 수 없었다. 프로그래밍을 하면서 좌절스러운 경험을 여러 번 겪게 되는데 이런 경우는 다음과 같은 케이스다.

> 될 듯 될 듯 하면서 안 된다.

WIN32 로더로 PE^Portable Executable를 로드하지 않고 커스텀 로더로 PE를 로드하는 샘플 예제는 굉장히 많다. 모두 안정적인 코드지만 이들 모두 로드된 DLL의 디버깅에 관해서는 해결책을 제시하지 못하고 있다. 현재로서는 커스텀 로더를 통해서 메모리에 적재된 DLL이나 파일 DLL을 로드해서 실행하는 경우 비주얼 스튜디오가 제대로 디버깅 매핑을 해주지 않는다는 정도로만 기억하면 되겠다. 만일 디버깅이 제대로 된다면 SKY_EMULATOR_DLL 상수는 제거할 수 있다.

실습 3 - 실기(가상 에뮬레이터)

이번 실습에서는 프로그램을 실기에서 실행시켜 본다. VirtualBox용 이미지 파일인 YUZAOS.VDI 파일은 카페나 구글 드라이브에서 다운받을 수 있다.

> **MEMO** → 지금부터는 실기란 단어는 가상 에뮬레이터와 동일한 용어로 간주한다.

앞에서 언급했지만 실기에서의 실행은 현시점에서는 행사비용에 해당한다. 모듈이나 응용 프로그램을 제작할 경우 WIN32에서 최종 완성을 하고 마지막으로 실기에서 테스트해서 행사비용을 최대한 줄이자.

빌드 옵션은 다음과 같이 설정한다.

```
SKY_CONSOLE_MODE 1
SKY_EMULATOR     0
SKY_EMULATOR_DLL 0
```

빌드를 완료한 후 YUZAOS.VDI 파일을 ImDisk로 열고 가상 디스크로 이동한 다음 루트 폴더로 다음 파일을 복사한다.

> launcher.exe, yuza.exe, console.dll, helloworld.exe

- launcher.exe : GRUB이 실행하는 커널 로더다. GRUB이 로드한 커널 로더는 비주얼 스튜디오 특성 때문에 프로그래밍 시에 몇 가지 제약이 발생하므로 launcher.exe에서는 커널을 직접 구현하지 않는다. 대신 launcher.exe는 실제 커널 구현체인 yuza.exe를 로드해서 커널을 실행한다.
- yuza.exe : 커널 핵심 구현체인데 콘솔 모드에서는 console.dll을 실행시켜서 제어권을 넘긴다.

- console.dll : 프롬프트 동작을 구현한 모듈로 콘솔 응용앱을 실행시킬 수 있다.
- helloworld.exe : 콘솔 응용앱이다.

가상 이미지 파일에는 위에서 언급하지 않은 파일도 존재하는데 이 파일들에 대해서는 추후 설명한다. 이제 가상 디스크를 언마운트하고 VirtualBox를 실행한 다음 YUZAOS. VDI 파일을 사용해서 가상 머신을 새로 생성한다. 메모리 크기는 1024MB로 설정한다.

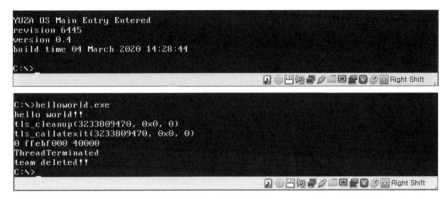

그림 4-5 VirtualBox에서 커널을 실행한 화면

helloworld.exe를 실행할 경우 출력되는 로그는 커널 디버깅용 로그다. 크게 신경쓰지 않아도 된다.

 콘솔 모드, 이제는 필요없지 않나?

콘솔 모드는 PC가 지원하는 기본 그래픽 모드로 대부분의 컴퓨터는 부팅 시 콘솔 모드로 시작한다. 하지만 최신 컴퓨터에서는 콘솔 모드가 아예 존재하지 않는 경우도 있으며 대부분의 운영체제가 그래픽 데스크톱 환경에서 동작한다는 것을 감안하면 콘솔 모드는 이제 고려하지 않는 편이 좋을 수도 있다. 하지만 다음과 같은 이유로 콘솔 모드를 남겨뒀다.

- 오래된 컴퓨터에서도 운영체제 동작
- 서버용 운영체제, 그래픽이 필요하지 않은 곳에서의 사용 가능성
- 디버깅용으로 사용

GUI가 필요하지 않은 분산 운영체제를 구현하는 경우라면 콘솔 모드는 남겨두는 편이 좋을 것이다. 다만 콘솔, 데스크톱 간 프로젝트 전환 과정은 행사비용에 해당하므로 콘솔 모드 비중은 줄이고 데스크톱 환경에 집중할 것이다. 물론 데스크톱의 그래픽 콘솔이 콘솔 모드를 대체할 수 있으므로 콘솔 모드 프로그램을 개발하는 데는 아무런 지장이 없다.

3 응용앱 개발 프로젝트 설정

이제 HelloWorld 프로젝트와 같은 응용앱 제작을 위한 프로젝트 설정을 살펴본다. 가장 빨리 프로젝트를 생성하는 방법은 HelloWorld와 같은 프로젝트를 그대로 복사해서 사용하는 것이다. 그러고 나서 다음 세 개 파일의 이름을 원하는 프로젝트 이름으로 변경해 준다.

---

helloworld.vcxproj, helloworld.filters, helloworld.user

예를 들어 위의 세 개의 파일을 다음과 같이 변경한다.

---

sample.vcxproj, sample.filters, sample.user

그런 다음 sample 프로젝트를 솔루션에 추가하고 console 필터로 이동시킨다. 추가하면 프로젝트 이름이 helloworld로 나오므로 이 이름을 sample로 수정한다. 이제 새로운 샘플 프로젝트가 추가됐다.

기존 프로젝트를 복사하지 않고 새롭게 프로젝트를 생성한다면 HelloWorld 프로젝트를 참조해서 프로젝트 옵션을 동일하게 설정해야 한다. 수정해야 될 옵션이 많아서 시간이 오래 걸리므로 학습을 위해 한두 번 정도만 이렇게 해보고 그다음부터는 기존 프로젝트를 복사해서 새 프로젝트를 만드는 것을 추천한다.

프로젝트 템플릿을 사용하면 좀 더 편하게 프로젝트를 생성할 수 있다. 프로젝트 템플릿을 위한 기본 프로젝트는 아래 링크에서 확인한다.

https://github.com/pdpdds/YuzaTemplate

프로젝트 템플릿을 사용한 신규 프로젝트 생성에 관해서는 카페의 글을 참조한다. 단 이 책에서는 프로젝트 템플릿을 사용하지 않는다.

4 실습

응용앱 프로젝트를 생성하는 방법을 이해했으니 지금부터는 실제로 WIN32 및 실기 환경에서 구동할 수 있는 앱을 제작해 본다.

4.1 sample 프로젝트

실행파일에 파라미터를 입력해서 입력받은 파라미터를 그대로 출력하는 프로그램을 제작해 보자.

- 콘솔 실행

```
sample.exe yuza!!
```

- 실행 결과

```
yuza!!
```

- 인자가 없을 때

```
usage : sample.exe <parameter>
```

HelloWorld 프로젝트에서 실습한 세 가지 모드를 모두 테스트해 보고 문제없이 동작함을 확인한다. 또한 DLL 디버깅 지원 모드에서 디버깅이 원활하게 되는지 확인한다. sample. exe가 제대로 동작하는지 확인하는 실습이지만 메인 프로그램은 yuza.exe이므로 yuza 프로젝트를 늘 시작 프로젝트로 설정해야 한다. 또한 yuza 프로젝트의 종속 프로젝트로 sample 프로젝트를 추가한다. 종속성을 체크해야 sample 프로젝트가 수정됐을 때 컴파일 되지 않는 상황을 막을 수 있고 순차적으로 프로젝트를 빌드할 수 있다.

4.2 sum 프로젝트

두 개의 수를 입력으로 받아 그 결과를 출력하는 프로젝트를 제작해 보자.

- 콘솔 실행

```
sum.exe 15 17
```

- 실행 결과

```
sum is 32
```

- 인자를 만족하지 않을 때

```
usage : sum.exe <parameter> <parameter>
```

5 결론

4장에서는 커널 및 응용앱을 빌드하는 방법을 학습했으며 기초적인 디버깅을 통해 응용앱이 실행되는 일련의 흐름을 파악했다. 4장을 정확하게 학습했다면 이제 필자가 의도하는 바를 이해할 수 있을 것이다.

커널 및 응용앱은 WIN32에서 빠르게 개발하고 최종 테스트만 실기에서 수행한다.

또한 비주얼 스튜디오의 디버깅 기능을 사용할 수 있으므로 개발 속도가 매우 증대됐다. 뿐만 아니라 WIN32/YUZA OS 듀얼 플랫폼 동시 배포가 가능해졌으므로 YUZA OS는 WIN32 응용앱으로서의 가치가 추가됐다.

4장에서는 HelloWorld 프로젝트 외에 YUZA OS에서 동작하는 앱을 실제로 제작해 봤다. 이를 위해 새로운 프로젝트를 생성하는 방법을 설명했으며 입력받은 파라미터를 출력하는 프로그램과 두 수의 합을 구하는 프로그램을 제작했다.

응용앱의 세 가지 빌드 모드는 익숙해질 때까지 반복해서 실습한다. 이 시점에서 실습하는 데 어려움이 있다면 비주얼 스튜디오에 익숙하지 않거나 디버깅에 익숙하지 않다고 판단된다. 이런 상황에서는 다음 내용으로 진행하기에는 무리가 있으므로 반드시 자가점검해 본다.

표 4-2 자가점검할 사항

항목	내용
소스 컨트롤	소스코드를 다운받고 제어하는 데 어려움은 없는가?
비주얼 스튜디오	비주얼 스튜디오를 사용하는 데 익숙한가?
디버깅	디버깅을 통해 내부 변수 값 조회 등이 원활히 되는가?
프로젝트 생성	YUZA OS에서 동작하는 앱을 생성하기 위한 프로젝트 생성 시 애로사항은 없는가?
구현	간단한 C/C++ 프로그램의 구현이 가능한가?
가상 디스크	가상 디스크를 마운트/언마운트하고 파일 복사 등을 원활히 할 수 있는가?
VirtualBox	가상 디스크를 이용해서 가상 머신을 생성, 실행하는 것이 가능한가?

지금까지 내용을 진행함에 있어 미심쩍은 부분이 있거나 이해가 잘 되지 않는 부분이 있다면 계속 강조하지만 절대 다음 장으로 넘어가지 말고 깃허브나 카페 등에 질문을 남겨서 완전히 이해하고 나서 5장으로 넘어가도록 한다. 내용을 완전히 이해했다면 지금까지 내용을 이해하는 데 어려움이 없었다는 피드백을 각 장마다 카페에 남겨줬으면 한다.

이 책은 하향식 설명 방식을 채택했으므로 커널의 내부 구현에 바로 진입하기보다는 프로젝트 구성을 이해하고 응용앱을 직접 만들어 보거나 실행해 보는 것에 초점을 맞췄다. 이후 내용이 심화됨에 따라 커널 코어에 점진적으로 접근해 갈 것이다.

5

콘솔 앱 살펴보기

5장에서는 4장, 'YUZA OS 시작하기'에 이어 다양하고 유용한 응용앱을 살펴본다. 또한 테스트용 앱을 살펴봄으로써 기존 운영체제에서 응용앱을 제작할 때와 어떤 차이점이 있는지를 확인해 본다. 프로젝트는 02_console_app.sln 솔루션 파일을 열어서 참조한다. 가상 이미지는 yuza.cfg 파일을 수정해서 02_console_app.img 파일로 설정한다.

지금부터는 프로젝트를 빌드하고 바이너리를 가상 이미지에 복사하는 작업을 독자분들이 능숙하게 해낼수 있다고 가정하고 설명을 진행할 것이다. 특별한 언급이 없는 한 프로젝트는 DLL 디버깅 지원 모드로 설정한다. 여유가 된다면 가상 머신에서도 테스트해서 프로그램이 정상 동작하는지를 확인해 본다.

1 테스트 앱

먼저 몇 가지 테스트 앱을 살펴보고 테스트 앱에서 사용한 코드가 기존 플랫폼에서 제작했던 프로그래밍 인터페이스와 이질감이 없는지를 확인한다. 다음과 같은 항목을 확인해볼 것이다.

파일 읽기, 압축, 로그, 시간 함수, 수학 함수, 정규표현식 등

1.1 파일 읽기

프로젝트는 test_file 프로젝트를 참조한다. 다음 코드는 test.txt 파일의 첫 번째 줄을 읽어서 화면에 출력한 것이다. 콘솔 화면에서 test_file.dll을 입력해서 앱을 실행한다.

코드 5-1 파일 읽기

```
int main(int argc, char* argv[])
{
        char    buffer[MAXPATH] = {0,};
        FILE* fp = fopen("test.txt", "rb");
        fread(buffer, MAXPATH, 1, fp);
        printf("%s\n", buffer);
        fclose(fp);

        return 0;
}
```

커널을 부팅하면 모든 파일 입출력은 가상 이미지 파일 내에서 수행된다. 그러므로 test.txt 파일 같은 리소스 파일은 가상 이미지 파일 내에 존재해야 한다. 그리고 DLL 디버깅 지원 모드에서는 DLL 로딩을 WIN32 로더가 수행하므로 DLL은 Bin 폴더나 Debug 폴더에 존재해야 한다. 그런데 DLL 로딩 시에 파일 존재 유무는 가상 이미지 내부의 파일

로 판단하므로 DLL은 가상 이미지 파일 내에도 있어야 한다. 예를 들어 이번 프로젝트의 test_file.exe 파일이 가상 이미지 내부에 없다면 앱을 실행할 수 없다. DLL 디버깅 미지원 모드에서는 yuza.exe 커널과 몇몇 파일을 제외하고는 DLL 파일이나 리소스가 가상 이미지 파일 내에만 존재하면 된다.

test_file 프로젝트의 실행 결과는 다음과 같다.

```
C:\>test_file.exe
yuza os. text file open test!!
```

1.2 압축

test_snappy 프로젝트는 snappy 라이브러리를 사용해서 데이터를 압축하는 방법을 보여준다.

코드 5-2 데이터 압축

```
int main(int argc, char* argv[])
{
    const char* input = "YuzaOS. simple Test data";
    std::string output;
    int size = snappy::Compress(input, strlen(input) + 1, &output);
    printf("Input Data Size : %d. Compressed Size : %d\n",strlen(input)+1,size);
    return 0;
}
```

실행 결과는 다음과 같다.

```
Input Data Size : 25. Compressed Size : 27
```

압축된 데이터의 크기가 원본 크기보다 더 커졌다. 초기 데이터의 사이즈가 너무 작을 경우 압축 데이터는 헤더 정보 등의 포함으로 원본 크기보다 더 커지는 경우가 있다.

1.3 로그

프로젝트는 test_slog 프로젝트를 참조한다. 이 프로젝트는 slog 라이브러리를 활용해서 로그를 출력하는 방법을 보여준다.

코드 5-3 test_slog 프로젝트

```
int main(int argc, char* argv[])
{
  char char_arg[32];
  strcpy(char_arg, "test string");
  int int_arg = 69;

  // slog 라이브러리 초기화
  slog_init("example", 0, 3, 0);

  slog(0, SLOG_LIVE, "Test message with level 0");
  slog(1, SLOG_WARN, "Warn message with level 1");
  slog(2, SLOG_INFO, "Info message with level 2");

  slog(3, SLOG_LIVE, "Test message with level 3");
  slog(0, SLOG_DEBUG, "Debug message with char argument: %s", char_arg);
  slog(0, SLOG_ERROR, "Error message with int argument: %d", int_arg);

  // 파일로 로그 기록 전환
  SlogConfig slgCfg;
  slog_config_get(&slgCfg);
  slgCfg.nToFile = 1;
  slog_config_set(&slgCfg);
```

```
    slog(0, SLOG_DEBUG, "Debug message in the file with int argument: %d", int_arg);

    return 0;
}
```

실행 결과는 다음과 같다.

```
2020.11.01-13:00:58.00 - [LIVE] Test message with level 0
2020.11.01-13:00:58.00 - [WARN] Warn message with level 1
2020.11.01-13:00:58.00 - [INFO] Info message with level 2
2020.11.01-13:00:58.00 - [LIVE] Test message with level 3
2020.11.01-13:00:58.00 - [DEBUG] Debug message with char argument: test string
2020.11.01-13:00:58.00 - [ERROR] Error message with int argument: 69
2020.11.01-13:00:58.00 - [DEBUG] Debug message in the file with int argument: 69
2020.11.01-13:00:58.00 - [DEBUG] Debug message with disabled pretty log
```

일반적으로 로그는 코드 실행 결과의 심각도를 알려주기 위해 사용된다. LIVE, WARN, INFO, DEBUG 단계에서는 일반적으로 큰 문제로 판단하지는 않으나 ERROR, FATAL 로 출력된 로그는 반드시 살펴봐야 한다. 코드 후반부에 로그를 파일로 기록되게 기 능을 전환했으므로 로그를 기록한 파일이 생성됐는지를 확인한다. 필자의 경우에는 example-2020-11-01.log 로그 파일이 생성됐다.

```
2020.11.01-13:00:58.00 - [DEBUG] Debug message in the file with int argument: 69
```

1.4 시간 함수

test_time 프로젝트는 시간 관련 함수의 사용을 보여준다.

```c
int main(int argc, char** argv)
{
    time_t rawTime;
    struct tm* pTimeInfo;

    rawTime = time(NULL);
    pTimeInfo = localtime(&rawTime);

    printf("time_t : %lld\n", rawTime);

    int year = pTimeInfo->tm_year + 1900;    // 연도에는 1900을 더한다.
    int month = pTimeInfo->tm_mon + 1;       // 월에는 1을 더한다.
    int day = pTimeInfo->tm_mday;
    int hour = pTimeInfo->tm_hour;
    int min = pTimeInfo->tm_min;
    int sec = pTimeInfo->tm_sec;
    printf("timeInfo : %d-%d-%d-%d-%d-%d\n", year, month, day, hour, min, sec);

    return 0;
}
```

실행 결과는 다음과 같다.

```
C:\>test_time.exe
time_t : 1605170438
timeInfo : 2020-11-12-8-40-38
```

시간 함수에 대해서는 11장, '표준 프로그래밍 인터페이스'에서 좀 더 자세히 살펴본다.

1.5 수학 함수

수학 함수의 사용은 코드 실행 측면에서 비용이 매우 크다. 실수형 변수는 정수형 변수와는 구조가 다르기 때문에 실수 연산을 위해서는 별도의 FPU를 사용해야 하기 때문이다. 일반적인 응용앱을 개발할 때에는 생각할 필요가 없지만 운영체제를 개발하는 입장에서 수학 함수를 구현하고 실수 연산을 지원하기 위해서는 눈에 보이지 않는 연산을 이해하고 구현해야 한다. 먼저 대표적인 수학 함수가 정상 동작하는지를 확인한다. 코드는 test_math 프로젝트를 참조한다.

코드 5-5 수학 함수 테스트 코드

```c
int main(int argc, char* argv[])
{
    float a = 0.0f;
    while (a < 6)
    {
        printf("sin(%f), %f\n", a, sin(a));
        printf("cos(%f), %f\n", a, cos(a));
        printf("tan(%f), %f\n", a, tan(a));
        a = a + 0.1f;
        Syscall_Sleep(1000);
    }
    double ipart, fpart;
    double value = 3.14;
    fpart = modf(value, &ipart);
    printf("%f %f %f\n", value, ipart, fpart);
    return 0;
}
```

이 프로젝트는 수학 함수인 sin, cos, tan 함수 및 modf 함수의 사용 결과를 콘솔 화면에 출력한다. 실행 결과는 다음과 같다.

```
......
sin(1.900000), 0.946300
cos(1.900000), -0.323290
tan(1.900000), -2.927094
sin(2.000000), 0.909297
cos(2.000000), -0.416147
tan(2.000000), -2.185038
sin(2.100000), 0.863209
cos(2.100000), -0.504846
tan(2.100000), -1.709846
......
3.140000 3.000000 0.140000
```

sin 함수와 cos 함수의 최댓값 및 최솟값 범위는 −1에서 1이다. tan 함수는 −무한대에서 +무한대의 값을 갖는다.

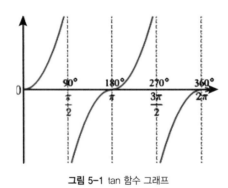

그림 5-1 tan 함수 그래프

실행 결과의 마지막 줄은 modf 함수를 실행한 결과다. 이 함수는 입력으로 받은 실수를 정수부와 소수점 이하 부분으로 분리한다. 3.14의 값이 3과 0.14로 제대로 분리된 것을 확인할 수 있다.

1.6 정규표현식

정규표현식은 특정 문자열이 주어진 패턴을 만족하는지를 검색할 때 활용하며 대표적인 라이브러리는 C++11 STL에서 제공하는 라이브러리와 PCRE 라이브러리가 있다. test_pcre 프로젝트는 PCRE2 라이브러리를 활용해서 문자열이 특정 패턴을 만족하는지를 검사하는 예제를 보여준다.

코드 5-6 PCRE2를 사용한 패턴 매칭

```cpp
typedef jpcre2::select<char> jp;
int main(int argc, char** argv)
{
        jp::Regex re("\\w+ect"); // 정규표현식. 마지막은 ect로 끝나야 한다.
        if (re.match("I am the subject"))  // 문자열이 패턴을 만족하는가
            std::cout << "matched (case sensitive)";
        else
            std::cout << "Didn't match";

        re.addModifier("i").compile(); // 대소문자에 상관없이 패턴 검색
        if (re.match("I am the subjEct")) // 마지막이 Ect로 끝나지만 패턴 만족
            std::cout << "matched (case insensitive)";
        else
            std::cout << "Didn't match";

        size_t count = jp::Regex("[a]", "i").match("I am the subject", "g");
        return 0;
}
```

정규표현식은 이메일 주소의 유효성, 주민번호의 유효성 체크 시에 유용하게 사용할 수 있으므로 알아두면 큰 도움이 된다.

2 응용앱

테스트 앱 절에서는 우리가 일반적으로 프로그래밍하는 방식으로 간단한 프로그램을 작성해 봤다. 외부 라이브러리를 사용해서 프로그램을 제작하고 싶다면 ThirdParty 폴더에 존재하는 라이브러리를 활용하면 된다. 이제 이번 응용앱 절에서는 몇 가지 유용한 콘솔 응용앱을 살펴본다.

2.1 grep

grep은 입력으로 받은 파일에서 지정한 패턴을 만족하는 라인을 출력해 주는 유틸리티다. 프로젝트는 grep 프로젝트를 참조한다. grep은 지정한 패턴을 만족하는 문자열을 찾는데 pcre 라이브러리를 활용한다.

사용법은 다음과 같다.

```
Usage: grep.exe [OPTION]... PATTERN [FILE]...
```

예를 들어 driver.cfg 파일에서 "IDE" 문자열을 포함한 라인을 찾는 방법은 다음과 같다.

```
grep.exe IDE driver.cfg
```

라인 번호를 표시하려면 다음과 같이 입력하면 된다.

```
grep.exe -n IDE driver.cfg
```

실행 결과는 다음과 같다.

```
C:\>grep.exe -n IDE driver.cfg
token -n IDE driver.cfg
7:  IDE = ( { module = "IDE.dll";
```

grep 유틸리티 및 여러 유틸리티는 파일을 읽기 위해 fread 함수를 사용한다. fread의 원형은 다음과 같다.

```
size_t fread(void* ptr, size_t size, size_t count, FILE* stream);
```

이 fread의 리턴값은 size * count값이 아닌 count다. size * count로 오해가 발생한 이유는 아마도 다음과 같이 사용해서일 것이다.

```
size_t count = fread(buffer, 1, 512, fp);
```

위 count 변수에는 512가 저장된다. 그러나 아래와 같이 해도 읽을 데이터가 충분한 경우 count에는 512값이 저장된다.

```
size_t count = fread(buffer, 2, 512, fp);
```

지금 fread 함수를 강조하는 이유는, 필자의 경우 fread를 오해해 fread를 구현할 때 size * count로 반환값을 돌려줬기 때문이다. 보통의 경우에는 문제가 되지 않았지만 위의 경우처럼 count 변수를 활용하는 프로그램이나 라이브러리의 경우에는 문제가 된다. grep의 경우에는 포팅할 당시에 fread 관련해서 문제가 발생했는데 필자는 소스코드가 문제가 있다고 판단해 grep 소스를 수정해서 문제를 해결했었다. 그리고 나서 이후 fread 구현의 결함을 인식하고 문제점을 수정했더니 이제는 grep에서 다시 fread 때문에 문제가 발생한 것이다. 이 문제를 다시 해결하느라 많은 시간을 허비했다.

이 사례에서 알 수 있듯이 표준 함수를 구현할 때에는 정확한 명세를 아는 것이 중요하다. fread의 경우뿐 아니라 다른 표준 API의 경우에도 이런 문제가 발생할 수 있으므로 주의해야 한다. 공유의 시대가 돼 많은 정보를 쉽게 찾을 수 있지만 정확하지 않은 정보가 퍼진 경우도 많으므로 가끔씩은 개인 공유 사이트나 블로그가 아니라 공신력 있는 사이트에서 정보를 찾을 필요가 있다.

2.2 sqlite3

sqlite3는 응용 클라이언트 프로그램에 내장돼 동작하는 데이터베이스의 일종이다. sqlite3는 데이터베이스를 하나의 파일로 관리하며 이름에서 알 수 있듯이 SQL 쿼리 구문으로 테이블을 생성하고 데이터를 삽입, 갱신 그리고 삭제할 수 있다. 데이터베이스를 파일로 사용하지 않고 메모리를 활용하는 것도 가능하다. 프로젝트는 sqlite3 프로젝트를 참조한다. sqlite3의 특징은 다음과 같다.

- SQLite는 standardalone 방식으로 실행할 수 있다. 별도의 협력 프로세스를 필요로 하지 않는다.
- 데이터베이스는 파일로 저장되며 메모리도 활용할 수 있다.
- SQLite 구동을 위해 외부 라이브러리를 필요로 하지 않는다.
- SQLite 트랜잭션은 완전하게 ACID에 대응하므로 여러 프로세스나 스레드가 동시에 데이터베이스에 접근해도 안전성을 보장한다.
- SQLite는 표준 ANSI-C를 준수하며 사용하기 쉬운 API를 제공한다.
- SQLite는 다양한 플랫폼상에서 구동할 수 있도록 포팅됐다.

코드는 test_sqlite3 프로젝트를 참조한다.

코드 5-7 sqlite3 메인 함수

```
int main(int argc, char** argv)
{
        GUIConsoleFramework framework;
        return framework.Run(argc, argv, main_impl);
        return 0;
}


int main_impl(int argc, char** argv)
{
        sqlite_shell(argc, argv);
        return 0;
}
```

프로그램의 실제 진입부는 main_impl이지만 main 함수의 코드처럼 래핑 처리를 해두면 이 앱은 콘솔이나 데스크톱 콘솔에서도 정상 실행이 가능해진다. GUIConsoleFramework 객체 내부에서는 현재 운영체제가 콘솔 모드로 실행됐는지 또는 그래픽 모드로 실행됐는지를 판단해 IO 출력을 의도된 곳으로 전송한다. 이 부분에 대해서는 13장, '데스크톱 시스템' 에서 자세히 설명한다. sqlite3의 실행 결과는 다음과 같다.

```
SQLite version 3.8.2
Enter ".help" for instructions
Enter SQL statements terminated with a ";"
```

.help 명령을 입력하면 사용법이 출력된다. .exit 명령을 입력하면 프로그램을 종료하고 명령 프롬프트로 되돌아온다. sqlite3 셸 프로그램의 사용방법은 스스로 학습한다.

프로젝트 내부에는 데이터베이스 파일을 열고 명령을 실행하는 샘플 함수가 존재한다. sqlite_shell 함수를 주석 처리하고 TestSqlite 함수의 주석을 풀어서 빌드한 다음 프로그램의 실행 결과를 확인한다. 이 테스트 코드는 sample.db 파일을 열어서 customer 테이블을 생성하고 나서 고객 정보 두 개를 인서트하고 그 결과를 출력한다.

코드 5-8 TestSqlite 함수

```
int TestSqlite()
{
    ......
    // sample.db 파일을 읽기/쓰기용으로 연다.
    rc = sqlite3_open_v2("sample.db", &db, SQLITE_OPEN_READWRITE, NULL);
    if (rc == SQLITE_OK)
    {
        rc = sqlite3_exec(db, "DROP TABLE customer", NULL, 0, &zErrMsg);
        // customer 테이블을 생성한다.
        rc = sqlite3_exec(db, "CREATE TABLE IF NOT EXISTS
                customer (id INTEGER NOT NULL PRIMARY KEY, text VARCHAR(10))",
                NULL, 0, &zErrMsg);

        // customer 테이블에 두 개의 행을 추가한다.
```

```
        rc = sqlite3_exec(db, "INSERT INTO customer VALUES (1, 'text1')",
            NULL, 0, &zErrMsg);
        rc = sqlite3_exec(db, "INSERT INTO customer VALUES (2, 'text2')",
        NULL, 0, &zErrMsg);

        // customer 테이블에 있는 행을 모두 선택한다.
        rc = sqlite3_prepare_v2(db, "SELECT * FROM customer", -1, &stmt, 0);
        if (rc == SQLITE_OK) {
            int nCols = sqlite3_column_count(stmt);
            if (nCols)
            {
                // 컬럼 이름 출력
                for (nCol = 0; nCol < nCols; nCol++)
                    printf("%s\t", sqlite3_column_name(stmt, nCol));
                printf("\n");

                // 선택된 행들을 출력한다.
                while ((rc = sqlite3_step(stmt)) == SQLITE_ROW)
                {
                    for (nCol = 0; nCol < nCols; nCol++)
                        printf("%s\t", sqlite3_column_text(stmt, nCol));
                    printf("\n");
                }
            }
            sqlite3_finalize(stmt);
        }
        sqlite3_close(db);
    }
    ……
}
```

실행 결과는 다음과 같다.

```
C:\>sqlite3.exe
id      text
```

```
1       text1
2       text2
```

SQL 구문을 처음 접한다면 검색을 통해서 학습한다. 위의 코드에서는 대표적인 SQL 쿼리 명령어인 DROP, CREATE, INSERT, SELECT의 사용방법을 보여줬다.

sqlite3의 경우 다른 플랫폼으로 이식하는 것이 쉽지는 않다. sqlite3 라이브러리를 살펴보면 알겠지만 내용이 방대하고 자체 가상 파일 시스템 인터페이스를 구현해야 하는데 이 인터페이스를 구현하기 위해서는 플랫폼 종속적인 API를 다수 사용해야 되기 때문이다. 즉 sqlite3를 YUZA OS에서 동작하게끔 수정하려면 sqlite3의 자체 파일 시스템 인터페이스를 모두 구현해야 한다.

TestSqlite2 함수는 행에서 얻은 요소를 원하는 타입으로 얻어오는 방법을 설명하므로 참조한다.

2.3 루아 콘솔

루아LUA는 10장, '독립형 OS 제작하기'에서 자세하게 설명한다. 여기서는 루아가 정상 구동하는지를 확인한다. 루아 콘솔은 루아 스크립트를 실행할 수 있는 독립형 프로그램이다. 코드는 lua54 프로젝트를 참조한다. 실행 결과는 다음과 같다.

```
C:\>lua54.exe
lua54.exe
Lua 5.4.0 Console Start!!
Lua 5.4.0  Copyright (C) 1994-2019 Lua.org, PUC-Rio
> fruit = {"apple", "banana"}
> print (fruit[1])
apple
> print (fruit[2])
banana
```

2.4 fonttosvg

fonttosvg는 TTF 폰트 파일을 svg 포맷으로 변환한다. svg는 스케일러블 벡터 그래픽스 Scaleable Vector Graphics의 줄임말로 이미지의 왜곡이나 손상없이 다양한 해상도에 대응할 수 있는 이미지 포맷이다. 코드는 fonttosvg 프로젝트를 참조한다. fonttosvg는 파라미터로 트루타입 폰트 파일과 생성할 아스키 또는 유니코드 정보를 받은 뒤 글리프 데이터를 생성한 후 SVG 이미지 파일로 저장한다.

코드 5-9 SVG 이미지를 생성하는 코드

```
void genSvg(std::string fontName, std::string charCode)
{
        font2svg::glyph g(fontName.c_str(), charCode);
        std::string fname = std::string("Output/");
        fname += charCode;
        fname += ".svg";
        std::ofstream file(fname.c_str());
        file << g.svgheader().c_str()
           << g.svgborder().c_str()
           << g.svgtransform().c_str()
           << g.axes().c_str()
           << g.typography_box().c_str()
           << g.points().c_str()
           << g.pointlines().c_str()
           << g.outline().c_str()
           << g.labelpts().c_str()
           << g.svgfooter().c_str();

        g.free();
        file.close();
}

int main(int argc, char* argv[])
{
        if (argc != 3)
```

```
    {
        std::cout << "usage: " << argv[0] << " file.ttf 0x0042₩n";
        exit(1);
    }
    genSvg(argv[1], argv[2]);
    return 0;
}
```

프로젝트를 빌드하고 커널을 실행한 다음 콘솔 창에서 다음과 같이 입력한다.

```
fonttosvg.exe beskin.ttf 0x0044
```

실행하면 Output 폴더에 0x0044.svg 파일이 생성돼 있을 것이다. 0x0044는 아스키 코드로 대문자 'D'에 해당한다.

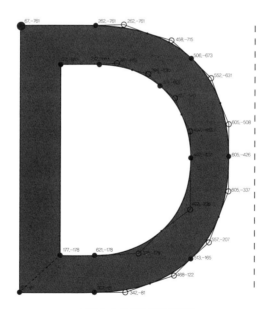

그림 5-2 생성된 SVG 이미지

곡선을 그리기 위해 베지어 커브를 사용한다. svg 파일은 텍스트 파일이기 때문에 텍스트 에디터로 열어서 정보를 확인할 수 있다. 이미지의 좌표 정보를 없애고 싶으면 **genSvg** 함수에서 파일로 출력하는 부분을 주석 처리한 다음 기존에 주석 처리돼 있었던 한 줄의 주석을 풀고 실행하면 된다.

이 프로젝트에서 유심히 살펴볼 부분은 파일을 저장할 때의 처리다. STL의 ofstream을 활용하는데 기존에 사용하던 방식과 이질감이 없음을 확인할 수 있다. STL에 대해서는 12장, 'C++ & STL'에서 좀 더 자세히 설명한다.

3 정리

5장에서는 다양한 테스트 앱과 유용한 콘솔 앱이 정상 동작하는지를 테스트해 봤다. 5장에서 학습한 내용은 다음과 같다.

- 우리가 일반적으로 작성하는 프로그램 방식으로 앱 제작이 가능한지 검증
- 외부 라이브러리를 링크해서 활용하는 방법 학습
- 기존 윈도우 운영체제에서 동작하는 콘솔 앱을 포팅하고 YUZA OS에서 동작함을 확인
- 파일 입출력이 정상적으로 동작하는지 확인. 이를 위해 STL 구문 등을 활용

독자분들은 단순히 프로그램이 실행되는 것을 확인하는 데 그치지 말고 각 앱의 내부 소스코드를 디버깅하면서 해당 코드나 라이브러리가 어떻게 동작하는지 파악해야 한다. 기존 플랫폼에서 프로그래밍을 할 때는 특별한 경우가 아니라면 라이브러리의 내부 동작 방식을 이해할 필요가 없기 때문에 라이브러리가 노출하는 인터페이스만 사용하면 된다. 하지만 우리는 라이브러리를 새로운 플랫폼에서 동작시키기 위해 일일이 라이브러리의 설정을 변경하거나 소스코드를 수정한 후 새롭게 빌드해야 한다. 이 과정에서 기존 플랫폼에서는 문제가 없던 라이브러리가 새로운 플랫폼에서는 문제가 발생할 수 있다. 그 이유는 다음과 같다.

- 소스를 빌드하는 컴파일러가 변경되면 컴파일러 특성에 의해 정상적이었던 코드도 문제가 되는 경우가 있다.
- 라이브러리를 포팅하는 과정에서 실수가 발생할 수 있다.
- 시스템에서 제공하는 API가 기존 플랫폼의 API 명세와 정확히 일치하지 않으면 코드가 의도하지 않은 방향으로 동작할 가능성이 있다.

컴파일러 변경 시 문제가 될 수 있는 대표적인 코드는 for 구문이다.

```
char i = 0;
for(; i <= 127; i++)
{……}
```

위와 같은 코드의 경우 GCC 컴파일러에서는 문제가 되지 않아 for 구문을 벗어난다. 하지만 MSVC의 경우 절대 for 구문을 벗어나지 못하고 무한 루프에 빠진다. char의 경우 범위가 $-127 < i < 127$이라서 i가 127을 넘어서면 MSVC는 음수로 판단하기 때문이다. 이런 케이스는 아주 드문 경우지만 포팅된 라이브러리가 정상 동작하지 않으면 소스코드를 의심하기보다는 컴파일러 같은 외적 요소를 먼저 살펴봐야 한다.

운영체제 코드뿐만 아니라 외부 라이브러리의 소스코드도 전부 디버깅할 수 있는 환경은 아주 이상적이지만 개발자에게 있어서는 크나큰 관리부담과 행사비용을 안겨준다. 이중고를 겪지 않기 위해서는 오픈소스 라이브러리를 마이그레이션할 때에는 신중하고 또 신중해야 한다.

이 책은 하향식 설명 방식을 채택했기 때문에 바이오스나 부트 로더 같은 지루하고 고루한 내용을 배제하고 운영체제상에서 동작하는 앱을 개발하는 방법을 먼저 설명했다. 5장을 완벽히 이해했다면 윈도우 운영체제를 위한 앱을 개발하는 것이나 YUZA OS상에서 동작하는 앱을 개발하는 것이 별 차이가 없음을 인식했을 것이다. 즉 프로그래밍 인터페이스나 프로그램 개발에 소요되는 시간 측면에서 두 플랫폼은 별 차이가 없다. 이 시점에서 필자가 독자분들에게 바라는 사항은 다음과 같다.

> YUZA OS에서 동작하는 응용앱을 간단해도 좋으니 스스로 개발해 본다.

이 과정에서 외부 라이브러리가 필요하다면 외부 라이브러리도 포팅해 보기 바란다. 외부 라이브러리의 포팅은 ThirdParty 폴더에 있는 라이브러리들을 참조한다. 그리고 5장에서 소개한 앱들이 VirtualBox에서도 정상 동작하는지를 반드시 테스트해 본다.

> TIP 필자를 만나고 싶은 독자분이 있다면 쓸만한 외부 라이브러리를 포팅해서 필자에게 보내주기 바란다. 그러면 시간을 내서 독자분을 찾아뵙겠다.

쉬어가기 1 - 플로피 버드

플래피 버드 게임은 게임 프로그래밍 입문 시의 "Hello World!!" 문자열 출력과 비견된다. 그만큼 게임을 만들기 쉬우며 게임 구성 요소의 기본 골격을 갖추고 있다.

그림 1 플래피 버드

플래피 버드는 여러 언어와 플랫폼으로 제작됐는데 운영체제로 구현된 플래피 버드도 존재한다. 이 운영체제는 실기에서 동작하며 컴파일 옵션만 변경하면 MS-DOS에서도 동작한다. 콘셉트가 YUZA OS와 동일하기 때문에 소개한다. 소스코드는 아래 링크에서 다운받을 수 있다.

https://github.com/icebreaker/floppybird

16비트 운영체제 플로피 버드

운영체제 플로피 버드^{Floppy Bird}는 16비트 어셈블리어로 구현됐다.

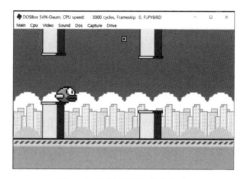

그림 2 QEMU로 구동한 플래피 버드

다운받은 소스코드의 빌드 방법은 다양하니 편한 방법을 선택한다.

- WSL 또는 리눅스 개발 환경(예) 우분투)
- NASM, MSYS2를 이용

build 폴더에는 이미 컴파일된 바이너리가 존재하므로 해당 폴더의 내용을 모두 지운다. 하지만 폴더는 남겨둔다. 폴더가 존재하지 않으면 빌드가 되지 않는다. 루트 폴더로 이동한 뒤 다음과 같이 입력한다.

```
make
```

make 명령을 내리면 MakeFile 파일을 파싱해서 src 폴더의 파일을 컴파일하고 build 폴더에 바이너리를 생성한다. floppybird.img 파일이 생성됐을 것이다. 이 파일은 플로피 디스크용이며 Raw 데이터다. 이제 QEMU를 통해 이 운영체제를 구동해 보자.

 TIP WSL을 최초로 설치하고 실행했을 때에는 make 같은 유틸리티는 설치되지 않은 상태다. 리눅스 환경을 처음으로 접한다면 익숙하지는 않겠지만 필요한 유틸리티를 다운받아야 한다. 예를 들어 컴파일러인 gcc를 설치하고자 하는 경우에는 다음과 같이 입력하면 된다.

```
sudo apt-get install gcc
```

리눅스 환경에서의 빌드 환경 구축은 인터넷을 참조해서 학습하도록 한다. 플로피 버드 프로젝트의 경우는 빌드에 크게 어려움이 없으므로 포기하지 않도록 한다. 잘 안 되면 질문을 한다.

QEMU의 실행 경로가 환경 변수에 추가되지 않았다면 QEMU가 설치된 폴더에 floppyBird.img 파일을 복사한 뒤 폴더로 이동해서 다음 내용으로 배치 파일을 만든다.

```
qemu-system-i386 -boot a -fda floppybird.img
```

위 배치 내용은 가상 플로피 A 드라이브로 부팅을 시작하고 부팅 디스크로 floppybird.img를 사용하겠다는 의미다. 생성한 배치 파일을 실행하면 그림 2와 같은 결과 화면이 출력된다.

플로피 버드 프로젝트의 소스코드는 세 개의 핵심 파일로 구성된다.

- boot.asm : 512바이트 부트 섹터
- com.asm : 도스용 com 파일을 생성
- main.asm : 게임의 메인 루프

src 폴더 내의 서브 폴더는 그래픽 출력이나 게임 내 오브젝트 처리를 위한 소스코드를 담고 있다. 플로피 버드 프로젝트를 도스용 프로그램으로 컴파일하려면 다음과 같이 입력해서 빌드한다.

```
make com
```

위와 같이 입력하면 도스용 실행파일 포맷 중 하나인 floppy.com 파일을 생성한다. 도스박스로 실행이 되는지 테스트해 보자. 생성된 flpybird.com 파일을 도스박스 마운트 폴더에 복사한 뒤 도스박스를 구동하고 flpybird.com을 실행한다. 또는 아래와 같이 배치파일을 만들어서 실행한다. 도스박스는 카페에서 다운받거나 인터넷상에서 다운받는다.

```
dosbox.exe flpybird.com
```

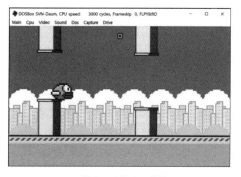

그림 3 도스박스로 실행

> MEMO
>
> makefile을 열어보면 여러 가지 옵션을 확인할 수 있다. 플로피 디스크용 이미지뿐만 아니라 시디, USB용으로 부팅할 수 있는 이미지를 생성하는 것도 가능하다. 아래의 명령을 실행하면 모든 매체의 이미지를 생성할 수 있다.
>
> ```
> make all
> ```

도스박스란?

도스박스는 마이크로소프트의 MS–DOS 운영체제를 에뮬레이션해 주는 유틸리티다. 2020 년 기준 안드로이드 앱 마켓에는 수많은 앱이 등록돼 있는데 MS–DOS도 한 시대를 풍미했 던 운영체제였던 만큼 다양한 게임과 유틸리티가 다수 존재한다. 현시점에서는 MS–DOS 시 스템을 실기에 설치하는 것이 의미도 없고 구동하는 것도 힘들기 때문에 편하게 MS–DOS 환경을 사용하기 위해 도스박스가 나오게 됐다. 도스 시스템을 동작시키는 에뮬레이터는 다 수 존재한다.

> 도스박스, 86BOX, PCEM

오래된 것을 그리워하는 측면에서 벗어나 MS–DOS의 활용은 실용성을 제외한다면 그 자체 만으로 재미있다. 다양한 응용 소프트웨어가 존재했으며 그 당시 열악한 개발 환경을 극복하 기 위해 개발자가 고민한 방법 등은 살펴볼 만한 가치가 있다.

> 예) 메인 프로그램의 메모리 사용을 600K 넘지 않게 작성

도스박스의 자세한 사용법은 인터넷을 참조한다. 여기서는 가상 드라이브를 설정하는 방법 에 대해서만 설명한다.

도스박스를 위한 가상 드라이브 설정

도스박스는 폴더를 가상 드라이브로 설정할 수 있다. C:₩HDD란 폴더가 있다고 가정하자. 우선 구글 드라이브에서 도스박스를 다운받고 압축을 풀면 dosconf.cfg 파일을 확인할 수 있 다. 이 파일을 열어서 제일 마지막에 다음 구문을 추가한다.

```
mount c C:\HDD
C:
```

그런 다음 도스박스를 실행하면 다음과 같은 결과가 출력된다.

그림 4 HDD 폴더가 마운트된 결과

이후 게임이나 유틸을 실행하고 싶다면 HDD 폴더에 관련 파일을 복사한 후 도스박스를 실행하면 된다.

이 어셈블리 운영체제의 의의는 다음과 같다.

- 16비트 어셈블리 언어로 운영체제 제작
- 실기에서 동작하는 독립형 운영체제
- MS-DOS의 응용 프로그램으로 동작

어셈블리 언어로 간단한 게임을 제작하고 싶다면 이 프로젝트를 참조해서 제작하면 손쉽게 만들 수 있을 것이다. 비록 16비트 어셈블리어를 사용하긴 하지만 어셈블리어 자체가 중요하기보다는 CPU를 제어하는 로직이나 흐름이 중요하므로 살펴볼 만한 가치가 있다. 또한 YUZA OS처럼 듀얼 시스템으로 동작한다는 데 큰 의의가 있다고 볼 수 있다.

> MEMO **도스용 COM 파일의 구조**
>
> 현시점에서 도스용 COM 파일의 구조를 분석하는 것은 시대착오적인 행위다. 하지만 어떤 학문이든 발전과정이 존재하며 도스용 COM 파일도 한때 유행했던 포맷이므로 학문적인 관점에서는 살펴볼 가치가 있다고 본다.

6 듀얼 시스템

YUZA OS는 로직을 빠르게 구현하고 버그를 손쉽게 찾기 위해 디버깅 기능 강화에 중점을 뒀다. 그래서 WIN32에서도 프로그램 실행이 가능하도록 개발한 것이다. 물론 운영체제 개발은 실기에서 실행됨을 주목적으로 하기 때문에 WIN32 지원은 불필요한 것인지도 모른다. 하지만 강력한 디버깅 기능 지원이 없다면 시간이 지날수록 운영체제 개발 속도가 느려진다.

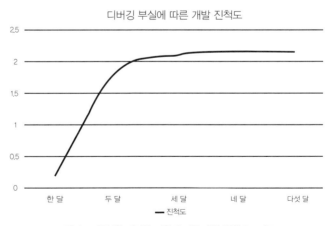

그림 6-1 부실한 디버깅 지원에 따른 개발 진척도 그래프

한편 WIN32를 추가 지원한다는 것은 프로젝트의 복잡도가 증가함을 의미한다. 실기나 WIN32를 동시에 지원한다는 것은 각 플랫폼별 처리 코드가 필요하다는 것을 뜻하며 이 때문에 코드 유지보수가 어려워지기 때문이다. 또한 미묘한 API 차이 때문에 WIN32에서는 정상 동작해도 실기에서는 동작하지 않는 경우도 더러 있었다. 따라서 WIN32에서 정상 실행됐다 하더라도 실기에서도 문제가 없는지 수많은 테스트를 거쳐 검증해야 한다. 예를 들어 printf 동작이 두 플랫폼에서 완전히 동일하다는 생각은 버려야 한다.

HelloWorld 프로젝트를 통해서 응용 프로그램은 실기나 WIN32에서 동일하게 동작함을 확인했지만 구조저인 측면에서 보면 각각의 플랫폼에서 동작하는 방식은 공통적인 부분도 있고 그렇지 않은 부분도 있다. 다음 표는 두 플랫폼 간의 차이를 비교한 것이다.

표 6-1 WIN32 VS 실기

플랫폼	WIN32	실기
부팅 시퀀스	윈도우 운영체제상에서 실행된다.	컴퓨터에 전원을 넣은 다음 부팅 바이오스로부터 시작된다.
실행	• 단일 프로세스로 실행된다. • 응용앱은 단일 프로세스의 스레드로 실행된다.	• 멀티 프로세스로 실행된다. • 응용앱은 멀티 프로세스의 스레드로 실행된다.
시스템 운영	일부만 YUZA OS가 제어하고 페이징 및 스케줄링은 윈도우 운영체제가 처리한다.	YUZA OS가 전부 관장한다.
메모리	WIN32 힙으로부터 청크(Chunk, 덩어리)를 제공받는다.	직접 메모리를 관리한다.
프로그램 로더	WIN32 로더 또는 YUZA OS 로더가 실행파일 메모리를 적재한다.	YUZA OS 로더가 실행파일 메모리를 적재한다.
하드웨어	WIN32에 요청해 에뮬레이션한다. 예) 타이머, 비디오, I/O 입력	직접 제어한다.
프로세스/ 스레드 레이아웃	프로세스/스레드 레이아웃	프로세스/스레드 레이아웃

표 6-1에서 알 수 있듯이 WIN32와 실기 동작은 서로 동일하지 않은 부분이 많다. 그래서 YUZA OS의 중요한 과제 중 하나가 두 플랫폼 간의 공유되지 않는 부분을 최대한 공통화하는 것이다. 공통화 작업은 계속 진행 중에 있으며 이제는 페이징 및 스케줄링도 완전히

동일하지는 않더라도 로직을 최대한 공유함으로써 WIN32에서도 페이징 및 스케줄링 알고리즘을 검증하는 것이 가능해졌다.

6장에서는 YUZA OS가 WIN32/실기 플랫폼에서 동작하는 원리를 이해하고 이를 위해 구현한 내용을 구체적으로 살펴본다.

- 실기/WIN32 각 플랫폼에서 동작하는 YUZA OS를 이해한다.
- 실기/WIN32 플랫폼이 공유하는 부분과 그렇지 않은 부분을 살펴본다.
- WIN32 지원을 통한 개발상의 이점을 재확인한다.

1 커널 핵심 컴포넌트

YUZA OS를 구동하기 위한 기본 파일 리스트를 표 6-2에 정리했다. 이 파일들은 운영체제를 구성하는 기본 파일이기 때문에 커널 실행 시 하나라도 빠지면 운영체제가 구동되지 않는다.

표 6-2 YUZA OS 구동을 위한 핵심 모듈

모듈	내용
yuza.exe	커널
launcher.exe	커널을 실행하는 커널 로더. 실기에서 구동할 경우에만 필요하다.
driver.cfg	커널 실행 시 장치 드라이버를 초기화하기 위한 정보를 담고 있다.
yuza.cfg	일반 설정값을 정의한다.
win32stub.dll	WIN32 시스템의 지원을 받기 위해 구현된 모듈. WIN32만 필요하다.
libconfig.dll	driver.cfg 및 yuza.cfg 파일을 파싱하기 위한 라이브러리다.
IDE.dll	IDE 하드디스크 관련 디바이스 드라이버. WIN32의 경우 WIN32 API를 호출해서 가상 이미지 파일을 조작한다.
SystemCall.dll	시스템 콜 인터페이스를 구현한 모듈. Win32/실기에 따라 다르게 동작한다.
FAT_FileSystem.dll	FAT32 파일 시스템을 구현한 모듈
FileManager.dll	파일 입출력 인터페이스를 제공한다.
math.dll	수학 라이브러리

YUZA OS의 기본 파일 시스템은 FAT32며 IDE 하드디스크를 읽어들이거나 기록한다. 만일 새로운 저장장치를 추가하고 싶다면 driver.cfg 파일을 수정하면 된다. 그리고 시스템 환경 변수를 추가하고 싶다면 yuza.cfg 파일을 수정하면 된다.

2 부팅 시퀀스

WIN32에서는 yuza.exe를 실행하면 앱이 실행되며 실기에서는 yuza.exc가 launcher.exe를 경유해서 간접적으로 실행되는 구조다. 먼저 실기의 부팅 시퀀스부터 살펴보자.

2.1 실기

컴퓨터 전원을 켜면 바이오스는 디스크의 부트섹터를 읽는다. 부트섹터에는 GRUB 관련 초기화 코드가 기록돼 있으며 GRUB은 YUZA OS의 커널 로더인 **launcher.exe**의 엔트리 코드를 실행한다. launcher 프로젝트의 엔트리 코드는 다음과 같다.

코드 6-1 커널 로더 엔트리 함수

```
void kmain(unsigned long magic, unsigned long addr)
{
        ……
        SkyConsole::Initialize(); // 콘솔 창 초기화
        SkyConsole::Print("32Bit Kernel Loader Entered..\n");

        // GRUB이 제공하는 멀티부트 구조체 정보. 그래픽 버퍼 주소 등등
        multiboot_info_t* mb_info = (multiboot_info_t*)addr;

        result = Boot32BitMode(magic, mb_info, KERNEL32_NAME);
        ……
}
```

kmain 함수는 YUZA OS의 실제 커널에 해당하는 **yuza.exe**의 메인 엔트리 포인트를 호출한다. 이때 **launcher.exe**는 파라미터로 멀티부트^{MultiBoot} 구조체 정보를 **yuza.exe**의 메인 엔트리 포인트에 전달한다. 이 구조체는 그래픽 모드 정보, 가용 물리 메모리 정보 등을 포함한다.

바이오스   GRUB   launcher.exe   yuza.exe

그림 6-2 YUZA OS 부팅 과정

yuza.exe의 메인 엔트리 코드 실행은 Boot32BitMode 함수가 담당한다.

코드 6-2 Boot32BitMode 함수

```
bool Boot32BitMode(unsigned long magic, multiboot_info_t* pBootInfo,
char* szKernelName)
{
    // 메모리 크기를 얻어낸다.
    uint32_t moduleEndAddress = GetModuleEnd(pBootInfo);
    UINT memorySize = GetMemoryInfo(pBootInfo);

    // 런처용 CPU 초기화 및 물리/가상 메모리 매니저 초기화
    InitCPU();
    PhysicalMemoryManager::Initialize(moduleEndAddress, memorySize);
    VirtualMemoryManager::Initialize();

    Module* pModule = FindModule(pBootInfo, szKernelName);

    // 커널 이미지 베이스 주소와 커널 엔트리를 찾는다.
    uint32_t kernelEntry = 0;
    uint32_t imageBase = 0;
    kernelEntry = FindKernel32Entry(szKernelName, ......);
    // GRUB가 메모리에 적재시킨 커널의 전체 크기를 페이지 수로 얻는다.
    // 페이지의 크기는 4096 바이트 = 4K다.
```

```
    int moduleSize = ((int)pModule->ModuleEnd - (int)pModule->ModuleStart);
    int mapPageCount = moduleSize / PAGE_SIZE;
    if (moduleSize % PAGE_SIZE > 0)
        mapPageCount += 1;
    ……
    // 페이징 시스템에 커널 이미지 베이스 주소로부터 그 크기만큼 매핑시킨다.
    MappingAddressSpace(pModule, imageBase, mapPageCount);

    // 페이징 기능 활성화
    EnablePaging(true);

    // 커널 이미지 베이스 주소에 모듈을 복사한다.
    memcpy((void*)imageBase, (void*)pModule->ModuleStart, moduleSize);

    // 커널 엔트리로 점프한다.
}
```

GRUB이 yuza.exe를 직접 호출하지 않고 launcher.exe를 거쳐 yuza.exe를 실행하는 이유는, GRUB은 고정된 커널 엔트리 주소를 찾기 때문이다. GRUB이 직접 yuza.exe 커널을 호출한다고 가정해 보자. 이 상황에서 커널 개발 도중 커널에 전역 객체와 정적 객체를 추가하면 커널 엔트리 주소는 변경된다. 이 때문에 GRUB은 커널 엔트리를 찾는 데 실패하게 된다.

하지만 launcher.exe는 yuza.exe의 PE 구조를 정확히 분석해서 시작 엔트리를 찾아내기 때문에 yuza.exe의 메인 커널 엔트리는 임의의 주소라도 상관없다. 즉 커널에 정적 객체나 전역 객체를 선언해도 상관없다는 뜻이다. 다만 이 경우에도 GRUB이 launcher.exe를 호출할 시 런처의 고정된 메인 엔트리를 찾을 수 있도록 launcher.exe에는 정적 객체나 전역 객체를 선언해서는 안 된다.

yuza.exe의 커널 베이스 주소는 0x00800000이기 때문에 GRUB이 여러 모듈을 메모리에 로드하면 커널과 로드된 모듈의 주소가 겹치는 문제가 발생할 수 있으므로 주의한다.

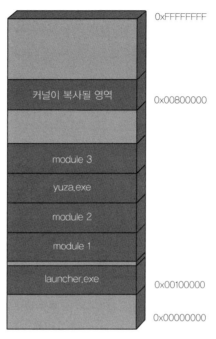

그림 6-3 모듈과 커널이 겹쳐질 가능성

너무 많은 모듈을 로드하면 커널이 복사될 영역과 모듈이 겹칠 수 있으므로 주의한다.

또한 페이징 시스템이 활성화되지 않은 상태에서 해당 주소에 접근하면 에러가 발생하므로 주의한다. 0x00800000 주소에 커널 크기만큼의 주소 공간을 페이징 시스템에 매핑시킨 뒤 페이징을 활성화하고 해당 주소에 커널 이미지를 복사한다. 마지막으로 launcher.exe는 yuza.exe에서 찾은 메인 엔트리를 실행해서 제어권을 yuza.exe로 넘긴다.

GRUB

GRUB은 부트 로더의 일종으로써 대부분의 운영체제 커널을 실행시킬 수 있다. 커널에 여러 가지 정보나 유용한 파라미터를 넘겨주기 때문에 커널 개발에 효율성을 높여준다. 우분투 같은 대부분의 리눅스 배포판에서는 이 GRUB을 부트 로더로 사용한다.

GRUB이 launcher.exe의 kmain 함수를 호출할 때는 시스템이 32비트 보호 모드로 전환된 상태다. 하지만 페이징은 활성화되지 않았음을 기억한다. 또한 GRUB은 기본적으로 FAT32 파일 시스템 읽기를 지원하며 부팅 시 여러 파일을 메모리에 올려 커널에 메모리 주소를 전달하는 기능을 갖추고 있다. 메모리로 로드하고 싶은 파일 설정은 grub 폴더의 grub.cfg 파일에서 설정할 수 있다.

WIN32의 경우 YUZA OS는 WIN32 프로세스 로더가 직접 yuza.exe를 실행한다. yuza. exe의 메인 엔트리 함수는 kmain이므로 kmain 함수가 바로 실행된다. 메인 엔트리 함수 지정은 프로젝트의 **속성** → **고급**에서 확인할 수 있다.

YUZA OS 시스템에서 EXE 포맷을 사용하는 모듈은 커널 하나뿐이다. 드라이버 모듈이나 응용앱은 모두 DLL 포맷을 사용한다. 드라이버 모듈이나 응용앱도 사실 EXE 포맷이면 좋다. 하지만 WIN32에서 디버깅 기능을 지원하기 위해 전략적으로 DLL 포맷으로 결정하는 수 밖에 없었다. 5장, '콘솔 앱 살펴보기'에서 커널뿐만 아니라 응용앱이 동시 디버깅이 가능했던 것은 응용앱의 포맷을 DLL로 선택했기 때문에 얻은 혜택이다. 다만 DLL을 응용앱의 포맷으로 결정한 것은 순전히 WIN32를 위해서였기 때문에 EXE 포맷으로도 디버깅이 가능한 방법을 찾아낸다면 파일 포맷은 변경될 것이다.

커널을 제외한 모든 모듈 및 응용앱은 DLL 포맷으로 개발한다.

3 프로젝트 구성

WIN32에서 YUZA OS는 일반 응용앱과 다르지 않으며 YUZA OS 내부의 응용앱은 스레드로 실행된다. 반면 실기에서 YUZA OS는 프로그램을 실행할 때마다 프로세스를 생성하는 멀티 프로세스를 관리하는 OS다.

물론 WIN32도 응용앱을 실행할 때 CreateProcess API를 사용하면 응용앱을 프로세스로 생성할 수 있지만 복잡도만 높아지고 프로그래밍상의 이점은 전혀 없다. 우리의 목적은 실기에서 동작하는 OS를 개발하는 것이지 WIN32가 진정한 목표는 아님을 명심하자.

앞에서 언급했듯이 응용앱 포맷은 EXE가 아닌 DLL로 결정했다. YUZA OS에서 EXE 포맷은 커널 하나며 나머지는 모두 DLL로 제작된다. 확장자가 EXE인 응용앱은 확장자를 DLL에서 EXE로 변경한 것에 불과하다.

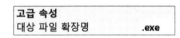

그림 6-4 DLL 응용앱의 확장자 변경

그리고 현재 커널을 제외하고는 응용앱은 실기나 WIN32 모두 동일한 프로젝트 구성을 공유한다. 하지만 응용앱 개발 초기에는 실기와 WIN32의 프로젝트 구성 공유는 불가능하다고 판단했기 때문에 응용앱의 프로젝트 구성은 여러 개가 존재했다.

표 6-3 초기 응용앱의 프로젝트 구성

프로젝트 구성	실기
WIN32_DLL	DLL 디버깅 모드 프로젝트 구성
WIN32	DLL 디버깅 미지원 모드 프로젝트 구성
YUZA	실기 프로젝트 구성

그런데 표 6-3과 같이 프로젝트 구성이 많으면 수정 항목이 생길 때마다 모든 프로젝트 구성을 수정해야 된다는 난점이 생긴다. 예를 들어 의존 라이브러리의 헤더나 라이브러리 경로가 변경되면 프로젝트 구성 전체의 헤더 경로와 라이브러리 경로를 변경해야 하는 것

이다. 그리고 이 작업 시간은 프로젝트 구성뿐만 아니라 프로젝트 개수가 늘어나면 늘어날
수록 더욱더 길어질 것이다. 단일 응용앱을 개발한다면 프로젝트 하나에 프로젝트 구성이
5~6개 존재한다 하더라도 문제가 되지는 않겠지만 프로젝트 개수가 100개를 넘어간다면
프로젝트 구성 항목 수정은 개발자를 피곤함의 나락으로 떨어뜨릴 것이다.

이 문제를 해결하기 위해 프로젝트 구성을 최대한 줄이려고 고심했으며 그 결과 커널을 제
외한 나머지 프로젝트의 구성을 하나로 만들 수 있었다. WIN32/실기 프로젝트 구성을 통
합한 아이디어를 HelloWorld 프로젝트를 살펴보면서 확인해 보겠다.

> 응용앱의 프로젝트 구성이 하나라는 것은 플랫폼 종속성이 없다는 것을 의미한다. 즉 응용앱
> 바이너리는 WIN32/실기 모두에서 정상 동작해야 한다.

3.1 링커 – 고급 항목

HelloWorld 프로젝트의 **속성 → 링크 항목**에서 고급을 선택한다.

진입점	
진입점 없음	**아니요**
체크섬 설정	아니요
기준 주소	**0x08000000**
임의 기준 주소	**예(/DYNAMICBASE)**
고정 기준 주소	

그림 6-5 DLL 진입점 및 기준 주소 정보

DLL에서 진입점인 실행 엔트리는 명시적으로 설정할 필요는 없다. MSVC는 암시적으로
_DllMainCRTStartup 엔트리 함수를 진입점으로 정의한다. 여기서는 DLL이 로드되는 기
준 주소가 0x08000000이며 임의 기준 주소 항목은 "예"로 설정돼 있다.

일반적으로 WIN32 DLL의 기준 주소 항목은 비어 있으며 DLL이 로드될 때는 WIN32 로더가 임의의 주소에 DLL을 로드한다. 그런데 위의 경우처럼 강제로 고정 주소를 지정하면 WIN32 로더는 우선 이 고정 주소에 DLL 로드를 시도한다. 그리고 WIN32 로더가 DLL 로드에 실패하면 사용할 수 있는 메모리 주소에 다시 DLL 로드를 시도한다. 그런데 WIN32 환경에서 DLL 모듈을 0x08000000 영역에 로드하는 것은 항상 실패하므로 DLL 모듈은 0x08000000가 아닌 동적 주소에 로드된다. 하고 싶은 말은, WIN32의 경우에는 기준 주소를 강제로 설정하든 하지 않든 간에 그림 6-5의 설정이 유효하다는 것이다.

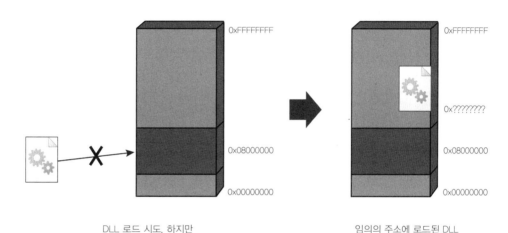

DLL 로드 시도. 하지만
이미 다른 모듈이 로드돼 있으므로 실패한다.

임의의 주소에 로드된 DLL

그림 6-6 WIN32에서 DLL의 로드

WIN32에서 YUZA OS는 단일 프로세스기 때문에 YUZA OS에 로드되는 응용앱은 YUZA OS의 주소 공간에 로드된다. 그리고 DLL의 선호 기준 주소 위치에는 코드나 데이터 또는 다른 DLL이 이미 로드된 상태다. 하지만 실기는 상황이 그렇지 않다. 실기에서는 응용앱을 실행하면 자신만의 가상 주소를 갖는 프로세스로 생성되며 이 때문에 0x08000000 영역은 항상 비어 있다. 그래서 응용앱은 항상 0x08000000에 로드된다.

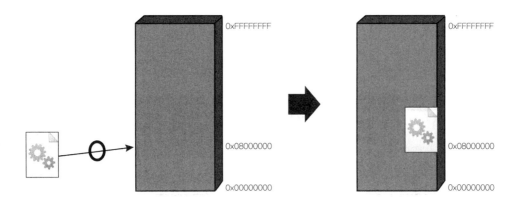

DLL 로드 시도. 항상 성공한다.   원하는 주소에 로드된 DLL

그림 6-7 실기에서 동작하는 YUZA OS의 응용앱 로드

3.2 C/C++ – 전처리기

전처리기 항목은 프로젝트 구성을 여러 개로 만들어야 하는 대표적인 요인 중 하나였다. 결론만 언급하자면 이제 전처리기 항목은 WIN32/실기 모두 동일한 설정값을 가진다. 다른 값을 갖는 유일한 모듈은 커널뿐이었는데 커널의 경우에는 이 부분을 파일로 옮겼다. BuildOption.h 파일의 매크로를 수정해 실기/WIN32로 전환했던 것을 HelloWorld 프로젝트를 살펴보면서 확인한 바 있다.

코드 6-3 BuildOption.h

```
#pragma once
// 콘솔 모드로 시작할지 그래픽 모드로 시작할지 결정
#define SKY_CONSOLE_MODE    0
……
#define SKY_EMULATOR 1
#if SKY_EMULATOR
#define SKY_EMULATOR_DLL 1
#endif
```

- SKY_CONSOLE_MODE : 이 값이 1이면 콘솔 모드로 커널이 실행된다. 0이면 GUI 모드로 실행된다.
- SKY_EMULATOR : 이 값이 1이면 WIN32에서 동작하는 커널을 생성한다. 0이면 실기에서 동작하는 YUZA OS가 생성된다.
- SKY_EMULATOR_DLL : 이 값이 1이면 WIN32 로더가 DLL을 로드한다. 이렇게 로드된 DLL은 비주얼 스튜디오를 통해 디버깅할 수 있다. 이 값이 0이면 YUZA OS에서 구현된 모듈 로더가 DLL을 메모리에 적재한다. 이 경우 로드된 모듈의 내부 디버깅은 불가능하다.

실제 개발을 해보면 콘솔 모드로 콘솔 창을 통해 디버그 로그를 확인해 보는 것이 편하다. 그래서 최신 컴퓨터는 콘솔 모드를 지원하지 않는 경우도 있지만 SKY_CONSOLE_MODE 옵션을 없애지 않았다. SKY_EMULATOR_DLL 매크로를 설정하면 WIN32 로더가 모듈 적재 및 해제를 관리하는데 초기 개발에서는 WIN32에서 문제가 없었다 하더라도 YUZA OS 로더가 예상과 다르게 동작하는 경우가 많았다. 지금은 한쪽에서 문제가 없으면 다른 쪽에서도 문제가 없음을 보장한다.

 전처리기를 수정하면 프로젝트 전체를 재빌드해야 되기 때문에 되도록이면 건드리지 않는 편이 좋다. 그리고 위에서 언급한 매크로는 커널에만 영향을 미치며 모듈이나 응용앱은 해당 매크로를 사용하지 않는다.

3.3 링커 - 라이브러리

링커의 라이브러리 항목은 프로젝트 구성을 여러 개로 만드는 대표적인 항목 중 하나다. 예를 들어 그래픽 렌더링 라이브러리를 살펴보자. 그래픽을 처리하는 로직은 동일한데 렌더러만 다른 프로젝트의 경우 렌더링 라이브러리는 다르게 설정해야 한다.

표 6-4 다른 렌더링 라이브러리를 사용하는 프로젝트

라이브러리	프로젝트 구성	라이브러리
OpenGL	SAMPLE_OPENGL	opengl.lib
SDL	SAMPLE_SDL	sdl2.lib

물론 표 6-4의 예는 그래픽 처리 부분이 메인 프로그램에 정적으로 포함됐을 때를 가정한다. 일반적으로 그래픽이나 사운드 처리 라이브러리는 플러그인 형태로 제공되며 메인 프로그램은 플러그인의 종류를 몰라도 되게끔 프로그래밍한다. 한편 WIN32에서 YUZA OS를 실행하려면 WIN32 서비스가 필수이므로 WIN32 라이브러리를 포함해야 된다. 이 WIN32 라이브러리는 실기에서는 필요없는 부분이다. 실기에서 불필요한 이 라이브러리 링크를 막는 방법은 매크로를 활용하고 별도의 WIN32 전용 DLL을 활용하는 것이다. 매크로를 사용해서 실기용으로 커널을 빌드할 때는 WIN32 함수 사용을 막는다. 예를 들어 SKY_EMULATOR가 정의됐다면 WIN32 함수를 사용한다. 라이브러리의 경우 사용되는 함수만 생성될 바이너리에 포함되며 그렇지 않으면 포함되지 않는다. 이 사실을 이용하면 실기의 프로젝트 구성에 WIN32 라이브러리를 포함해도 실제 생성물에는 라이브러리가 포함되지 않으므로 별도의 프로젝트 구성을 준비할 필요가 없다.

TIP 소스코드상에서 #pragma coment 명령을 사용하면 링커 → 라이브러리 항목을 변경하지 않아도 필요한 라이브러리를 추가할 수 있다.

```
#pragma comment("lib", "win32-stub.lib")
```
---

4 파일 시스템

YUZA OS에서 WIN32와 실기는 별도의 파일 시스템을 사용한다. 윈도우 10에서 WIN32용 YUZA OS를 실행하면 파일 시스템은 NTFS다. 반면 실기에서 동작하는 YUZA OS의

기본 파일 시스템은 FAT32다. 그래서 YUZA OS 개발 초기에는 개별 파일 시스템을 제어하기 위해 각 플랫폼별 API를 사용했다. 이에 따라 여러 가지 문제가 발생했는데 대표적인 문제는 다음과 같다.

- 파일 조작 시 각자의 API를 사용하므로 한쪽에서 문제가 없었다 하더라도 다른 쪽에서 문제가 없다는 것을 보장할 수 없다.
- 관리가 어렵다.

예를 들어 WIN32에서 파일의 핸들을 얻는 API는 `CreateFile` 함수다. 이 함수와 유사한 함수를 YUZA OS에 구현할 수는 있겠지만 내부적으로 동일한 동작을 보장할 수는 없다. 또한 프로그램에서 문제가 발생할 때 두 플랫폼의 API를 살펴봐야 하는데 이에 따른 행사 비용을 무시할 수 없다. 그래서 파일 시스템을 동일하게 공유할 수 있는 방법을 강구했고 여기서 들고 나온 해결책이 바로 가상 이미지 파일의 사용이다.

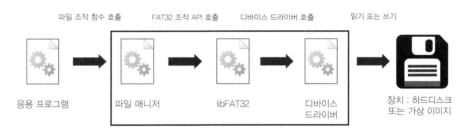

그림 6-8 가상 이미지 파일 사용

위의 그림에서 박스 부분은 YUZA OS의 파일 시스템이다. fopen, fwrite 등의 파일 함수를 호출해서 물리 장치로부터 데이터를 읽어온다. 이 시스템을 WIN32도 공유하고 데이터를 쓰거나 읽는 부분만 실제 장치를 가상 이미지로 대체한다면 WIN32 전용 API를 사용하지 않고 YUZA OS API만을 사용해서 파일 입출력을 처리하는 것이 가능해진다.

가상 이미지 파일은 IMG 포맷이다. IMG 파일은 USB나 하드디스크 덤프로 생성할 수 있으며 새로운 파일로도 생성할 수 있다. VirtualBox에서 사용하는 가상 이미지 VDI 파일은 IMG 파일을 변환한 것이다.

5 디버깅

비주얼 스튜디오로 YUZA OS를 디버깅하려면 모든 DLL 파일이 Debug 또는 Bin 폴더에 있어야 됨은 물론 가상 이미지 파일 내에도 존재해야 한다. 반면 DLL을 디버깅하고 싶지 않다면 DLL은 가상 이미지 파일 내에만 존재하면 된다.

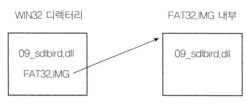

그림 6-9 DLL 디버깅 시 파일 구성도

그림 6-9는 DLL 디버깅 시의 파일 구성 샘플을 나타낸 것이다. DLL 디버깅 시에는 비록 가상 이미지 내부의 DLL 파일은 읽지 않지만 로직상 파일 존재 여부를 체크하므로 같은 이름의 파일이 존재해야 한다. 이 경우에는 DLL이 변경됐다 하더라도 굳이 변경된 DLL 을 가상 이미지 내부로 복사할 필요는 없다. 다만 DLL 미지원 모드에서는 가상 이미지 파일 내부의 DLL을 읽어들이므로 프로젝트가 변경되면 반드시 변경된 바이너리를 가상 이미지 파일 내부로 복사해야 한다.

6 기타

듀얼 플랫폼 지원을 위해 필요한 기타 요소를 살펴보자. 다음에서 언급되는 요소들은 두 플랫폼 간 공유가 불가능한 영역에 해당된다.

메모리 할당, 키보드/마우스 입력, 디스플레이, 스레드 제어 및 스케줄링, 시스템 라이브러리, 특권 어셈블리 명령어, 타이머, 가상 주소 시스템, 디바이스 드라이버

6.1 메모리 할당

실기에서 동작하는 YUZA OS는 자체적으로 메모리 가용 공간을 알아내서 힙을 생성한다. WIN32에서는 YUZA OS의 메모리 할당 시스템을 흉내 내기 위해 일정한 크기의 메모리 청크^{덩어리}를 WIN32 시스템에 요청해 확보한다.

코드 6-4 힙 시스템 초기화 코드

```
void InitHeap()
{
        // 힙에 할당된 청크를 사용해서 힙 자료 구조를 생성한다.
        ……
        kmalloc_init(kHeapBase, g_bootParams._memoryInfo._kHeapSize);
}
```

코드 6-5는 힙 자료 구조를 생성하는 코드다. WIN32에서 힙 시스템을 생성하려면 특정 메모리 청크의 시작 주소와 힙의 크기를 전달해야 한다. 이 메모리 청크의 확보를 위해 WIN32 종속 모듈에 메모리 청크를 요청한다. win32stub.dll 모듈이 이 역할을 담당한다.

코드 6-5 win32stub.dll로부터 메모리 청크 얻어내기

```
WIN32_STUB* GetWin32Stub()
{
        ……
        char* pPhysicalMemory = new char[KERNEL_HEAP_FRAME_COUNT * 4096];
        WIN32_STUB* pStub = new WIN32_STUB;
        ……
        pStub->_virtualAddress = (unsigned int)pPhysicalMemory;
        pStub->_virtualAddressSize = KERNEL_HEAP_FRAME_COUNT * 4096;
        ……
        return pStub;
}
```

WIN32에서 YUZA OS가 구동되면 yuza.exe는 초기화 과정에서 win32stub.dll의 GetWin32Stub 함수를 호출한다. 이 함수는 힙 생성에 필요한 메모리 청크를 할당한 다음 WIN32_STUB 구조체에 그 값을 담아 yuza.exe에 전달한다. WIN32로부터 메모리 공간을 획득한 YUZA OS는 이 공간을 힙 자료 구조 생성에 사용한다.

yuza.exe   win32stub.dll

그림 6-10 커널과 WIN32의 통신

YUZA OS 커널은 기본적으로 WIN32 서비스를 사용하지 않는다는 점을 유념하자. YUZA OS는 WIN32 로더의 도움으로 실행되지만 실행되고 나서는 WIN32 API 호출을 최소화하면서 yuza.exe에 포함된 x86 코드만을 실행한다. 그렇기 때문에 실기에서 동작할 때와 거의 같은 코드로 동작함을 보장한다. 다시 한 번 강조하지만 실기/WIN32의 코드 커버리지 동일성을 보장하기 위해서는 WIN32 API 도움을 받더라도 그 규모를 최소화해야 한다는 것을 명심한다.

6.2 키보드/마우스 입력

YUZA OS는 키보드/마우스 입력을 받으면 인터럽트 핸들러를 통해 입력 데이터를 커널로 전달한다. WIN32의 경우에는 SDL 모듈로부터 키보드/마우스 입력을 받아 키보드 및 마우스 데이터를 YUZA 커널로 전달한다.

그림 6-11 YUZA OS에서의 키보드/마우스 입력 처리

그림 6-12 WIN32에서의 키보드/마우스 입력 처리

YUZA OS와 WIN32는 별개의 플랫폼이라서 100% 동일한 코드를 공유하는 것은 불가능하다. 하지만 그림 6-11, 6-12에서 확인할 수 있듯이 마우스 입력 큐라든지 데스크톱 매니저는 동일한 코드로 실행할 수 있다. 계속 강조하지만 듀얼 시스템의 핵심은 두 플랫폼에서 실행할 수 있는 코드를 최대한 동일하게 맞추는 데 있다.

SDL은 멀티미디어 라이브러리이며 YUZA OS에서 핵심적으로 사용하는 라이브러리 중하나다. 14장, 'SDL 살펴보기'에서 자세히 설명한다.

6.3 디스플레이

YUZA OS는 디바이스의 그래픽 버퍼에 직접 데이터를 기록한다. WIN32는 이 디바이스 종속적인 그래픽 버퍼를 다른 버퍼로 대체해야 한다. 즉 프레임 버퍼를 WIN32가 제공해주고 커널이 그래픽 데이터를 이 프레임 버퍼에 기록한 뒤 이 프레임 버퍼를 WIN32가 렌더링하도록 구현해야 한다.

그래픽 데이터 전송

그림 6-13 실기에서 그래픽 데이터 전송

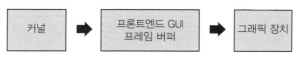

프레임 버퍼에 기록   WIN32 API 호출

그림 6-14 WIN32에서 그래픽 데이터 전송

대표적인 프론트엔드 GUI로는 SDL을 들 수 있다. SDL은 프레임 버퍼를 제공해 주는 인터페이스를 갖고 있으므로 이 SDL의 프레임 버퍼에 그래픽 데이터를 쓰면 화면에 그래픽을 출력할 수 있다. SDL은 SDLSurface라는 클래스를 활용하면 프레임 버퍼를 얻을 수 있다. YUZA OS는 GUI 프론트엔드로 SDL을 사용하는데 다른 GUI 프론트엔드를 사용하고 싶다면 먼저 사용하려는 GUI 프론트엔드가 프레임 버퍼를 제공하는 기능을 갖고 있는지 살펴보는 것이 좋다.

6.4 스레드 제어 및 스케줄링

WIN32에서 스레드 처리는 YUZA OS의 커널 코드만으로는 제어하기가 쉽지 않으므로 WIN32 전용 API를 호출한다. 또한 스케줄링의 경우 WIN32는 윈도우 운영체제가 알아서 진행하기 때문에 제어하기가 더더욱 힘들다. 그렇지만 커널의 스레드 처리 코드나 스케줄링 코드를 가능한 한 공통화해야 한다. 공통화를 통해 코드 무결성을 좀 더 높일 수 있기 때문이다.

스레드 제어 및 DLL 로드 관련 대표적인 WIN32 시스템 API는 다음과 같다.

표 6-5 스레드 제어 관련 API

WIN32 지원을 위한 API	설명
CreateThread	스레드를 생성한다.
LoadLibrary	라이브러리를 로드한다.
GetProcAddress	특정 함수의 주소를 얻어낸다.
SuspendThread	스레드를 중지시킨다.
ResumeThread	스레드를 재개한다.
ExitThread	스레드를 종료한다.
WaitForSingleObject	시그널을 받을 수 있는 하나의 오브젝트에 대해 대기한다.
WaitForMultipleObject	여러 개의 오브젝트로부터 시그널이 오는 것을 대기한다.

스케줄링 자체는 WIN32의 스케줄링을 제어할 수 없으므로 얼핏 생각하면 공통화하기가 어려워 보인다. 일단 프로그래밍 관점에서 보자면 WIN32의 스케줄링은 신경쓰지 않아도 된다. 왜냐하면 WIN32의 스케줄링 자체가 프로그램 개발에 영향을 주지 않기 때문이다.

실제 독자분들이 프로그램 개발 시 WIN32 스케줄링을 생각하고 개발하는가?

윈도우 운영체제의 스케줄링을 무시하고 자체적인 스케줄링을 WIN32 YUZA OS와 실기 YUZA OS가 공유할 수 있다면 코드 무결성을 더욱 높일 수 있을 것이다. 다만 특정 스레드 자체를 스케줄링에서 제외하려면 소프트웨어적으로는 불가능하므로 SuspendThread와 ResumeThread 함수를 사용해서 이를 시뮬레이션해야 한다. 이 과정에서 실기에서는 발생할 리가 없는 데드락 문제가 WIN32에서는 발생할 여지가 있다. 스케줄링 주제는 하드웨어 편에서 자세하게 다룬다.

6.5 특권 어셈블리 명령어

인터럽트를 활성화거나 비활성화하는 cli 또는 sti 명령어는 WIN32에서 사용할 수 없다. 또한 GDT나 IDT를 설정하는 특권 어셈블리 명령어도 당연히 사용할 수 없으므로 WIN32에서는 이런 코드들이 실행되지 않도록 작업해야 한다.

코드 6-6 GDT를 설정하는 특권 레벨 명령어

```
struct gdtr {
        // GDT의 크기
        uint16_t    m_limit;
        // GDT의 기준 주소
        uint32_t    m_base;
};
// GDT(글로벌 디스크립터 테이블). 단순히 글로벌 디스크립터의 배열이다.
static struct gdt_descriptor    _gdt [MAX_DESCRIPTORS];
```

```
// GDTR(글로벌 디스크립터 테이블 레지스터)에 로드되는 구조체
static struct gdtr    _gdtr;

// GDTR에 값을 설정하는 함수
// 비주얼 스튜디오는 인라인 함수를 지원한다. 단 32비트로 국한
// 64비트로 어셈블리 언어를 작성하려면 MASM이나 NASM으로 빌드해야 한다.
static void InstallGDT()
{
        _asm lgdt [_gdtr]
}
```

위의 InstallGDT 함수는 WIN32에서는 사용할 수 없다. 하지만 구조체에 값을 읽고 쓰는 것은 실기/WIN32에서 공유할 수 있다.

6.6 가상 주소 시스템

WIN32는 윈도우 운영체제의 가상 주소 시스템을 사용한다. 그러므로 YUZA OS의 가상 주소 시스템을 공유하는 것은 불가능하다. 하지만 계속 강조하고 있듯이 코드 무결성을 위해 가상 주소 시스템 커널 코드를 최대한 실행하되 그 결과만 반영하지 않는 형태로 구현했다.

제대로 된 가상 주소 시스템은 운영체제 개발에서 가장 큰 허들에 속한다. 하향식 설명 방식에 따라 가상 주소 시스템은 하드웨어 편에서 자세히 설명하겠다.

7 정리

듀얼 시스템을 지원함으로써 커널은 WIN32에서도 실행할 수 있었다. 이에 따라 실행 결과의 확인이 용이해졌으며 비주얼 스튜디오의 막강한 디버깅 기능을 활용할 수 있게 됐다. 물론 WIN32에서 동작한다 하더라도 실기에서도 동작한다는 것을 완벽히 보장할 수는 없

다. 이 부분은 코드를 엄격히 작성하고 수많은 테스트를 거쳐야 하는 부분이다. 또한 두 플랫폼에서 사용하는 로직을 최대한 공통화해서 코드 커버리지를 높여야 한다.

WIN32와 실기가 공유할 수 없는 영역을 다시 살펴보자.

- 부팅 시퀀스
- 하드웨어 장치
- 스케줄링, 하드웨어 특권 명령
- 파일 입출력
- 메모리 할당 및 관리, 가상 주소 시스템
- 입력장치 처리 및 화면 처리

이 공유할 수 없는 부분은 제외하더라도 공유할 수 있는 영역은 최대한 공유해서 콘텐츠를 손쉽게 추가하고 디버깅을 통해 버그를 최대한 빨리 수정하는 것이 YUZA OS의 콘셉트 중 하나다.

듀얼 시스템은 사실 필요없을지도 모른다. 어차피 목표가 실기에서 자신만의 운영체제를 실행하는 것이라면 WIN32는 필요없기 때문이다. 또한 굳이 WIN32를 활용하지 않는다 하더라도 커널 자체를 디버깅하는 방법은 존재한다. 다만 운영체제를 한 번 제작해 본 경험상 얘기를 해본다면 프로그램 개발은 코드 작성도 중요하지만 디버깅 시스템이 매우 중요한데 운영체제 개발에 한해서는 기존의 운영체제 개발 환경은 디버깅 시스템이 제대로 갖춰져 있지 않다는 느낌이 들었다. 그래서 듀얼 시스템 구축을 통해 개발 생산성의 향상을 도모했으며 실제 개발 속도는 듀얼 시스템이 갖춰지지 않은 시절과는 비교도 할 수 없을 만큼 향상됐다. 개인이 취미로 작성한 운영체제를 보면 응용앱 예제가 매우 부실한데 그 이유는 여러 가지가 있겠지만 디버깅 시스템의 부재도 배제할 수는 없을 것이다.

물론 듀얼 시스템을 통해 얻은 혜택은 매우 크지만 그에 못지않게 부대비용도 만만치 않다. 두 플랫폼을 동시에 지원하기 위한 코드를 작성하는 것은 쉽지 않은 일이다. 두 플랫폼의 분기 코드는 동일하게 동작하리라 생각했지만 의도치 않게 동작하는 경우도 더러 있었다. 또한 어떤 부분은 동일하게 구현하는 것 자체가 불가능했다.

하지만 운영체제 개발에서 비주얼 스튜디오를 적극 활용하고 유니티처럼 하나의 소스로 WIN32/실기에서 동작할 수 있는 시스템을 구축한 것은 엄청난 성과다. 이 시스템의 혜택은 책의 내용을 진행하면서 구체적으로 확인할 수 있을 것이다. 그리고 이런 독특한 시스템은 기존 OS를 개량하는 것으로는 구현해내기가 힘들 것이다.

6장을 통해 WIN32/실기에서 동시 동작하는 YUZA OS의 원리를 확실히 이해했으리라 생각한다.

7

커널 초기화

7장에서는 YUZA OS가 응용앱을 실행하기 직전까지의 커널 초기화 과정을 살펴본다. 6장, '듀얼 시스템'에서 launcher.exe가 yuza.exe의 kmain 엔트리 함수를 실행한다고 언급했는데 이 시점부터 응용앱을 실행하기 전까지의 커널 초기화 과정을 설명할 것이다. 01_console.sln 솔루션을 실행해서 yuza 프로젝트 및 yuza_core 프로젝트를 참조한다.

> YUZA OS 커널의 초기화 과정을 이해하고 콘솔 모드 및 GUI 모드 진입 전 단계까지의 과정을 파악한다.

1 커널 엔트리

YUZA OS의 커널 엔트리는 kmain이다. 메인 엔트리 정의는 프로젝트의 **링커 → 고급** 항목에서 확인할 수 있다.

```
void kmain(BootParams* pBootParam)
{
        InitializeConstructors();
        MakePlatformAPI();

        InitOSSystem(pBootParam);
        // not reached!!
}
```

yuza.exe의 시작부에서는 먼저 전역 객체나 정적 객체를 초기화해야 한다. 그래서 InitializeConstructors 함수를 제일 먼저 호출한다. MakePlatformAPI 함수는 플랫폼 종속적인 함수를 설정한다. 그래서 커널 입장에서는 어떤 플랫폼의 함수가 설정됐는지를 신경쓸 필요없이 사용할 수 있다. 이 플랫폼 종속적인 함수에는 프로세스 처리 관련 함수들이 해당한다.

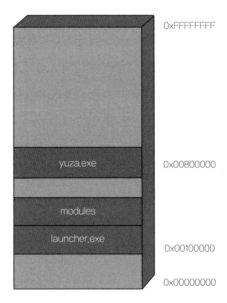

그림 7-1 커널 주소 공간

그림 7-1은 yuza.exe 메인 엔트리가 호출됐을 때의 메모리 레이아웃을 나타낸다. modules는 GRUB이 메모리에 적재시킨 파일들을 의미한다. yuza.exe는 0x00800000에 로드됐다.

 TIP YUZA OS에서는 콘솔 모드나 GUI 모드를 시작하기 전에 메모리 레이아웃이 세 번 정의된다.

- GRUB
- launcher.exe
- yuza.exe

즉 커널에서 페이징 시스템(페이지 디렉터리, 페이지 테이블)은 한 번 더 새롭게 구축된다.

마지막으로 InitOSSystem 함수를 호출해서 YUZA OS의 초기화를 시작한다. 이 함수는 yuza-core 프로젝트에서 확인할 수 있다.

 TIP 커널을 yuza_core와 yuza 프로젝트로 분리한 것은 새로운 운영체제를 개발할 때 WIN32/실기 듀얼 시스템을 쉽게 활용하기 위해서다. 또한 다른 GCC 기반 OS를 MSVC로 마이그레이션할 때 GRUB 시스템을 그대로 사용할 수 있도록 하기 위해서다. 다른 OS를 비주얼 스튜디오로 포팅하는 예제는 아래 링크를 참조한다. 현재는 ChobitsOS만 테스트에 성공한 상태다.

https://github.com/pdpdds/OSIntegration

커널 코어 엔트리

InitOSSystem 함수는 커널 코어를 초기화한다.

코드 7-2 커널 초기화

```
bool InitOSSystem(BootParams* pBootParam)
{
        MakeBootParam(); // 부트 파라미터 정보 복사
```

```
      ......
      SetInterruptVectors(); // 인터럽트 초기화
      InitHeap(); // 힙 초기화

#if SKY_EMULATOR
      LoadModules();
#endif
      InitStdIO();

      // 실제 커널 엔트리로 점프한다.
      JumpToNewKernelEntry((int)KernelMainEntry);

      return true;
}
```

MakeBootParam 함수는 GRUB이나 WIN32로부터 넘어온 부트 파라미터 정보를 복사하는 함수다.

InitHeap 함수는 힙을 생성하는 함수다. 힙 시스템을 구축하는 이유는 new와 delete 연산자를 사용하기 위해서다.

LoadModules 함수는 WIN32에서만 사용하며 GRUB이 메모리에 로드된 파일 정보를 커널에 제공해 주는 것과 동일한 역할을 한다.

이런 몇 가지 초기화 작업 후에 JumpToNewKernelEntry 함수를 호출해서 KernelMainEntry 함수를 실행한다. 이때 스택도 새롭게 설정한다.

코드 7-3 JumpToNewKernelEntry 함수

```
void JumpToNewKernelEntry(int entryPoint)
{

#if SKY_EMULATOR
      KernelMainEntry();
```

```
#else
        unsigned int stackPointer = g_bootParams._memoryInfo._kStackBase +
                                    g_bootParams._memoryInfo._kStackSize;

        __asm
        {
            MOV     AX, 0x10;
            MOV     DS, AX
            MOV     ES, AX
            MOV     FS, AX
            MOV     GS, AX

            MOV     ESP, stackPointer
            PUSH    0; // 파라미터
            PUSH    0; // EBP
            PUSH    0x200; EFLAGS
            PUSH    0x08; CS
            PUSH    entryPoint; EIP
            IRETD
        }
        for (;;);
#endif
}
```

WIN32에서 실행하는 경우는 단순히 KernelMainEntry 함수를 호출하면 된다. 실기에서
는 해당 코드가 링 레벨 0이라는 것을 명확히 하고 데이터 셀렉터와 코드 셀렉터 초기화
그리고 새로운 스택을 준비해서 KernelMainEntry 함수 엔트리를 호출한다.

> MEMO WIN32의 경우에는 KernelMainEntry 함수를 명확히 지정했는데 이 부분을 파라미터로 전
> 달된 entryPoint로 실행되게 수정해 보자.

2 커널 코어

커널 코어는 계속 수정되고 있는 부분으로 코드도 깔끔하지 않다. 원래 커널 코어는 변화가 적어야 하는데 변화가 심한 이유는 다음과 같다.

- 커널이 지원해야 하는 필수 기능 파악 실패
- 하향식 개발

예를 들어 실행파일 크기가 100MB라 가정하자. 일반적인 운영체제는 이런 파일을 실행시키기 위해 전체 파일을 메모리에 적재하지 않는다. 대신 페이지 폴트가 발생했을 때 관련 파일 내용을 메모리에 적재한다. 이런 기능을 지원하기 위해서는 MMF^{메모리 매핑 파일} 기능 지원이 필요하다. 또 다른 예로 힙을 살펴보자. 힙은 메모리를 할당할 때 정렬된 메모리 주소를 할당해 주는 기능을 갖춰야 한다. 그런데 우리가 일반적으로 힙에 메모리를 할당할 경우에는 4바이트 단위 또는 4K, 8K, 64K 단위의 정렬된 주소는 필요하지 않다. 하지만 하드웨어에 물리 주소를 할당할 경우에는 정렬된 메모리 주소를 제공하는 것이 좋다. 아래 코드는 메모리 할당 시 4K 주소 단위로 메모리를 할당하는 코드다.

```
char* pChunk = malloc_aligned(1024, PAGE_SIZE);
```

또한 하향식 개발 방식 때문에 커널 코어가 수정되는 경우도 더러 있었다. 예를 들어 SDL로 구현된 수많은 게임을 YUZA OS에 포팅하는 과정에서 게임이 제대로 동작하지 않는 경우가 많았다. 원인을 하나하나 확인하면서 기능을 추가함에 따라 커널도 미묘하지만 변경할 필요가 있었다.

어쨌든 커널 코어는 변화가 심하다는 것을 염두에 두고 코드 라인 하나하나의 의미보다는 전체적인 흐름을 이해하는 데 주력한다. 그리고 현재도 커널 코어는 변경되고 있으므로 KernelMainEntry 함수는 코드 7-4와 다를 수 있음을 염두에 둔다.

```
void KernelMainEntry()
{
    ……
    InitKernelSystem(); // 커널 시스템 초기화
    // 타이머 인터럽트 초기화
    SetInterruptVector(32, (void(__cdecl &)(void))TimerHandler_32);
    // 인터럽트 타이머 시작
    StartPITCounter(1000, I86_PIT_OCW_COUNTER_0,
                        I86_PIT_OCW_MODE_SQUAREWAVEGEN);
    // 커널 모듈을 로드하고 초기화한다.
    // FileManager.dll과 SystemCall.dll은 반드시 로드한다.
    // 시스템 콜도 등록
    ModuleManager::GetInstance()->Initialize();
    // 커널이 임포트하는 DLL의 함수를 호출할 수 있도록 IAT를 수정한다.
    FixIAT((void*)g_bootParams._memoryInfo._kernelBase);
    ModuleManager::GetInstance()->CreateMemoryResourceDisk();

    InitEnvironment(); // 환경 변수를 초기화한다.
    InitStorageSystem(); // 저장장치 시스템을 초기화한다.
    InitDebuggerSystem(); // 디버거 시스템을 초기화한다.
    // 그래픽 모드에 따라 콘솔 모드, GUI 모드로 실행한다.
    if (g_bootParams.bGraphicMode == true)
    {
        InitDisplaySystem();
        YuzaOSGUI();
    }
    else
    {
        YuzaOSConsole();
    }
}
```

그림 7-2를 참조하면 코드 흐름을 명확히 이해할 수 있을 것이다. 콘솔 모드 또는 GUI 모드 진입 전까지의 흐름은 다음과 같다.

커널 초기화
(가상 주소 시스템, 프로세스
매니저, 타이머 등)

인터럽트 벡터
(타이머 핸들러)

PIT(타이머) 시작

필수 모듈 로드
(FileManager.dll,
SystemCall.dll)

커널 메모리 재배치

시스템 콜 등록

저장장치 초기화

디버깅 시스템 초기화

콘솔 시스템   GUI 시스템

그림 7-2 커널 코어 초기화

커널 메모리 재배치의 경우에는 WIN32와의 동기화를 위해 재배치를 하지 않도록 변경했다. WIN32와의 동기화 전에 커널은 0xc0000000(2GB) 영역으로 주소 재배치를 했지만 현재는 재배치를 하지 않고 0x00800000 영역에 그대로 놔둠을 기억한다.

2.1 커널 초기화

커널 초기화는 다음 함수를 통해 실행된다.

```
InitKernelSystem
```

초기화되는 항목은 다음과 같다.

> 타이머, 페이징 시스템, 기본 커널 스레드 객체 생성 등

InitKernelSystem 함수는 YUZA OS의 근간이 되는 페이징 시스템을 구축하고 기본 커널 스레드 객체를 생성한다. 페이징 시스템은 물리 메모리를 관리하고 프로세스에 독립적인 가상 주소를 할당한다. 생성되는 기본 커널 스레드 객체는 다음과 같다.

- 현재 실행 중인 스레드
- 응용 스레드 종료 시 할당된 리소스를 회수하기 위한 스레드
- 커널 상태를 체크하는 스레드

InitKernelSystem 함수 구현에 대한 사항은 하드웨어 편에서 자세히 다룬다.

2.2 인터럽트 벡터 초기화

기본 인터럽트 벡터 함수는 설정했으므로 여기서는 타이머 핸들러를 새로 설정한다.

```
SetInterruptVector(32, (void(__cdecl &)(void))TimerHandler_32); // 인터럽트 초기화
```

타이머 핸들러의 인터럽트 번호는 32다. 인터럽트가 발생하면 HandleTrap 함수가 실행되는데 인터럽트의 번호가 32라면 타이머 핸들러가 호출되며 정적 메소드인 Timer::HardwareTimerInterrupt가 실행된다.

2.3 PIT 시작

타이머 인터럽트를 처리할 핸들러가 준비됐으므로 이제 PIT에 인터럽트를 발생시키라고 명령을 내린다. 타이머 인터럽트가 주기적으로 발생하면 이후부터는 태스크의 스케줄링이 가능해진다.

```
StartPITCounter(1000, I86_PIT_OCW_COUNTER_0, I86_PIT_OCW_MODE_SQUAREWAVEGEN);
```


2.4 커널 필수 모듈 로드

PIT를 통해 인터럽트가 발생하면 이후부터는 하드웨어 장치에 접근해서 명령을 지시할 수 있다. 하드웨어 장치를 다루기 위해 필요한 코드는 모듈 형태로 분리했으며 이 단계에서는 커널 필수 모듈을 로드한다.

- FileManager.dll : 파일 입출력을 다룬다.
- SystemCall.dll : 응용앱이나 모듈에 커널 서비스(함수)를 제공한다.
- math.dll : 수학 라이브러리

수학 라이브러리는 필수 라이브러리는 아니지만 재진입이 가능하고 수많은 응용앱에서 사용하므로 커널 초기에 로딩되게 했다. 필수 모듈은 저장장치 드라이버가 로딩되지 않은 시점에서는 GRUB의 힘을 빌려 메모리에 로드해야 한다. 로드할 필수 모듈 항목은 grub.cfg 파일에서 설정할 수 있다. grub.cfg 파일은 가상 이미지 내 grub 폴더에서 확인할 수 있다.

코드 7-5 GRUB을 활용한 필수 모듈 로드

```
menuentry "YUZA OS" {
    multiboot /launcher.exe yuza.exe
        module /yuza.exe "yuza.exe"
        module /FileManager.dll "FileManager.dll"
        module /IDE.dll "IDE.dll"
        module /math.dll "math.dll"
        module /driver.cfg "driver.cfg"
        module /yuza.cfg "yuza.cfg"
        module /libconfig.dll "libconfig.dll"
        module /FAT_FileSystem.dll "FAT_FileSystem.dll"
        module /SystemCall.dll "SystemCall.dll"
        module /stacktracer.dll "stacktracer.dll"
    boot
}
```

이후 저장장치 드라이버가 로드되면 저장장치에서 직접 파일을 읽어들일 수 있다.

2.5 커널 가상 주소 재배치

커널 메모리 주소를 재배치하는 이유는 명확하다. 그림 7-3과 같은 주소 공간을 응용앱에 제공하기 위해서다.

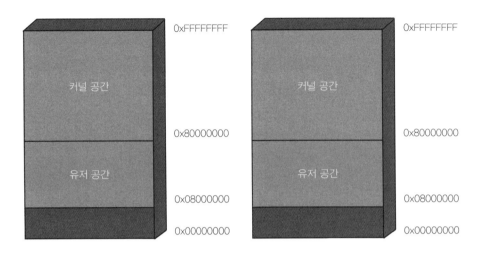

프로세스 A   프로세스 B

그림 7-3 응용앱 주소 공간

커널의 기본 로드 주소는 0x800000이다. 그리고 커널을 이 주소에 두고 상위주소에 응용 앱을 로드해도 문제는 없다. 그러나 일반적으로 커널은 상위주소에 배치하는 것이 디자인 상 깔끔하다. 윈도우 운영체제도 커널은 상위주소에 매핑돼 있다. 그리고 실제 개발을 해 보면 알겠지만 커널을 0x80000000, 2GB 위치에 배치해 두면 응용 프로세스를 생성할 때 커널 가상 주소를 매핑하기가 편하다.

단순하게 커널을 0x800000 주소에서 0x80000000 주소로 복사한 다음 실행 제어를 0x8000000으로 옮기면 커널은 정상 실행되지 않는다. 커널의 코드는 0x800000에서 실 행한다는 전제로 작성됐기 때문이다. 그래서 커널을 제대로 실행하기 위해서는 커널을 0x8000000으로 복사한 다음 주소 재배치 작업을 수행해야 한다. 주소 재배치를 위해 서는 바이너리의 재배치 섹션을 참조해야 되며 재배치 섹션에서 확인할 수 있는 절대주 소를 0x8000000 기준으로 수정하면 된다. 주소 재배치를 완료하고 나면 커널의 제어를 0x8000000으로 이동해서 실행해도 문제없다. PE 및 DLL의 구조에 대해서는 8장, 'DLL 로더 시스템'에서 자세히 설명한다.

앞에서도 언급했지만 지금 설명한 주소 재배치 작업은 WIN32와 코드를 동기화하는 과정에서 제외한 부분이다. 프로세스는 현재 아래와 같은 메모리 레이아웃으로 실행된다.

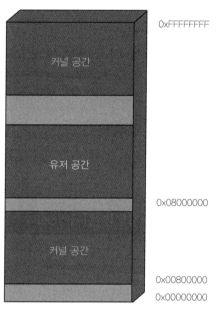

그림 7-4 메모리 레이아웃

현시점에서는 차후 프로세스의 메모리 레이아웃을 그림 7-3으로 되돌려야 한다는 것만 기억한다. 그리고 이후 설명하는 메모리 레이아웃은 그림 7-4와 같지만 그림 7-3이라고 가정하고 설명한다.

2.6 시스템 콜 등록

시스템 콜 등록은 SystemCall.dll이 제공하는 인터페이스를 사용한다.

코드 7-6 RegisterSystemCall 함수

```
void RegisterSysCall()
{
    ......
```

```
        AddSyscall(eMalloc, kmalloc);
        AddSyscall(eFree, kfree);
        AddSyscall(eRealloc, krealloc);
        AddSyscall(eCalloc, kcalloc);
        AddSyscall(eMalloc_Aligned, kmalloc_aligned);

        AddSyscall(eCreateProcess, kCreateProcess);
        AddSyscall(eCreateThread, kCreateThread);
        AddSyscall(eSuspendThread, kSuspendThread);
        ……
}
```

AddSyscall은 커널 서비스를 쉽게 등록하기 위해 만든 매크로다. 위의 커널 서비스 중
kCreateProcess는 프로세스를 생성하는 함수다. 이 커널 서비스를 요청하기 위해서는 다
음과 같은 함수를 호출한다.

```
Syscall_CreateProcess
```

 함수를 사용하고자 할 때 함수의 파라미터를 알기 위해서 함수의 헤더나 함수 구현부를 찾
아갈 필요는 없다. 비주얼 스튜디오는 함수 이름을 쓰면 함수와 관련된 파라미터를 툴 팁으
로 보여주므로 코딩이 편하다.

2.7 저장장치 초기화

저장장치로는 플로피 디스크, 하드디스크, USB, 램 디스크 등이 있다. 저장장치 초기화
단계에서는 driver.cfg 파일을 분석해서 디스크를 인식하는 데 필요한 모듈을 로드한다.
디바이스 드라이버 모듈은 device 폴더에서 확인할 수 있다.

```
bool InitStorageSystem()
{
        config_t cfg;
        char* config_file = "driver.cfg";
        const char* str;
        config_init(&cfg);
        config_read_file(&cfg, config_file);
        config_lookup_string(&cfg, "name", &str);

        AddStorageModule(cfg, "storage.IDE", true);

        config_destroy(&cfg);
        return true;
}
```

InitStorageSystem 함수는 driver.cfg 파일을 파싱해서 저장장치 드라이버를 로드한다.
코드 7-7의 경우에는 IDE 장치를 등록한다.

```
storage =
{
        IDE = ( { module = "IDE.dll";
            author = "Juhang Park";
            type = "both";
            preferedDrive = "C";
            filesystem = "FAT32";
            enable = 1;},
        RAM = ( { module = "RamDSK.dll";
            author = "Juhang Park";
            type = "both";
            preferedDrive = "C;
            pakFile = "RamDSK.pak";
            filesystem = "MINT64";
```

```
            enable = 0;},
        FLOPPY = ( { module = "floppy.dll";
            author = "Juhang Park";
            type = "both";
            preferedDrive = "A";
            filesystem = "FAT12";
            enable = 0;});
};
```

driver.cfg 파일에는 하드디스크, 램 디스크, 플로피 디스크 등 다양한 장치 정보가 기술
돼 있다. 대부분 실기와 WIN32 동시 사용이 가능하며 각 장치의 활성화는 enable 필드
를 통해 설정할 수 있다.

2.8 디버깅 시스템 초기화

커널에서 오류가 발생하면 원인을 파악할 수 있는 도구가 필요하다. 프로그램에서 문제가
발생하면 가장 먼저 체크해야 될 부분은 콜스택이다. InitDebuggerSystem 함수는 이 콜스
택을 분석하기 위한 StackTracer.dll 모듈을 로드한다.

코드 7-9 InitDebuggerSystem 함수

```
bool InitDebuggerSystem()
{
        ……
        StackTracer::GetInstance()->Init("stacktracer.dll");
        if (addmap)
            AddSymbol(cfg, "debug.MAPFILE");
        ……
}
```

콜스택을 가독성있는 형태로 표현하려면 맵 파일^{심벌}이 필요하다. 응용앱의 심벌 파일은 응용앱 설정에 따라 맵 파일을 등록할 수 있으며 커널의 경우에는 yuza.cfg 파일에 등록할 수 있다.

코드 7-10 yuza.cfg의 일부 내용

```
debug =
{
        CONFIG = ( {enable = 1;
            addmap = 1;});

        MAPFILE = ( { name = "yuza";},
            { name = "libconfig";});
};
```

위 정보를 수정하면 스택 트레이서 기능의 활성화 여부 및 맵 파일 정보의 활용 여부를 결정할 수 있다. 또한 맵 파일로 활용될 모듈의 맵 파일을 등록할 수 있다.

기본적으로 맵 파일 정보가 없다면 스택 트레이서 모듈은 콜스택의 주소만 보여준다. 맵 파일 정보가 존재하면 함수의 이름과 오프셋을 보여준다. 스택 트레이서 모듈은 포스트-모템 디버깅을 제공하기 위한 모듈이다. 포스트-모템 디버깅에 대해서는 하드웨어 편에서 상세히 설명한다.

2.9 커널 메인 코드 시작

지금까지 일련의 작업을 마치면 커널은 부팅 모드에 따라 콘솔 모드 또는 GUI 모드로 시작한다. 여기서는 콘솔 모드만 살펴본다.

코드 7-11 YuzaOS 콘솔 진입부

```
void YuzaOSConsole(char* consoleName)
{
        SkyConsole::Clear();
```

```
        PrintInfomation();
        PrintCurrentTime();

#if YUZA_DEBUGGER
        Debugger::GetInstance()->DebugKernel();
#else
        HANDLE handle = kCreateProcess(consoleName, nullptr, 16);
        SKY_ASSERT(handle != 0, "YuzaOSConsole exec fail!!\n");
        WatchDogProc(0);
#endif
}
```

코드 7-11은 HelloWorld 프로젝트를 분석하면서 살펴본 코드다. kCreateProcess 메소드를 실행해서 새로운 프로세스를 생성한다. console.dll 프로세스가 생성되면 이 프로세스의 메모리 레이아웃은 그림 7-5와 같이 배치돼야 하지만 실제 레이아웃은 그림 7-4임을 기억한다. 다시 한 번 언급하지만 듀얼 시스템이 안정화되면 메모리 레이아웃을 그림 7-4에서 그림 7-3 형태로 복원할 것이다.

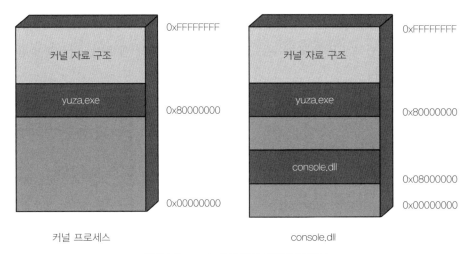

그림 7-5 console.dll 프로세스 메모리 레이아웃

이제 console.dll 외의 다른 프로세스를 생성해도 메모리 레이아웃은 console.dll과 동일한 형태를 취한다. 따라서 모든 프로세스는 동일한 메모리 레이아웃을 갖게 돼 메모리라는 하드웨어를 동일한 추상 인터페이스로 접근할 수 있다.

3 win32stub.dll

win32stub.dll은 윈도우 운영체제에서 YUZA OS가 동작하는 데 필요한 핵심 컴포넌트다. 이 모듈의 역할은 다음과 같다.

- 메모리 청크 할당
- WIN32 API 기능 제공
- 그래픽 버퍼 제공
- 마우스/키보드 입력 처리
- 타이머 이벤트 제공

여기서는 타이머 이벤트와 키보드/마우스 이벤트 처리 구현을 살펴본다. 프로젝트는 win32stub 프로젝트를 참조한다.

3.1 타이머 이벤트

하드웨어 PIT를 흉내 내기 위해서는 주기적으로 타이머 이벤트를 발생시켜서 커널에 전달할 수 있어야 한다. 타이머를 생성하는 코드는 다음과 같다.

```
CreateTimerQueueTimer(&hTimer, hTimerQueue, TimerCallback, NULL, 500, 10, 0);
```

타이머가 생성되면 500ms 지연 시간 후 10ms 간격으로 TimerCallback 함수가 주기적으로 호출된다.

```
VOID CALLBACK TimerCallback(PVOID lpParameter, BOOLEAN TimerOrWaitFired)
{
        if(pInputHandler)
            pInputHandler->SoftwareInterrupt();
}
```

pInputHandler는 SkyInputHandlerWin32 클래스의 객체다. 이 객체의 SoftwareInterrupt
메소드를 호출해서 커널로 다이머 이벤트를 전달한다.

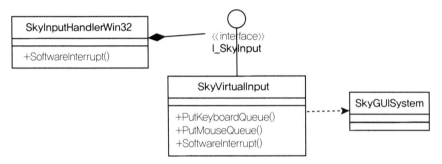

그림 7-6 WIN32 타이머 이벤트의 커널 전송

I_SkyInput 인터페이스를 구현한 SkyVirtualInput 객체는 WIN32로부터 타이머 이벤트를
받아 SoftwareInterrupt 메소드를 호출한다. 이 메소드는 커널의 KernelSoftwareInterrupt
함수를 호출하며 KernelSoftwareInterrupt 함수는 상황에 따라 스레드를 리스케줄링한다.

타이머 이벤트 주기는 10ms로 고정했는데 특별한 문제는 없었다. 타이머 이벤트 주기는
일반적인 운영체제에서는 동적으로 변경 가능함을 기억한다.

3.2 키보드/마우스 이벤트

키보드/마우스 이벤트도 그림 7-6에서 알 수 있듯이 SkyVirtualInput 객체에서 커널로
전달된다. 객체는 키보드/마우스 이벤트를 데스크톱과 관계된 SkyGUISystem 객체의 큐에

입력하며 데스크톱을 구현한 객체는 이 이벤트를 꺼내서 현재 활성화된 윈도우 창에 이벤트를 전송한다. 지금까지 설명한 내용은 **LoopWIN32** 함수에서 확인할 수 있다.

코드 7-13 LoopWIN32 함수

```
extern "C" void LoopWin32(I_SkyInput* pVirtualIO, unsigned int& tickCount)
{
    bool running = true;
    pInputHandler = new SkyInputHandlerWin32();
    pInputHandler->Initialize(pVirtualIO);
    // 타이머 생성
    HANDLE hTimerQueue = CreateTimerQueue();
    HANDLE hTimer;
    // 처음 시작할 때 0.5초 지연, 0.01초마다 호출되게 주기 설정
    CreateTimerQueueTimer(&hTimer, hTimerQueue, TimerCallback, NULL,500,10,0);

    // 루프를 돌며 화면을 그리고 입출력 이벤트를 커널에 전달한다.
    while (running)
    {
        tickCount = GetTickCount();
        // 이벤트를 가져온다.
        SDL_Event event;
        while (SDL_PollEvent(&event))
        {
            // 마우스 이벤트를 커널의 마우스 큐에 전송
            if (event.type == SDL_MOUSEMOTION)
            {
                ......
                pVirtualIO->PutMouseQueue(&data);
            }
            // 키보드 이벤트가 발생했다면
            else if (event.type == SDL_KEYDOWN)
                pInputHandler->ConvertScanCodeAndPutQueue(bScancode);
        }

        // 화면 갱신
```

```
        if (screen)
        {
            SDL_RenderClear(pRenderer);
            SDL_UpdateTexture(pTexture, NULL, screen->pixels, screen->pitch);
            SDL_RenderCopy(pRenderer, pTexture, NULL, NULL);
            SDL_RenderPresent(pRenderer);
        }
    }
    ……
}
```

코드 7-13은 WIN32로 YUZA OS를 실행했을 때 GUI 모드에서 실행되는 루프 코드다. 타이머 입력과 키보드 및 마우스 입력이 SkyVirtualInput 객체로 전달되는 부분을 확인할 수 있다. SDL의 렌더링 부분은 14장, 'SDL 살펴보기'에서 자세히 설명한다.

4 정리

7장에서는 YUZA OS가 응용앱을 실행하기 전에 커널이 초기화되는 과정을 살펴봤다. 주요 초기화 항목에는 다음과 같은 항목이 존재한다.

- 전역 객체 및 정적 객체 초기화
- 힙 생성
- PIT, PIC 초기화
- 커널 컴포넌트 로드 및 초기화
- 타이머 실행
- 커널 재배치
- 시스템 콜 등록
- 저장장치 초기화

- 디버깅 시스템 초기화
- 콘솔/GUI 진입

시스템 콜이나 파일 시스템 초기화 관련 세부 내용은 볼륨이 크므로 별도의 장을 마련해서 설명할 것이다. 세부적인 내용을 살펴보기 전에 커널 시스템이 어떻게 동작하는지에 대한 이해가 중요하므로 디버깅을 실제로 해보면서 코드 흐름을 파악해 본다.

커널의 대략적인 초기화 과정을 이해했다면 다음 단계는 장치 드라이버나 응용앱을 실행하는 데 근간이 되는 DLL 시스템에 대한 이해가 필요하다. 필자의 판단으로는 이 책을 정복하기 위한 첫 번째 허들이라 생각하므로 각오를 단단히 하고 8장에 임하도록 하자.

표 7-1 자가점검할 사항

항목	내용
커널 초기화	커널의 초기화 시에 필요한 각각의 항목에 대한 이해는 충분한가?
가상 시스템	7장에서는 가상 메모리 시스템에 대해 구체적으로 설명하지 않았다. 가상 메모리 시스템에 대한 사전 지식은 충분한가? 그렇지 않다면 운영체제 서적이나 인터넷 검색을 통해 기본 지식을 확보해 둔다.
win32stub.dll	• 이 모듈에서는 WIN32 API가 사용된다. 이 WIN32 API는 친숙한 편인가? • 이 모듈은 윈도우 운영체제 전용 WIN32 DLL이다. 이 모듈을 YUZA OS 커널에 링크해도 문제가 발생하지 않는 이유는 무엇인가?
디버깅 시스템	맵 파일, 콜스택, 심벌이라는 용어가 친숙한가?
저장장치	IDE, SATA, 플로피 디스크, USB, 램 디스크 용어가 친숙한가?
필수 모듈	커널 시작 시 로드되는 필수 모듈의 기능에 대한 이해가 충분한가?

8

DLL 로더 시스템

어떤 작업이든 그렇지만 작업 규모가 커지면 항상 관리라는 이슈가 발생한다. 프로그래 밍도 마찬가지여서 프로젝트 규모가 커지면 코드 관리가 어려워진다. 그래서 게임의 경 우에는 보통 물리 엔진, 사운드 엔진, 그래픽 엔진, 콘텐츠가 별도의 모듈로 분리돼 개발 되며 콘텐츠도 그 성격에 따라 세부적으로 분리해서 개발한다. 분리의 기준은 여러 방법 이 있지만 일단 모듈 단위로 구현해서 분리해 두면 모듈에서 문제가 발생했을 때 해당 문 제는 그 모듈에만 한정되기 때문에 다른 모듈에 대한 에러 전파는 줄어든다. 결국 모듈 단 위로 기능을 개발한다는 것은 각 모듈 간 커플링을 줄여 서로 간의 간섭을 최소화한다는 것을 뜻한다.

OS 개발은 다른 프로그램을 개발하는 것보다 좀 더 엄격성을 요구한다. 그래서 유지보수 를 쉽게 하고 버그의 위치를 가능한 한 빠르게 특정하기 위해 모듈 단위로 개발하는 것이 필수적으로 요구된다. 예를 들어 디바이스 드라이버를 커널에 통합하지 않고 별도의 모듈 로 분리해 두면 관리가 쉬워진다. 그리고 해당 장치 처리과정에서 문제가 발생하면 일차적으로 디바이스 드라이버에서 문제가 발생했을 가능성이 크므로 문제의 원인을 특정하는 시간을 대폭적으로 줄일 수 있다.

 TIP 디버깅 시간을 줄이는 일차적인 방법은 문제가 발생했다고 판단되는 범위를 줄이는 것이다.

YUZA OS는 모듈 지향 시스템을 구축하기 위해 EXE 및 DLL에 기반을 둔 DLL 로더 시스템을 구현했다. YUZA OS의 DLL 시스템은 윈도우 운영체제와 매우 유사하기 때문에 윈도우 시스템 프로그래밍에 익숙하다면 YUZA OS의 DLL 시스템을 쉽게 이해할 수 있다. 앞에서 언급했지만 DLL을 활용하면 코드를 기능별, 내용별로 깔끔하게 분리할 수 있으며 기존 WIN32에서 동작하는 프로그램을 YUZA OS로 마이그레이션하는 비용을 최소화할 수 있다.

지금부터는 YUZA OS의 핵심 시스템 중 하나인 DLL 로더 시스템에 관련된 이론을 학습하고 동작 원리를 이해한다. YUZA OS는 모든 응용앱이나 디바이스 드라이버를 DLL로 구현한다. 응용앱은 포맷을 추후 EXE로 변경할 가능성이 있지만 현재로서는 WIN32에서 원활한 디버깅을 위해 DLL 포맷으로 개발한다.

 TIP 일부 응용앱은 생성한 바이너리의 확장자를 EXE로 변경했다. 이것은 응용앱을 다른 라이브러리와 구별하기 위해 변경한 것으로 독자분들이 새로운 응용앱을 개발할 때 굳이 확장자를 변경할 필요는 없다.

목표
- WIN32 시스템 프로그래밍 지식을 학습한다.
- 모듈 지향 시스템의 장점을 이해한다.
- YUZA OS의 DLL 시스템을 완벽히 이해한다.
- 커스텀 DLL 로더를 구현할 때 고려할 사항을 파악한다.

1 기본 로더 이론

YUZA OS의 DLL 시스템을 살펴보기에 앞서 WIN32 로더의 동작 원리를 먼저 살펴보자. WIN32 로더는 응용앱을 메모리에 로드하고 응용앱이 사용하는 DLL을 로딩하면서 DLL 을 프로세스의 주소 공간에 매핑시킨다. 예를 들어 A.EXE라는 프로그램이 B.DLL, C.DLL 을 사용한다고 가정하자. A.EXE를 실행하면 WIN32 로더는 다음과 같이 가상 주소 공간 에 A.EXE, B.DLL, C.DLL을 매핑시킨다.

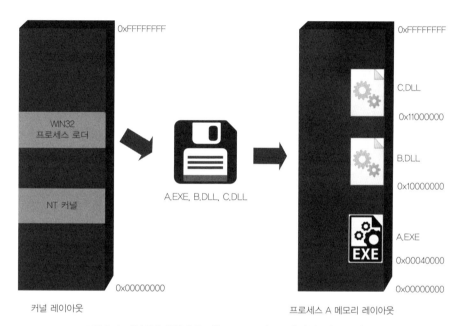

그림 8-1 가상 주소 공간에 로드된 A.EXE 그리고 그에 따른 종속 DLL의 로드

그림 8-1을 통해 알 수 있는 사항은 다음과 같다.

- WIN32 프로세스 로더는 프로세스 생성 시 별도의 가상 주소 공간을 생성한다.
- WIN32 프로세스 로더는 저장매체로부터 파일을 읽어서 메모리로 로드한다.
- 종속 DLL은 로드될 기준 주소를 특정할 수 없다(선호되는 주소에 로드할 수 없다). 이 기준 주소는 WIN32 프로세스 로더가 결정한다.

그리고 로더는 프로세스를 생성한 다음 실행 모듈과 종속 DLL을 매핑하는 작업을 수행한다.

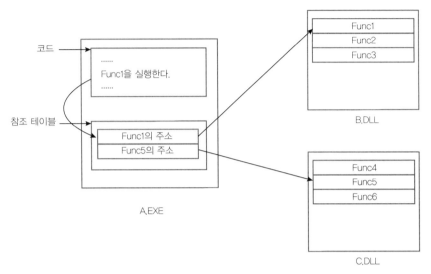

그림 8-2 실행 모듈과 종속 DLL의 매핑

그림 8-2는 실행 모듈이 종속 DLL의 함수를 호출하는 과정을 도식화한 것이다. 위 그림을 통해 알 수 있는 내용은 다음과 같다.

- 실행 모듈은 필요로 하는 DLL상의 함수를 직접 호출하지 않고 참조 테이블을 경유해서 호출한다.
- DLL이 제공하는 함수 주소는 참조 테이블에 기록된다. 참조 테이블에는 모든 DLL의 함수 주소가 기록되지 않고 실제 사용하는 함수의 주소만을 기록한다.

WIN32 로더가 코드 실행이 가능하도록 실행 모듈과 종속 DLL 간의 매핑을 완료했으면 남은 작업은 실행 모듈의 시작 엔트리 함수를 찾아서 실행시키는 것이다. 엔트리 함수를 실행하기 전에 앞서 모듈의 초기화 작업을 수행해야 한다.

- 전역 변수, 정적 변수의 초기화
- 전역 객체, 정적 객체, 구조체 등의 초기화
- DLL에 커스텀 초기화 기회 제공

실행 모듈의 엔트리 함수를 main이라고 가정하면 main 함수가 실행되기 전에 클래스 객체 등이 먼저 초기화돼야 한다. 또한 종속 DLL도 초기화돼야 main 함수에서 해당 DLL을 문제없이 사용할 수 있다.

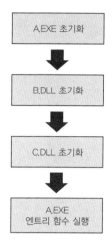

그림 8-3 main 함수 호출 직전까지의 처리과정

실행 모듈인 EXE의 경우는 프로세스 진행 시 한 번만 초기화되지만 DLL의 경우는 상황에 따라 여러 번 초기화 작업이 반복될 수 있다. DLL에서 초기화 작업을 수행하는 메인 엔트리는 DLLMain이다. 이제 이 DLLMain 함수를 분석해서 프로세스 진행 시 종속 DLL이 어떻게 동작하는지를 확인한다.

DLLMain

DLLMain 함수의 가장 간단한 구조는 다음과 같다.

코드 8-1 DllMain 함수의 기본 구조

```
BOOL APIENTRY DllMain(HMODULE hModule, DWORD fdwReason, LPVOID lpReserved)
{
        switch (fdwReason)
        {
        case DLL_PROCESS_ATTACH:
```

```
        break;
    case DLL_PROCESS_DETACH:
        break;
    case DLL_THREAD_ATTACH:
        break;
    case DLL_THREAD_DETACH:
        break;
    }
    return TRUE;
}
```

표 8-1 DllMain 파라미터의 의미

파라미터	내용
hModule	DLL의 모듈 핸들. 이 핸들값은 DLL이 로드된 가상 주소 값이다.
fdwReason	DllMain이 호출된 이유
lpReserved	fdwReason이 DLL_PROCESS_ATTACH나 DLL_PROCESS_DETACH일 경우 의미가 있는 값이다.

DllMain 함수가 호출되는 경우는 표 8-2에 정리했다.

표 8-2 DllMain 함수를 호출하는 이벤트

DllMain 호출 이벤트	내용
DLL_PROCESS_ATTACH	DLL이 프로세스의 가상 주소 공간에 최초로 로드될 때 발생하는 이벤트
DLL_PROCESS_DETACH	FreeLibrary API를 사용해서 로드된 DLL을 해제할 경우 발생하는 이벤트
DLL_THREAD_ATTACH	새로운 스레드가 생성될 때 통지되는 이벤트
DLL_THREAD_DETACH	특정 스레드가 종료할 것이라는 것을 통지하는 이벤트

암시적implict으로 DLL을 로딩하는 경우에는 프로세스를 생성하거나 종료할 때 종속 DLL도 초기화되거나 해제돼야 하므로 DLL_PROCESS_ATTACH 이벤트나 DLL_PROCESS_DETACH 이벤트는 항상 발생한다. 한편 명시적 DLL 로딩의 경우에는 LoadLibrary 함수나 FreeLibrary 함수를 호출할 때 해당 이벤트가 발생한다. 암시적 DLL 로딩, 명시적 DLL 로딩은 DLL 로딩 절에서 따로 설명한다.

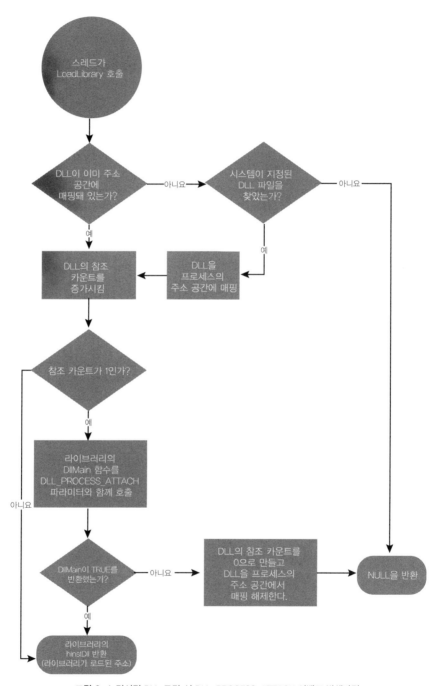

그림 8-4 명시적 DLL 로딩 시 DLL_PROCESS_ATTACH 이벤트 발생과정

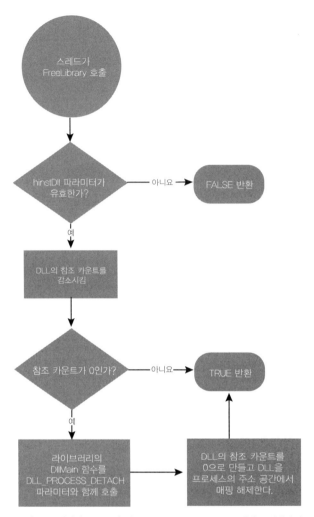

그림 8-5 명시적 DLL 로딩 시 DLL_PROCESS_DETACH 이벤트 발생과정

DllMain 함수는 결국 개발자에게 Dll을 좀 더 정교하게 제어할 수 있도록 제공하는 함수
며 개발자가 이 함수를 굳이 구현할 필요는 없다. DllMain 함수를 구현하지 않으면 컴파
일러로부터 기본 DllMain 함수가 제공된다. 컴파일러가 제공하는 DllMain 기본 함수는
다음과 같다.

```
BOOL WINAPI DllMain(HANDLE hDllHandle, DWORD dwReason, LPVOID lpreserved)
{
#if defined (CRTDLL)
        if (DLL_PROCESS_ATTACH == dwReason && nullptr == _pRawDllMain)
        {
            DisableThreadLibraryCalls(hDllHandle);
        }
#endif  -- defined (CRTDLL) --
        return TRUE ;
}
```

DisableThreadLibraryCalls 함수를 호출하면 스레드가 생성되거나 해제될 때 DLL에 이 벤트를 통지하지 않는다. 스레드가 생성하거나 소멸할 때마다 DllMain 함수가 호출되면 프로그램 실행에 부담을 줄 수 있기 때문에 DisableThreadLibraryCalls API 호출은 실행 속도 향상에 도움이 될 수 있다. 기본 DllMain 함수를 사용하지 않고 자체 구현한 DllMain 함수를 사용하되 스레드가 생성되거나 소멸할 때 스레드 이벤트를 받고 싶지 않다면 DLL_PROCESS_ATTACH 이벤트에서 DisableThreadLibraryCalls 함수를 호출하면 된다.

그림 8-6 스레드 생성 시의 DLL 기본 동작

DisableThreadLibraryCalls 호출 시 DLL_THREAD_ATTACH 이벤트가 어떤 원리로 발생되지 않는지 살펴볼 필요가 있다. 다음 DisableThreadLibraryCalls 함수 몸체는 ReactOS에서 참조한 내용이다.

코드 8-3 DisableThreadLibraryCalls 메소드

```
BOOL WINAPI DisableThreadLibraryCalls(IN HMODULE hLibModule)
{
    NTSTATUS Status;
    // DLL에 스레드 이벤트 통지 비활성화
    Status = LdrDisableThreadCalloutsForDll((PVOID)hLibModule);
    ……
}
```

DisableThreadLibraryCalls 함수는 내부에서 LdrDisableThreadCalloutsForDll 함수를 호출한다. 이 함수는 이름에서 알 수 있듯이 로더에게 스레드 생성 시에 DLL 호출을 비활성화하도록 지시한다. LdrDisableThreadCalloutsForDll의 구현은 코드 8-4와 같다.

코드 8-4 LdrDisableThreadCalloutsForDll 메소드

```
NTSTATUS NTAPI LdrDisableThreadCalloutsForDll    (IN PVOID BaseAddress)
{
    PLDR_DATA_TABLE_ENTRY LdrEntry;
    ……
    // 유효한 DLL 엔트리인가?
    if (LdrpCheckForLoadedDllHandle(BaseAddress, &LdrEntry))
    {
        ……
        // DLL 엔트리에 호출 이벤트를 받지 않겠다는 플래그를 설정
        LdrEntry->Flags |= LDRP_DONT_CALL_FOR_THREADS;
        Status = STATUS_SUCCESS;
        ……
    }
    ……
}
```

코드 8-4에서 LdrEntry->Flags |= LDRP_DONT_CALL_FOR_THREADS; 부분이 DllMain 함수의 호출을 막는 부분이다. LdrDisableThreadCalloutsForDll 함수를 통해 알 수 있는 내용은 다음과 같다.

- WIN32에서는 프로세스에 로드된 DLL을 LDR_DATA_TABLE_ENTRY 엔트리로 관리한다.
- LDR_DATA_TABLE_ENTRY 구조체 멤버인 Flags에 플래그 LDRP_DONT_CALL_FOR_THREADS를 설정한다. 이후 이벤트가 발생할 때 이 플래그가 설정돼 있다면 스레드 이벤트를 통지받지 않는다.

DLL_THREAD_ATTACH 이벤트 과정을 다시 정리해 보겠다.

- CreateThread API 등을 사용해서 스레드를 생성하면 스레드를 생성한 주 스레드가 커널 모드로 전환된 다음 프로세스에 로드된 DLL로 이벤트를 전송한다.
- 로더는 프로세스의 DLL 엔트리 리스트를 얻은 다음 DLL 엔트리의 Flags 필드에 LDRP_DONT_CALL_FOR_THREADS 플래그 설정 유무를 확인한다. 해당 플래그가 설정돼 있지 않다면 DllMain 함수에 스레드 이벤트를 통지하고 그렇지 않으면 통지하지 않는다.
- 프로세스에 로드된 모든 DLL에 대해 두 번째 과정을 반복한다.

DLL 초기화 시 주의사항

WIN32에서 DllMain 함수를 제공하는 이유는 Dll을 정교하게 제어하기 위해서라고 언급했다. DllMain 함수 내부를 구현할 때에는 다음과 같은 사항을 유의해야 한다.

> DllMain 함수가 호출될 때 커널은 프로세스 락을 사용하므로 내부 처리를 적절히 하지 않으면 프로세스가 먹통이 될 가능성이 있다.

DLL 초기화 시 프로세스 락을 사용한다는 것은 `DllMain` 함수가 종료될 때까지 다른 액션은 허용하지 않겠다는 것을 의미한다. 그러므로 이 `DllMain` 함수 내부에서 다음과 같은 작업을 수행한다면 문제가 발생할 가능성이 많아진다.

- `DllMain` 함수에서 Dll을 로드하는 `LoadLibrary` 함수나 Dll을 해제하는 `FreeLibrary` 함수를 실행한다.
- `DllMain` 함수 내부에서 스레드를 생성한다.
- 공유자원에 접근한다.

스레드가 생성되면 여러 DLL로 스레드 생성 이벤트가 통지되고 `DllMain` 함수가 호출되는데 이 `DllMain` 함수는 동시에 실행되는 것이 아니라 하나의 Dll 초기화 작업이 끝나고 나서 그 다음 Dll의 초기화 작업이 실행됨을 명심한다. 즉 Dll의 초기화 작업은 직렬화 방식이다.

이제 지금까지 설명한 기본 로더 이론을 토대로 커스텀 DLL 로더 구현에 필요한 세부사항을 구체적으로 살펴본다.

2 DLL 로딩 방식

실행 모듈이 DLL을 로딩하는 방법에는 몇 가지 방법이 있다. 몇 가지 방법이 존재하는 이유는 다음과 같다.

- DLL 사용 편의성을 위해
- 속도 향상
- 메모리 공간 절약

예를 들어 실행 모듈이 참조하는 종속 모듈의 전체 크기가 100MB 이상이라면 프로그램 실행 시에 이 전부를 메모리에 올리는 것은 비효율적이며 메모리에 적재하는 시간도 오래

걸려서 프로그램 시작 속도도 늦을 것이다. 이런저런 이유로 DLL을 효율적으로 메모리에 로딩하는 방법이 강구됐다. 일반적으로 알려진 DLL을 로드하는 방식은 표 8-3과 같다.

표 8-3 DLL 로딩 방식

DLL 로딩 방식	내용
명시적 DLL 로딩	프로세스가 실행 중에 직접 대상 DLL을 메모리로 로드한 다음 필요한 함수의 주소를 직접 찾는다. 함수를 찾는 방법에는 함수 이름 문자열 검색, 오디널(Ordinal, 순차적인 값) 두 가지 방법이 존재한다. 명시적 DLL 로딩은 해당 DLL이 필요할 경우에만 DLL을 로딩하면 된다는 장점이 있다.
암시적 DLL 로딩	모듈에 필요한 DLL 파일들이 이미 정적으로 연결된 상태다. 그래서 모듈이 최초 실행될 때 DLL 로더는 모듈을 분석해 정적으로 연결된 DLL을 전부 메모리에 로드한다.
지연 DLL 로딩	암시적 DLL 로딩에서 진보한 방법으로 모듈 최초 실행 시 대상 DLL을 메모리에 로드하지 않고 임포트한 함수에 최초 접근할 때에만 대상 DLL을 메모리에 로드하는 방식이다.

암시적 DLL 로딩

암시적 DLL 로딩에서 DLL 로더는 실행 모듈의 임포트 섹션에 기록된 정보를 활용해서 대상 DLL이 익스포트한 함수 주소를 IAT에 기록한다. WIN32는 실행 모듈이 필요로 하는 DLL을 자동적으로 로드하고 매핑해 주기 때문에 프로그래머는 이런 부분을 신경쓸 필요가 없었다. 하지만 우리는 이런 암시적 DLL 로딩 기능을 직접 구현해야 한다.

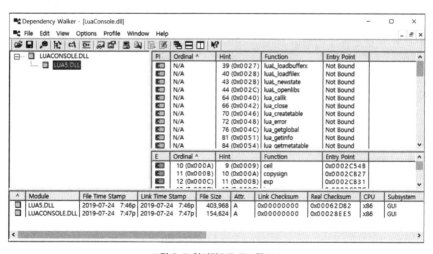

그림 8-7 암시적으로 로드된 DLL

그림 8-7은 루아 콘솔 프로그램의 의존성을 디펜던시 워커로 살펴본 그림이다. LuaConsole.dll이 메인 프로그램이며 이 프로그램이 실행되면 암시적으로 연결된 lua5.dll이 로드된다. 그리고 lua5.dll이 익스포트한 함수 중 루아 콘솔 프로그램이 필요로 하는 함수의 주소가 루아 콘솔의 IAT에 기록된다. 그림에서 오른쪽 영역은 lua5.dll이 익스포트한 함수 리스트를 보여준다. lua_close, luaL_newState 등 루아 라이브러리를 사용할 때 쓰이는 친숙한 함수 리스트를 확인할 수 있다.

암시적 DLL 로딩을 위해서는 실행 모듈의 링크 항목에 종속 DLL의 LIB 파일을 추가하면 된다.

 TIP 종속 DLL에 대응하는 LIB 파일은 DLL이 익스포트하는 함수가 존재하는 경우에만 생성된다.

명시적 DLL 로딩

명시적 DLL 로딩을 사용하는 첫 번째 이유는 메모리 공간을 절약하기 위해서다. 프로그램이 종료될 때까지 대상 DLL이 전혀 사용되지 않을 가능성이 있기 때문이다. 두 번째 이유는 상황에 맞는 DLL을 로딩하기 위해서다. 예를 들어 동일한 렌더링 인터페이스를 구현한 DLL이 다수 존재한다고 가정하자. 그리고 렌더링 모듈을 유저가 선택한다고 가정했을 때 최초 프로그램이 실행될 때에는 아직 어떤 렌더링 DLL 모듈이 실행될지가 결정되지 않은 상태다. 이런 경우에는 암시적 DLL 로딩보다는 명시적 DLL 로딩으로 문제를 해결하는 것이 좋다.

코드 8-5 명시적 DLL 로딩 샘플 코드

```
HINSTANCE dllHandle = NULL;

// 한글 엔진 모듈을 로드한다.
dllHandle = LoadLibrary("HangulEngine.dll");

// 한글 엔진 모듈이 익스포트하는 GetHangulEngine 함수를 얻는다.
```

```
PGetHangulEngine func = (PGetHangulEngine)GetProcAddress(dllHandle,
"GetHangulEngine");
// GetHangulEngine 엔진 함수를 실행해서 I_Hangul 인터페이스를 구현한 객체를 얻는다.
I_Hangul* pHangul = func();
……
```

LoadLibrary, GetProcAddress, FreeLibrary API 등이 명시적으로 DLL을 로딩하는 데
사용된다.

지연 DLL 로딩

지연 DLL 로딩은 암시적 DLL 로딩에서 확장된 기법으로 암시적 DLL 로딩 시 모든 종속
DLL이 메모리에 로드되는 것을 최소화하고자 고안된 DLL 로딩 방법이다. 샘플 코드를 간
단히 작성해서 지연 DLL 로딩을 명확히 이해해 보자. WIN32 콘솔 애플리케이션 프로젝
트를 생성한 후 다음과 같이 코드를 작성한다.

코드 8-6 지연 DLL 로딩 샘플 예제

```
#include <windows.h>

int main()
{
        MessageBox(NULL, L"Delayed Dll Load Test!!", L"Delayed Dll Load", MB_OK);
        return 0;
}
```

MessageBox에 브레이크 포인트를 설정하고 프로그램을 실행하면 이 API가 실행되기 전
에 User32.dll이 로드된 것을 출력창을 통해 확인할 수 있다. 이제 프로젝트의 **속성 → 링
커 → 명령줄**의 추가 옵션에 다음과 같은 옵션을 넣어준다.

```
"/DELAYLOAD:user32.dll"
```

링커의 입력 → 추가종속성 항목에는 delayimp.lib를 추가한다. 그러고 나서 다시 프로그램을 실행한 다음 브레이크 포인트가 걸리면 출력창을 확인해 본다. user32.dll이 로드되지 않았음을 확인할 수 있다. 이제 MessageBox API를 실행한 다음 출력창을 보면 user32.dll이 로드된 것을 확인할 수 있을 것이다. user32.dll과 연관된 종속 dll이 많기 때문에 user32.dll 외의 다른 dll 모듈들도 동시에 로드된다. user32.dll이 로드되기 전과 로드된 후의 메모리 사용률을 작업관리자 등을 통해서 확인해 본다.

지연 DLL 로딩을 적용하면 지연 임포트 테이블^{Delayed Import Table}이 모듈에 추가된다. 그리고 종래 암시적 DLL 로딩 루틴이 delayimp.lib 라이브러리와 결합되며 코드 실행 중 지연 DLL 로딩이 적용된 모듈의 API를 사용하면 해당 모듈의 로드를 위해 delayimp.lib에서 구현한 코드가 실행된다. 지연 임포트 테이블을 확인하기 위해 PEExplorer를 활용해보자. PEExplorer를 실행하고 생성한 바이너리를 선택한 다음 **Delay Import Viewer** 메뉴를 실행하면 그림 8-8과 같은 창이 뜬다.

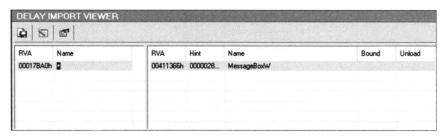

RVA	Name	RVA	Hint	Name	Bound	Unload
00017BA0h		00411366h	0000028...	MessageBoxW		

그림 8-8 지연 임포트 테이블 뷰어

특별히 프로젝트 설정을 변경하지 않았다면 프로젝트의 기본 글자 모드는 유니코드이므로 `MessageBox` 함수는 `MessageBoxW`가 된다.

TIP 윈도우 운영체제가 제공하는 API는 대부분 매크로다. 예를 들어 FindFirstFile 함수가 있다면 실제 이 API는 ANSI에서는 FindFirstFileA, 유니코드에서는 FindFirstFileW가 된다.

그림 8-8의 왼쪽 패널 항목의 의미는 다음과 같다.

표 8-4 지연 로딩 DLL 정보

항목	내용
RVA	DLL이 로드되는 기준 주소에서 상대적인 주소 값 DLL 로드 주소 + RVA에는 DLL의 이름이 저장돼 있다.
Name	• 지연 로딩될 DLL의 이름. 프로그램 버그인지 이름이 제대로 표시되지 않는다. User32.dll이 표기돼야 한다. • 오른쪽 패널에는 모듈이 지연 로딩되는 DLL에서 임포트하는 함수를 보여준다.

표 8-5 지연 로딩 DLL로부터 임포트하는 함수 정보

항목	내용
Hint	DLL이 익스포트하는 함수 배열의 인덱스를 의미. 여기서는 값이 286h이므로 MessageBoxW는 User32.dll의 함수 익스포트 테이블에서 286h에 위치한다는 것을 의미한다.
Name	임포트하는 함수의 이름

다시 한 번 언급하지만 여러 DLL 로딩 방식이 존재하는 이유는 사용편의성 부분도 있지만 모듈 최초 실행 시 DLL 로딩에 따른 속도 부하를 줄이고 메모리 공간을 절약하기 위해서다. 과거 컴퓨터 스펙이 좋지 않았던 시절에는 어떻게든 최소한의 리소스로 최대 효과를 얻으려는 노력이 절실했을 것으로 판단된다.

지금까지 몇 가지 DLL 로딩 방식을 살펴봤는데 이를 통해 DLL 로더에서 필수적으로 구현해야 하는 기능은 다음과 같다.

- 실행 모듈을 메모리에 로드할 수 있어야 한다.
- 실행 모듈에 암시적으로 연결된 DLL 또한 메모리에 로드할 수 있어야 한다.
- DLL이 익스포트하는 함수의 정확한 주소를 실행 모듈의 IAT에 기록해야 한다.
- DLL의 엔트리 포인트를 찾아야 한다.
- DLL의 주소 재배치가 가능해야 한다.

DLL 파일을 메모리로 로드하는 것은 파일 시스템이 담당한다. DLL의 엔트리 포인트를 얻으려면 로드된 모듈의 PE 구조를 분석하면 된다. 임포트 함수를 얻기 위해서는 임포트 섹션을 분석하고 종속 DLL을 찾은 다음(이번 예의 경우는 lua5.dll) 종속 DLL을 메모리로 로드한 뒤 모듈이 필요로 하는 함수의 주소를 얻어내고 IAT에 기록하는 기능을 구현하면 된다.

MT/MD 옵션

MT/MD 옵션은 프로젝트 속성의 **C/C++ → 코드 생성의 런타임 라이브러리** 항목에서 확인할 수 있다.

표 8-6 런타임 라이브러리 옵션

옵션	내용
/MT(멀티스레드)	C 런타임 라이브러리가 정적으로 연결된다.
/MD(멀티스레드 DLL)	C 런타임 라이브러리가 동적으로 연결된다.

하나의 프로그램을 생성하기 위해서는 여러 개의 라이브러리가 링크된다. 이 링크되는 항목은 모두 런타임 라이브러리 옵션이 동일해야 한다. 동일하지 않을 경우 빌드가 되지 않거나 빌드가 된다 하더라도 문제가 발생할 소지가 있다. 이 런타임 옵션은 표 8-6에서 설명했듯이 C 런타임 라이브러리를 동적으로 연결할 것인지 또는 정적으로 연결할 것인지를 결정한다.

이 옵션의 이해를 돕기 위해 구체적인 사례를 들어보겠다. 먼저 프로젝트를 두 개 만들자. 하나는 EXE 프로젝트고 하나는 DLL 프로젝트다. 그런 다음 DLL 프로젝트는 런타임 라이브러리 옵션을 /MT로 설정하고 익스포트하는 함수를 하나 만든다.

```
char* AllocateMemory(int size)
{
        return new char[size];
}
```

EXE 프로젝트는 런타임 라이브러리 옵션을 /MD로 설정하고 DLL이 익스포트한 함수의 사용을 위해 다음 코드를 추가한다.

```
char* buffer = AllocateMemory(16);
free(buffer);
```

이렇게 프로젝트를 설정하고 EXE 프로젝트를 실행하면 문제가 발생한다. 메모리를 할당하고 해제하는 로직이 동일한 곳에서 처리되지 않기 때문이다.

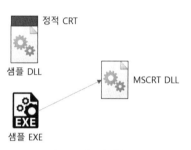

그림 8-9 메모리 회수 오류

두 프로젝트의 옵션이 /MD로 동일하다면 상황은 그림 8-10과 같이 처리돼 문제가 없게 된다.

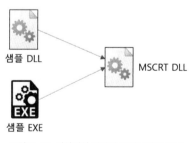

그림 8-10 정상적인 런타임 라이브러리 링크

그림 8-9와 같은 문제가 발생하지 않게 하려면 new나 delete 등과 같은 메모리 할당 및 해제 함수가 DLL 경계를 넘나들지 않아야 한다. 다르게 말하자면 DLL에서 할당한 메모

리는 DLL에서 해제하도록 구현해야 한다는 뜻이다. 만일 메모리를 할당하는 코드와 해제하는 코드가 다른 모듈 속에 존재한다면 런타임 라이브러리 옵션이 /MD인지를 꼭 체크한다.

 TIP YUZA OS에서 이 옵션은 의미가 없지만 통일성을 갖기 위해 모든 프로젝트의 런타임 라이브러리 옵션을 /MD로 설정했다.

TIP **WIN32로 제작한 DLL 모듈을 YUZA OS에서 사용하는 것이 가능할까?**

이 질문에 대한 해답은 간단하다. WIN32로 제작한 DLL도 X86 코드를 생성하기 때문에 DLL이 WIN32 시스템 API를 임포트하지 않는다면 DLL 내부의 코드를 마음대로 사용해도 문제가 되지 않는다. 간단한 DLL 프로젝트를 생성해서 확인해 보자.

코드 8-7 샘플 DLL 프로젝트

```
extern _declspec "C" int ADD(int a, int b)
{
    return a + b;
}
```

이 DLL을 PEView 프로그램으로 살펴보자. 임포트 영역에 몇 개의 DLL을 임포트하고 있음을 알 수 있다. 이제 링커에서 기본 라이브러리를 모두 무시하도록 설정하고 포함 라이브러리도 제거한다. 그리고 C++에서 보안체크하지 않음으로 설정한 뒤 DLL을 빌드해 보자. 문제없이 빌드가 될 것이다. 그런 다음 다시 PEView로 살펴보면 임포트 영역에 어떤 함수 참조도 없음을 확인할 수 있다. 이렇게 빌드된 DLL은 YUZA OS에서도 바로 사용할 수 있다.

3 DLL 매핑

실행 모듈은 참조 테이블을 통해 종속 DLL이 제공하는 함수를 호출하는데 이 임포트하는 함수들의 주소를 모은 참조 테이블을 IAT^{Import Address Table}라고 한다.

DLL 로드

프로그램을 실행하기 위해서는 일단 종속 DLL을 메모리로 로드해야 한다. 메모리에 로드된 DLL의 내용은 파일상의 DLL 내용과 거의 동일하지만 몇 가지 부분은 수정돼야 한다. 그래서 DLL 로더는 메모리에 로드된 DLL이 정상 동작하도록 파일 DLL의 내용 중 일부를 수정한다. 수정 항목은 다음과 같다.

- IAT
- 변수나 함수의 절대주소^{Absolute Address}

IAT와 절대주소를 수정하기 위해 DLL 로더는 먼저 DLL을 메모리에 적재한 다음 DLL 헤더를 분석해서 데이터 디렉터리^{Data Directories}를 찾아야 한다. 내용의 간결함을 위해 PE 구조와 데이터 디렉터리를 찾아가는 자세한 과정은 생략한다.

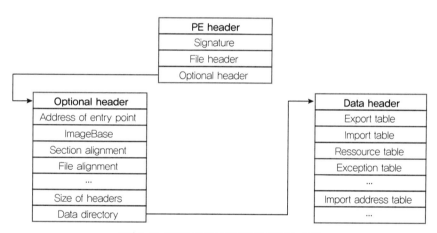

그림 8-11 로더가 데이터 디렉터리를 찾아가는 과정

데이터 디렉터리^{Data Directories}는 이미지 디렉터리^{Image Directory}를 모은 배열이다.

표 8-7 데이터 디렉터리 배열 리스트

상수 값	값	설명
IMAGE_DIRECTORY_ENTRY_EXPORT	0	익스포트 디렉터리
IMAGE_DIRECTORY_ENTRY_IMPORT	**1**	**임포트 디렉터리**
IMAGE_DIRECTORY_ENTRY_RESOURCE	2	리소스 디렉터리
IMAGE_DIRECTORY_ENTRY_EXCEPTION	3	예외 디렉터리
IMAGE_DIRECTORY_ENTRY_SECURITY	4	보안 디렉터리
IMAGE_DIRECTORY_ENTRY_BASERELOC	**5**	**주소 재배치 디렉터리**
IMAGE_DIRECTORY_ENTRY_DEBUG	6	디버그 디렉터리
IMAGE_DIRECTORY_ENTRY_ARCHITECTURE	7	아키텍처에 특화된 데이터
IMAGE_DIRECTORY_ENTRY_GLOBALPTR	8	전역 포인터 레지스터 상대 가상 주소
IMAGE_DIRECTORY_ENTRY_TLS	9	스레드 로컬 스토리지 디렉터리
IMAGE_DIRECTORY_ENTRY_LOAD_CONFIG	10	로드 설정 디렉터리
IMAGE_DIRECTORY_ENTRY_BOUND_IMPORT	11	바운드 임포트 디렉터리
IMAGE_DIRECTORY_ENTRY_IAT	**12**	**임포트 주소 테이블**
IMAGE_DIRECTORY_ENTRY_DELAY_IMPORT	**13**	**지연 임포트 테이블**
IMAGE_DIRECTORY_ENTRY_COM_DESCRIPTOR	14	COM 디스크립터 테이블

수많은 이미지 디렉터리가 존재하는데 굵은 글씨로 강조한 항목들이 눈여겨 봐야 되는 테이블이다.

IAT의 수정

IAT[Import Address Table]는 종속 DLL이 익스포트하는 함수의 주소를 기록하는 테이블이다. 바이너리 상태에서는 이 주소가 결정되지 않았다. 그래서 모듈이 메모리에 로드되면 DLL 로더가 이 테이블을 수정한다. DLL 로더는 IAT의 수정을 위해 데이터 디렉터리의 두 번째 항목인 임포트 디렉터리를 분석한 다음 실행 모듈에 종속된 DLL을 로드한다. 임포트 디렉터리는 실행 모듈이 참조하는 종속 DLL 리스트의 배열로 구성된다.

pFile	Data	Description	Value
0001F9F4	0001FA88	Import Name Table RVA	
0001F9F8	00000000	Time Date Stamp	
0001F9FC	00000000	Forwarder Chain	
0001FA00	0001FB04	Name RVA	SystemCall.dll
0001FA04	0001C81C	Import Address Table RVA	
0001FA08	0001FA6C	Import Name Table RVA	
0001FA0C	00000000	Time Date Stamp	
0001FA10	00000000	Forwarder Chain	
0001FA14	0001FB54	Name RVA	FileManager.dll
0001FA18	0001C800	Import Address Table RVA	
0001FA1C	0001FA98	Import Name Table RVA	
0001FA20	00000000	Time Date Stamp	
0001FA24	00000000	Forwarder Chain	
0001FA28	0001FC2E	Name RVA	libconfig++.dll
0001FA2C	0001C82C	Import Address Table RVA	
0001FA30	0001FAC8	Import Name Table RVA	
0001FA34	00000000	Time Date Stamp	
0001FA38	00000000	Forwarder Chain	
0001FA3C	0001FC94	Name RVA	win32stub.dll
0001FA40	0001C85C	Import Address Table RVA	
0001FA44	0001FAC0	Import Name Table RVA	
0001FA48	00000000	Time Date Stamp	
0001FA4C	00000000	Forwarder Chain	
0001FA50	0001FCAA	Name RVA	math.dll
0001FA54	0001C854	Import Address Table RVA	
0001FA58	00000000		
0001FA5C	00000000		
0001FA60	00000000		
0001FA64	00000000		
0001FA68	00000000		

그림 8-12 임포트 디렉터리(또는 임포트 디렉터리 테이블)

그림 8-12는 YUZA OS 바이너리를 PEView 프로그램으로 열어서 임포트 디렉터리를 확인한 것이다. 종속 DLL이 다섯 개 존재함을 알 수 있다. 마지막의 NULL값은 임포트 디렉터리 테이블의 마지막을 알리기 위해 선언된다. 각각의 종속 DLL은 IMAGE_IMPORT_ DESCRIPTOR 구조체로 표현된다.

코드 8-8 IMAGE_IMPORT_DESCRIPTOR

```
typedef struct _IMAGE_IMPORT_DESCRPITOR {
    union {
        DWORD Characteristics
        DWORD OriginalFirstThunk
    }
```

```
    DWORD TimeDateStamp
    DWORD ForwarderChain
    DWORD Name
    DWORD FirstThunk
}
```

위 구조체에서 공용체의 Characteristics는 일반적으로 쓰이지 않는다. Name 변수는 임포트하는 DLL의 이름 문자열을 가리킨다. OriginalFirstThunk와 FirstThunk는 파일상에 있을 때는 동일한 값을 가리킨다.

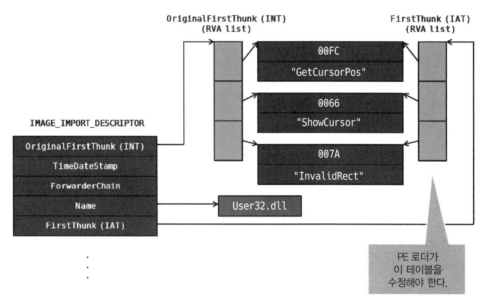

그림 8-13 IMAGE_IMPORT_DESCRIPTOR 구조체

그림 8-13처럼 처음에는 OriginalFirstThunk와 FirstThunk는 각각 INT[Import Name Table]와 IAT를 가리키며 INT와 IAT는 임포트하는 함수의 힌트값과 이름을 가리키는 포인터 값으로 채워진다. 그림 8-14는 여러 모듈이 임포트된 경우 데이터 디렉터리와 IAT의 관계를 나타낸 것이다.

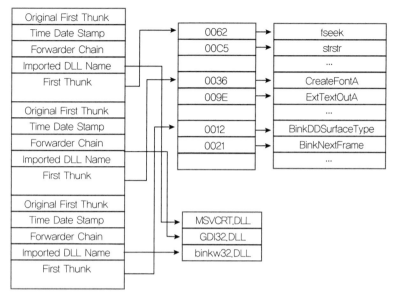

그림 8-14 여러 모듈을 임포트할 때의 IAT

하지만 메모리에 로드되면 IAT는 임포트하는 함수의 주소 값으로 변경돼 INT와 IAT는 달라진다.

예를 들어 Kernel32.dll을 메모리에 로드하면 그림 8-15와 같이 매핑된다.

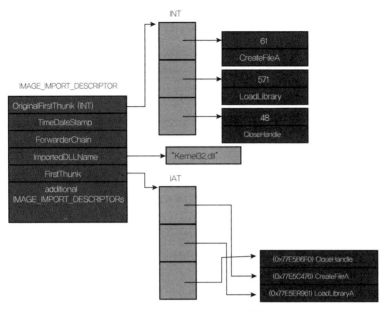

그림 8-15 KERNEL32.DLL의 매핑

지금까지 설명한 일련의 작업을 수행하면 실행 모듈은 IAT를 통해서 종속 DLL이 익스포트하는 함수를 정확하게 호출하는 것이 가능해진다.

주소 재배치

종속 DLL을 온전히 활용할 수 있으려면 IAT에 임포트할 함수 주소를 기록하는 것과 더불어 DLL 내부에서 선언된 전역 변수 등의 주소를 DLL이 로드된 기준 주소에 맞춰 변경해주는 작업이 필요하다. 전역 변수 등은 정적 바이너리 상태에서는 주소가 이미 절대주소 형식으로 결정돼 있다. 이 절대주소는 DLL이 선호하는 기준 주소에 로드된다고 가정하고 계산된 주소기 때문에 선호 기준 주소에 로드되지 못하고 DLL 로더가 임의로 결정한 기준 주소에 로드됐다면 이 임의의 주소를 선호되는 기준 주소로 삼아서 절대주소를 계산해야 한다. 일반적으로 OPCODE에서 오퍼랜드의 주소는 상대주소나 절대주소 둘 중 하나인데 상대주소는 선호 기준 주소에 로드되지 않았더라도 그 값을 변경할 필요가 없다. 따라서 우리는 OPCODE의 오퍼랜드가 절대주소 값만을 변경하면 된다. 이런 위치를 모아둔

테이블이 주소 재배치 테이블이며 이 테이블을 찾기 위해서는 먼저 주소 재배치 디렉터리에 접근해야 한다. 주소 재배치 디렉터리는 데이터 디렉터리 배열에서 6번째에 위치한다.

코드 8-9 주소 재배치 디렉터리 구조체

```
typedef struct _IMAGE_DATA_DIRECTORY {
    DWORD   virtualAddress;
    DWORD   size;
} IMAGE_DATA_DIRECTORY;
```

주소 재배치 디렉터리 구조체는 주소 재배치 테이블의 위치와 크기를 가리킨다. size 필드는 주소 재배치 테이블의 크기를 나타내며 virtualAddress는 DLL이 로드된 주소로부터 주소 재배치 테이블까지의 오프셋을 의미한다.

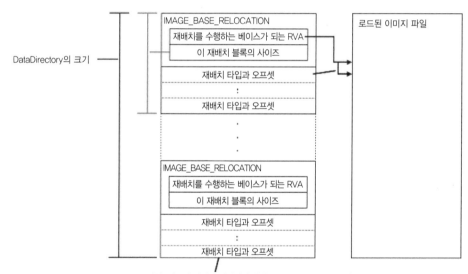

그림 8-16 주소 재배치 테이블

그림 8-16에서 알 수 있듯이 주소 재배치 테이블은 IMAGE_BASE_RELOCATION 구조체 +
WORD 리스트의 배열이다. IMAGE_BASE_RELOCATION 구조체의 정의는 다음과 같다.

코드 8-10 IMAGE_BASE_RELOCATION 구조체

```
typedef struct _IMAGE_BASE_RELOCATION {
    DWORD         VirtualAddress;
    DWORD         SizeOfBlock;
} IMAGE_BASE_RELOCATION;
```

IMAGE_BASE_RELOCATION의 VirtualAddress는 DLL이 로드된 기준 주소로부터 상대주소
RVA를 의미하며 size는 이 항목의 크기를 의미한다. IMAGE_BASE_RELOCATION 이후에는
WORD 배열이 나오는데 WORD 각각의 항목은 주소 재배치를 위해 수정해야 할 위치
를 가리킨다. 좀 더 구체적으로 설명하면 WORD값의 상위 4비트는 타입을 나타내며 하
위 12비트는 IMAGE_BASE_RELOCATION의 VirtualAddress(상대주소)에서 수정할 항목까지
의 오프셋이다.

정리하면 주소 재배치를 위해 수정할 항목 위치는 DLL이 로드된 기준 주소 + IMAGE_
BASE_RELOCATION의 VirtualAddress(상대주소) + WORD 하위 12비트(오프셋)다. 절대주
소 값이 저장돼 있는 이 주소에 접근해서 선호되는 기준 주소와 DLL 로더가 로드한 기준
주소의 차이, 델타값을 더해주면 절대주소가 보정된다. 이 과정을 모든 WORD값에 대해
서 수행하고 이 과정을 전체 IMAGE_BASE_RELOCATION 리스트에서 반복하면 주소 재배치
가 완료된다.

지금까지 설명한 내용을 종합해서 주소 재배치 항목들을 수정하는 과정을 그림 8-17로
표현했다.

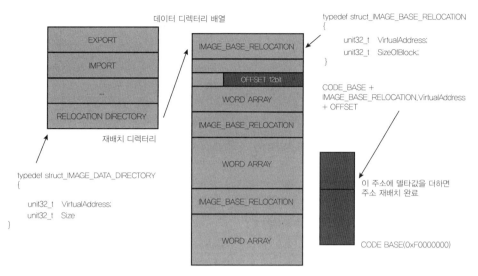

그림 8-17 재배치 값 수정과정

코드가 생성될 때는 섹션이라는 구획이 여러 개 생긴다. 예를 들어 코드는 텍스트 섹션에 모이며 전역 변수 등은 데이터 섹션에 모인다. 재배치 정보는 재배치 섹션에 존재한다.

Name	Virtual Size	Virtual Address	Size of Raw Data	Pointer to Raw Data	Characteristics	Pointing Directories
☑ ● .textbss	00010000h	00401000h	00000000h	00000000h	E00000A0h	
☑ ● .text	00005FF6h	00411000h	00006000h	00000400h	60000020h	
☑ ● .rdata	00002149h	00417000h	00002200h	00006400h	40000040h	Debug Data; Load Configuration T...
☑ ● .data	000005D4h	0041A000h	00000200h	00008600h	C0000040h	
☑ ● .idata	00000B37h	0041B000h	00000C00h	00008800h	40000040h	Import Table; Import Address Table
☑ ● .didat	000002B8h	0041C000h	00000400h	00009400h	C0000040h	Delay Import Descriptor
☑ ● .msvcjmc	0000011Ah	0041D000h	00000200h	00009800h	C0000040h	
☑ ● .00cfg	00000109h	0041E000h	00000200h	00009A00h	40000040h	
☑ ● .rsrc	0000043Ch	0041F000h	00000600h	00009C00h	40000040h	Resource Table
☑ ● .reloc	0000063Dh	00420000h	00000800h	0000A200h	42000040h	Relocation Table

그림 8-18 섹션 리스트

섹션 정보를 활용해도 우리가 필요로 하는 IAT나 재배치 테이블에 접근하는 것이 가능하니 참조하기 바란다.

DLL의 재귀 호출

DLL 매핑에서 남은 과제는 DLL의 재귀 호출$^{Dll\ Recusive\ Call}$이다. 프로그램을 실행하려면 종속 DLL을 모두 로드해야 한다. 그런데 로드되는 종속 DLL도 자신이 필요로 하는 함수를 사용하기 위한 DLL을 필요로 한다. 결국 하나의 프로그램을 실행한다는 것은 DLL 트리를 구성한다는 것과 일맥상통한다. 여기서는 PEExplorer 프로그램을 사용해서 lua54 프로젝트로부터 생성된 모듈의 DLL 계층 트리를 분석해 보겠다.

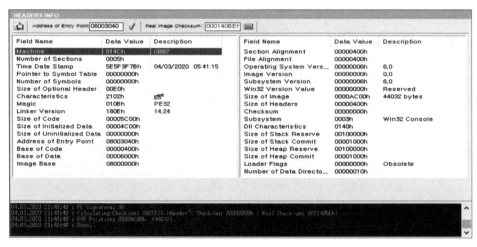

그림 8-19 lua54 실행파일의 내부 정보

기본적으로 PEExplorer는 모듈의 기본 정보를 보여준다. 엔트리 주소와 모듈의 생성 시간, 파일 버전, 모듈의 기준 주소 정보를 한눈에 알아볼 수 있다. **메뉴 → 툴** 항목에는 종속성 스캐너라는 항목이 있다. 이 메뉴를 실행시키면 다음과 같은 결과를 얻는다.

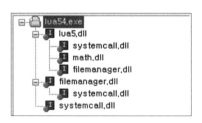

그림 8-20 lua54가 임포트하는 dll

- Lua54.exe : lua5.dll, filemanager.dll, systemcall.dll 임포트
- Lua5.dll : systemcall.dll, math.dll, filemanger.dll 임포트
- Filemanager.dll : systemcall.dll 임포트
- Systemcall.dll : 임포트 모듈 없음

상위 모듈이 여러 DLL을 임포트하고 임포트된 DLL은 자신이 필요로 하는 DLL을 다시 임포트한다. 그러므로 하나의 프로그램을 실행시키기 위해서는 DLL 로더가 DLL 매핑을 위해 DLL을 재귀적으로 호출할 수 있어야 한다. 그리고 여기서 중요한 것은 DLL 트리의 끝에 존재하는 DLL은 임포트하는 DLL이 없어야 한다는 점이다. lua54의 경우에는 systemcall.dll, math.dll이 해당한다. systemcall.dll은 여러 DLL에서 참조하는데 이런 DLL은 메모리상에 한 번만 로드한다. 메모리상에 한 번만 로드되는 DLL은 다음 조건을 만족해야 한다.

재진입을 허용해야 한다. 즉 전역 객체나 정적 객체 등이 존재하지 않아야 한다.

Systemcall.dll은 시스템 DLL이므로 모든 모듈이 참조하기 때문에 프로그램 실행마다 별도로 로드한다면 메모리 낭비가 심할 것이다. 이런 시스템 DLL은 전체 시스템에서 한 번만 로드되도록 커널에서 별도의 장치를 마련해야 한다.

DLL 바인딩

모듈이 로드될 때 DLL 로더는 종속 DLL의 정보를 분석해서 IAT를 수정해야 한다고 언급했다. 기본적으로 IAT가 수정될 수밖에 없는 이유는 DLL이 자신이 선호하는 기준 로드 주소에 로드되기 어렵기 때문이다. 하지만 만일 DLL이 자신이 생각하는 기준 주소에 로드되는 것을 보장한다면 IAT는 파일에다가 사전에 IAT 정보를 구축할 수 있다. 이 개념을 DLL 바인딩이라 한다.

DLL 로더가 IAT를 동적으로 계산해서 값을 채우는 것은 오버헤드가 존재하는 작업이므로 미리 DLL 바인딩을 해두면 모듈 실행 속도를 향상시킬 수 있다.

4 커스텀 DLL 로더

윈도우 운영체제의 소스코드는 비록 공개돼 있지 않지만 인터넷상에 공개된 커스텀 DLL 로더는 상당수 존재한다. 필자는 아래 링크의 커스텀 DLL 로더를 학습하는 것을 추천한다.

https://github.com/fancycode/MemoryModule

솔루션 파일이 존재하므로 소스코드를 내려받아 바로 결과를 확인할 수 있다. 샘플 프로젝트는 DLL 파일을 메모리 버퍼에 복사한 다음 이 메모리 버퍼로부터 DLL을 로드하고 DLL이 익스포트하는 함수를 실행하는 방법을 보여준다. `MemoryLoadLibray` 함수부터 디버깅을 시작하면 DLL을 로딩하는 전반적인 흐름을 파악할 수 있으므로 꼭 프로젝트를 실행해 보도록 한다. `MemoryModule` 프로젝트가 제공하는 문서는 프로젝트에 대한 핵심적인 개념을 간추려서 잘 설명하고 있으므로 읽어보도록 한다. 필자는 네트워크를 통해 DLL 파일을 메모리에 저장한 뒤 메모리상에서 DLL을 로드하기 위해 이 모듈을 사용한 적이 있다. 파일이 저장매체에 기록되지 않도록 하기 위함이었다.

YUZA OS의 DLL 로더는 `MemoryModule` 라이브러리와 큰 차이는 없다. 그러므로 `MemoryModule` 라이브러리를 확실히 이해했다면 YUZA OS의 DLL 로더도 무리없이 소화하리라 판단한다. YUZA OS의 DLL 로더는 `ModuleManager` 클래스를 참조한다. `ModuleManager` 클래스는 싱글턴 클래스로 구현됐다.

코드 8-11 ModuleManger 클래스 인터페이스

```
class ModuleManager
{
public:
        ~ModuleManager();

        static ModuleManager* GetInstance()
```

```
    {
        if (m_pModuleManager == 0)
            m_pModuleManager = new ModuleManager();

        return m_pModuleManager;
    }

    bool Initialize();

    void* LoadPE(const char* dllName, bool fromMemory = false);
    bool UnloadPE(void* handle);
    void* GetModuleFunction(void* handle, const char* func_name);
    LOAD_DLL_INFO* GetSystemPE(const char* moduleName);
    void PrintPEHierachy(HMODULE hwnd);
    bool IsSystemPE(const char* moduleName);

protected:
    MODULE_HANDLE LoadPEFromMemory(const char* moduleName);
    MODULE_HANDLE LoadPEFromFile(const char* dll_path);

    bool InitPE(void* image);

private:
    ModuleManager();
    static ModuleManager* m_pModuleManager;
    std::list<LOAD_DLL_INFO*> m_systemPEList;
};
```

ModuleManager 클래스는 메모리나 파일상의 DLL을 로드하는 기능을 모두 갖추고 있다.

5 과제

커스텀 모듈 로더로 DLL을 로드할 경우 비주얼 스튜디오에서는 로드된 DLL을 제대로 디버깅하는 것이 불가능하다. 현재는 방법이 없지만 연구를 계속한다면 방법을 찾을지도 모른다. 여기서는 비록 성공하지는 못했지만 지금까지의 연구과정을 공유해서 해결책을 찾는 계기가 됐으면 한다.

5.1 심벌 로드

비주얼 스튜디오 디버거가 소스코드 내 브레이크 포인트를 인식하려면 심벌 파일의 로드가 필요하다. 일반적으로 심벌 파일은 비주얼 스튜디오 디버거가 자동으로 로드한다. 하지만 커스텀 로더로 DLL을 로드했다면 당연히 디버거는 이 모듈의 심벌 파일에 대한 정보가 없으므로 심벌 파일을 강제로 로드할 필요가 있다. 한편 WIN32의 핵심 모듈에 해당하는 KERNEL32.DLL이나 GDI32.DLL의 심벌 파일은 기본으로는 자동 로드되지 않는데 이 심벌을 강제로 로드하면 특정 함수가 KERNEL32.DLL의 범위 내에 존재할 때 콜스택에 있는 함수 이름을 정확히 보여준다. 이 경우처럼 커스텀 로더가 로드한 DLL의 심벌 정보를 디버거에 알려주면 해당 DLL의 디버깅이 가능해질 것이라고 판단했다.

코드 8-12 심벌 엔진의 초기화

```
DWORD  error;
HANDLE hProcess;

SymSetOptions(SYMOPT_UNDNAME | SYMOPT_DEFERRED_LOADS);
hProcess = GetCurrentProcess();
SymInitialize(hProcess, NULL, TRUE);
```

심벌 엔진 초기화를 한 후 모듈의 심벌을 로드한다. 모듈은 이미 로드됐으며 로드된 기준 주소와 크기는 이미 구했다고 가정한다.

```
TCHAR  szImageName[MAX_PATH] = TEXT("sample.dll");
SymLoadModuleEx(hProcess, NULL, szImageName, NULL, loadedBaseAddress, moduleSize,
0, 0);
```

SymLoadModuleEx는 dll에 해당하는 pdb 심벌을 로드한다. SymLoadModuleEx 함수의 5번째, 6번째 파라미터는 각각 모듈이 로드된 기준 주소와 모듈의 크기를 의미한다.

필자는 이렇게 PDB 파일을 로드한 다음 sample.dll 주소 공간의 코드가 실행되면 디버거가 심벌 엔진에 등록된 심벌의 주소 공간을 분석해서 sample.dll과 매핑된 소스코드의 브레이크 포인트를 히트할 것으로 예상했다. 하지만 디버깅은 되지 않았다.

이 경우는 두 가지 중의 하나다. 분명 방법은 존재하는데 필자가 찾지 못했거나 또는 비주얼 스튜디오가 이런 상황을 지원하지 않는 경우다. 의욕적인 독자분이라면 이 문제를 해결하는 데 도전해 보기 바란다.

6 정리

YUZA OS상에서 여러 오픈소스 라이브러리를 동작시키려면 두 가지 선결 조건이 필요하다.

- 표준 프로그래밍 인터페이스 구축
- DLL 로더 시스템 구축

특히 대부분의 오픈소스 라이브러리는 단일 모듈로 구축되는 것이 아니고 종속 모듈과 결합돼 제공된다. 그러므로 라이브러리 간의 트리 계층 관계를 구현하기 위해서는 윈도우 운영체제의 DLL 로더 시스템이나 유닉스 진영의 SO^Shared Object 모듈 로더 시스템이 필수적으로 요구된다.

YUZA OS는 윈도우 운영체제의 DLL 로더 시스템을 유사하게 구현했으며 이 덕분에 다양한 오픈소스 라이브러리를 큰 수정없이 마이그레이션을 할 수 있다. 사실 4장, 'YUZA OS 시작하기'나 5장, '콘솔 앱 살펴보기'에서 소개한 여러 응용앱은 DLL 로더 시스템이 적용된 결과를 보여준 것이다.

이런 DLL 로더 시스템을 제대로 이해하려면 DLL 로더에 대한 심층적인 이해도가 필수적으로 요구된다. 그래서 8장에서는 WIN32에서 DLL 로더 시스템이 동작하는 원리를 구체적으로 학습했으며 이를 기반으로 커스텀 DLL 로더가 DLL을 로딩하는 방식에 대해 학습했다. YUZA OS에서는 ModuleManager 클래스가 DLL 로딩을 담당한다.

커스텀 DLL 로더가 갖춰야 하는 기능은 다음과 같다.

- 메모리 버퍼에 존재하는 DLL을 실행
- 파일로부터 DLL을 메모리에 로드하고 실행
- 암시적 DLL 로딩 기능
- 묵시적 DLL 로딩 기능
- DLL의 재귀 호출

현재 YUZA OS는 DLL과 관련해 아직 구현하지 못한 기능이 한 가지 있다. 커스텀 DLL 로더로 DLL을 로드할 때 선행 디버깅이 불가능한 점이 그것이다. 이 문제를 해결한다면 개발 복잡도를 대폭 줄일 수 있다. 이 부분에 대해서는 필자도 계속해서 방법을 찾고 있지만 현시점에서는 뾰족한 수가 없어 보인다.

DLL 로더 시스템을 갖춤으로써 얻을 수 있는 또 다른 장점 중 한 가지는 모듈화다. 기능에 따라 DLL을 모듈화해 두면 코드 관리도 쉬워지고 오류 발생에 따른 에러 전파도 감소한다. 또한 DLL 자체가 특정 기능을 표현하므로 자기 설명적인 요소를 갖출 수 있다. 이 덕분에 주석 같은 부차적인 내용을 작성하는 고통을 줄일 수 있다.

9 시스템 콜

시스템 콜^{System Call}은 응용 프로그램에 커널 서비스를 제공하는 인터페이스다. 응용 프로그램이 커널에 요청하는 것은 궁극적으로 하드웨어 서비스이므로 시스템 콜은 하드웨어와 유저 프로세스 사이에 있는 레이어라고 볼 수 있다. 시스템 콜은 응용 프로그램에 직접적으로 노출되지 않으며 POSIX, ANSI C 라이브러리 같은 프로그래밍 인터페이스에 래핑된 형태로 제공된다. 그림 9-1은 응용 프로그램에서 **fopen** 함수를 호출할 때 커널 서비스인 read 시스템 콜을 호출하는 과정을 정리한 것이다.

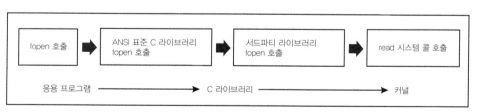

그림 9-1 응용 프로그램, 표준 C 라이브러리, 커널 간의 관계

1 시스템 콜 설계

시스템 콜이 존재하는 이유는 다음과 같다.

- 시스템 콜은 커널 서비스를 사용하기 위한 창구 역할을 한다.
- 시스템 콜은 응용 프로그램에게 커널 서비스 사용방법을 강제한다.
- 운영체제의 안정성을 보장한다.

즉 시스템 콜은 응용 프로그램과 커널의 중개자 역할을 하므로 설계 시 시스템 콜 간 기능이 중복돼서는 안 되며 불필요한 시스템 콜은 최대한 배제해야 한다. 그리고 최소한의 시스템 콜만을 제공하되 커널의 대부분의 기능을 이용할 수 있어야 한다. 일례로 리눅스 2.6 버전은 300개 정도의 시스템 콜을 제공한다. 리눅스는 버전이 업그레이드돼도 시스템 콜의 추가나 삭제가 거의 일어나지 않는데 그 이유는 유닉스 운영체제로부터 이어받은 내용들이 이미 검증돼 안정화됐기 때문이다.

시스템 콜을 추가하거나 삭제할 때는 신중을 기해야 한다. 시스템 콜을 추가한다는 것은 새로운 커널 기능을 제공한다는 의미인데 새로운 기능을 제공하면 커널에 어떤 부작용이 발생할지 알 수 없기 때문이다. 시스템 콜 삭제를 피해야 하는 이유는 명확하다. 시스템 콜을 삭제해 버리면 기존에 해당 시스템 콜을 사용했던 모든 응용 프로그램들이 제대로 동작하지 않기 때문이다. 반드시 시스템 콜을 제거해야겠다면 인터페이스는 그대로 두되 에러 메시지를 리턴하는 더미 함수로 교체하는 것이 좋다.

2 시스템 콜의 구조

YUZA OS에서 시스템 콜의 선언은 systemcall_impl.h 파일에서 정의한다. 이 파일에는 커널 서비스 번호와 응용앱에 제공하는 함수의 선언부가 포함돼 있다.

```
enum
{
    ......
    eThreadExit = 19,
    eExitThread = 20,
    eCreateThread = 21,
    eTerminateThread = 22,
    eGetCurrentThreadId = 23,
    eSetThreadPriority = 24,
    eGetThreadPriority = 25,
    eSetThreadAffinityMask = 26,
    eSetThreadPriorityBoost = 27,
    eSuspendThread = 28,
    eResumeThread = 29,
    ......
}
```

코드 9-2 시스템 콜 선언

```
#define Syscall_CreateThread(entry, name, data, priority)
#define Syscall_TerminateThread(hThread, dwExitCode)
#define Syscall_ExitThread(dwExitCode)
#define Syscall_GetCurrentThreadId()
```

예를 들어 스레드를 생성하는 CreateThread API는 내부적으로 시스템 콜인 Syscall_CreateThread를 호출한다. Syscall_CreateThread는 네 개의 파라미터를 받는다. 구체적인 구현 예로 LoadLibrary API를 살펴보자.

코드 9-3 DLL을 로드하는 LoadLibrary 함수 내부

```
HANDLE LoadLibrary(char* filename)
{
    ASSERT(filename != NULL);
```

```
    Return SysCall_LoadLibrary(filename);
}
```

LoadLibrary API는 SysCall_LoadLibrary 시스템 콜을 호출한다. 일반적으로 커널 서비스를 요청할 때는 래퍼 함수에서 파라미터의 유효성을 검증한다. 코드 9-3에서 ASSERT는 인자로 제공된 파일 이름의 NULL 여부를 체크한다.

```
#define Syscall_LoadLibrary(name) (DWORD)syscall1(eLoadLibrary, SCPARAM(name))
```

Syscall_LoadLibrary는 매크로며 syscall1 함수를 통해 확장된다. syscall1은 파라미터를 하나만 받는 함수다.

코드 9-4 syscall1 함수

```
SCTYPE syscall1(SCTYPE Function, SCTYPE Arg0)
{
    // WIN32 모드라면 WIN32 플랫폼 API에 등록된 함수를 직접 호출한다.
    if (g_emulation)
    {
        __SysCall1 func;
        func = g_platformAPI._processInterface.GetOrangeOSAPIByIndex(Function);
        return Func(Arg0);
    }
    return _syscall(Function, Arg0, 0, 0, 0, 0);
}
```

Syscall_LoadLibrary 함수의 경우 eLoadLibrary 열거형 값을 가지며 이 값은 103이다. 이 커널 서비스 번호와 파라미터 Arg0으로 _syscall 함수를 호출한다. _syscall 함수는 어셈블리어로 구현됐으며 커널 서비스 번호와 파라미터 5개를 받는다. syscall1 함수는 파라미터가 하나이므로 _syscall 함수를 호출할 때 커널 서비스 번호와 첫 번째 파라미터를 제외한 나머지 파라미터에는 0을 넣어주면 된다.

```
; int _syscall(int Function, int Arg0, int Arg1, int Arg2, int Arg3, int Arg4)
__syscall:
        ; 스택 프레임 저장
        push ebp
        mov ebp, esp

        ; 기본 레지스터를 스택에 저장
        push ebx
        push ecx
        push edx
        push esi
        push edi

        ; 파라미터를 얻는다.
        mov eax, [ebp + 8]
        mov ebx, [ebp + 12]
        mov ecx, [ebp + 16]
        mov edx, [ebp + 20]
        mov esi, [ebp + 24]
        mov edi, [ebp + 28]

        ; 커널 모드로 전환 및 소프트웨어 인터럽트를 실행
        int 80h

        ; 기본 레지스터 복원
        pop edi
        pop esi
        pop edx
        pop ecx
        pop ebx

        ; 스택 프레임 복원
        pop ebp
        ret
```

_syscall 함수는 커널 서비스를 호출하기 전에 파라미터를 커널에 전달하기 위해 EBX, ECX, EDX, ESI, EDI 레지스터를 사용한다. EAX에는 커널 서비스 번호를 설정한다. 그리고 소프트웨어 예외 인터럽트를 발생시키기 위해 다음과 같은 어셈블리 명령어를 실행한다.

```
INT 80H
```

이 명령을 통해 소프트웨어 인터럽트 예외가 발생해서 인터럽트 핸들러에 등록된 시스템 콜 핸들러가 실행된다. 인터럽트 80h에 등록된 시스템 콜 핸들러는 SysCallDispatcher 함수다.

코드 9-6 시스템 콜 핸들러

```
_declspec(naked) void SysCallDispatcher()
{
        // 서비스 API 번호를 IDX에 저장하고 데이터 셀렉터를 변경한다(0X10).
        static uint32_t idx = 0;
        _asm
        {
            PUSH EAX
            MOV EAX, 0x10
            MOV DS, AX
            POP EAX
            MOV [idx], EAX
            PUSHAD  ; 모든 레지스터를 스택에 저장한다.
        }

        // 요청한 서비스 API의 인덱스가 최댓값보다 크면 아무런 처리를 하지 않는다.
        if (idx >= MAX_SYSCALL)
        {
            _asm
            {
                // 레지스터 복원 및 리턴
```

```
            POPAD
            IRETD
        }
    }

    // 서비스 인덱스 번호에 해당하는 시스템 함수를 얻어낸다.
    static uintptr_t fnct = 0;
    fnct = GlbSyscallTable[idx];

    // 시스템 함수를 실행한다.
    _asm
    {
        // 스택에 저장했던 레지스터들을 복원한 후 함수의 파라미터를 설정한다.
        POPAD
        PUSH EDI
        PUSH ESI
        PUSH EDX
        PUSH ECX
        PUSH EBX
        // 시스템 콜
        CALL fnct
        // 스택 정리 책임은 호출한 쪽에 있다. 파라미터 5개를 스택에 집어넣었으므로
        // 스택 포인터의 값을 20바이트 증가시킨다.
        ADD ESP, 20
        // 커널 데이터 셀렉터값을 유저 데이터 셀렉터값으로 변경한다.
        PUSH EAX
        MOV EAX, 0x23
        MOV DS, AX
        POP EAX
        IRETD ;유저 모드로 전환한다.
    }
}
```

MAX_SYSCALL, 즉 최대 커널 서비스 개수는 현재 256개로 정의돼 있다. 커널 서비스가 이 수를 초과한다면 이 값을 변경해야 한다. 눈여겨 봐야 할 변수는 idx값으로 이 변수는 유저 모드에서 전달된 EAX값, 즉 커널 서비스 번호가 저장된다. 이 값으로 GlbSyscallTable 시스템 콜 테이블 배열을 조회해서 커널 서비스 번호에 해당하는 함수를 얻어낸다. eLoadLibrary 열거형에 대응하는 커널 서비스 함수는 kLoadLibrary다.

코드 9-7 kLoadLibrary 함수

```
HANDLE kLoadLibrary(char* file)
{
#if SKY_EMULATOR_DLL
        return (HANDLE)g_platformAPI._processInterface.sky_LoadLibrary(file);
#endif
        return (HANDLE)ModuleManager::GetInstance()->LoadDLL(file);
}
```

커널 서비스 함수는 커널에서 사용하는 함수임을 명확히 하기 위해 함수 이름 앞에 k를 붙였다. kLoadLibrary 함수는 DLL 디버깅 모드에서는 WIN32 API를 사용하고 그렇지 않으면 자체 DLL 로더를 사용한다. 시스템 콜의 실행 흐름을 정리해 보면 그림 9-2와 같다.

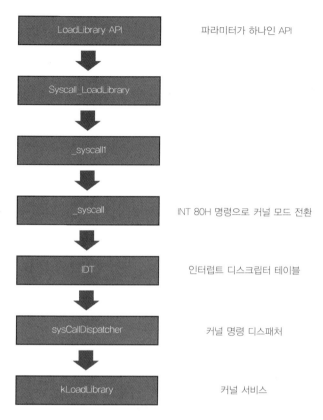

그림 9-2 시스템 콜 흐름

그림 9-2는 실기에서 동작하는 경우만을 나타낸 것이다. Syscall_Sleep 함수를 호출하는 간단한 프로젝트를 만든 다음 WIN32에서는 커널 서비스를 어떻게 호출하는지 디버깅을 해본다.

시스템 콜에 사용하는 syscall0~syscall5 함수나 _syscall 함수는 SystemCall 프로젝트에 구현돼 있다. 그러므로 응용앱에서 시스템 콜을 호출하려면 프로젝트에 SystemCall. lib를 추가해야 한다. 현재는 응용앱이 직접 시스템 콜 인터페이스를 호출하지만 나중에는 Kernel32.dll처럼 래퍼를 제공해서 시스템 콜이 직접 응용앱에 노출되지 않도록 다듬어야 한다.

3 시스템 콜의 추가

시스템 콜을 추가하려면 시스템 콜 서비스 번호에 해당하는 커널 서비스 함수를 앞에서 언급한 바 있는 GlbSyscallTable 테이블에 등록해야 한다.

코드 9-8 GlbSyscallTable 테이블

```
uintptr_t   GlbSyscallTable[MAX_SYSCALL] =
{
        DefineSyscall(NoOperation),
        DefineSyscall(NoOperation),
        DefineSyscall(NoOperation),
        DefineSyscall(NoOperation),
        DefineSyscall(NoOperation),
        ......
```

최초에는 NoOperation 더미 함수로 테이블을 채운다.

코드 9-9 NoOperation 더미 함수

```
int   NoOperation(void)
{
        kprintf("invalid syscall");
        return 0;
}
```

이후 RegisterSysCall 함수를 호출해서 커널 서비스를 추가한다. 새로운 커널 서비스를 추가하고 싶다면 RegisterSysCall 함수에서 커널 서비스를 추가하면 된다.

코드 9-10 RegisterSysCall 함수

```
void RegisterSysCall()
{
        ......
        AddSyscall(eMalloc, kmalloc);
```

```
AddSyscall(eFree, kfree);
AddSyscall(eRealloc, krealloc);
AddSyscall(eCalloc, kcalloc);
AddSyscall(eMalloc_Aligned, kmalloc_aligned);

AddSyscall(eCreateProcess, kCreateProcess);
AddSyscall(eCreateThread, kCreateThread);
AddSyscall(eSuspendThread, kSuspendThread);
AddSyscall(eResumeThread, kResumeThread);
AddSyscall(eTerminateThread, kTerminateThread);
AddSyscall(eExitThread, kExitThread);
AddSyscall(eThreadExit, kTerminateThread);
……
```

앞에서 언급했지만 커널 서비스를 삭제한다면(이 때문에 커널 서비스 열거형 값이 변경된다면) 모든 응용 애플리케이션을 재컴파일해야 되므로 주의한다. 새로운 커널 서비스를 추가하고 싶다면 커널 서비스 열거형 값을 추가하되 제일 큰 값으로 설정한다. 그래야 기존 커널 서비스가 문제없이 동작되며 수많은 프로그램을 재컴파일하는 상황을 피할 수 있다. 만일 부득이하게 커널 서비스를 삭제해야 한다면 4장, 'YUZA OS 시작하기'의 환경 구축 절에서 설명한 방법으로 모든 프로젝트를 재빌드해 주자.

4 결론

시스템 콜은 응용앱이 커널의 기능을 사용하기 위한 관문과 같다. 응용앱은 이 관문을 통과할 수 없으며 오로지 시스템 콜 API를 통해서만 커널 기능을 사용할 수 있다. 시스템 콜자체도 일반적으로는 외부로 노출되지 않고 래핑돼 응용앱에 제공된다. 예를 들어 WIN32에서는 Kernel32.dll이나 User32.dll 등이 래핑 라이브러리 역할을 한다.

YUZA OS에서 시스템 콜을 추가하기 위해서는 열거형 값을 선언하고 커널 함수를 구현한 다음 RegisterSysCall 함수에서 등록을 해주면 된다. 예를 들어 파라미터를 두 개 받는 kAddFunc 함수를 등록한다고 가정하자.

코드 9-11 샘플 커널 서비스 함수

```
int kAddFunc(int param1, int param2)
{
        return param1 + param2;
}
```

함수를 구현한 다음 RegisterSysCall 함수에 다음 라인을 추가한다.

```
AddSyscall(eAddFunc, kAddFunc);
```

그런 다음 systemcall_impl.h 파일에 다음과 같은 매크로를 선언하고 열거형에 eAddFunc를 추가한다.

```
#define Syscall_AddFunc(param1, param2) (int)syscall2(eAddFunc, SCPARAM(param1),
SCPARAM(param2))
```

이제 응용앱은 Syscall_AddFunc 함수를 호출할 수 있다. 다만 앞에서 언급했듯이 Syscall 접두어가 붙은 함수는 별도의 모듈에서 래핑해 사용하는 것이 좋다. 예를 들어 WIN32 API를 제공하는 YUZA OS의 libwin32.dll 모듈은 시스템 콜 API를 래핑해서 응용앱에 제공한다. 다만 현시점에서 YUZA OS는 개발 중인 OS기 때문에 작업 속도를 높이고자 시스템 콜을 응용앱에 노출시켰다. 추후 YUZA OS를 폴리싱한다면 시스템 콜을 래핑하는 함수를 만드는 것과 동시에 응용앱 코드에 포함된 systemcall_impl.h 헤더나 Syscall 접두어가 붙은 함수를 모두 제거해야 할 것이다.

6장, '듀얼 시스템', 7장, '커널 초기화', 8장, 'DLL 로더 시스템', 그리고 9장, '시스템 콜'을 통해서 YUZA OS의 전반적인 동작 원리를 이해했다. 10장에서는 4장, 'YUZA OS 시작하기', 5장, '콘솔 앱 살펴보기'처럼 실제 프로젝트를 분석해서 YUZA OS의 구조를 좀 더 파악한다.

10
독립형 OS 제작하기

데스크톱 운영체제는 수많은 프로그램을 관리한다. 여러 가지 작업을 하는 경우에는 데스크톱 운영체제가 가장 이상적일 것이다. 한편 게임기나 임베디드 장치 등은 특정 목적에 국한된 인터페이스를 제공한다. 필자는 PC를 활용하면서 컴퓨터를 켰을 때 특정 프로그램이 바로 실행됐으면 좋겠다고 생각한 적이 많았다. 오락실 게임을 에뮬레이션해 주는 마메[MAME]나 도스박스가 바로 실행된다면 일반 데스크톱을 게임기로 활용할 수 있다고 생각했던 것이다. 10장에서는 자신이 원하는 프로그램을 부팅할 때 바로 시작하는 방법을 살펴봄으로써 하나의 목적에만 충실한 독립형 운영체제를 제작할 수 있는 기반을 마련한다. 여기서 한걸음 더 나아가서 C/C++뿐만 아니라 루아 언어로 OS를 개발할 수 있는 환경을 구축해 본다.

목표
- 독립형 GUI 운영체제가 실행되는 원리를 이해한다.
- 루아 기반 독립형 운영체제를 제작한다.

프로젝트는 03_luakernel.sln 솔루션을 열어서 참조한다.

1 GUI 콘솔

GUI 콘솔 프로그램은 그래픽 모드로 동작하기 위해 기본적으로 지원해야 하는 인터페이스를 갖춘 프로그램이다(GUIConsole 프로젝트 참조).

그림 10-1 GUI 콘솔

오른쪽 상단 구석에는 사각형 박스가 주기적으로 색깔을 바꾼다. 프로그램이 멀티스레드로 동작함을 보여주기 위함이다. 왼쪽 ALT 키를 누르면 한글 입력을 할 수 있으며 다국어 출력도 할 수 있다.

GUI 콘솔 실행

yuza.cfg 파일을 열어 desktop 항목을 다음과 같이 수정한다.

```
desktop =
{
  DESKTOPMGR = ( {name = "GUIConsole.dll";
              enable = 1;});
};
```

그런 다음 GUI 모드로 커널이 실행되도록 빌드 옵션을 수정한다.

```
#define SKY_CONSOLE_MODE 0
```

또한 03_luakernel.img 파일을 bin/image 폴더에 복사한 다음 yuza.cfg의 가상 이미지 이름 항목을 03_luakernel.img로 변경한다.

GUI 콘솔 코드

콘솔 창 모드로 커널을 실행하면 커널은 yuza.cfg의 console 항목을 읽어 콘솔 프로세스를 실행했으며 4장, 'YUZA OS 시작하기'에서 실행한 콘솔 프로세스는 console.dll이었다. 그래픽 모드로 YUZA OS를 실행하면 yuza.cfg의 desktop 항목을 읽어 GUI 데스크톱을 실행한다. 특정 GUI 데스크톱을 실행하고 싶다면 이 desktop 항목을 수정하면 된다.

GUI 시스템의 시작 엔트리는 YuzaOSGUI 함수다.

코드 10-1 GUI 시스템 엔트리

```
void YuzaOSGUI(char* desktopName)
{
#if SKY_EMULATOR
    StartVirtualFramework(0);
    WIN32_VIDEO* pVideo = GetFrameBufferInfo();
    SetFrameBufferInfo(pVideo);
#endif
    kCreateThread(GUIManagerThread, "GUIManager", desktopName, 16, 0);
    SystemIdle(0);
}
```

YuzaOSGUI 함수는 문자열 'GUIConsole.dll'을 스레드 생성 함수인 kCreateThread 함수에 파라미터로 전달해서 시작 엔트리가 GUIManagerThread 함수인 스레드를 생성한다.

코드 10-2 GUIManagerThread 함수

```
int GUIManagerThread(void* param)
{
    SkyGUISystem::GetInstance()->Initialize((const char*)param);
    SkyGUISystem::GetInstance()->Run();
    return 0;
}
```

SkyGUISystem 싱글턴 클래스는 그래픽 환경을 관리하기 위한 클래스다. Initialize 메소드를 호출해서 파라미터로 전달받은 GUIConsole.dll을 메모리로 로드한 다음 I_GUIEngine 인터페이스를 구현한 객체인 GUIConsole 객체를 생성하고 이 객체를 초기화한다. 그런 다음 Run 메소드를 호출해서 GUIConsole 객체의 메인 루프를 실행한다.

코드 10-3 SkyGUISystem 클래스 Initialize 메소드

```
bool SkyGUISystem::Initialize(const char* moduleName)
{
    ……
    // GUI 데스크톱 모듈을 메모리에 로드한다.
    ModuleManager* pModuleManager = ModuleManager::GetInstance();
    void* hwnd = pModuleManager->LoadPE(moduleName);
    // 모듈 핸들을 이용해서 모듈이 익스포트하는 함수 "GetGUIEngine 메소드의 주소를 얻는다.
    PGUIEngine GUIEngine;
    GUIEngine = pModuleManager->GetModuleFunction(hwnd, "GetGUIEngine");
    // GetGUIEngine 함수를 실행해서 I_GUIEngine 인터페이스를 구현한 객체를 생성한다.
    m_frontEnd = GUIEngine();
    // 선형 버퍼 정보를 I_GUIEngine 인터페이스를 구현한 객체에 전달한다.
    // 선형 버퍼 정보 : 비디오 메모리, 화면 너비, 화면 높이, 픽셀당 바이트 수, 프레임 버퍼 타입 등
    LinearBufferInfo info;
```

254

```
        info.pBuffer = (unsigned long*)m_videoRamInfo._pVideoRamPtr;
        info.width = m_videoRamInfo._width;
        info.height = m_videoRamInfo._height;
        info.depth = m_videoRamInfo._bpp;
        info.type = m_videoRamInfo._framebuffer_type;
        info.isDirectVideoBuffer = true;
        m_frontEnd->SetLinearBuffer(info);
        // 데스크톱 객체 초기화
        m_frontEnd->Initialize();
        ......
}
```

코드 10-4 I_GUIEngine 인터페이스

```
class I_GUIEngine
{
public:
        virtual bool Initialize() = 0;
        virtual void Update(float deltaTime) = 0;
        virtual void SetLinearBuffer(LinearBufferInfo& linearBufferInfo) = 0;
        virtual bool PutKeyboardQueue(KEYDATA* pData) = 0;
        virtual bool PutMouseQueue(MOUSEDATA* pData) = 0;
        virtual bool Run() = 0;
        virtual bool Print(QWORD taskId, char* pMsg) = 0;
        virtual bool Clear() = 0;
        virtual char GetCh() = 0;
```

LinearBufferInfo는 프레임 버퍼 정보를 저장하기 위한 구조체다.

표 10-1 메소드 설명

메소드	설명
Initialize	그래픽 모드를 초기화한다.
Update	델타 시간 기준 갱신 함수다.
PutKeyboardQueue	커널로부터 키보드 이벤트를 받는다.
PutMouseQueue	커널로부터 마우스 이벤트를 받는다.
SetLinearBuffer	프레임 버퍼 정보를 저장한다.
Run	프로그램을 실행한다.
Print	터미널에 출력할 문자열이 전달된다.
GetCh	터미널로부터 문자열 입력을 받는 이벤트가 왔을 때 처리를 구현한다.
Clear	화면을 초기화하는 이벤트가 전달됐을 때 처리 유무를 구현한다.

GUIConsole 클래스는 I_GUIEngine 인터페이스를 상속받았으며 I_GUIEngine 순수 가상 메소드를 구현했다. 자세한 내용은 GUIConsole 프로젝트의 GUIConsole.cpp 파일을 참조한다.

GUIConsole이 정상 동작하려면 GUIConsole.dll이 참조하는 종속 dll이 필요하다. GUIConsole.dll이 참조하는 종속 dll 리스트를 PE Explorer 툴로 확인해 보자.

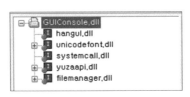

그림 10-2 GUIConsole.dll이 참조하는 종속 dll 리스트

GUIConsole.dll이 참조하는 dll은 다음과 같다. 몇 번 언급됐던 DLL이지만 다시 한 번 정리한다.

DLL	내용
filemanager.dll	fopen과 같은 파일 서비스를 제공한다. 시스템 전체에서 한 번만 로드된다.
systemcall.dll	커널의 시스템 콜을 제공한다. 시스템 전체에서 한 번만 로드된다.
yuzaapi.dll	시스템 서비스를 제공한다. 기본적으로는 yuzaapi를 통해 systemcall.dll의 시스템 콜을 호출해야 하지만 시스템 디자인 변동이 심해서 명세가 명확하게 결정되지 않았다.
unicodefont.dll	유니코드 폰트 정보를 담은 모듈이다.
hangul.dll	키보드 입력을 받아 유니코드 한글 문자열을 생성하는 모듈이다.

hangul.dll과 unicodefont.dll은 한글 편집기 제작 시 재활용할 수 있다. 이제 GUIConsole 클래스의 메소드를 살펴본다.

코드 10-5 모듈 초기화

```
bool GUIConsole::Initialize()
{
        kInitializeKeyboard();
        kInitializeMouse();

        m_pUnicodeFont = new UnicodeFont();
        m_pUnicodeFont->Initialize();
        m_pHangulProcessor = new HangulProcessor();
        ......
        return true;
}
```

커널로부터 키보드 입력과 마우스 입력을 제공받기 위해 kInitializeKeyboard, kInitialize Mouse 함수를 호출한다. 그리고 한글 처리를 위해 UnicodeFont 객체와 HangulProcessor 객체를 생성한다.

코드 10-6 키보드 입력과 마우스 입력을 커널로부터 받아 큐에 저장하는 코드

```
bool GUIConsole::PutKeyboardQueue(KEYDATA* pData)
{
        return kPutQueue(&gs_stKeyQueue, pData);
```

```
}
bool GUIConsole::PutMouseQueue(MOUSEDATA* pData)
{
        return kPutQueue(&gs_stMouseQueue, pData);
}
```

코드 10-7 키보드 입력을 꺼내 처리하는 코드

```
void GUIConsole::GetCommandForGUI(char* commandBuffer, int bufSize)
{
        // 큐에서 키보드 입력값이 있는지 확인하고 있으면 꺼낸다.
        KEYDATA keyData;
        if (kGetKeyFromKeyQueue(&keyData) == false)
            return;

        // 키보드를 눌렀을 때의 입력값인가
        if ((keyData.bFlags & KEY_FLAGS_DOWN) == false)
            return;

        // 아스키값을 얻어낸다.
        c = keyData.bASCIICode;
        // 엔터나 백스페이스 키면 특별히 처리하고 리턴
        ……
        // 한글 입출력 처리기에 아스키값을 넣어 처리한다.
        m_pHangulProcessor->InputAscii(c);
        // 한글 입출력 처리기가 가공한 문자열을 얻어낸다.
        i = m_pHangulProcessor->GetString(commandBuffer);
        // 문자열을 화면에 그린다.
        m_pUnicodeFont->PutFonts((char*)m_pVideoRamPtr, m_width, m_xPos, m_yPos,
0xffffffff, commandBuffer);
        // 문자열 다음에 커서를 그린다.
        PutCursor();
}
```

마지막으로 GUIConsole.dll은 SkyGUISystem 객체가 I_GUIEngine 인터페이스를 사용할 수 있도록 외부로 GetGUIEngine 메소드를 구현해서 익스포트해야 한다.

```
extern "C" __declspec(dllexport) I_GUIEngine* GetGUIEngine()
{
        return new GUIConsole();
}
```

GUI 콘솔 프로젝트는 심플한 독립형 GUI 운영체제다. 이후 소개할 모든 GUI 데스크톱 모듈은 GUI 콘솔 프로젝트와 동일한 구조를 사용하기 때문에 GUI 콘솔 프로젝트는 GUI 데스크톱을 구현하기 위한 좋은 샘플이 된다.

계속해서 새로운 독립형 운영체제인 루아 운영체제를 살펴보겠다.

2 루아 운영체제

루아 프로그래밍 언어는 가벼운 명령형/절차적 언어인데 확장 언어로 쓰일 수 있는 스크립팅 언어를 주 목적으로 설계됐다. 그러나 알고리즘적 설계가 많이 내재돼 있고 인터프리터로만 코드뭉치를 실행할 수 있으므로 선언형 언어로도 볼 수 있다. 루아는 "달"을 의미하는 포르투갈어다(출처 : 위키백과).

그림 10-3 루아 로고

루아는 게임 프로그래밍 언어에서 많이 사용되며 게임 캐릭터의 상태를 제어하거나 수치 판정을 내리기 위해 자주 활용된다. 또한 유명한 네트워크 라이브러리 중 하나로 스카이 넷SkyNet이라는 라이브러리가 있는데 이 라이브러리는 루아 언어로 구현됐다. 아래 코드는 SkyNet 모듈 초기화 때 실행되는 루아 코드다.

코드 10-8 루아로 작성된 네트워크 모듈 SkyNet

```
function skynet.init_service(start)
    local ok, err = skynet.pcall(start)
    if not ok then
        skynet.error("init service failed: " .. tostring(err))
        skynet.send(".launcher","lua", "ERROR")
        skynet.exit()
    else
        skynet.send(".launcher","lua", "LAUNCHOK")
    end
end
```

2절에서는 루아 스크립트를 이해하고 루아 모듈을 활용하는 프로젝트를 살펴본다. 루아 스크립트에 익숙해지고 난 후에는 독립형 운영체제인 루아 커널을 구현한다.

목표
- 루아 스크립트를 이해한다.
- 루아 스크립트로 커널을 제작한다.
- 루아 확장 모듈을 이해한다.
- 새로운 언어로 운영체제를 제작하는 기틀을 마련한다.

루아 커널 프로젝트는 03_luakernel.sln 솔루션에서 app, extension, lib 필터에 존재하는 프로젝트를 참조한다.

2.1 루아 스크립트

루아 스크립트를 빠르게 학습하려면 모든 언어가 그렇지만 실제 스크립트를 작성해서 어떻게 동작하는지 확인해 보는 것이 좋다. 루아 스크립트는 직관적이므로 어렵지 않다. 먼저 루아 콘솔을 다운받아 설치하자. 아래 링크에 접속한 뒤 미리 빌드된 루아 프로그램을 다운받는다. 이 책을 집필하는 시점에서 최신 버전은 5.3.5 버전이다.

http://luabinaries.sourceforge.net/

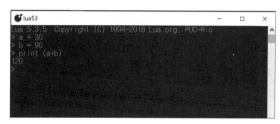

그림 10-4 루아 프로그램 실행화면

루아 스크립트는 그림 10-4처럼 사용자가 직접 명령어를 입력하거나 파일로 스크립트를 저장해서 실행할 수 있다. 또한 툴을 사용하면 루아 스크립트를 디버깅하는 것도 가능하다. 루아로 프로그램을 개발하기 위한 IDE로 ZeroBrane 스튜디오를 추천한다. 아래 링크에서 다운받을 수 있다.

https://studio.zerobrane.com/

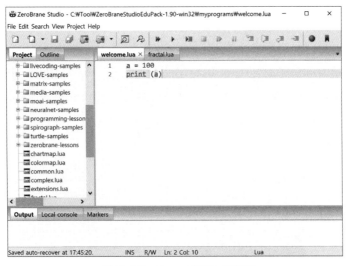

그림 10-5 ZeroBrane 스튜디오 실행화면

ZeroBrane 스튜디오 IDE는 매우 직관적인 인터페이스를 갖추고 있으며 루아 스크립트 샘플 코드도 많기 때문에 루아를 공부하는 데 많은 도움이 된다. ZeroBrane 스튜디오를 사용해서 간단한 샘플 스크립트를 제작해 보자.

코드 10-9 팩토리얼 계산

```
function fact (n) -- 팩토리얼 계산 함수. 주석은 하이픈 두 개를 사용한다.
  if n == 0 then
    return 1
  else
    return n * fact(n-1)
  end
end

print("enter a number:")
a = io.read("*number") -- 표준 입출력 장치로부터 숫자를 입력받는다.
print(fact(a)) - 결과 출력
```

루아에서 함수 정의는 function 키워드를 사용해서 선언한다. 팩토리얼을 계산하는 함수 fact는 다음과 같은 형식으로 선언한다.

```
function fact (n)
...
end
```

함수는 사용하기 전에 먼저 선언을 해야 한다. 위 스크립트는 표준 입력장치로부터 숫자를 입력받은 뒤 팩토리얼 함수를 호출해서 그 결과를 출력한다.

이제 위 스크립트를 ZeroBrane 스튜디오에서 작성한 뒤 실행을 해본다. 실행하면 콘솔 창에서 숫자를 입력하라는 메시지가 나타난다.

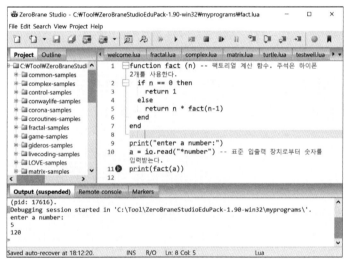

그림 10-6 팩토리얼 함수 실행 결과

입력 숫자로 5를 입력했으며 5! = 5 * 4 * 3 * 2 * 1 = 120이다. 정상적으로 결과가 출력됨을 알 수 있다. 이제 이 스크립트를 fact.lua로 저장한다. 그런 다음 이 파일을 루아 콘솔이 설치된 폴더로 복사한다. 그리고 루아 콘솔을 실행한 뒤 다음과 같이 입력한다.

```
dofile("fact.lua")
```

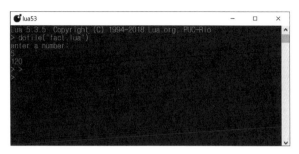

그림 10-7 실행 결과

dofile 키워드를 사용하면 루아 스크립트를 바로 실행할 수 있으며 루아 콘솔 프로그램 실행 시 파라미터로 파일 이름을 전달해도 동일한 결과를 얻는다.

지금까지 간단하게 루아 스크립트를 작성하고 실행하는 방법을 살펴봤다. 루아 스크립트 문법이 생소하다고 느껴지면 인터넷을 통해 어느 정도 학습한 다음에 책의 내용을 진행한다. 5장, '콘솔 앱 살펴보기'에서 YUZA OS에 동작하는 루아 콘솔 프로그램을 살펴본 적이 있는데 계속해서 루아 콘솔 프로그램의 내부를 살펴본다.

2.2 루아 콘솔

루아 시스템을 YUZA OS로 가져오기 위해서는 먼저 루아 라이브러리를 포팅해야 한다. 그런 다음 루아 콘솔 프로그램을 포팅해서 루아 라이브러리를 사용하면 된다. 포팅한 루아 콘솔 프로젝트는 app 필터의 Lua54 프로젝트에서 확인할 수 있다. 이 프로젝트는 5장, '콘솔 앱 살펴보기'에서 소개한 루아 프로그램과 동일하다.

코드 10-10 루아 콘솔 메인 실행 코드

```
extern int luamain(int argc, char** argv); // 어딘가에 luamain 함수가 정의돼 있음

int main_impl(int argc, char** argv)
```

264

```
{
        printf("%s\nLua 5.4.0 Console Start!!\n", (char*)argv[0]);
        luamain(argc, argv);
        return 0;
}


int main(int argc, char** argv)
{
        GUIConsoleFramework framework;
        return framework.Run(argc, argv, main_impl);
}
```

YUZA OS에서 콘솔 프로그램은 콘솔에서 실행할 수도 있고 그래픽 모드에서 실행할 수
도 있다. main 함수에서 생성한 **GUIConsoleFramework** 객체는 프로그램의 실행 환경에 따
라 콘솔 또는 GUI 환경에 맞게 실행된다. 이 코드에 대한 설명은 나중에 더 자세히 설명
하겠다. 지금은 main_impl 함수가 실제 프로그램 진입점이라고 생각하자. main_impl 함
수는 luamain 함수를 호출한다.

코드 10-11 luamain 함수

```
int luamain(int argc, char **argv)
{
    int status, result;
    lua_State *L = luaL_newstate(); // 루아 가상 머신을 만든다.
    if (L == NULL) {
        l_message(argv[0], "cannot create state: not enough memory");
        return 1;
    }
    lua_pushcfunction(L, &pmain); // pmain 루아콘솔 메인 함수 등록
    lua_pushinteger(L, argc); // 입력 파라미터를 루아 가상 머신에 전달한다.
    lua_pushlightuserdata(L, argv);
    status = lua_pcall(L, 2, 1, 0); // 메인함수를 실행한다. 유저 입력을 무한대기한다.
    result = lua_toboolean(L, -1);
    report(L, status);
```

```
    lua_close(L); // 루아 가상 머신을 해제한다.
    return (result && status == LUA_OK) ? 0 : 1;
}
```

실행 결과 확인

yuza.cfg의 console 항목을 lua54.exe로 수정한다. 그리고 빌드 옵션을 다음과 같이 수
정하고 빌드한다.

```
#define SKY_CONSOLE_MODE 1
```

그림 10-8 실행 결과

실행 결과는 WIN32용 루아 콘솔과 동일하다. 디버깅을 통해 내부 흐름을 파악하자. 예를
들어 유저 입력을 받기 위해 대기하는 부분은 그림 10-9와 같다.

```
520    static int loadline(lua_State *L) {
521        int status;
522        lua_settop(L, 0);
523        if (!pushline(L, 1))    경과 시간 3ms 이하
524            return -1;  /* no input */
525
526        if ((status = addreturn(L)) != LUA_OK)  /* 'return ...' did not work? */
527            status = multiline(L);  /* try as command, maybe with continuation lines */
528        lua_remove(L, 1);  /* remove line from the stack */
529        lua_assert(lua_gettop(L) == 1);
530
531        return status;
532    }
```

그림 10-9 유저 입력을 대기하는 코드

266

pushline 함수를 만나면 코드 실행을 멈추고 유저 입력을 대기하게 된다. 콜스택 상황은 코드 10-12와 같다.

코드 10-12 유저 입력 대기 시의 콜스택

```
lua54.exe!loadline(lua_State* L)
lua54.exe!doREPL(lua_State* L)
lua54.exe!pmain(lua_State* L)
Lua5.dll!luaD_call(lua_State* L, StackValue* func, int nresults)
Lua5.dll!luaD_callnoyield(lua_State* L, StackValue* func, int nResults)
Lua5.dll!f_call(lua_State* L, void* ud)
Lua5.dll!luaD_rawrunprotected(......)
Lua5.dll!luaD_pcall(......)
Lua5.dll!lua_pcallk(......)
lua54.exe!luamain(int argc, char** argv)
lua54.exe!main_impl(int argc, char** argv)
lua54.exe!GUIConsoleFramework::Run(......)
lua54.exe!main(int argc, char** argv)
lua54.exe!MainCRTStartupDLL(void* args)
lua54.exe!MainCRTStartup(void* args)
yuza.exe!RunSkyThread(void* data)
```

커널 → lua54.exe → lua5.dll → lua54.exe 순으로 코드가 실행 중임을 알 수 있다.

간단한 명령어를 입력해서 루아 프로그램이 정상적으로 동작하는지 확인해 보자. 루아 콘솔은 콘솔 환경에서 동작하므로 시스템 성능이 매우 낮은 컴퓨터에서도 실행할 수 있다. 루아 콘솔 프로그램을 실행할 수 있는 최소 요구사항은 다음과 같다.

- CPU : 486 DX 모델 이상
- 메모리 : 16MB 이상
- 산술 연산 장치 필요

루아 콘솔 자체는 응용앱에 불과하지만 YUZA OS상에서 실행하는 유일한 프론트엔드 앱이므로 루아 콘솔은 독립형 운영체제의 좋은 예라고 할 수 있다.

YUZA OS가 실행될 수 있는 최소 실행 환경은?

YUZA OS가 컴퓨터에서 구동하려면 32비트, X86 보호 모드를 지원하는 CPU를 갖춰야 하며 그래픽까지 지원하려면 컴퓨터가 VESA 모드를 지원해야 한다. 인텔 CPU를 기준으로 어떤 아키텍처부터 YUZA OS가 구동하는지 살펴보자.

표 10-3 인텔 CPU 발전 역사

아키텍처	개발 연도	내용
4004	1971년	최초의 마이크로프로세서. 4비트 CPU
8008	1972년	8비트 CPU
8080	1974년	8008보다 10배 속도 개선, 최대 2MHz 클럭
8086	1979년	16비트 마이크로프로세서. FPU 없음. 클럭 속도는 4.77 ~10MHz까지 다양함
8088	1979년	8086의 개량형. IBM PC/XT(Extra Technology)
80286	1982년	16비트 마이크로프로세서. IBM PC/AT(Advanced Technology) 기종에 적용. 주기억장치를 16MB까지 지원
80386	1985년	최초의 32비트 프로세서. 수치 연산을 위해 전용 보조 프로세서 80387이 필요함. DX/SX 모델 존재
80486	1989년	DX/DX2/DX4 모델의 경우에는 수치 연산 보조 프로세서를 기본으로 탑재
펜티엄 계열	1993~2005년	인텔을 대표하는 상징적인 브랜드
코어2 시리즈	2008년	65나노미터 공정
코어 i 시리즈	2008년~	45나노미터 공정 이하

8086/8088 CPU는 IBM-XT 기종에 장착됐으며 286, 386, 486은 IBM AT 기종에 장착된 모델이다. 386 모델부터 32비트가 지원됐지만 보호 모드가 최초로 적용된 모델은 286이다. 루아 콘솔 운영체제는 최소 32비트 보호 모드 지원, 메모리 16MB, FPU를 요구하므로 486(80486) DX/DX2/DX4 모델에서 이론적으로 실행할 수 있다. 즉 1989년 이후에 생산된 컴퓨터의 운영체제로 사용할 수 있다. 단 이런 오래된 컴퓨터의 경우에는 기본적인 기능만 사용할 수 있다.

2.3 루아팅커

대부분의 스크립트 언어는 메인 언어와 통신할 수 있다. 예를 들어 루아의 경우 C++는 루아의 함수를 호출할 수 있고 루아 측에서도 C++의 함수를 호출할 수 있다. 그리고 이런 연동을 구현하려면 함수나 변수를 등록하고 호출하는 인터페이스가 요구된다. 그런데 루아 라이브러리에서 제공하는 기본 인터페이스로 이런 연동을 구현하는 것은 조금 불편한 감이 있다. 그래서 이 연동 작업을 간결하게 처리하기 위해 루아팅커^{luatinker} 모듈이 나왔다. 루아팅커 라이브러리의 활용방법은 luatinker_test 프로젝트를 참조한다. 이 프로젝트는 루아 콘솔처럼 대기형이 아니기 때문에 프론트엔드로 console.dll을 실행한 다음 콘솔 창에서 luatinker_test.exe를 실행해서 결과를 확인한다.

코드 10-13 luatinker_test 프로젝트 메인 엔트리

```
int main_impl(int argc, char** argv)
{
        lua_State* L;
        L = luaL_newstate();
        luaopen_base(L);
        // 테스트 코드
        ……
        lua_close(L);
        return 0;
}
```

테스트 함수로 6가지가 준비돼 있다. test1 함수는 C++와 루아 스크립트가 연동하는 예제를 보여준다.

코드 10-14 C++와 루아의 연동 예제

```
void test1(lua_State* L)
{
    // cpp_func 함수를 루아 가상 머신에 등록
    luatinker::def(L, "cpp_func", cpp_func);
```

```
    luatinker::dofile(L, "sample1.lua"); // sample1.lua 파일을 실행

    // luafunc 루아 함수 실행
    int result = luatinker::call<int>(L, "luafunc", 3, 4);
    printf("luafunc(3,4) = %d\n", result);
}
```

sample1.lua 파일에는 luafunc 함수가 구현돼 있으며 sample1.lua 스크립트는 C++에서 선언한 cpp_func 함수를 호출한다.

코드 10-15 sample1.lua 스크립트

```
void test1(lua_State* L)
{
    luatinker::def(L, "cpp_func", cpp_func); //cpp_func를 루아 가상 머신에 등록
    luatinker::dofile(L, "sample1.lua"); // sample1.lua 파일을 실행
    int result = luatinker::call<int>(L, "luafunc", 3, 4); //luafunc 루아함수 실행
    printf("luafunc(3,4) = %d\n", result);
}
```

test1 함수의 실행 결과는 다음과 같다.

```
cpp_func(350,1200) = 1550
luafunc(3,4) = 7
```

루아팅커를 사용하는 또 다른 샘플로 C++ 클래스를 루아 측에서 사용하는 방법과 코루틴 Coroutine을 활용하는 방법을 살펴보겠다. 코루틴은 다음 절에서 설명할 루아 커널에서 사용한다. 코루틴은 협동루틴 또는 협업루틴이라고 번역되기도 하며 싱글 스레드가 멀티스레드처럼 동작하는 효과를 보여준다. 코루틴을 적극적으로 사용하는 예로는 게임 제작 도구인 유니티를 들 수 있다.

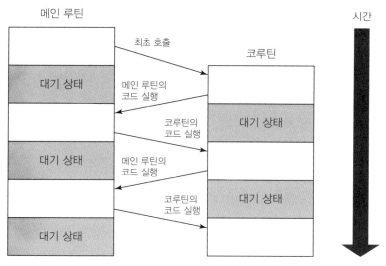

그림 10-10 코루틴 동작 원리

코루틴

메인 루틴

시간

최초 호출

메인 루틴의
코드 실행

코루틴의
코드 실행

메인 루틴의
코드 실행

코루틴의
코드 실행

대기 상태

대기 상태

대기 상태

대기 상태

대기 상태

먼저 협업루틴에 해당하는 함수를 등록한다. 그런 다음 협업루틴으로 등록된 함수를 실행하다가 실행을 멈춰야 하거나 흐름을 바꿀 필요가 있을 경우 lua_yield(양보) 함수를 호출해서 협업루틴으로 등록돼 있는 또 다른 함수를 실행한다. test6 테스트 함수를 구체적으로 살펴보자.

코드 10-16 TestClass 클래스와 SampleFunc, SampleFunc2 함수

```
class TestClass
{
public:
        int TestFunc(lua_State* L)
        {
            printf("# TestClass::TestFunc…\n");
            return lua_yield(L, 0);
        }

        int TestFunc2(lua_State* L, float a)
        {
            printf("# TestClass::TestFunc2(L,%f)…\n", a);
```

```
                return lua_yield(L, 0);
        }
};


int SampleFunc(lua_State* L)
{
        printf("# SampleFunc...\n");
        return lua_yield(L, 0);
}


int SampleFunc2(lua_State* L, float a)
{
        printf("# SampleFunc2(L,%f)...\n", a);
        return lua_yield(L, 0);
}
```

TestClass 클래스의 객체와 SampleFunc, SampleFunc2 함수는 루아 측에서 참조하고 실행하는 객체 및 함수다.

코드 10-17 클래스 및 협업루틴 테스트 코드

```
void test6(lua_State* L)
{
        ……
        // 샘플 함수를 루아에 등록한다.
        luatinker::def(L, "SampleFunc", &SampleFunc);
        luatinker::def(L, "SampleFunc2", &SampleFunc2);

        // TestClass 클래스를 루아에 추가한다.
        luatinker::class_add<TestClass>(L, "TestClass");
        // TestClass 클래스의 메소드를 등록한다.
        luatinker::class_def<TestClass>(L, "TestFunc", &TestClass::TestFunc);
        luatinker::class_def<TestClass>(L, "TestFunc2", &TestClass::TestFunc2);

        // TestClass의 객체를 생성해 루아에 전달한다.
```

```
        TestClass testClass;
        luatinker::set(L, "testClass", &testClass);

        // sample6.lua 파일을 로드하고 실행한다.
        luatinker::dofile(L, "sample6.lua");

        // 코루틴을 시작한다. 협업루틴으로 루아 측에 있는 ThreadTest 함수를 등록한다.
        lua_State *co = lua_newthread(L);
        lua_getglobal(co, "ThreadTest");
        // 코루틴을 시작한다.
        int result = 0;
        printf("* lua_resume() call\n");
        lua_resume(co, L, 0, &result);

        // 코루틴을 재개한다.
        printf("* lua_resume() call\n");
        lua_resume(co, L, 0, &result);

        // 코루틴을 재개한다.
        printf("* lua_resume() call\n");
        lua_resume(co, L, 0, &result);

        // 코루틴을 재개한다.
        printf("* lua_resume() call\n");
        lua_resume(co, L, 0, &result);

        // 코루틴을 재개한다.
        printf("* lua_resume() call\n");
        lua_resume(co, L, 0, &result);
}
```

협업루틴인 ThreadTest 함수는 sample6.lua에 구현돼 있다.

```lua
-- lua coroutine Test
function ThreadTest()
        print("ThreadTest Start")
        print("SampleFunc Call")
        SampleFunc()
        SampleFunc2(1.2)
        print("TestFunc End")

        print("testClass::TestFunc() Call)
        testClass:TestFunc()
        testClass:TestFunc2(2.3)
        print("testClass::TestFunc() End")

        print("ThreadTest End")
end
```

test6 함수의 실행 결과는 다음과 같다.

```
* lua_resume() call
ThreadTest Start
SampleFunc Call
# SampleFunc...
* lua_resume() call
# SampleFunc2(L,1.200000)...
* lua_resume() call
TestFunc End
testClass::TestFunc() Call
# TestClass::TestFunc ...
* lua_resume() call
# TestClass::TestFunc2(L,2.300000) ...
* lua_resume() call
testClass::TestFunc() End
ThreadTest End
```

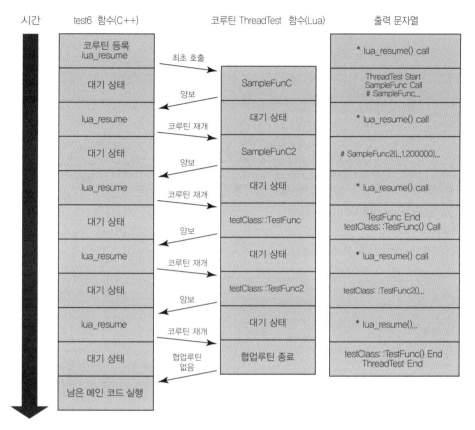

그림 10-11 test6 함수 실행 흐름

코루틴에 대해서는 다음 사항만 기억해 두면 문제없다.

- 코루틴 시스템은 싱글 스레드로 운용된다.
- 복수 개의 협업루틴을 등록할 수 있다.
- 협업루틴의 재개 여부에 대해서는 구현자의 의도에 따라 여러 시점으로 나누는 것이 가능하다. 이 부분에 대해서는 유니티의 코루틴 시스템을 참조하면 좋다.
- 코루틴은 goto나 점프구문으로 구현할 수 있다. 이 경우 핵심은 변경된 협업루틴에 대응하는 올바른 스택 정보를 설정하는 것이다.

2.4 루아 커널

앞 절에서 루아팅커를 통해 C++와 루아 스크립트의 연동과정을 알아봤고 루아에서 C++
클래스 객체를 호출하는 방법에 대해 간략히 살펴봤다. 또한 코루틴의 개념에 대해서도 간
단히 소개했다. 지금까지 루아 관련 학습한 사항을 다시 한 번 정리해 보자.

- 필수적인 루아 스크립트 구문에 대한 이해
- 루아 콘솔의 YUZA OS 포팅 및 내부 디버깅 실습
- 루아 스크립트 구문을 쉽게 활용하기 위한 루아팅커 학습
- 루아 스크립트 ↔ C++ 통신

지금까지 학습한 내용을 토대로 10장의 본편에 해당하는 루아 커널 운영체제를 구현한
다. 루아 커널은 우리가 데스크톱 환경으로 완전히 전환하기 전에 살펴봐야 되는 중간자
적인 존재다. 루아 커널에서 동작하는 커널 루아 코드는 아래 링크에서 참조했으니 살펴
보기 바란다.

https://github.com/ers35/luakernel

그림 10-12 루아 커널 실행화면

그림 10-12는 루아 커널에서 sqlite 모듈을 실행해서 데이터베이스를 메모리에 생성하고
테이블에 데이터를 삽입한 뒤 해당 데이터를 출력한 결과다. 오른쪽 사각형들은 코루틴으
로 동작하면서 페이드인/페이드아웃을 반복한다. 이 시스템은 루아 스크립트로 제작됐으
며 C++로 제작된 커널과 연동한다.

YUZA OS는 앞에서 언급했지만 x86 컴퓨터를 콘솔 게임기기처럼 단일 목적에 특화된 OS로 만들자는 아이디어에서 시작한 프로젝트다. 예를 들어 스컴이라든지 도스박스 같은 프로그램을 부팅하자마자 지연없이 실행할 수 있다면 오래된 컴퓨터에 생명력을 부여할 수 있을 것으로 생각한 것이다. 또한 임베디드 시스템 같은 시스템 자원이 한정된 머신의 경우에는 지나친 멀티 태스킹은 규모에 비해 너무 거창한 면이 있다.

루아 커널을 소개하는 또 다른 이유는 상위 개발 언어를 도입해서 운영체제를 개발할 수 있다는 사실을 주지시키기 위해서다. 시간이 지날수록 더 좋은 개발 언어가 나오고 있고 이런 언어는 추상화가 잘돼 있는 만큼 기존 개발 언어에서 벗어나 새로운 언어로 운영체제를 개발하는 것에 대해서도 진지한 고민이 필요한 시점이다. 비록 고전 개발 언어는 내팽개칠 수 없지만 그 사용을 한정시키고 새로운 언어로 운영체제를 개발한다면 과거의 유산에서 벗어날 수 있을 것이다.

 TIP 리서치를 해보면 알겠지만 자바나 C#, D, 러스트[Rust]와 같은 언어 등으로 개발한 오픈소스 운영체제가 다수 존재한다.

초기화

`SKY_CONSOLE_MODE`값을 0으로 설정하고 yuza.cfg 파일을 연 다음 desktopmgr 항목을 luakernel.dll로 설정한다. 프로젝트는 luakernel 프로젝트를 참조한다. YUZA 프레임워크는 모든 커널 시스템을 초기화한 다음 luakernel 그래픽 모듈을 로드한다.

앞에서 살펴봤듯이 싱글턴 객체 **SkyGUISystem**은 luakernel.dll을 메모리에 적재시키고 그래픽 시스템을 구동하기 위한 초기화 작업을 진행한다. 초기화를 수행한 뒤 **IGUIEngine** 객체의 **Run** 메소드를 실행해서 그래픽 시스템을 시작한다.

SkyGUISystem은 **I_GUIEngine** 인터페이스를 구현한 객체를 얻기 위해 dll이 익스포트한 **GetGUIEngine** 함수를 찾아서 호출한다. 루아 커널은 당연히 이 인터페이스를 구현한 객체를 반환하는 함수를 익스포트해야 한다.

코드 10-19 LuaKernel 객체 반환

```
extern "C" __declspec(dllexport) I_GUIEngine * GetGUIEngine()
{
        return new LuaKernel();
}
```

LuaKernel 객체를 전달받은 커널은 이 객체의 메소드를 호출해서 루아 커널이 필요로 하는 정보를 전달한다. 이제 **LuaKernel** 클래스를 자세히 살펴보자.

코드 10-20 LuaKernel 객체 초기화

```
bool LuaKernel::Initialize()
{
        kInitializeKeyboard();
        kInitializeMouse();

        return true;
}
```

객체 초기화 시 키보드와 마우스 이벤트를 받을 수 있는 메소드를 호출한다.

코드 10-21 LuaKernel 시작

```
bool LuaKernel::Run()
{
        uint8* frameBuffer = (uint8*)m_linearBufferInfo.pBuffer;
        int width = m_linearBufferInfo.width;
        int height = m_linearBufferInfo.height;
        int bpp = m_linearBufferInfo.depth / 8;
```

```
        Syscall_CreateThread(LuaInputProc, "InputProc", this, 16);
        lua_main(frameBuffer, width, height, bpp);
        return true;
}
```

프레임 버퍼 정보로부터 프레임 버퍼 주소, 프레임 버퍼의 너비와 높이 그리고 픽셀당 바이트 수를 얻는다. 이 정보를 lua_main 함수로 넘겨서 루아 커널을 시작한다.

그리고 스레드를 별도로 생성해서 키보드 입력을 처리하는 LuaInputProc 함수를 실행한다.

코드 10-22 키보드 입력을 처리하는 스레드 함수

```
DWORD WINAPI LuaInputProc(LPVOID parameter)
{
        LuaKernel* pKernel = (LuaKernel *)parameter;
        while (1)
        {
            char c= pKernel->GetCh();
            if (c)
            {
                HandleInterrupt(c);
                continue;
            }
            Syscall_Sleep(0);

        }
        return 0;
}
```

LuaKernel 객체의 GetCh 메소드는 커널로부터 키보드 입력을 대기한다.

```
char LuaKernel::GetCh()
{
        KEYDATA keyData;
        if (kGetKeyFromKeyQueue(&keyData) == true)
        {
            if ((keyData.bFlags & KEY_FLAGS_DOWN) == true)
            {
                return keyData.bScanCode;
            }
        }

        return 0;
}
```

루아 커널은 단독으로 실행되기 때문에 키보드 입력 이벤트는 루아 커널에만 전달된다. 데스크톱 모드라면 포커싱된 윈도우로 키보드 이벤트가 전달된다.

메인 엔트리 - lua_main

시스템으로부터 키보드 입력을 받을 준비가 됐으니 루아 커널의 진입부인 lua_main 함수를 살펴보자. 루아 시스템을 구축하기 위해 필요한 모듈은 다음과 같다.

- Lua5.dll : 루아5.4 모듈
- 루아팅커 : 루아가 제공하는 메소드를 편하게 사용할 수 있도록 래핑한 C++ 모듈
- LuaKernel.lua : 루아 커널

루아 스크립트를 사용하기 위한 초기화 작업이 끝나면 제어권은 LuaKernel.lua로 이동돼 루아 스크립트가 커널의 메인이 된다.

```
bool lua_main(uint8* frameBuffer, int width, int height, int bpp)
{
        // 루아 시스템 초기화 및 변수 값 설정
        ……
        // 더블 버퍼링을 위해 후면 버퍼 생성
        display_buffer_len = (width * height * bpp);
        display_buffer = (uint8*)malloc(display_buffer_len);

        // 키보드 인터럽트와 메인 스레드의 동기화를 위해 뮤텍스 생성
        g_key_mutex = Syscall_CreateMutex("key_mutex");

        // 글로벌 상수 및 C++ 함수를 루아 시스템에 등록
        lua_pushnumber(L, g_display_width);
        lua_setglobal(L, "DISPLAY_WIDTH");
        lua_pushnumber(L, g_display_height);
        lua_setglobal(L, "DISPLAY_HEIGHT");

        luatinker::def(L, "clear_screen", clear_screen);
        luatinker::def(L, "putpixel", putpixel);
        ……
        luatinker::def(L, "get_timer_ticks", lua_get_timer_ticks);
        luatinker::def(L, "get_keyboard_interrupt", lua_get_keyboard_interrupt);
        // 데이터베이스 모듈인 sqlite3를 등록한다.
        luaL_requiref(L, "lsqlite3", luaopen_lsqlite3, 0);
        lua_pop(L, 1);

        // 루아 커널 스크립트 실행
        luaL_loadfile(L, "luakernel.lua");
        ……
}
```

luatinker::def로 시작하는 구문은 루아팅커 절에서 살펴봤지만 루아 스크립트에 C++ 함수를 제공하기 위해 사용된다. 예를 들어 luatinker::def(L, "putpixel", putpixel);

구문을 선언하면 putpixel 함수를 루아 스크립트에서 호출할 수 있다. 몇 가지 중요한 함수를 표 10-4로 정리했다.

표 10-4 루아 커널에 제공된 C 함수들

함수	내용
swap_buffers	버퍼를 스왑한다.
get_timer_ticks	현재의 틱 카운트를 얻어온다.
putpixel	특정 좌표에 한 픽셀을 찍는다.
get_keyboard_interrupt	키보드 인터럽트를 통해 저장된 키 입력값이 있으면 가져온다.
clear_screen	화면을 초기화한다.

루아 커널 스크립트가 필요로 하는 메소드를 등록한 뒤 luaL_dofile 함수를 호출해서 luakernel.lua 파일을 실행하면 스크립트로 시스템을 제어하는 커널이 가동된다.

루아 커널 스크립트

luakernel.lua로 제어권이 넘어왔으므로 지금부터는 루아 스크립트가 운영체제 전반을 관장한다. 이 스크립트의 핵심 코드를 살펴보자.

코드 10-25 작업 태스크 추가

```
taskadd(keyboard_task, "keyboard")
taskadd(display_task, "display")
taskadd(red_rect_task, "red_rect")
taskadd(green_rect_task, "green_rect")
taskadd(blue_rect_task, "blue_rect")
```

태스크 5개가 추가됐다. keyboard_task는 키보드로부터 받은 입력을 버퍼에 저장한다. red_rect_task, green_rect_task, blue_rect_task는 그림 10-12의 사각형들을 그린다. 함수 내부에서는 사각형 선들의 페이드인/페이드아웃을 처리한다. display_task 함수는 유저로부터 입력받은 문자열들을 출력하고 루아 시스템의 메모리 사용량을 보여주는 문자열을 출력한다.

이 5개의 태스크는 협업루틴으로 등록돼 코루틴에서 사용된다.

코드 10-26 태스크를 처리하는 코루틴 코드

```
while 1 do
  timer_ticks = get_timer_ticks() -- 현재 틱값을 얻어온다.
  local any_tasks_ready = false
  for _, task in ipairs(tasks) do -- 5개 태스크에 대해 루프를 돈다.
    local costatus = coroutine.status(task.co) -- 태스크가 정상이거나 중지상태에 있다면
    if costatus == "suspended" or costatus == "normal" then
      if task.wait_until <= timer_ticks then -- 현재 틱이 태스크의 대기 틱을 넘어섰다면
        any_tasks_ready = true
        local ok, errmsg = coroutine.resume(task.co) -- 이 태스크를 재개한다.
        ......
      end
    end
  end
  if not any_tasks_ready then
    -- 아직 깨울 협업루틴이 없다면 대기한다.
    hlt()
  end
end
```

핵심 메인 루프에 대해서는 주석으로 충분히 이해했을 것이다. 이제 데이터베이스인 sqlite3 모듈 사용방법을 살펴본다. 루아 커널에서는 메모리에 데이터베이스를 생성하고 테이블을 생성한 뒤 이 테이블에 몇 개의 문자열을 인서트한다. 그런 다음 테이블에 데이터가 제대로 입력됐는지를 확인하기 위해 SELECT 구문을 사용해서 테이블의 행을 출력한다.

```lua
local function database_open()
  db = sqlite3.open_memory()
  db:exec([[
  CREATE TABLE test (id INTEGER PRIMARY KEY, data TEXT);
  INSERT INTO test (data) VALUES ('hello world');
  INSERT INTO test (data) VALUES ('hello lua');
  INSERT INTO test (data) VALUES ('hello sqlite3');
  ]])
  -- print(db:errmsg())
end
-- 메모리 데이터베이스를 생성하고 INTEGER와 TEXT 필드를 갖는 test 테이블 생성
-- 생성한 테이블에 데이터를 추가한다. 첫 번째 필드는 프라이머리 키이므로 값을 넣지 않아도 된다.
database_open()

function db_test()
  print(db)
  for row in db:nrows("SELECT * FROM test") do
    print(row.id, row.data)
  end
end
-- 테이블에 저장돼 있는 행을 하나씩 출력한다.
db_test()
```

sqlite3 모듈을 가져오는 방법은 다음과 같다.

```lua
local sqlite3 = require("lsqlite3")
```

lsqlite3는 확장 모듈의 일종으로 루아 커널이 초기화될 때 임포트됐다. 루아 시스템으로 확장 모듈을 가져오는 방법은 다음 절에서 설명한다.

테스트

다음 절로 넘어가기 전에 루아 커널이 WIN32와 가상 머신에서 정상 동작하는지 테스트해 본다. 또한 커널 스크립트를 수정해서 동작을 변경시켜 본다.

- 데이터베이스 생성 후 테이블에 몇 가지 데이터 추가
- 사각형을 그리는 태스크를 몇 개 더 추가

2.5 루아 확장 모듈

루아 커널의 핵심 목표는 루아 스크립트만으로 커널을 작성하는 데 있으므로 메인 커널과 연동하는 부분은 최소화하는 것이 좋다. 하지만 루아 시스템이 제공하는 기본 기능만으로는 커널이 제공하는 기능에 한계가 있으므로 별도로 기능을 강화할 필요가 있다. 앞에서 살펴봤던 sqlite3 모듈처럼 루아 확장 모듈을 개발해서 적용하면 루아 시스템을 강화할 수 있다. 루아 커널에서는 두 가지 방법으로 확장 모듈을 사용했다.

- 순수 루아 스크립트를 확장 모듈로 등록
- DLL 모듈을 확장 모듈로 등록

루아 스크립트로는 font.lua가 동적으로 적재됐으며 루아 커널에서 폰트 출력에 사용됐다.

DLL 모듈로는 sqlite3 모듈이 사용됐으며 메모리에 데이터베이스를 생성하고 테이블을 생성한 뒤 테이블로부터 데이터를 SELECT해서 출력했다. 지금부터는 이 두 가지 타입의 루아 확장 모듈을 제작하는 방법을 알아본다.

루아 스크립트를 통한 모듈 등록

루아 커널에서 폰트 데이터를 담고 있는 font.lua 파일을 로드하는 방법은 다음과 같다.

```lua
local font = require("font") -- 확장자는 필요없다.
```

코드 10-28 font.lua

```
local font = {
  ['a'] =
[[



  ....
      .
  .....
  .    .
  .    .
  .    .
  .....
]],
  ['b'] =
[[
  .
  .
  .
  .....
  .    .
  .    .
  .    .
  .....
]],
```

font 데이터는 알파벳 문자들을 표현한 배열의 모음이다. 코드 10-28은 소문자 a, b를 6 * 10 크기로 표현했다.

코드 10-29 폰트 모듈을 사용한 문자 출력

```
function drawchar(x, y, character, r, g, b)
  local f = font[character]
  if f then
    local xl = 0
    local yl = 0
    for i = 1, #f do
      local c = f:sub(i, i)
      if c == '\n' then
        yl = yl + 1
        xl = 0
      elseif c == '.' then
        putpixel(x + xl, y + yl, r, g, b)
        xl = xl + 1
      elseif c == ' ' then
        putpixel(x + xl, y + yl, 0, 0, 0)
        xl = xl + 1
      end
    end
  end
end
```

위 drawchar 함수는 x, y 좌표에 문자 character를 RGB(r, g, b) 색 픽셀로 출력한다.

```
local f = font[character]
```

font 배열로부터 각 문자를 표현하는 배열 f를 얻는다. 2차원 배열인 f의 값을 조사하면서 그 값이 '.'이면 putpixel 함수를 사용해서 x + xl, y + yl 위치에 픽셀을 출력한다. 모든 픽셀을 출력하면 각 문자에 해당하는 외형이 출력된다.

DLL 모듈을 통한 모듈 등록

루아에서 DLL 확장 모듈을 만들기 위해서는 몇 가지 제약이 존재한다. 우선 루아에서 로딩할 확장 모듈 이름과 파일 이름이 동일해야 한다. 그리고 루아에서 확장 모듈을 로딩할 때 호출하는 함수 이름은 luaopen_**파일명** 함수 형태로 구현해야 한다.

예) lsqlite3 확장 모듈을 로딩할 때의 함수 이름

```
luaopen_lsqlite3
```

루아 확장 모듈은 루아 커널이 실행된 경로에 놓거나 루아가 인식할 수 있는 경로에 존재하면 된다.

만일 루아 커널을 실기에 동작시키지 않고 WIN32에서 실행시킨다면 루아 확장 모듈은 WIN32용 DLL로 제작해서 제공해도 문제가 되지 않는다.

여기서는 간단한 YUZA OS용 루아 확장 모듈을 만들어 볼 것이다. 루아에서 두 개의 숫자를 함수에 넘기면 이 두 수의 합을 문자열로 넘기는 함수를 가진 확장 모듈을 제작해 본다.

일반적으로 루아 확장 모듈은 다음과 같이 명명한다.

l + 모듈 이름

이번에 제작할 확장 모듈 이름은 sample이므로 모듈 이름은 lsample.dll이 된다. 또한 루아가 이 모듈이 제공하는 함수를 호출할 수 있도록 luaopen_lsample 함수를 구현한다.

코드 10-30 lsample.dll 일부 코드

```
extern "C" int lua_sum(lua_State* L)
{
// 루아로부터 전달받은 두 파라미터를 더해서 문자열로 전환한 다음 다시 루아에 전달
```

```
        const int a = luaL_checkinteger(L, 1);
        const int b = luaL_checkinteger(L, 2);

        int sum = a + b;

        char buf[256];
        itoa(sum, 10, buf);
        lua_pushstring(L, buf);
        return 1;
}
#define luaL_register(L,name,reg) lua_newtable(L);luaL_setfuncs(L,reg,0)

static const luaL_Reg samplelib[] = {
        {"sum",          lua_sum          },
        {NULL, NULL}
};
// 루아에 익스포트할 함수
extern "C" __declspec(dllexport) int luaopen_lsample(lua_State * L)
{
        luaL_register(L, "lsample", samplelib);
        return 1;
}
```

luaopen_lsample 함수 내부에서는 확장 모듈에서 이용할 수 있는 함수를 등록한다. 코드 10-30에서는 루아 스크립트에서 sum 함수를 호출하면 C의 lua_sum 함수가 호출된다.

코드 10-31 샘플 확장 모듈의 사용

```
local sample = require("lsample")
print(sample.sum(1, 123))
```

몇 가지 확장 모듈

샘플로 제작해 본 lsample.dll 외에 현재 포팅한 확장 모듈은 xml, zlib 두 개가 있다.

xml

xml 확장 모듈은 extension 필터의 xml 프로젝트에서 확인할 수 있다. 확장 모듈 이름은 lxml.dll이며 **luaopen_lxml** 함수를 통해 외부로 메소드가 노출된다. lxml 확장 모듈은 LuaXml.lua 루아 모듈에서 사용한다. 이 모듈은 C++ 확장 모듈과 루아 스크립트에서 작성한 기능을 결합한 모듈이다. 따라서 xml 기능의 사용은 DLL 확장 모듈이 아니라 LuaXml.lua 확장 모듈이 제공하는 인터페이스를 통해서 사용한다. LuaXml.lua 확장 모듈을 테스트하는 test.lua 코드는 다음과 같다.

코드 10-32 xml 확장 모듈 사용 샘플 예제

```
xml = require('LuaXml') - 확장 모듈 LuaXml 객체 생성
-- 로컬 테이블 xfile로 test.xml 데이터 로드
local xfile = xml.load("test.xml")
-- "scene" 태그를 찾는다.
local xscene = xfile:find("scene")
-- scene 항목을 찾았다면 화면에 출력한다.
if xscene ~= nil then
  print(xscene)
  print( xscene:tag(), xscene.id, xscene[1] )
end
……
```

코드 10-33 실행 결과

```
<scene script="main" id="0">
        <object script="camera.lua" input="window" name="observer" id="0" />
        <object shape="1" surface="2" pos="0 0 0" id="1" />
        <object shape="20" sound="20" pos="-5 5 0 225 0 0" id="3" />
        <object shape="21" sound="21" pos="2 2 2" speed="0 2 0 30 0 0" id="5" />
        <object pos="0 7 5" shape="6" id="6" />
        <object pos="-4.5 4.5 1.7" shape="7" id="7" />
        <object pos="10 -10 0" sound="11" id="11" />
        <light enabled="1" specular="1.0 1.0 1.0 1.0" position="-.5 -.75 1.0 0.0"
diffuse="0.7 0.7 0.7 1.0" ambient="0.3 0.3 0.3 1.0" id="0" />
```

```
</scene>

nil     0        <object script="camera.lua" input="window" name="observer" id="0"
/>
```

zlib

zlib 확장 모듈은 extension 필터의 lzlib 프로젝트에서 확인할 수 있다. zlib128.dll 라이브러리가 필요하며 ThirdParty/Debug 폴더에서 확인할 수 있다. 이 확장 모듈은 아래 링크의 소스를 마이그레이션한 것이다.

https://github.com/LuaDist/lzlib

lzlib 확장 모듈이 제대로 동작하는지 확인해 보자. 루아 콘솔을 실행한 후 커맨드 창에서 다음과 같이 입력한다.

```
dofile("test_zlib_dict.lua")
```

이 테스트 코드는 임의로 생성한 데이터를 압축한 뒤 압축한 데이터를 다시 압축해제한 다. 그리고 나서 압축해제된 데이터의 크기와 원본 데이터의 크기가 같은지를 확인한다.

코드 10-34 test_zlib_dict.lua

```
package.cpath = "./?.dll"
local zlib = require ("lzlib")
……
local dataToDeflate = {}
print("Generating test data...")
for i = 0, 10000 do
        table.insert(dataToDeflate, string.sub(tostring(math.random()), 3))
end
```

```
dataToDeflate = table.concat(dataToDeflate)

print("Length of data to deflate", #dataToDeflate) - 압축할 데이터의 크기 출력

local buffer = {} - 압축된 데이터를 담을 공간
local func = function(data)
        table.insert(buffer, data)
end

stream = zlib.deflate(func, nil, nil, nil, nil, nil, spdy_dict)       -- 압축
stream:write(dataToDeflate)
--stream:flush("sync")
--stream:flush()
stream:close()

local deflatedData = table.concat(buffer)
print(#deflatedData) - 압축된 데이터의 크기 출력

streamIn = zlib.inflate(deflatedData, nil, spdy_dict) - 압축해제
local inflatedData = streamIn:read()
assert(dataToDeflate == inflatedData,
        table.concat{"inflated data: ", inflatedData, "₩n",
                     "deflated_data: ", dataToDeflate, "₩n"})
```

실행 결과는 다음과 같다.

```
Generating test data...
Length of data to deflate        300
60
```

60은 압축된 데이터의 크기다.

3 정리

지금까지 본격적인 데스크톱 환경으로 넘어가기에 앞서 목적 지향적인 운영체제를 구현해 봤다. 먼저 간단한 GUI 콘솔 운영체제를 작성해서 그래픽 시스템을 이해했다. 그리고 루아를 자세히 다룸으로써 루아로 운영체제를 작성할 수 있는 환경을 마련했다. 마지막으로 루아 커널 프로젝트를 통해 루아로 운영체제 제작이 가능함을 보여줬다.

루아 운영체제를 구현하면서 lxml과 lzlib 등 몇 가지 확장 모듈을 소개했는데 루아에는 수많은 확장 모듈이 존재한다. 이런 확장 모듈을 일일이 다운받아서 설치하기에는 번거로운 면이 있으며 리눅스 계열의 패키지 관리 시스템처럼 루아도 여러 확장 모듈을 관리하는데 도움을 주는 luarocks라는 패키지 관리 시스템이 있다.

https://luarocks.org/

luarocks 패키지 관리 시스템은 rocks라는 패키지 형태로 루아 모듈을 생성하고 설치하는 것을 가능하게 해준다. 비록 이 패키지 시스템은 현재 YUZA OS에서 사용할 수는 없지만 굳이 운영체제 제작과 연관짓지 않더라도 루아에 흥미를 느낀다면 이 패키지 관리 시스템을 통해서 여러 확장 모듈을 설치해서 사용해 보기 바란다. 패키지 관리 시스템에 등록된 루아 확장 모듈은 luarocks 홈페이지에서 확인할 수 있다.

표 10-5 루아 확장 모듈

모듈	내용
reexp	정규표현식
math	수학. numLua, random
serialization	데이터 직렬화, protobuf나 messagepack 등 다수의 확장 모듈이 존재
image	이미지
ini	ini 설정 파일
json	json 파일 파싱
compression	압축

표 10-5는 상대적으로 YUZA OS로 포팅하기 쉬울 것으로 생각되는 루아 확장 모듈을 추린 것이다. 10장에서 학습한 내용을 복습하기 위한 차원에서 확장 모듈 하나를 선택한 다음 YUZA OS로의 포팅에 도전해 보자. 포팅에 성공하면 필자에게 알려주기 바란다. 그리고 포팅하는 데 어려움이 있다면 카페에 글을 남기자.

마지막으로 루아를 공부하는 데 도움이 되는 항목을 표 10-6에 요약했으니 참조하기 바란다.

표 10-6 루아 학습하기

항목	내용
루아에서 스레드 다루기	https://github.com/Neopallium/lua-llthreads
LuaBind	https://www.rasterbar.com/products/luabind.html C++와 루아의 통신을 편하게 도와주는 모듈
Lua-SDL2	https://github.com/Tangent128/luasdl2 루아와 SDL2 멀티미디어 라이브러리를 바인딩한 모듈
Load81	https://github.com/antirez/load81 아이들에게 Lua 프로그램 작성하는 방법을 가르치기 위해 고안됨. 루아를 사용하는 통합 편집기를 제공해 주므로 누구나 쉽게 루아 프로그램 작성 가능
LuaJIT	https://luajit.org/ 루아를 위한 Just-In-Time 컴파일러. LuaJIT도 Lua처럼 바이트 코드를 해석하는 인터프리터(해석기)지만 바이트 코드를 Lua보다 최적화해서 생성하며 가상 머신 코어를 최적화된 어셈블리 언어로 구현해 Lua보다 2~3배 빠르다. 그리고 런타임 시에 자주 사용하는 명령어에 대한 머신 코드를 캐싱해 처리 속도를 높였다.

쉬어가기 2 - YUZA OS 콘셉트

필자는 YUZA OS를 제작한 목적 중 하나로 '실기에서 페르시아 왕자 1편 실행하기'를 언급한 바 있다. 이제 이 목적을 달성하기 위해 구축한 플랫폼을 전체적으로 살펴보자. 우선 아래 그림을 살펴보자.

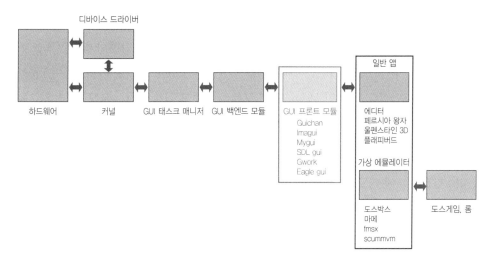

그림 1 YUZA OS 구조도

그림 1은 최종 응용앱과 운영체제가 연동하는 과정을 대략적으로 도식화한 것이다. 위 그림에서 페르시아 왕자는 일반앱 범주에 속한다. 그리고 페르시아 왕자는 SDL을 프론트엔드로 사용하기 때문에 GUI 프론트 모듈은 사용하지 않는다. GUI 프론트 모듈은 일반앱이 활용할 수도 있고 그렇지 않을 수도 있기에 반투명 처리했다.

페르시아 왕자를 실행시키는 방법이 또 한 가지 있는데 그것은 가상 에뮬레이터 범주에 있는 도스박스를 활용해서 실제 도스게임인 페르시아 왕자 1의 바이너리를 에뮬레이션 하는 것이다.

- SDL 페르시아 왕자
- SDL 도스박스를 활용한 페르시아 왕자 1 도스게임 실행

그림 1을 통해 우리는 프로젝트 진행 시 최초의 콘셉트가 얼마나 중요한지를 알 수 있다. 만일 분산 운영체제를 개발하겠다고 결정했다면 운영체제 구조는 그림 1과 같지는 않았을 것이다.

그림 1과 같은 구조로 결정된 또 다른 이유는 필자가 게임 개발자 출신인 점을 꼽을 수 있다. 게임 개발에 관심이 많다 보니 이 새로운 OS에 3D 기능을 꼭 넣고 싶었다. 그래서 GUI

백엔드 모듈을 보면 OpenGL을 확인할 수 있을 것이다. 하지만 현시점에서는 OpenGL 지원이 미흡하다. OpenGL의 경량화 버전인 TinyGL과 SDL을 결합해서 OpenGL을 지원하고 있지만 최신 OpenGL 인터페이스를 지원하려면 Mesa 3D를 마이그레이션하는 것이 유일한 대안이다. 하지만 Mesa 3D를 포팅하는 것도 쉽지 않다. 어쨌든 어려움은 차치하고 필자는 3D 가속 시스템을 구축하기 위해 Mesa 3D를 마이그레이션해서 버텍스 셰이더와 프래그먼트 셰이더를 활용할 수 있는 시스템을 구축하려는 계획을 갖고 있다.

한편 YUZA OS에 네트워크 기능을 넣는 것은 꽤 나중의 일로 생각하고 있다. 물론 네트워크 기능 구현은 하드웨어 가속이나 오디오 출력보다는 상대적으로 쉽다. 실제로 네트워크 기능을 구축해서 패킷을 전송하는 기능은 이미 구현했으나 그 이상으로 깊이 파고들지 않았다. 그 이유는 다음과 같다.

- 네트워크 부분에 깊이 파고들면 운영체제 제작 콘셉트가 바뀌어서 분산 운영체제로 돌변할 것 같다.
- 네트워크 기능 개발은 테스트 측면에서 볼 때 운영체제 개발 못지않게 어려운 분야다.

무엇보다 필자는 온라인 게임 서버 개발자다 보니 네트워크 개발이 얼마나 어려운 것인지를 그 누구보다 잘 알고 있다고 생각한다. 하드웨어를 통해 원격 데이터를 주고받는 프레임워크를 구축하는 것 외에도 여러 가지 작업이 수반되기 때문이다. 그래서 네트워크 기능은 당분간 로드맵에서 제외하려 한다.

어쨌든 쉬어가기 2에서는 현재까지 설명한 내용을 토대로 YUZA OS의 전체적인 모습을 정리함과 동시에 YUZA OS가 왜 이런 구조를 형성하게 됐는지를 얘기하고 싶었다. 프로젝트는 일반적으로 자금력, 인력, 시간, 기술 등의 여러 요소로 방향성이 결정되지만 YUZA OS는 개인이 선호하는 경험이 크게 반영돼 방향성이 결정되는 OS라는 것을 강조하고 싶다.

11

표준 프로그래밍 인터페이스

프로그래밍 언어는 물리학이나 언어학에 비해 그 역사가 매우 짧다. 하지만 그 짧은 역사 속에서도 기반이 되는 언어가 탄생했으며 이 기반 언어를 통해 제작된 라이브러리는 새로운 언어의 기반이 됐다. 자바와 C/C++의 관계를 살펴보자.

- 자바 컴파일러는 자바로 작성됐다.
- JVM^{Java Virtual Machine}은 C++로 작성됐다.
- 자바 라이브러리는 자바로 작성됐지만 OS 자원을 사용하기 위해 JNI를 거쳐 C ABI^{Application Binary Interface}를 사용해서 C 라이브러리에 접근한다.
- JDK에서 제공하는 개발 툴은 C++ 또는 자바로 제작됐다.

즉 자바 언어를 지탱하는 기반 언어는 C/C++이다. 자바 언어뿐만 아니라 다른 상위 언어도 C/C++ 기반을 토대로 제작된 언어가 많다. 자바나 C# 같은 상위 언어는 추상화가 잘돼 있기 때문에 개발자 입장에서는 하드웨어 종속적인 내용을 자세히 알 필요가 없다. 그래서 개발자는 순수하게 프로그래밍에 집중할 수 있는 장점이 있다.

한편 C/C++는 하드웨어 같은 하위 레벨을 다룰 수 있을 뿐만 아니라 다른 언어에 비해 처리 속도가 빠른 장점이 있다. 또한 너무나 많은 프로그램이 C/C++로 작성됐기 때문에 현시점에서는 C/C++ 기반으로 작성된 프로그램을 대체하는 것이 어려워졌다. 아니 불가능하다.

이런 이유로 혁신적인 프로그래밍 방법론이 나와서 기존 언어와의 종속성을 극복하지 못하는 한 앞으로도 프로그래밍 언어는 C와 C++ 같은 기반 언어가 생태계의 중심이 될 것이다. 그래서 안타깝지만 프로그래머로서 종사하는 한 현업 개발자뿐만 아니라 신규 개발자는 구시대가 구축한 유산을 사용해야 한다. 즉 개발자는 C, C++를 기본 소양으로 다룰 줄 알아야 하며 이들 언어가 구현한 프로그래밍 인터페이스에도 능숙해야 한다.

> 혁신적인 프로그래밍 방법론이 나오지 않는 한 기존 프로그래밍 언어를 버리는 것은 불가능하다.

하지만 운영체제를 제작할 때에는 비록 언어 종속성은 탈피하지 못한다 하더라도 프로그래밍 인터페이스는 독자적으로 제작할 수 있다. 예를 들어 메모리를 복사하는 memcpy 함수를 살펴보자.

```
void* memcpy(void* destination, const void* source, size_t num);
```

표준 인터페이스는 위와 같지만 운영체제 제작을 위해 라이브러리를 새로이 구축한다면 굳이 위의 인터페이스를 따를 필요가 없다. 다음과 같이 임의로 인터페이스를 만들어도 상관없다.

```
void* CopyMemory(unsigned char* dest, unsigned char* source, size_t count);
```

또한 다음과 같은 함수 이름도 가능할 것이다.

```
void* MemCpy(unsigned char* dest, unsigned char* source, size_t count);
```

그런데 함수 이름은 자신만 사용하겠다면 문제가 되지 않겠지만 유용한 오픈소스 라이브러리는 표준 복사 함수 인터페이스인 memcpy를 사용한다. 그러므로 임의로 함수 이름을 짓는다면 오픈소스 라이브러리를 포팅할 때 컴파일러는 해당 함수가 존재하지 않는다고 에러 메시지를 출력할 것이다. 그래서 운영체제를 제작할 때 결정해야 될 중요한 요소 중 하나는 표준 프로그래밍 인터페이스를 준수할지 여부다.

> 표준 프로그래밍 인터페이스를 준수해야 기존의 유용한 오픈소스를 재활용할 수 있다.

필자는 운영체제 개발 초기에 하드웨어를 제어하거나 메모리를 관리하는 방법 등 운영체제 이론에 관계된 부분에 치중했기에 외부 라이브러리를 활용하는 부분에 대해서는 고민하지 않았다. 만일 자신만의 운영체제를 제작하고자 한다면 표준 프로그래밍 인터페이스를 따를지를 결정해야 한다.

운영체제를 개발하는 목적이 현대 운영체제의 동작 원리를 이해하는 것이고 상용 운영체제로 개발하지는 않겠다면 굳이 표준 프로그래밍 인터페이스를 따를 필요가 없다. 그냥 아무렇게나 작성하면 된다. 하지만 WIN32나 리눅스에서 동작하는 프로그램을 나만의 OS에서도 동작할 수 있게 작업하고 싶다면 표준 프로그래밍 인터페이스를 준수해야 한다. 표준 프로그래밍 인터페이스로는 POISIX, ANSI C, WIN32 API 등을 들 수 있으며 C나 C++로 작성된 프로그램 대부분은 POSIX 인터페이스나 ANSI 표준 함수로 작성됐다. 따라서 일반적으로 통용되는 오픈소스를 특별한 수정없이 빌드하려면 운영체제에서 이 표준 인터페이스에 대응하는 런타임 라이브러리를 제공해 주면 된다. 유닉스/리눅스 계열의 OS는 POSIX 인터페이스를 준수한 런타임 라이브러리를 제공하기 때문에 해당 플랫폼으로 오픈소스를 포팅하는 작업이 쉽다.

YUZA OS는 처음에 표준 프로그래밍 인터페이스를 완전하게 구현하지 않았다. 오픈소스를 마이그레이션하는 도중 미구현된 함수를 만나거나 인터페이스에 미묘하게 차이가 있을 경우 그때그때 구현하거나 수정하는 형태로 개발을 진행했다. 그래서 지금도 표준 인터페이스가 완전히 갖춰진 상태가 아니다. 하지만 YUZA OS에서 지원하는 오픈소스 라이브러리 목록을 보면 알겠지만 수많은 오픈소스 라이브러리가 포팅됐으며 점차 라이브러리의 코드 수정도 최소화되고 있다. 즉 YUZA OS는 완전하지는 않지만 표준 프로그래밍 인터페이스가 어느 정도 안정화됐다고 볼 수 있다.

 TIP 2D 물리 엔진인 BOX2D의 경우에는 소스코드 수정이 한 줄에 불과했다.

코드 11-1 YUZA OS가 제공하는 WIN32 인터페이스 샘플 코드

```
hFile = CreateFile(argv[1], GENERIC_READ, 0, NULL, OPEN_EXISTING,
        FILE_ATTRIBUTE_NORMAL, NULL);
while (1)
{
        memset((void*)buf, 0, MAX_PATH);
        result = ReadFile(hFile, buf, MAX_PATH - 1, &readCount, NULL);
        printf("%s\n", buf);
}
CloseFile(hFile);
```

코드 11-1은 WIN32 API로 구현한 응용앱의 코드 중 일부다. 핵심 WIN32 API 인터페이스를 구현해 두면 모든 소스코드는 아니더라도 WIN32 API로 작성한 코드를 재활용하는 것이 수월해진다.

만일 운영체제를 다시 개발한다면 필자는 표준 프로그래밍 인터페이스를 완벽하게 구축하고 나서 오픈소스의 포팅을 진행할 것이다. 매번 오픈소스를 마이그레이션할 때마다 많은 수정이 필요하다면 그만큼 피곤한 작업도 없기 때문이다. 한편 필자가 진행한 방식,

미구현된 함수와 마주칠 때마다 인터페이스를 구현하는 작업 방식도 결론적으로는 나쁘지 않았다고 판단한다. 고생한 감이 적잖이 있지만 이를 통해 어떤 함수는 반드시 존재해야 되고 어떤 함수는 제외해도 별 문제가 되지 않음을 확인할 수 있었기 때문이다. 또한 시스템에 대한 이해를 높이는 계기가 됐으며 읽기 싫고 지저분한 함수들을 배제하는 것이 가능했다.

> 지저분한 함수의 예) dup, dup2, open, close 등

특히 유닉스/리눅스 계열에서 쓰는 함수들은 네이밍도 어설프고 의미불명한 함수가 많다. 예를 들어 open, close 함수 등이 어설픈 이름의 좋은 예다. 포팅을 하면서 open이나 close 함수를 만나면 fopen, fclose 함수들로 대체했다. 그리고 open, close 함수가 장치와 관련된다면 포팅에서 제외했다.

> MEMO 체계가 검증되고 안정됐다고 해서 무조건 맹신하는 것은 금물이다. 유닉스/리눅스 계열에서 작성한 소스코드는 수많은 테스트를 거쳤기 때문에 신뢰할 수는 있지만 함수 네이밍 룰이나 쓸데없는 라이선스 강조 글 등은 적폐 대상이다. 특히 라이선스 글은 별도의 파일로 만들면 될 것을 소스코드 파일마다 복사 및 붙여넣기 하는 것은 잘못된 관습이라고 본다. 파일을 열었을 때 코드를 바로 보고 싶지 라이선스 글을 보고 싶지는 않을 것이다. 그렇게 라이선스를 강조하고 싶으면 별도의 파일로 만들든지 차라리 소스코드를 공개하지 않았으면 한다.

한편 특정 플랫폼에서 C/C++로 개발된 소스가 타 플랫폼에서 수정없이 빌드되는 경우는 매우 드물며 WIN32에서도 리눅스나 POSIX 진영에서 제작한 소스코드가 수정없이 빌드되는 확률은 매우 희박하다. 그러므로 YUZA OS에서 오픈소스가 수정없이 빌드되는 것은 기적에 가깝다고 볼 수 있다. 그렇다 하더라도 필자는 헤더 수정 작업을 제외한 코드 수정이 전체 코드 내에서 5% 이하로 그친다면 운영체제가 만족스러운 표준 프로그래밍 인터페이스를 제공한다고 생각한다.

11장에서는 유용한 오픈소스를 최대한 수정없이 활용하기 위해 운영체제가 구축해야 하는 프로그래밍 인터페이스를 세부적으로 살펴본다.

목표

- 표준 프로그래밍 인터페이스 구현 목적을 이해한다.
- 표준 프로그래밍 인터페이스를 구현한다.
- 오픈소스를 최대한 수정없이 마이그레이션하는 노하우를 습득한다.
- 표준 프로그래밍 인터페이스를 구축하는 데 도움이 되는 라이브러리를 살펴본다.

소스코드는 04_programming_interface.sln 솔루션을 실행해서 참조한다.

1 프로그래밍 인터페이스 구축 전략

운영체제가 커널 서비스 제공이라는 좁은 틀에만 얽매인다면 결코 쓸만한 운영체제가 나올 수 없다. 하드웨어 주제에 너무 얽매어 있다면 정작 사용자에게 운영체제를 제공하기 위한 편의성에 대한 고려가 부족할 수밖에 없기 때문이다.

실제로 여러 운영체제 오픈소스들을 살펴보면 커널 자체 구현에만 집중을 했기 때문에 응용앱을 제작하기 위한 도구(라이브러리)는 상대적으로 부실한 경우가 대부분이다.

운영체제가 활성화되고 보편화되려면 많은 프로그래머가 응용앱을 제작해 최종 사용자에게 편리한 서비스를 제공할 수 있는 시스템이 구축돼야 한다. 리눅스 진영에서는 POSIX 인터페이스를 기반으로 제작된 X11이라든지 GNOME 데스크톱 그래픽 인터페이스를 지원함으로써 손쉽게 클론 운영체제를 제작할 수 있는 기반을 갖추고 있다.

그림 11-1 GNOME 데스크톱 화면

YUZA OS는 앞에서 언급했지만 유닉스 계열에서 지원하는 POSIX 인터페이스나 윈도우 운영체제에서 사용하는 WIN32 API 인터페이스는 전혀 고려하지 않은 상태였다. 다만 ANSI C 표준 함수는 고려했기 때문에 ANSI 표준 함수로 구현된 오픈소스는 YUZA OS로 포팅하는 데 크게 어려움이 없었다. 그래서 YUZA OS 초기 제작 때에는 ANSI C로 제작된 zlib 압축 라이브러리 등은 특별한 수정없이 쉽게 포팅할 수 있었다.

한편 YUZA OS의 기반 구조가 점차 잡혀가면서 다양한 서드파티 라이브러리를 OS에 활용하자는 욕심이 생겼다. 특히 SDL을 YUZA OS의 백엔드 그래픽 라이브러리로 정착시키면서 이런 갈망은 더 강해졌다. 사실 1인 개발자가 모든 분야의 라이브러리를 제작하는 것은 불가능한 작업이다. 운영체제 코어 작업만 하더라도 수많은 개발자가 몇 년 동안 개발해야 쓸만한 시스템을 만들 수 있기 때문이다. 그래도 팀 단위로 운영체제를 개발하는 회사와 대적하는 것은 어렵지만 누군가가 개발해 놓은 자재를 적재적소에 활용한다면 어느 정도는 그들의 성과물을 따라잡을 수 있다는 생각이 들었다. 그래서 YUZA OS의 기반을 완성하고 난 뒤에 POSIX나 WIN32 인터페이스로 작성된 오픈소스를 별다른 수정없이 YUZA OS에서 동작시킬 수 있는 방법을 연구했고 어느 정도 소기의 성과를 거뒀다. '연구'라고 표현했지만 실제로는 시행착오의 반복에 불과했다. 여러 라이브러리들을 포팅하면서 빌드가 안되면 원인을 파악한 다음 인터페이스를 추가하거나 수정하는 작업을 반복한 것이다. 이런 반복 작업을 통해 원본 소스코드의 수정이 점차 줄어들었다.

YUZA OS는 본질적으로 유닉스 계열의 운영체제도 아니고 윈도우 운영체제를 기반으로 제작된 운영체제도 아닌, 그냥 독자적인 운영체제다. 필자가 윈도우 운영체제에 익숙하고 윈도우 운영체제 관련 프로그래밍을 주로 경험했기에 컴파일러도 GCC가 아니라 비주얼 스튜디오 컴파일러를 사용하게 된 것이고 이에 따라 실행 포맷도 윈도우 운영체제에서 사용하는 PE와 DLL을 사용하게 된 것일뿐 소스코드가 공개되지 않은 윈도우 운영체제와는 큰 연관성이 없다. 그러므로 YUZA OS는 유닉스 계열의 운영체제나 윈도우 운영체제의 룰이나 틀을 따를 필요가 없었다. 다만 이들 운영체제에서 동작하는 라이브러리를 큰 비용없이 가져와서 YUZA OS에서 활용하고는 싶었다. 이에 따라 필자는 표준화 인터페이스 작업 방향을 다음과 같이 결정했다.

표 11-1 표준화 인터페이스 작업 방향

항목	내용
ANSI	구현할 수 있으면 모두 구현한다.
POSIX	자주 쓰이는 함수만 구현한다. 예를 들어 POSIX 스레드 함수나 디렉터리 조작 함수가 그것이다.
WIN32	핵심 API 위주로 구현한다. 스레드 및 동기화 관련 WIN32 API는 가능한 한 전부 구현한다.
유닉스, 리눅스 환경에서 제작된 오픈소스	바로 포팅은 시도하지 않는다. 그 대신 유닉스/리눅스 계열로 제작된 소스 중에는 WIN32로 포팅된 라이브러리가 많다. 이 포팅된 라이브러리를 분석해 YUZA OS에서 동작하도록 수정한다. 이 과정에서 반드시 필요한 WIN32 API는 구현한다.
비주얼 스튜디오 내장 함수	적극 활용한다. 내장 함수는 x86 기계어로만 구성됐으며 시스템 콜을 사용하지 않으므로 x86 머신에서는 마음대로 사용해도 무방하다. GCC 함수에서 빌트인 함수로 기본적으로 제공되는 함수가 있듯이 비주얼 스튜디오에도 이런 빌트인 함수, 즉 내장 함수가 많이 존재한다. 이 내장 함수를 적극 활용한다면 초기 운영체제 개발 시에 겪는 어려움이 많이 줄어든다.

표준 프로그래밍 인터페이스를 구축한 라이브러리는 C 런타임 라이브러리[CRT]다. 이 라이브러리는 정적 라이브러리나 동적 라이브러리로 구현한다. 운영체제를 제작할 때에는 커널용 CRT와 응용앱 CRT를 별도로 구현하는 것이 일반적인 형태지만 두 가지 형태로 형

상을 유지하는 것은 비용이 많이 드는 작업이다. 이 작업은 운영체제가 안정적으로 동작할 때 작업을 진행해도 늦지 않다.

> 커널 및 응용앱은 초기 개발 때에는 동일한 CRT를 사용하고 안정화 작업을 시작할 때 커널용 CRT를 재구축한다.

또한 CRT는 가능한 한 시스템 종속성을 줄이는 방향으로 제작한다. 그러나 근원적으로 시스템에 종속적인 커널 서비스 호출, 즉 시스템 콜은 피할 수가 없다. 예를 들어 printf 같은 함수도 콘솔에 문자열을 출력하기 위해 시스템 콜이 필요하다. 그래서 CRT의 경우에는 시스템 종속성이 강한 부분은 별도의 모듈로 분리해서 최대한 독립성을 높인다. 이 정책에 따라 프로세스로 특정 이벤트를 전달하는 시그널 관련 처리는 CRT에 포함시키지 않는다.

> CRT는 커널과 연계된 동작을 최대한 배제해서 개발한다.

파일 입출력 처리도 CRT로부터 별도의 모듈로 분리해서 구현했다. 이미 여러 차례 언급했지만 파일 입출력 처리는 FileManager.dll 모듈이 담당한다. 파일 입출력 처리 외에도 CRT에 포함된 몇 가지 기능은 모듈로 분리했다. YUZA OS에서 CRT 기능을 담당하는 모듈 리스트는 다음과 같다.

표 11-2 YUZA OS의 CRT 구성

CRT 구성	처리 모듈	내용
CRT	librt.lib	ANSI C 표준 함수 제공
파일 입출력	FileManager.dll	ANSI, POSIX의 파일 입출력 함수
POSIX	pthreads.dll	POSIX 스레드 API
WIN32 API	YuzaAPI.dll	WIN32 파일 처리 및 동기화 함수
유니코드	wstring.dll	유니코드 문자열 처리

현재의 인터페이스는 리팩토링 작업을 거치면 API 인터페이스 자체는 변화가 없지만 모듈이 하나로 통합될 가능성이 있다.

지금까지 표준 프로그래밍 인터페이스를 구축하기 위한 간략한 전략을 살펴봤다. 2절에서는 표 11-1에서 언급한 각각의 표준 프로그래밍 인터페이스를 구체적으로 살펴보겠다. 그리고 몇 가지 샘플 함수의 내부 구현체를 구체적으로 살펴본다.

2 표준 C 라이브러리(ANSI)

ANSI C 또는 표준 C$^{Standard\ C}$는 미국 국립 표준 협회와 국제 표준화 기구가 내놓은 표준을 뜻한다. 이 표준을 지켜서 작성한 코드는 다양한 컴파일러상에서 자연스럽게 컴파일이 된다. C 언어도 C++의 C++11, C++14, C++20처럼 언어상에 주목할 만한 기능의 추가나 변화가 일어날 때 해당 연도를 이용해서 넘버링을 한다(예) C89, C90, C99, C11, C18 등).

ANSI C 라이브러리 함수를 토대로 작성된 프로그램이나 라이브러리는 수없이 많다. 따라서 ANSI C 함수 인터페이스를 운영체제에서 제공해 주면 특별한 수고를 들이지 않고 유용한 오픈소스를 자신의 운영체제로 마이그레이션하는 것이 가능해진다. 그럼 여기서 대표적인 ANSI C 함수를 살펴보자. 우선 표준 C 함수는 다음과 같은 범주로 나눌 수 있다.

표 11-3 ANSI C 함수 계열

범주	헤더 파일
수학	⟨math.h⟩
입출력	⟨stdio.h⟩
시그널	⟨signals.h⟩
진단	⟨assert.h⟩
유틸리티	⟨stdlib.h⟩
문자열	⟨string.h⟩
시간 및 날짜	⟨time.h⟩
문자 테스트	⟨ctype.h⟩

범주	헤더 파일
에러 코드	⟨errno.h⟩
실수 관련 정의	⟨float.h⟩
제한값	⟨limits.h⟩
일반 용도를 위한 정의	⟨stddef.h⟩
가변 인자 리스트	⟨stdarg.h⟩

C 프로그래밍에 어느 정도 익숙하다면 표 11−3에 언급된 헤더 파일을 많이 사용했으리라 판단한다. 다만 우리는 운영체제를 제작하므로 위 헤더에 포함된 함수 정의를 모두 구현해야 한다. 여기서는 C 라이브러리 작성 시 가장 필요한 부분인 입출력, 문자열 관련 함수, 수학 함수 등을 살펴본다.

2.1 입출력 함수

파일에 데이터를 기록하거나 읽어오는 함수 등이 입출력 함수에 해당한다.

표 11−4 ANSI 표준 입출력 함수

함수	내용
fgetc	입력 스트림으로부터 문자를 하나 읽는다.
fgets	입력 스트림으로부터 문자열을 읽는다.
fputs	입력 스트림으로 문자열을 쓴다.
fread	파일 스트림으로부터 지정된 크기의 데이터를 읽는다.
ftell	현재 작업 중인 파일 스트림의 포지션 위치를 얻는다.
fwrite	출력 스트림으로 지정된 크기만큼 데이터를 기록한다.
feof	파일 포지션 위치가 파일의 끝에 도달했는지를 체크한다.

여기서는 예제로 fprintf 함수를 살펴본다. fprintf는 서식을 지정해서 파일에 문자열을 쓰는 함수다. 코드 11−2는 YUZA OS에 구현했던 fprintf 함수 1차 버전이다.

```
int fprintf(FILE* stream, const char* format, ...)
{
        char buf[4096] = { 0, };
        va_list arglist;
        va_start(arglist, format);
        vsnprintf(buf, 4096, format, arglist);
        va_end(arglist);
        buf[4095] = 0;
        int done = g_pFileManager->fprintf(stream, buf);
        return done;
}
```

가변 인자와 서식을 사용해서 buf에 최종 문자열을 생성한다. 그리고 가상 파일 시스템
인 **g_pFileManager**의 **fprintf** 메소드에 파일 스트림과 문자열을 넘겨서 파일에 문자열
을 기록한다. 여기서는 가상 파일 시스템이 어떻게 파일로부터 데이터를 읽어오거나 파일
에 데이터를 쓰는지에 관해서는 생각하지 않는다. 일반적으로 위와 같은 함수 유형은 다
음과 같은 결함이 존재한다.

- 파일로 기록하는 문자열이 4096바이트를 넘어간다면 나머지 문자열은 출력할 수
  없다.

- 문자열을 저장하기 위해 스택에 4K를 할당하는데 커널의 경우 이 크기는 무시할
  수 없다. 리눅스의 경우에는 커널 스레드에 할당하는 스택 크기가 4K 또는 8K로
  알려져 있다.

printf도 **fprintf**와 비슷한 형태의 코드였기 때문에 동일한 결함을 갖고 있었다. 이 문
제는 유틸리티인 grep의 도움말 리스트를 출력하면서 최초 확인했다. 명령 리스트가 전
체 출력되지 않고 일부만 출력되는 것을 확인한 후 버퍼가 4096바이트를 넘어가는 상황
을 인지하게 된 것이다.

이 문제가 발생한 이유는 가변 인자의 처리 시점 때문이다. 코드 11-2의 fprintf 함수는 자신의 함수 내부에서 파일 출력을 처리하지 않고 다른 함수에 위임한다. 1차 fprintf 함수 구현 당시에는 호출하려는 함수로 가변 인자 파라미터를 전달하는 것이 불가능하다고 생각했기 때문에 미리 문자열을 완성해서 위임 함수에 전달했다. 만일 함수에서 가변 인자 값을 읽은 다음 문자 한 개를 파일에 출력하는 putchar 함수를 호출해서 전체 문자열을 파일에 저장한다면 임시 버퍼는 사용하지 않아도 될 것이다. 최종적으로는 가변 인자를 위임 함수에 넘기는 방법을 알아냈기 때문에 코드 11-3처럼 수정된 fprintf가 적용됐다.

코드 11-3 fprintf 함수 2차 버전

```
int fprintf(FILE* stream, const char* format, ...)
{
        va_list arglist;
        va_start(arglist, format);
        int done = g_pFileManager->fprintf(stream, format, arglist);
        va_end(arglist);
        return done;
}
```

코드 11-3처럼 함수를 구현하면 임시 버퍼를 사용해서 미리 문자열을 만들 필요없이 최종 목적지까지 가변 인자를 전달할 수 있다. va_list는 unsigned char* 타입이며 arglist 변수는 va_start 매크로를 통해 가변 인자의 첫 번째 요소를 가리키게 된다. 그리고 최종 목적지 함수에서는 vprintf나 vfprintf 함수를 호출해서 va_list 가변 인자를 최종 처리한다. va_list 파라미터를 다루는 vfprintf 함수는 소스코드를 참조한다.

파일 처리와 관련해서 YUZA OS에서 구현되지 않은 중요한 부분은 파일 디스크립터^{핸들}
다. 일반적으로 파일을 조작할 때에는 파일 스트림을 사용하거나 파일의 핸들^{파일의 번호}을 사
용한다. 예를 들어 **fileno** 함수는 파일 스트림을 인자로 받아서 파일의 핸들을 얻어낸다.

```
int fileno(FILE *stream);
```

다만 파일 스트림을 사용하는 함수 활용에 비해 파일 핸들을 사용하는 함수의 활용 비율
이 상대적으로 적기 때문에 관련 함수가 구현되지 않았더라도 ANSI C로 구현된 라이브러
리를 포팅하는 데 큰 걸림돌은 되지 않는다. 현재는 파일 핸들을 사용하는 함수를 만날 경
우 파일 스트림을 사용하는 함수로 수정해서 문제를 극복하고 있다. 하지만 이 방법은 임
시방편에 불과하기 때문에 궁극적으로는 파일 핸들을 사용하는 함수도 구현하는 것이 좋
다. 파일 핸들을 사용하지 않고 파일 스트림을 사용하는 코드로 변경하는 경우 규모가 작
은 소스코드에서는 가능하겠지만 규모가 큰 소스코드는 수정이 쉽지 않을뿐더러 버그를
발생시킬 소지가 커진다.

2.2 문자열 함수

C나 C++로 모듈을 개발하면서 제일 다루기 싫은 내용 중 하나는 문자열 조작일 것이다. 다른 언어에 비해 문자열 관련 작업이 매우 불편하기 때문이다. 하지만 C나 C++로 프로그래밍을 하는 한 문자열 조작 관련 함수는 피할 수 없기 때문에 가능한 한 관련 함수는 제대로 알아두는 것이 좋다.

표 11-5 몇 가지 문자열 조작 함수

함수	내용
strcpy	문자열을 복사한다.
strcat	문자열을 연결한다.
strcmp	문자열을 비교한다.
strstr	문자열에서 주어진 문자열을 찾고 존재하면 주어진 문자열의 시작 위치를 반환한다.
strlen	문자열의 길이를 반환한다.
strerror	에러 코드에 해당하는 정의된 메시지의 포인터를 반환한다.

문자열 함수 중 strspn 함수를 구체적으로 살펴보겠다. strspn 함수는 string1 문자열에서 string2 문자 세트에 없는 문자의 최초 인덱스를 반환한다.

```
size_t strspn(const char *string1, const char *string2);
```

예를 들어 string1 = "abceabd"이고 string2 = "abc"라고 가정하자. string2 문자 세트에 없는 문자는 e, b인데 e가 선두에 있으므로 strspn("abceabd", "abc")는 3을 반환한다.

코드 11-4 strspn 함수

```
int strspn(const char* strSrc, const char* str)
{
        const char* s;
        const char* t = strSrc;
        // t는 검색할 문자열의 포인터. 소스 문자열이 NULL이면
        // while문 내부로 들어가지 않고 0을 반환한다.
```

```
    // NULL이 아니면 루프를 돌면서 문자 세트에 들어 있는 문자인지 확인한다.
    // 문자 세트에 존재하면 포인터를 증가시켜서 다음 문자를 얻은 뒤 로직을 반복한다.
    while (*t != '\0')
    {
        // s에 문자 세트 설정
        s = str;
        while (*s != '\0')
        {
            if (*t == *s)
                break;
            ++s;
        }
        // 문자 세트의 끝에 도달했다면 비교한 문자는 문자 세트에 존재하지 않는다는 것을 뜻한다.
        // 문자 세트에 없는 문자의 인덱스값을 반환
        if (*s == '\0')
            return t - strSrc;
        // 비교 문자가 문자 세트에 존재한다면 다음 문자를 얻어 문자 세트와 비교
        ++t;
    }
    // 여기에 도달했다는 것은 문자열은 문자 세트에 있는 문자로만 구성됐다는 것을 뜻한다.
    // 문자열의 길이를 반환
    return t - strSrc;
}
```

위 함수는 정상적으로 동작하지만 성능면에서 조금 문제가 있다. while문이 중첩되므로 알고리즘 효율성이 떨어진다. 코드 11-4의 strspn 함수의 경우 알고리즘 복잡도는 $O(n^2)$이다.

strspn 함수의 개선된 버전은 코드 11-5와 같다.

코드 11-5 개선된 strspn 함수

```
size_t strspn(const char *string, const char *control)
{
        const unsigned char *str = string;
        const unsigned char *ctrl = control;
```

```
        unsigned char map[32];
        int count;  // Clear out bit map
        for (count = 0; count < 32; count++)
           map[count] = 0;  // Set bits in control map

        while (*ctrl)
        {
           map[*ctrl >> 3] |= (1 << (*ctrl & 7));
           ctrl++;
        } // 1st char NOT in control map stops search
        if (*str)
        {
           count = 0;
           while (map[*str >> 3] & (1 << (*str & 7)))
           {
              count++;
              str++;
           }
           return count;
        }
        return 0;
}
```

개선된 strspn 함수가 정상 동작하는지 샘플 코드를 만들어서 테스트해 본다. 첫 번째 함수와 비교하면 이 함수는 중첩된 while문이 없으며 O(2n) → O(n)의 알고리즘 복잡도를 가진다.

다른 샘플 문자열 함수로 strchr 함수를 살펴본다. 이 함수는 첫 번째 파라미터인 문자열에서 두 번째 파라미터로 주어진 문자와 처음으로 일치하는 부분의 포인터를 반환한다.

코드 11-6 strchr 함수

```
char * strchr (const char *s, int c)
{
  do {
    if (*s == c)
```

```
    {
        return (char*)s;
    }
} while (*s++);
return (0);
}
```

문자열에 두 번째 파라미터의 문자가 포함돼 있지 않다면 NULL을 리턴한다. 이 함수도 궁극적으로 문제가 있는데 예를 들어 주어진 문자열이 NULL로 끝나지 않으면 문제가 발생할 것이다.

샘플 문자열 함수를 통해서 알 수 있는 사실은 다음과 같다.

- 구현 함수는 검토를 통해서 성능 개선이 필요할 수 있다.
- 구현 함수는 아키텍처 독립적이므로 컴파일러 문제가 아닌 한 여러 플랫폼으로 수정없이 사용할 수 있다.
- 검증된 함수라도 절대 신뢰하지 말고 계속 검토해야 한다.

strchr 함수에서 지적한 결함은 보안문제와도 직결된다. 특히 strcpy같이 문자열을 복사하는 경우 예외처리를 정교하게 구현하지 않는다면 버퍼 오버런 문제가 발생한다. WIN32에서는 strcpy_s와 같은 형태로 예외처리가 강화된 함수를 별도로 제공한다. strcpy 함수 유형의 개선은 WIN32처럼 strcpy_s 같은 별도의 함수를 구현해서 처리해도 되고 결함없는 strcpy 버전을 만들어도 상관없지만 복잡도를 줄이기 위해서는 두 가지 함수 버전을 만들지 않는 것이 더 현명한 선택이다.

2.3 수학 함수

그래픽 처리를 위해서나 게임 로직을 처리할 때에는 실수 연산이 많으므로 수학 함수가 반드시 필요하다. 일반적으로 OS를 디자인할 때 커널에는 실수 연산을 하지 않을 것을 권장하지만 YUZA OS같이 안정화되지 않은 OS에 처음부터 이런 제약을 가할 필요는 없다.

커널에는 실수 연산을 권장하지 않는다.

리눅스 계열의 OS는 컴퓨터 성능을 극대화하는 데 심혈을 기울였기 때문에 커널 레이어에는 실수 연산을 하지 않는다. 실수 연산에서는 일반 레지스터가 아닌 FPU에 내장된 레지스터를 사용하는데 정수타입을 사용하지 않고 부동 소수점 형식을 사용하므로 저장되는 방식도 일반 레지스터와 다르며 비싼 연산 비용을 요구한다.

표 11-6 몇 가지 수학 함수 예제

함수	내용
sin	사인 함수
cos	코사인 함수
tanh	하이퍼블릭 탄젠트
atan2	아크 탄젠트
acos	아크 코사인
cosh	하이퍼블릭 코사인

수학 함수의 구현은 매우 복잡하다. 여기서는 sin 함수의 구현을 살펴본다. 해당 함수는 1993년에 썬 마이크로시스템사가 구현했다. sin 함수는 파라미터로 전달된 라디안 각도를 −1에서 1범위로 변환한다.

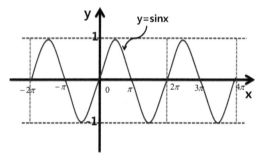

그림 11-2 사인 함수 그래프

PI는 3.141592의 값을 가지며 180도에 해당한다. PI/4 = 45도, PI/2 = 90도 3 * PI / 4 = 135도이다.

코드 11-7 sin 함수의 구현

```c
double sin(double x)
{
    double y[2],z=0.0;
    int n, ix;

    // x의 상위 4바이트를 ix에 저장한다.
    // 아주 작은 값에 해당하는 소수점값은 버린다.

    ix = __HI(x);
    // ix의 절대값이 PI/4(0x3fe921fb)보다 작다면
    // __kernel_sin 함수를 호출한다.
    ix &= 0x7fffffff; // 절대값으로 바꿈
    if (ix <= 0x3fe921fb) return __kernel_sin(x,z,0);
    // ix가 숫자가 아니거나(NaN) 무한한 값이면(INF)
    // 0을 반환한다.
    else if (ix>=0x7ff00000) return x-x;
    // x는 숫자이며 무한한 값도 아니다.
    // x의 절대값이 PI/4보다 크므로 값을 축소시킨다.
    else
    {
        // __ieee754_rem_pio2는 x를 PI/2로 나눈 나머지값을 y 배열에 저장해서 반환
        n = __ieee754_rem_pio2(x,y);
        switch(n&3)
        {
            // x값을 축소시킨 결과에 따라 적절한 함수를 호출해서 sin값을 구한다.
            case 0: return __kernel_sin(y[0],y[1],1);
            case 1: return __kernel_cos(y[0],y[1]);
            case 2: return -__kernel_sin(y[0],y[1],1);
            default:
                return -__kernel_cos(y[0],y[1]);
```

```
        }
    }
}
```

위 sin 함수를 제대로 이해하려면 double형 데이터 타입에 대한 이해가 필요하다. 표 11-7은 C에서 제공하는 데이터 타입과 그 범위를 정리한 것이다. double형은 크기가 8 바이트다.

표 11-7 C 데이터 타입 범위

데이터 타입	사이즈 (바이트 단위)	범위
char	1	$-128 \sim 127$
unsigned char	1	$0 \sim 255$
short	2	$-32768 \sim 32767$
unsigned short	2	$0 \sim 65535$
bool	1	$0 \sim 1$
signed int	4	$-2147483648 \sim 2147483647$
unsigned int	4	$0 \sim 4294967295$
long	4	$-2147483648 \sim 2147483647$
unsigned long	4	$0 \sim 4294967295$
__int64	8	$-9223372036854775808 \sim 9223372036854775807$
float	4	$3.4E-38(-3.4 \times 10^{38}) \sim 3.4E+38(3.4 \times 10^{38})$ (7 digits)
double	8	$1.79E-308(-1.79 \times 10^{308}) \sim 1.79E+308(1.79 \times 10^{308})$ (15 digits)

double형에서 최상위 1비트는 부호를 저장하며 다음 11비트는 2의 지수exponent 값을 저장한다. 나머지 52비트는 가수(분수, fraction) 값을 표현한다. 그림 11-3은 4바이트 float 형과 8바이트 double형의 메모리 표현을 나타낸 것이다.

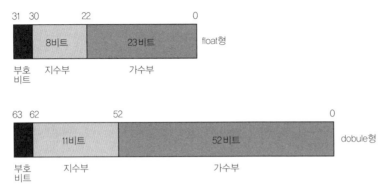

그림 11-3 float 및 double형의 메모리 표현

메모리에 저장된 double형 값을 실제 값으로 변환하는 공식은 다음과 같다.

$$(-1)^{\text{sign}} \left(1 + \sum_{i=1}^{52} b_{52-i} 2^{-i} \right) \times 2^{e-1023}$$

그림 11-4 double형으로 저장된 값을 실제 값으로 변환

여기서 sign은 부호 비트 값, e는 지수 값, b는 가수부의 비트를 의미한다. 예를 들어 b51은 52번째 비트 값, b7은 8번째 비트 값이다. 52번째 비트가 1이라면 0.5를 뜻한다. 그래서 sign이 1이고 e = 1023 그리고 분수 값이 52번째 비트만 1이고 나머지는 0이라면 (−1) * (1 + 0.5) * (1) = −1.5가 된다.

지수 값이 000000000000이거나 11111111111이면 숫자가 아닌 특별한 의미를 지닌다.

* 00000000000 : 비정상적인 수다.

* 11111111111 : 무한대 값이거나 숫자가 아님을 뜻한다.

이제는 반대로 값을 double형으로 변환해 보자. 먼저 −1.0을 변환해 본다.

```
-1.0 * 2^0
1 01111111111 0000000000000000000000000000000000000000000000000000
```

sign = 1, e = 01111111111(1023), 분수 값 52비트는 모두 0이 된다. 이 값을 그림 11-4 공식에 대입하면 -1.0이 되는 것을 확인할 수 있다.

다음으로 0.01171875(3/256)를 double형으로 변환해 본다.

```
0.00000011(2) = 2.0 * 2^-7 * 1.1(2) => 0x3F88000000000000
0 01111111000 1000000000000000000000000000000000000000000000000000
```

실수형 값이 FPU 레지스터에 저장되는 포맷 형식은 이 정도만 살펴보겠다. FPU 레지스터에 값을 저장하면 복잡한 변환과정이 적용된다는 것만은 꼭 기억하자. 이제 실수 값 0.01171875를 sin 함수가 처리하는 과정을 코드 11-7과 함께 다시 살펴보자.

- double형에서 상위 4바이트 값을 int 타입인 ix에 저장한다 : ix = 0x3F880000
- ix를 절댓값으로 전환한다 : ix = 0x3F880000
- ix를 PI/4(0x3fe921fb)와 비교한다 : PI/4보다 작다.
- ix가 PI/4보다 작다면 유효한 사인값을 반환하는 __kernel_sin 함수를 실행한다.

만일 PI/4보다 크다면 __ieee754_rem_pio2 함수를 호출해서 파라미터값을 축소한 뒤 반환된 결과에 따라 유효한 값을 반환하는 __kernel_sin 함수나 __kernel_cos 함수를 호출한다.

수학 함수의 경우에는 sin 함수처럼 double형을 파라미터로 받는 함수뿐만 아니라 float 파라미터를 받는 함수도 있으므로 주의한다.

```
float radian = 0.5f;
sin((double)radian);
```

radian 변수는 float형인데 double형을 파라미터로 받는 sin 함수를 호출하고 있다. 이에 따라 float형은 double형으로 변환되는데 이는 단순한 값의 할당이 아니다. 32비트 float 형을 64비트 double형으로 변환하기 위해 FPU가 필요하며 실수의 형변환은 비용이 크다.

실수 연산 시 double 타입과 같은 8바이트 레지스터를 사용할 때에는 배정도 연산, float 타입과 같은 4바이트 레지스터를 사용할 때에는 단정도 연산이라 부른다.

2.4 시간 및 날짜 함수

시간값을 얻기 위해서는 커널 서비스를 호출해야 한다. 그래서 시간 및 날짜 함수는 파일 처리와 더불어 플랫폼 종속적인 코드가 다수 존재하는 대표적인 함수다.

표 11-8 대표적인 시간 함수

함수	내용
clock	프로그램이 사용한 프로세서의 경과 시간을 반환한다
time	현재 사용 중인 달력 시간을 반환한다.
difftime	주어진 두 개의 달력 시간의 차를 반환한다(초 단위로 반환).
gmtime	time_t 타입의 시간 변수를 받아 UTC 기준 tm 구조체를 반환한다.
localtime	time_t 타입의 시간 변수를 받아 지역 시간에 해당하는 tm 구조체를 반환한다.
asctime	tm 시간 구조체를 문자열로 바꾼다
ctime	time_t형 시간 변수를 문자열로 변환한다.
mktime	tm 시간 구조체의 내용을 토대로 time_t형으로 변환한다.
strftime	날짜/시간을 문자열로 변환한다.

날짜/시간 함수를 구현하는 것은 생각보다 골치 아픈 요소가 많다. 그래서 여기서는 특별히 날짜/시간 함수를 구현하고 해당 함수를 사용하는 방법을 구체적으로 살펴본다.

time 함수

time 함수는 현재 사용 중인 달력 시간을 time_t 변수 값으로 반환한다. 먼저 시스템 콜을 호출해서 tm 구조체에 정보를 채운 후 mktime 함수를 호출해서 tm 구조체부터 time_t 형식의 값을 얻는다.

```
time_t time(time_t *timer)
{
        struct tm TimeStruct;
        time_t converted = 0;

        if (Syscall_GetSystemTime(&TimeStruct) != 0)
        {
            return 0;
        }

        converted = mktime(&TimeStruct);
        if (timer != NULL) {
            *timer = converted;
        }
        return converted;
}
```

clock 함수

clock 함수는 프로그램이 시작한 이후로 경과된 클럭 틱값을 반환한다. 함수가 실패할 때에는 −1을 리턴한다. 경과된 클럭 틱값을 초 단위로 변환하려면 CLOCKS_PER_SEC값으로 나누면 된다. 먼저 clock 함수를 사용한 예제를 살펴보자.

```
int main()
{
    clock_t start_t, end_t, total_t;

    start_t = clock();
    printf("start tick = %ld\n", start_t);

    Sleep(2000);
```

```
    end_t = clock();
    printf("end tick = %ld\n", end_t);

    total_t = (end_t - start_t) / CLOCKS_PER_SEC;
    printf("CPU Time : %f\n", (float)total_t);

    return 0;
}
```

실행 결과는 다음과 같다.

```
start tick = 157
end tick = 2158
CPU Time : 2.000000
```

코드 11-10 clock 함수의 구현

```
clock_t clock(void)
{
        static clock_t sysTick = 0;
        static bool init = 0;

        if (init == false)
        {
            sysTick = Syscall_GetTickCount();
            init = true;
        }
        return Syscall_GetTickCount()- SysTick;
}
```

clock 함수는 프로그램이 clock 함수를 최초로 호출할 때의 틱값을 저장한다. 이후 clock
함수가 호출되면 결과 값은 현재 틱값과 기존에 저장된 sysTick과의 차를 반환한다.

mktime 함수

mktime은 tm 시간 구조체를 time_t형으로 변환한다. tm 시간 구조체의 프로토타입은 다음과 같다.

코드 11-11 tm 구조체 정의

```
struct tm
{
    int tm_sec;       // 초 0-59
    int tm_min;       // 분 0-59
    int tm_hour;      // 시간 0-23
    int tm_mday;      // 한 달 기준 지난 날짜 1-31
    int tm_mon;       // 달 0-11
    int tm_year;      // 1900년을 기준으로 현재까지의 연도
    int tm_wday;      // 한 주 기준 지난 날짜 0-6
    int tm_yday;      // 1년 기준 지난 날짜 0-365
    int tm_isdst;     // 서머 타임
};
```

코드 11-12 mktime, strftime 함수 사용 예제

```
int main()
{
    time_t ret;
    struct tm info;
    char buffer[80];

    info.tm_year = 2020 - 1900;
    info.tm_mon = 5 - 1;
    info.tm_mday = 3;
    info.tm_hour = 20;
    info.tm_min = 37;
    info.tm_sec = 20;
    info.tm_isdst = -1;
```

```
    ret = mktime(&info);
    if (ret == -1)
    {
        printf("Error: unable to make time using mktime\n");
    }
    else
    {
        strftime(buffer, sizeof(buffer), "%c", &info);
        printf(buffer);
    }

    return(0);
}
```

실행 결과는 다음과 같다.

```
Sun May  3 20:37:20 2020
```

mktime, strftime 함수 내부 구현은 복잡하므로 디버깅을 하면서 코드를 살펴보기 바란다. 위 샘플 코드는 tm 구조체에 2020년 5월 3일 20:37:20 시간값을 저장하고 mktime 함수를 사용해서 tm 구조체를 time_t 변수 값으로 변환한다. strftime은 tm 구조체를 받아서 시간값을 문자열로 변환한다.

localtime 함수

time_t값을 tm 구조체 값으로 변환한다. 지역 시간을 기준으로 변환한다.

코드 11-13 localtime 사용 예제

```
time_t rawtime;
struct tm* timeinfo;
time(&rawtime);
timeinfo = localtime(&rawtime);
printf("Current local time and date: %s", asctime(timeinfo));
```

실행 결과는 다음과 같다.

```
Current local time and date: Tue Feb 16 14:5:42 2021
```

코드 11-14 localtime 함수 구현

```
struct tm *localtime(const time_t * tim_p)
{
        struct tm *lclbuf = &(tls_current()->tm_buffer);
        memset(lclbuf, 0, sizeof(struct tm));
        return localtime_r(tim_p, lclbuf);
}
```

입출력 함수나 문자열 함수 등과 마찬가지로 시간 함수도 여러 스레드가 동시에 재진입이 가능해야 한다. 이를 위해서는 스레드 로컬 스토리지Thread Local Storage, TLS를 구현해야 한다. 여기서는 localtime 함수에서 스레드 로컬 스토리지를 사용하면 스레드마다 별도의 tm 버퍼에 접근하므로 데이터의 무결성을 보장할 수 있다는 것만 알아둔다.

asctime 함수

asctime 함수는 시간 관련 변수 및 구조체를 문자열로 변환한다.

코드 11-15 asctime 함수 구현

```
// asctime 함수의 재진입이 가능한 버전
char *asctime_r(const struct tm *__restrict tim_p, char *__restrict result)
{
        static const char day_name[][4] = {
            "Sun", "Mon", "Tue", "Wed", "Thu", "Fri", "Sat"
        };
        static const char mon_name[][4] = {
            "Jan", "Feb", "Mar", "Apr", "May", "Jun",
            "Jul", "Aug", "Sep", "Oct", "Nov", "Dec"
        };
```

```
        // 요일, 달, 시간 순으로 문자열 생성
        snprintf(result, 256, "%.3s %.3s%3d %.2d:%.2d:%.2d %d\n",
        day_name[tim_p->tm_wday],
        mon_name[tim_p->tm_mon],
        tim_p->tm_mday, tim_p->tm_hour, tim_p->tm_min, tim_p->tm_sec, 1900 +
        tim_p->tm_year);
        return result;
}

// tm 구조체 정보를 사용해서 Www Mmm dd hh:mm:ss yyyy 포맷의 문자열을 반환한다.
char *asctime(const struct tm *tim_p)
{
        char *ascbuf = &tls_current()->asc_buffer[0];
        memset(ascbuf, 0, sizeof(tls_current()->asc_buffer));
        return asctime_r(tim_p, ascbuf);
}
```

시간 및 날짜 함수를 통해서 확인할 수 있는 사실은 다음과 같다.

- 플랫폼 종속적인 API를 사용해야 한다. 그래서 시간 및 날짜 함수 관련 오픈소스는 있는 그대로 활용하는 것이 어렵기 때문에 수정 작업이 요구된다.

- 시간 함수 내부를 살펴보면 정적 변수가 존재함을 알 수 있다. 정적 변수가 존재하는 함수에 여러 스레드가 접근하면 데이터의 무결성을 보장할 수 없다. 이런 정적 변수는 데이터 무결성을 위해 TLS를 활용해서 스레드 단위로 할당하거나 성능상의 불이익을 감수하더라도 동기화 함수를 사용해야 한다.

Syscall_GetTickCount 함수는 YUZA OS에서 제공하는 시스템 콜 중 하나로 틱 카운트를 반환하는 함수다. 1초가 경과했다면 1000을 반환하며 1분이 지났다면 60000을 반환한다. 반환값이 DWORD기 때문에 최대 틱값이 크지 않으며 27일이 경과하면 DWORD 값을 초과하기 때문에 틱을 초기화하는 로직이 필요함을 기억한다.

2.5 결론

표준 ANSI C 함수는 참조할 수 있는 오픈소스가 많다. 참조할 수 있는 유형은 다음과 같다.

- 특별한 수정없이 빌드할 수 있는 함수
- 빌드가 제대로 되지 않는 함수
- 구현체를 구하기 힘든 함수
- 시스템 서비스를 사용하는 함수

빌드가 제대로 되지 않으면 코드를 수정하면 되고 구현체가 없다면 구현하면 되기 때문에 크게 문제는 되지 않는다. 문제는 시스템 콜에 의존하는 함수의 구현이다. 시간 및 날짜 함수의 경우 내부적으로 시스템 콜을 사용하는 것을 확인했었다. ANSI C 함수는 대부분이 시스템 콜을 사용하지 않기 때문에 독립적으로 사용할 수 있으나 시스템 콜을 사용하는 함수도 다수 존재하므로 시스템 콜이 필요하다면 운영체제는 요구사항에 부합하는 시스템 콜을 제공해야 한다.

유용한 오픈소스를 쉽게 자신의 프로젝트에 가져오지 못하는 이유 중 하나는 함수의 구현이 특정 시스템에 너무 종속돼 있기 때문이다. 그러므로 다른 프로젝트의 소스를 활용하려면 먼저 해당 소스의 종속성 강도를 파악하는 것이 필요하다. 예를 들어 리눅스 같은 성숙한 운영체제에서 뭔가 부품을 얻으려고 한다면 바로 포기하는 것이 좋다. 함수를 재활용하고 싶어도 꼬리에 꼬리를 물고 있기 때문이다. 한편 종속성이 낮은 소스가 있다고 가정하고 이 오픈소스의 수정을 최소화하려면 다음의 원칙을 따르면 된다.

> 우리가 구현하는 플랫폼의 시스템 콜을 참조 대상 플랫폼의 시스템 콜과 유사하게 구현한다.

이 원칙을 따르면 두 플랫폼은 지원하는 시스템 콜의 리스트도 비슷하고 시스템 콜 인터페이스도 유사해질 것이다. 하지만 이 원칙을 따른다는 것은 어떻게 보면 탁상공론에 불과하다. 참조하는 플랫폼도 다양하고 플랫폼마다 시스템 콜의 구현이 제각각이기 때문이다.

ANSI 라이브러리가 제공하는 헤더 파일에 대해서는 아래 링크를 참조한다.

https://www.csse.uwa.edu.au/programming/ansic-library.html

CRT를 구현한 libcrt 프로젝트는 현재 폴더 트리가 깔끔하지 못하다. 최종적으로는 다음 과 같은 폴더 구성으로 변경해야 한다.

표 11-9 이상적인 CRT 라이브러리 폴더 구성

폴더	내용
arch	플랫폼 아키텍처에 종속된 함수. x86, x86-64, amd
ctype	타입 체크 함수. isascii, isdigit 등
locale	국가별 로케일 처리
mem	메모리 함수
os	OS 종속 함수들. 동기화 함수, 시스템 콜 등
print	가변 파라미터를 다루는 함수. printf, scanf
stdio	파일 처리와 같은 표준 입출력. 현재 파일 처리는 FileManager.dll이 담당하고 있는데 통합해야 한다.
stdlib	표준 라이브러리. 수학 함수 등
string	문자열 함수. strcpy, srtrnpy
threads	스레드 처리. tls, mutex, condition
time	시간 함수. difftime, ctime
wstring	유니코드 함수. wcpcpy, wcscoll

3 POSIX API

POSIX API는 유닉스 계열 운영체제에서 응용 프로그램을 제작할 때 제공해 주는 표준 인터페이스다. POSIX 표준을 지켜서 제작된 응용 프로그램은 리눅스 운영체제를 포함해 유닉스를 기본으로 파생된 플랫폼 간에 쉽게 이식할 수 있는 장점이 있다. 다만 리눅스 운영체제의 경우에는 POSIX 인터페이스를 준수하기는 하지만 표준화되지 않은 리눅스 API도 꽤 사용하므로 리눅스 계열에서 작성된 프로그램을 타 플랫폼으로 이식하는 것이 그렇게 쉽지만은 않다.

POSIX는 표준 C 라이브러리(ANSI)와의 호환성을 위해 많은 노력을 기울였으며 표준 C 라이브러리에 없는 확장 기능도 제공한다. POSIX 인터페이스는 크게 다음과 같은 인터페이스로 분류할 수 있다.

- 파일과 디렉터리 조작
- 프로세스 및 프로세스 그룹에 대한 처리
- 시그널 처리
- 런타임 시에 정보 획득
- 터미널 I/O

POSIX의 파일 및 디렉터리 조작에 관련된 API는 수많은 라이브러리에서 사용하므로 반드시 구현하는 것이 좋다. 하지만 프로세스 처리나 시그널, 터미널 처리, 런타임 처리 부분은 커널 구조와 관계되므로 당장 구현하기에는 난점이 많다. 이런 인터페이스는 커널 구조가 플랫폼이 안정화됐을 때 호환 레이어를 구축해서 지원하도록 하고 현 단계에서는 파일 관련 POSIX 인터페이스 구축에 대해서만 논의한다. 파일 함수도 여러 가지 이유로 구현하는 것이 쉽지만은 않다.

3.1 파일 조작

POSIX 파일 함수는 unistd.h에 정의된다.

표 11-10 POSIX 파일 함수

함수	내용
getcwd	현재 작업 디렉터리 경로를 얻는다.
link	파일에 대한 새로운 이름, 링크를 만든다.
unlink	파일을 참조하는 링크를 제거한다.
rename	파일의 위치나 이름을 변경한다.
stat	파일 상태 정보를 얻는다.
chmod	파일의 접근 권한을 변경한다.
chown	파일의 소유자를 변경한다.

YUZA OS는 파일의 접근 권한이나 파일의 소유권에 대해서는 구현하지 않았으므로 chmod 함수나 chown 함수는 의미가 없다. 하지만 더미 함수로 구현은 해놓은 상태다.

표 11-11 고급 파일 연산

함수	내용
access	파일에 대한 유저 접근 권한을 검사한다.
open, creat	파일이나 장치를 생성하고 연다.
close	파일이나 장치를 닫는다.
read	파일 디스크립터로부터 읽어들인다.
write	파일 디스크립터에 데이터를 쓴다.
fcntl	파일 디스크립터를 컨트롤한다.
fstat	파일 상태 정보를 얻는다.
lseek	읽기/쓰기를 진행 중인 파일 디스크립터의 오프셋을 포지셔닝한다.
dup	파일 디스크립터를 복제한다.
fdopen	파일 디스크립터에 대응하는 스트림을 반환한다.
fileno	스트림의 파일 디스크립터를 반환한다.
fdopen	파일 디스크립터를 스트림으로 변환한다.
ftruncate	파일 디스크립터로 기술된 파일을 주어진 파라미터 크기로 변경한다.

유닉스/리눅스 계열 개발자에게는 POSIX 파일 함수가 익숙하겠지만 MS-DOS 시절부터 마이크로소프트사의 운영체제만 사용해 온 WIN32 개발자 입장에서 보면 유닉스 파일 시스템 체계를 전면 그대로 받아들이는 것이 쉽지 않다. 받아들이기 어려운 것을 넘어서 운영체제를 사용하면서 불필요하다고 생각되는 유닉스 파일 시스템의 개념들이 있는데 다음과 같다.

- 파일(하드디스크에 저장되는 파일)과 장치(디바이스)를 동일한 파일로 지칭
- 파일 스트림 외에 파일 디스크립터(핸들) 사용
- 파일에 대한 링크/언링크, 그룹 파일 접근 권한
- 자기 설명적이지 못한 함수 이름(open, read, write, dup, dup2 등)

파일 및 장치를 파일로 취급

전통적인 WIN32 개발자는 파일을 하드디스크 등에 저장된 파일로 생각한다. 그래서 파일의 개념에 장치를 포함하는 개념을 선뜻 받아들이기 어렵다. 이런 이유로 WIN32 개발자가 유닉스/리눅스와 유사한 운영체제의 파일 시스템의 개념을 선뜻 받아들이기 어려운 것이다.

파일 시스템 정책을 결정하는 것은 YUZA OS 개발 시 가장 어려운 선택 중 하나였다. 파일과 장치를 동일하게 취급하면 참조할 수 있는 파일 시스템 예제가 많아서 파일 시스템 구축이 편하다. 뿐만 아니라 POSIX 인터페이스도 자연스럽게 구축할 수 있다. 하지만 필자는 파일과 장치를 동일하게 취급하는 개념을 수용하지 않았다. 현재 설계된 POSIX 인터페이스는 다음과 같다.

- 파일 처리 함수는 FileManager 모듈에서 처리한다.
- 장치 처리와 파일 처리는 분리된 로직으로 처리한다.

물론 POSIX 인터페이스는 수많은 개발자의 고민을 거쳐 나온 결과물이기에 이상적인 인터페이스라고 할 수 있다. 하지만 새로운 플랫폼에서 굳이 이 구조를 준수할 필요는 없다.

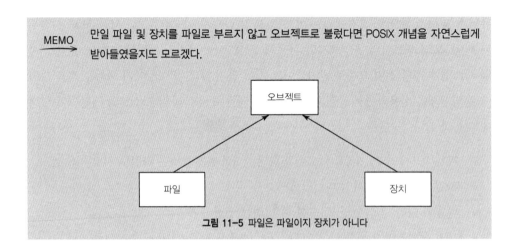

만일 파일 및 장치를 파일로 부르지 않고 오브젝트로 불렀다면 POSIX 개념을 자연스럽게 받아들였을지도 모르겠다.

그림 11-5 파일은 파일이지 장치가 아니다

자체 설명이 부족한 함수 이름

open 함수는 도대체 무엇을 열겠다는 것인지 설명이 부족한 함수다. 매뉴얼을 찾아보면 함수에 대해 자세히 설명했겠지만 매뉴얼 찾아보는 것도 불필요한 행사비용이다. 함수 이름을 OpenFile이나 OpenDevice 등으로 명명했다면 함수의 정체성이 명확해졌을 것이다.

파일 디스크립터

POSIX에서 파일 디스크립터는 파일이나 장치, 소켓 등을 가리키는 핸들을 의미한다. 파일 디스크립터를 사용하면 파일이나 장치, 소켓에 동일한 인터페이스로 명령을 내리는 것이 가능하다.

현 개발 단계에서는 POSIX의 모든 인터페이스를 고려하기가 어렵다. 커널 구조는 계속 변경 중이며 네트워크나 장치에 대한 디바이스 프레임워크 명세가 결정되지 않았기 때문이다. 파일 디스크립터는 파일에 대해서만 대응하도록 구현하고 시스템이 안정화되면 파일 디스크립터를 모든 객체에 대해 확장할 계획이다.

이런저런 이유로 현 단계에서 YUZA OS의 POSIX 파일 API 지원은 세 가지 유형으로 분류된다.

- 구현된 것

- 불완전하게 구현된 것

- 구현되지 않은 것

그러므로 POSIX로 작성된 소스코드를 포팅할 때 컴파일이 되지 않는다면 구현하지 않은 API 때문일 수 있으므로 상황에 따라 해당 API의 여부를 결정한다.

여기서 우리가 POSIX 인터페이스를 구현하려는 이유를 다시 떠올려보자. POSIX 인터페이스를 구현하려는 이유는 유용한 오픈소스를 특별한 수고없이 우리의 플랫폼으로 가져오기 위함이다. POSIX를 완벽하게 지원하면 아예 수정없이 소스코드를 빌드하는 것이 가능하지만 우리의 목표는 동일한 기능을 제공하는 POSIX 인터페이스를 구축하는 것이 아님을 명심한다. 다만 디렉터리 조작과 스레드 관련 함수는 범용적으로 사용되므로 이 두 카테고리에 해당하는 API는 구축해 두는 것이 이롭다.

3.2 디렉터리 조작

C++ 언어는 문자열 조작이 다른 언어에 비해 어렵다. 반면 파일 및 디렉터리 처리 함수는 상대적으로 심플해서 사용하기가 쉽다. 하지만 파일이나 디렉터리 함수 그 자체를 직접 구현한다고 하면 얘기가 달라지는데 왜냐하면 내부에서 파일 경로나 디렉터리 경로 등을 상대경로, 절대경로로 변환하거나 문자열을 자르는 등의 처리를 구현해야 하기 때문이다. 문자열 조작 로직이 들어가면 항상 성가시다.

> 문자열 처리 관련 구현 시간이 길어진다면 거기에 매달리지 말고 물러서서 시간을 단축하는 전략을 구축하는 것이 현명하다. 문자열 처리가 많은 함수 구현에 시간이 걸린다면 이는 개발자의 능력 문제라기보다는 언어 자체가 별로라고 단언할 수 있다.

POSIX의 대표적인 디렉터리 조작 함수는 다음과 같다.

표 11-12 POSIX 디렉터리 조작 함수

함수	내용
opendir	디렉터리를 연다.
readdir	디렉터리 엔트리를 읽는다.
closedir	디렉터리를 닫는다.
rewinddir	디렉터리를 감는다(초기화한다).
mkdir	디렉터리를 생성한다.
rmdir	디렉터리를 제거한다.
chdir	작업 디렉터리 경로를 변경한다.

먼저 디렉터리를 여는 opendir 함수를 살펴보자.

코드 11-16 FileManager 클래스의 opendir 메소드

```
DIR* FileManager::opendir(const char* name)
{
        I_FileSystem* pFileSys = GetFileSystem(0); // 현재 파일 시스템
        DIR* dir = 0; // 디렉터리를 표현하는 구조체
        ……
        size_t base_length = strlen(name);
        const char* all = strchr("/\\", name[base_length - 1]) ? "*" : "/*";
        dir = (DIR*)malloc(sizeof(DIR));
        dir->name = (char*)malloc(base_length + strlen(all) + 1);
        strcpy(dir->name, name);
        // 현재 파일 시스템의 opendir 메소드를 호출해서 디렉터리 구조체에 정보를 채운다.
        int result = pFileSys->opendir(dir);
        memset(dir->result.d_name, 0, MAX_PATH);
        return dir;
}
```

I_FileSystem을 상속한 클래스는 ANSI나 POSIX 파일 함수에 대응하는 인터페이스를 구현한다. 이런 인터페이스를 구현한 클래스에는 FAT32, 터미널, 램디스크, MINT64 등이 존재한다.

이제 opendir 함수를 통해 디렉터리 구조체를 얻었다면 다음 작업은 디렉터리로부터 디렉터리 엔트리 정보를 얻어내는 것이다.

코드 11-17 FileManager 클래스의 readdir 메소드

```
struct dirent* FileManager::readdir(DIR* dir)
{
        I_FileSystem* pFileSys = GetFileSystem(0);
        struct dirent* entry = 0;
        // 파일 시스템의 readdir 메소드를 호출해서 디렉터리상의 파일 정보를 읽는다.
        pFileSys->readdir(dir);
        entry = (struct dirent*)&dir->result;
        strcpy(entry->d_name, dir->info.cFileName);
        return entry;
}
```

마지막으로 디렉터리 사용이 끝났으면 디렉터리를 닫아야 한다.

코드 11-18 closedir 메소드

```
int FileManager::closedir(DIR* dir)
{
        I_FileSystem* pFileSys = GetFileSystem(0);
        return pFileSys->closedir(dir);
}
```

이제 실제로 디렉터리를 열어서 디렉터리를 열거하는 샘플 코드를 살펴본다. test_io 프로젝트를 빌드한 뒤 커널을 실행하고 나서 콘솔 창에 다음과 같이 입력한다.

```
test_io.exe .
```

```
int main(int argc, char* argv[])
{
    struct dirent* pDirent;
    DIR* pDir;

    if (argc != 2)
    {
        printf("Usage: test_io <dirname>\n");
        return 1;
    }

    pDir = opendir(argv[1]);
    if (pDir == NULL)
    {
        printf("Cannot open directory '%s'\n", argv[1]);
        return 1;
    }

    while ((pDirent = readdir(pDir)) != NULL)
    {
        if(S_ISDIR(pDirent->dwAttribute))
            printf("[%s (DIR)]\n", pDirent->d_name);
    }

    closedir(pDir);
    return 0;
}
```

실행 결과는 다음과 같다.

```
[System Volume Information (DIR)]
[grub (DIR)]
[EFI (DIR)]
[boot (DIR)]
```

S_ISDIR 매크로는 주의할 필요가 있다.

```
#define S_ISDIR(m) ((m & 0170000) == 0040000)    // 디렉터리인가
#define S_ISREG(m) ((m & 0170000) == 0100000)    // 일반 파일인가
```

위 두 매크로는 파일의 속성값을 받아서 이 파일이 디렉터리인지 또는 일반 파일인지를 판별하는 매크로다. 유닉스/리눅스 계열의 경우에는 이 속성에 읽기/쓰기, 실행 속성이나 그룹 관련 속성을 담고 있지만 YUZA OS에서는 다음과 같이 변경됐다.

```
#define S_ISDIR(m) (m == 0)    // 디렉터리인가
#define S_ISREG(m) (m == 1)    // 일반 파일인가
```

차후 파일 속성의 비트 플래그값을 기존 운영체제의 것을 그대로 답습할지, 아니면 새롭게 정의할지는 개발자의 몫이다.

3.3 pthreads

파일 및 디렉터리 조작과 더불어 자주 사용되는 POSIX API는 스레드 API다. POSIX Thread는 유닉스/리눅스 계열 시스템에서 일반적으로 사용하는 스레드 표준 API다. 대표적인 스레드 API를 표 11-13으로 정리했다.

표 11-13 POSIX 스레드 API

API	내용
pthread_create	스레드를 생성한다.
pthread_join	특정 스레드의 종료를 대기한다.
pthread_exit	실행 중인 스레드를 종료한다.
pthread_detach	생성된 스레드의 자원을 스레드가 종료할 때 스스로 정리할 수 있도록 분리시킨다.
pthread_cleanup_push	스레드 종료 시 실행시킬 함수 설정
pthread_cleanup_pop	스레드 종료 시 실행하려 했던 함수 취소
pthread_self	현재 스레드의 식별자를 확인한다.

뮤텍스나 컨디션 변수 등의 동기화 객체와 관련된 POSIX 스레드 API의 구현은 스레드 및 동기화 주제에 해당하므로 하드웨어 편에서 자세히 설명한다. 여기서는 POSIX 스레드 API 가 잘 동작하는지만 살펴본다. test_posix 프로젝트는 파라미터로 스레드 생성 숫자를 받아서 스레드를 생성한다. 각각의 스레드는 동일한 로직을 수행한 다음 결과를 화면에 출력하며 메인 스레드는 생성한 스레드가 모두 종료될 때까지 대기한다. POSIX 스레드 API 구현은 pthread 프로젝트를 참조한다.

코드 11-20 POSIX 스레드 API 테스트

```c
int main(int argc, char* argv[])
{
    int i, rc, status;

    if (argc != 2)
    {
        printf("Usage: test_posix.exe <thread count>\n");
        return 1;
    }
    int threadCount = atoi(argv[1]);
    // 스레드 생성 숫자는 100개 이하로 제한
    if(threadCount > MAX_THREAD_COUNT || threadCount <= 0)
    {
        printf("thread count is abnormol. 1-100\n");
        return 1;
    }
    // 스레드 핸들 배열
    pthread_t* threads = (pthread_t*)malloc(sizeof(pthread_t) * threadCount);
    memset(threads, 0, sizeof(sizeof(pthread_t) * threadCount));
    // 스레드 생성
    for (i = 0; i < threadCount; i++)
    {
        pthread_create(&threads[i], NULL, &thread_main, (void*)i);
        printf("pthread_create %d, %x\n", i, threads[i]);
    }
    // 모든 스레드가 작업 완료할 때까지 대기
```

```
        for (i = 0; i < threadCount; i++)
        {
            rc = pthread_join(threads[i], (void**)&status);

            if (rc == 0)
            {
                printf("Completed join with thread %d status= %d\n", i, status);
            }
        }
        free(threads);
        return 0;
}
```

thread_main 함수는 다음과 같다.

코드 11-21 thread_main 함수

```
void* thread_main(void* arg)
{
        double result = 0;
        for (int i = 0; i < 1000000; i++)
        {
            result += (rand() % 100) / 5.0f;
        }
        printf("thread: %d, result = %f\n", (int)arg, result);
        return nullptr;
}
```

실행 결과는 다음과 같다.

```
C:\>test_posix.exe 5
pthread_create 0, 5651d62
pthread_create 1, 56eee95
pthread_create 2, 56f1559
thread: 0, result = 9901506.400000
```

```
thread: 1, result = 9894382.200000
thread: 2, result = 9900685.599999
pthread_create 3, 56f1895
pthread_create 4, 56f1975
thread: 3, result = 9898533.000000
thread: 4, result = 9887886.400000
Completed join with thread 3 status= 0
```

메인 스레드가 5개의 스레드를 생성하고 이들이 모두 작업 완료하기를 대기하고 있었는데 조인에 성공한 것은 하나뿐이다. pthread_join 함수를 호출하기 전에 해당 스레드가 이미 작업을 완료했다는 것을 알 수 있다.

3.4 결론

POSIX 명세 전부를 구현하는 것은 현실적으로 무리가 있다. 현시점에서는 필수적인 인터페이스만 구현해서 유용한 오픈소스를 마이그레이션한다. 이 결정에 따라 소스코드 마이그레이션 시 수정은 불가피하며 어떤 경우는 마이그레이션이 불가능할 수도 있다.

표 11-14 POSIX 인터페이스로 구현된 소스코드를 마이그레이션하기

수정 항목	수정
파일 디스크립터	파일 스트림으로 변환한다.
파일 처리 함수	ANSI C 파일 입출력 함수로 변환한다.
파일 디스크립터가 장치를 의미할 경우	마이그레이션을 포기한다.
시그널, 프로세스 등 커널과 관련된 동작	YUZA OS에서 지원하는 시스템 콜로 대체할 수 있는지 확인하고 대체가 불가능하면 포기한다.
터미널 작업	YUZA OS의 터미널로 포워딩할 수 있는지 확인하고 불가능하면 포기한다.

표 11-14는 마이그레이션하려는 소스코드의 수정을 요구하는 항목이다. 수정사항을 줄이려면 POSIX 인터페이스를 동일하게 구현해 주는 방법밖에는 없다. YUZA OS는 리눅스/유닉스 계열의 OS와는 근원이 다르기 때문에 최선의 방법은 다음과 같다.

하지만 호환 레이어의 제공도 결국 운영체제가 안정화돼야 생각할 사항이기 때문에 현시점에서는 POSIX와의 완벽한 호환을 기대하기는 어렵다.

4 WIN32 API

WIN32 API는 마이크로소프트라는 사기업이 만든 인터페이스이므로 표준 인터페이스라고는 볼 수 없다. 그럼에도 WIN32 API와 유사한 인터페이스를 구현하려는 이유는 다음과 같다.

- WIN32 API로 구현된 소스코드는 방대하다.
- POSIX 진영에서 개발된 소스코드를 WIN32에서도 빌드할 수 있도록 WIN32 API로 재작성한 라이브러리도 상당하다. 그리고 YUZA OS는 WIN32 환경에서 빌드할 수 있는 소스코드를 상대적으로 쉽게 마이그레이션할 수 있다.

여기서는 YUZA OS에서 구현한 몇 가지 WIN32 API와 해당 API의 활용방법을 살펴본다. 4절에서 설명하는 소스코드는 직접 프로젝트를 만들고 코드를 작성해서 실행 결과를 확인해 본다.

CreateThread

코드 11-22 스레드 생성 활용 예제 1

```
DWORD WINAPI CustomThreadFunction(LPVOID lpParam)
{
    printf("The parameter: %u\n", *(DWORD*)lpParam);
    return 0;
}
```

```
int main(int argc, char* argv[])
{
    DWORD threadId = 0;
    DWORD threadParam = 0;
    HANDLE hThread = CreateThread(NULL, 0, CustomThreadFunction, &threadParam, 0,
    &threadId);
    printf("The thread ID: %d\n", threadId);
    if(hThread == NULL)
        printf("CreateThread() failed, error : %d\n", GetLastError());
    else
        printf("CreateThread() is OK!\n");

    if(CloseHandle(hThread) != 0)
        printf("Handle to thread closed successfully.\n");
    return 0;
}
```

코드 11-22는 CustomThreadFunction 함수를 엔트리로 하는 스레드를 생성하며 성공적으로 스레드가 생성되면 CreateThread 함수는 생성된 스레드의 핸들을 반환한다. 스레드가 생성되면 참조 카운트가 증가하므로 스레드 생성을 호출한 쪽에서는 해당 핸들을 닫아줘야 한다. 핸들을 닫는 API는 CloseHandle이다. 이제 위 코드의 동작 방식을 좀 더 정확히 살펴보기 위해 코드를 일부 수정한다.

코드 11-23 스레드 생성 활용 예제 2

```
DWORD WINAPI CustomThreadFunction(LPVOID lpParam)
{
    while(1)
    {
        Sleep(1000);
        printf("The parameter: %u\n", *(DWORD*)lpParam);
    }
    return 0;
}
```

```
int main(int argc, char* argv[])
{
    DWORD threadId = 0;
    DWORD threadParam = 0;

    HANDLE hThread = CreateThread(NULL, 0, CustomThreadFunction, &threadParam, 0,
    &threadId);
    printf("The thread ID: %d\n", threadId);

    if(hThread == NULL)
        printf("CreateThread() failed, error : %d\n", GetLastError());
    else
        printf("CreateThread() is OK!\n");

    if(CloseHandle(hThread) != 0)
        printf("Handle to thread closed successfully.\n");
    while(1)
        Sleep(1000);
    return 0;
}
```

메인 스레드와 새로 생성된 스레드가 종료되지 않도록 while문 처리를 했다. 실행하면 그림 11−6과 같은 결과를 확인할 수 있다.

그림 11−6 프로그램 실행 결과

생성한 스레드의 핸들을 메인 스레드에서 닫았음에도 생성된 스레드는 코드를 계속 수행하고 있음을 알 수 있다. 즉 생성한 스레드의 핸들을 얻었을 때는 얻은 핸들을 통해 생성한 스레드에 명령을 내릴 수가 있는데 핸들을 닫으면 명령권만 잃어버릴뿐 생성한 스레드는 독자적으로 수행된다. 그리고 이 생성된 스레드가 코드 11-23처럼 영원히 루프를 돈다면 이 스레드를 종료시킬 수 있는 시점은 프로세스가 종료하는 경우, 즉 메인 스레드가 종료될 때라는 것을 시사한다.

마지막으로 예제 코드를 코드 11-24처럼 수정한다. 이번 예제는 WIN32에서 시그널 처리와 관계된 WaitForSingleObject API의 활용방법을 보여준다.

코드 11-24 스레드 생성 활용 예제 3

```
DWORD WINAPI CustomThreadFunction(LPVOID lpParam)
{
        DWORD lastTickCount = GetTickCount();

        DWORD tickDiff = 0;
        while(tickDiff <= 5000)
        {
            Sleep(1000);
            printf("The parameter: %u\n", *(DWORD*)lpParam);
            tickDiff = GetTickCount() - lastTickCount;
        }
        return 0;
}

int main(int argc, char* argv[])
{
        DWORD threadId = 0;
        DWORD threadParam = 0;
        HANDLE hThread = CreateThread(NULL, 0, CustomThreadFunction,
        &threadParam, 0, &threadId);
        printf("The thread ID: %d\n", threadId);
        if(hThread == NULL)
            printf("CreateThread() failed, error : %d\n", GetLastError());
        else
            printf("CreateThread() is OK!\n");
```

```
    DWORD result = WaitForSingleObject(hThread, INFINITE);
    switch(result)
    {
    case WAIT_ABANDONED:
        printf("Mutex object was not released by the thread that\nowned the
        mutex object before the owning thread terminates...\n");
        break;
    case WAIT_OBJECT_0:
        printf("The child thread state was signaled!\n");
        break;
    case WAIT_TIMEOUT:
        printf("Time-out interval elapsed, and the child thread's state is
        nonsignaled.\n");
        break;
    case WAIT_FAILED:
        printf("WaitForSingleObject() failed, error %u\n", GetLastError());
        ExitProcess(0);
    }
    if(CloseHandle(hThread) != 0)
        printf("Handle to thread closed successfully.\n");
    return 0;
}
```

CustomThreadFunction 함수에서는 5초 후에 작업이 종료되게 수정했으며 메인 스레드는
생성된 스레드의 종료 시그널을 받도록 WaitForSingleObject를 호출해서 대기한다. 생성
된 스레드의 종료 시그널을 받으면 메인 스레드는 생성한 스레드의 핸들을 닫고 종료한다.

그림 11-7 프로그램 실행 결과

샘플 예제 세 개를 소개하면서 등장한 WIN32 API는 표 11-15와 같다.

표 11-15 WIN32 API

WIN32 API	내용
CreateThread	스레드를 생성한다.
CloseHandle	핸들을 닫는다.
WaitForSingleObject	대상 핸들의 시그널을 대기한다.
GetTickCount	프로그램 시작 이후로 경과된 틱 카운트를 얻는다.
Sleep	밀리초 단위로 스레드 실행을 지연한다.

YUZA OS에서 지원하는 WIN32 API 구현은 지금처럼 샘플 코드를 작성하면서 진행했다. 즉 처음부터 모든 것을 상정하고 API를 구현한 것이 아니고 코드 컴파일에 필요한 API만을 먼저 구현한 것이다. 이런 방법은 학습 측면에서 도움이 되지만 생산 효율성이나 코드 안정화 측면에서는 바람직하지 못하다.

디렉터리 및 파일 조작

WIN32 API를 어느 정도 지원하려면 POSIX API와 마찬가지로 스레드뿐만 아니라 파일 및 디렉터리 조작 API의 구현이 필수적이다. 여기서는 특정 폴더에 존재하는 파일 및 디렉터리를 열거하는 WIN32 API를 구현한다. 소스코드는 **test_findfirstfile** 프로젝트를 참조한다.

코드 11-25 특정 폴더의 디렉터리 및 파일 열거

```
void GetFileList(const char* szFolder)
{
    HANDLE hFind;
    WIN32_FIND_DATA data;

    hFind = FindFirstFile(szFolder, &data);

    if (hFind != INVALID_HANDLE_VALUE)
    {
```

```
        do
        {
            printf("%s\n", data.cFileName);
        }
        while (FindNextFile(hFind, &data));

        FindClose(hFind);
    }
}

int main(int argc, char** argv)
{
    const char* szFolder = ".";
    GetFileList(szFolder);

    return 0;
}
```

실행 결과는 다음과 같다.

```
C:\>test_findfirstfile.exe
.
.\System Volume Information
.\grub
.\EFI
.\boot
.\wstring.dll
.\driver.cfg
.\yuza.cfg
.\Floppy.dll
.\IDE.DLL
……
```

WIN32 API의 구현은 libwin32 프로젝트를 참조한다.

아래 링크는 WIN32 파일 API를 구현하는 데 도움이 되는 프로젝트트니 참조하기 바란다.

5 내장 함수

내장 함수란 컴파일러에서 기본적으로 제공하는 함수를 말한다. 빌트인 함수라고도 불린다. 내장 함수 사용 여부는 프로젝트 속성 → C/C++ → 최적화 항목에서 확인할 수 있으며 기본으로 내장 함수를 사용하도록 지정돼 있다.

내장 함수를 사용하면 다음과 같은 이점을 얻을 수 있다.

- 구현된 내장 함수는 안정적이다.
- 내장 함수는 일반적으로 속도가 빠르다.

내장 함수는 운영체제 독립적인 기계어로만 구성돼 있기 때문에 윈도우 운영체제의 시스템 서비스를 호출하지 않는다. 그러므로 MSVC가 지원하는 내장 함수는 x86 플랫폼에서 동작하는 모든 운영체제에서 활용할 수 있다.

다음 코드를 살펴보자.

```
char arrayList[100] = {0,};
```

위 코드는 1바이트 배열 100개를 0으로 초기화한다. 프로젝트를 간단히 만들어서 위 코드를 입력하고 내장 함수 사용을 비활성화한 뒤 컴파일해 보자. 링킹 과정에서 memset을 찾지 못한다는 오류가 발생할 것이다. 이제 다음 코드를 추가하면 컴파일이 정상적으로 된다.

```
extern "C" void * __cdecl memset(void *, int, size_t);
#pragma intrinsic(memset)
```

extern "C" 구문은 memset이 어딘가에 구현돼 있다는 것을 컴파일러에게 알리며 두 번째 줄은 내장 함수인 memset을 사용하겠다는 것을 컴파일러에게 알린다.

memset 함수의 구현은 다음과 같다.

코드 11-26 memset 함수 버전 1

```
void * __cdecl memset(void *pTarget, char value, size_t cbTarget)
{
        _asm
        {
            push ecx
            push edi
            mov al, value
            mov ecx, cbTarget
            mov edi, pTarget
            rep stosb
            pop edi
            pop ecx
        }
        return pTarget;
}
```

한편 YUZA OS는 정책상으로는 초기에 내장 함수를 사용하지 않는 방향으로 개발을 진행했다. 그래서 내장 함수에 대응하는 함수는 대부분 구현돼 있다. memset의 경우 구현 내용은 코드 11-27과 같다.

코드 11-27 memset 함수 버전 2

```
void* memset(void *dest, char val, size_t count)
{
```

```
        unsigned char *temp = (unsigned char *)dest;
        for (; count != 0; count--, temp[count] = val);
        return dest;
}
```

---

memset의 두 가지 버전을 살펴보면 직관적으로 내장 함수 쪽이 속도 면에서 빠를 것으로
보인다.

> **MEMO** memset 두 함수의 퍼포먼스 차가 어느 정도 되는지 실제로 테스트해 본다. 각 함수를 적당
> 한 값으로 루프를 돌려서 실행한 다음 시간이 얼마나 걸리는지를 비교해 본다.

비주얼 스튜디오에 구현된 내장 함수는 intrin.h 헤더에서 확인할 수 있다. 내장 함수는
다음과 같은 카테고리로 분류할 수 있다.

- 수학 함수
- 원자 단위 연산
- 비트 단위 연산
- 메모리 조작

메모리 조작 함수는 방금 설명했으며 수학 함수는 표준 C 라이브러리에서 설명한 바 있
다. 원자 단위 연산은 하드웨어 편에서 자세히 설명한다. 여기서는 비트 단위 연산과 관련
해 두 가지 샘플 함수를 살펴본다.

BitScanReverse

BitScanReverse 함수는 4바이트 변수(32비트)의 MSB(최상위) 비트부터 LSB(최하위) 비트
로 검색하면서 1로 설정된 비트를 만나면 해당 비트의 인덱스값을 반환한다.

```
#pragma intrinsic(_BitScanReverse)

int main()
{
   unsigned long mask = 0x1100;
   unsigned long index;
   unsigned char isNonzero;

   isNonzero = _BitScanReverse(&index, mask);
   if (isNonzero)
   {
      cout << "Mask: " << mask << " Index: " << index << endl;
   }
   else
   {
      cout << "No set bits found.  Mask is zero." << endl;
   }
}
```

mask 변수 값이 0x1100이므로 MSB부터 검색을 한다면 12번째 비트값이 최초로 0이 아닌 비트값이다. 그래서 index 변수에는 12가 저장된다.

```
Mask: 4352 Index: 12
```

YUZA OS에서 BitScanReverse 함수를 사용하려면 #pragma intrinsic 키워드 말고 다음과 같이 선언해 주면 된다.

```
extern "C" unsigned char _BitScanReverse(unsigned long* _Index, unsigned long _Mask);
```

rotr8

rotr8 내장 함수는 주어진 1바이트(8비트) 값을 LSB(최하위) 비트 방향으로 시프트 값만큼 비트 단위로 회전시킨 다음 해당 값을 반환한다.

코드 11-29 rotr 함수 사용 예제

```
#pragma intrinsic(_rotr8, _rotr16)

int main()
{
    unsigned char c = 'A', c1, c2;

    for (int i = 0; i < 8; i++)
    {
        printf("Rotating 0x%x right by %d bits gives 0x%x\n", c, i, _rotr8(c, i));
    }

    unsigned short s = 0x12;
    int nBit = 10;

    printf("Rotating unsigned short 0x%x right by %d bits, gives 0x%x\n", s,
    nBit, _rotr16(s, nBit));
}
```

실행 결과는 다음과 같다.

```
Rotating 0x41 right by 0 bits gives 0x41
Rotating 0x41 right by 1 bits gives 0xa0
Rotating 0x41 right by 2 bits gives 0x50
Rotating 0x41 right by 3 bits gives 0x28
Rotating 0x41 right by 4 bits gives 0x14
Rotating 0x41 right by 5 bits gives 0xa
Rotating 0x41 right by 6 bits gives 0x5
```

```
Rotating 0x41 right by 7 bits gives 0x82
Rotating unsigned short 0x12 right by 10 bits gives 0x480
```

내장 함수는 무엇보다도 구현체를 구하기 힘든 함수에 대한 대안책이므로 여유가 있다면 내장 함수에 대해 좀 더 자세히 알아보도록 한다. 다행히도 이 책을 집필하는 시점에서는 깃허브 등에 내장 함수를 구현한 샘플이 많기 때문에 내장 함수의 구현부에 관심이 있다면 소스 공유 사이트에서 찾아본다.

 TIP 내장 함수의 구현부를 찾을 수 없다면 비주얼 스튜디오의 라이브러리에서 해당 함수가 포함된 라이브러리를 찾아서 역분석(리버스 엔지니어링)을 통해 함수 구현부를 재현할 수도 있다.

6 골치 아픈 항목

6절에서는 필자가 오픈소스를 마이그레이션하는 과정에서 어려움을 겪었던 함수를 언급하려 한다. 이 어렵다는 표현은 다음과 같은 내용으로 요약할 수 있다.

- 어떻게 구현해야 될지 감이 오지 않는다.
- 구현할 수 있지만 정답인지 확신이 서지 않는다. 더 좋은 솔루션이 존재할 것으로 보인다.
- 문제해결을 위한 자료를 찾기가 어렵다.
- 지저분하다.
- 구현 기능이 부족해서 기능을 더 보강해야 한다.

이 함수들은 초반에 완벽히 구축해 두지 않으면 개발 후반부에 엄청난 부메랑이 돼 개발자를 공격할 가능성이 있으므로 반드시 기억해 둔다.

6.1 printf

printf는 모든 소스코드에서 공통적으로 사용되는 함수인데 새삼 언급하는 이유가 궁금할 것이다. 결론만 얘기하자면 운영체제 제작에 들어갈 때 printf는 완벽하게 만들어야 한다. 어설프게 만들면 피곤해진다.

일반적으로 printf는 대부분 자체 구현하는데 %d, %s 등의 가변 인자 출력의 구현은 크게 어렵지 않다. 그러나 printf의 포맷 형식은 상상을 초월할 정도로 복잡하며 경험 많은 개발자도 printf의 전체 명세를 정확히 알기는 어렵다. 그래서 어설프게 printf를 구현하면 소스코드가 빌드는 된다 하더라도 실행 시 크래시가 발생하는 경우가 비일비재하다. 또한 문자열도 비정상적으로 출력되는 경우가 많은데 이 상황에서는 printf 함수의 문제라고 의심할 수 있다면 좋겠지만 다른 함수 때문에 발생한 경우라고 의심되는 상황도 많기에 이래저래 printf 함수를 제대로 구현하지 않으면 패닉에 빠지기 쉽다.

> printf 및 연관 함수를 지금까지 20번 이상 수정한 것 같다.

결국 이런 중요한 함수들에 대해 계속 작업을 하다 보면 종국적으로 자신이 개발한 소스코드를 사용하기보다는 이미 검증된 소스코드를 찾게 된다.

> https://github.com/mpaland/printf

위 소스코드는 필자가 최종적으로 선택한 printf 라이브러리다. 적어도 YUZA OS에서 사용한 printf에서는 문제없이 제대로 된 문자열을 출력했다.

6.2 stdin, stdout, stderr

stdin, stdout, stderr는 표준 입출력과 관계된 변수다. 필자는 이 세 변수를 절대 구현하고 싶지 않았지만 이 변수를 빼버리면 컴파일이 힘들어지는 소스코드가 많았기에 어쩔 수 없이 구현하기로 했다. 구현 자체는 크게 어렵지 않아서 최초 프로그램을 실행할 때에는 기본으로 입출력을 콘솔(터미널)로 연결시킨다. 이후 파일 포인터에 해당하는 이 변수를 실제 파일과 연결시키면 이후부터는 입출력이 파일과 연동된다.

코드 11-30 표준 입출력 파일 선언 및 생성

```
FILE g_stdin;
FILE g_stdout;
FILE g_stderr;

extern "C" FILE * stdin = 0;
extern "C" FILE * stdout = 0;
extern "C" FILE * stderr = 0;
stdin = &g_stdin;
stdout = &g_stdout;
stderr = &g_stderr;

strcpy(stdin->_name, "STDIN");
strcpy(stdout->_name, "STDOUT");
strcpy(stderr->_name, "STDERR");
```

코드 11-30처럼 파일의 이름을 통해 표준 입출력을 식별할 수 있다. 또는 파일 구조체에 _fd$^{file descriptor}$ 필드가 있는데 이 값을 통해서도 표준 입출력 유무를 확인할 수 있다.

표 11-16 표준 입출력 파일 디스크립터값 할당

입출력 종류	파일 디스크립터값
stdin	0
stdout	1
stderr	2

이 파일 디스크립터는 POSIX 기반 소스코드에서 많이 사용하기 때문에 그냥 지나칠 수 없는 항목이다. 한편 YUZA OS에서 파일 입출력은 오로지 파일 포인터만을 갖고 작업을 했기에 파일 디스크립터를 사용한 함수를 만날 때마다 난관에 부딪혔다. 처음에는 파일 디스크립터로 작업하는 입출력 함수를 모두 파일 포인터를 사용하는 함수로 변경했으나 가면 갈수록 시간이 많이 소요됐으며 수정과정에서 코드상의 실수도 많아졌다. 그래서 결국에는 파일 디스크립터를 사용하는 함수도 구현하기로 결정했다. 다만 책을 집필 중인 시점에서 파일 디스크립터 관련 함수는 대부분 구현되지 않은 상태다.

파일 디스크립터와 관계된 함수는 표 11-17과 같다.

표 11-17 파일 디스크립터를 사용하는 함수들

함수	내용
open, creat, fdopen, close	파일 디스크립터 생성, 닫기
dirfd, fileno	파일 디스크립터 가져오기
read, write, lseek, fstat, ftruncate	파일 디스크립터 연산
dup, dup2	파일 디스크립터 복제

 파일 디스크립터는 파일 기술자 또는 파일 서술자로 번역된다. POSIX 운영체제에서 사용되며 WIN32 계열이나 C 표준 입출력 라이브러리에서는 파일 핸들이라는 용어로 많이 사용되나 동일한 개념은 아니다. POSIX 계열에서 파일은 저장장치에 저장되는 파일만을 지칭하지 않고 장치나 소켓도 포함한다. 앞에서 언급했지만 YUZA OS는 현재 파일 디스크립터를 저장매체에 기록된 파일만으로 한정한다.

6.3 환경 변수 조작

setenv, getenv 함수는 각각 환경 변수 값을 설정하거나 얻어오는 함수다. 환경 변수는 시스템 전역 변수이거나 유저가 정의한 변수다.

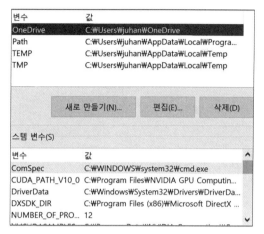

그림 11-8 윈도우 10의 환경 변수

WIN32에서도 환경 변수와 관계된 API로 다음 두 함수가 존재하며 WIN32와의 호환성을 위해서 YUZA OS에도 구현을 했다.

표 11-18 환경 변수 설정과 관계된 WIN32 API

WIN32 환경 변수 API	내용
GetEnvironmentVariable	환경 변수 값을 가져온다.
SetEnvironmentVariable	환경 변수 값을 설정한다.

환경 변수는 전역 변수이므로 관련 객체는 커널에 존재한다.

코드 11-31 getenv 함수의 구현

```
// 환경 변수 값을 얻어온다. 주어진 키에 해당하는 값을 얻는다.
char *getenv(const char *name)
{
        // 환경 변수 테이블의 첫 번째 엔트리에 대한 포인터를 얻어온다.
        char ***Env = &_GlbEnviron;
        register int len;
        register char **p;
        const char *c;
```

```
......

c = name;
while (*c && *c != '=')  c++;

// 키에는 '='가 없어야 한다.
if (*c != '=') {
    len = c - name;
    for (p = *Env; *p; ++p) { // 환경 변수 이름과 주어진 키가 동일하다면 값을 반환한다.
        if (!strncmp(*p, name, len)) {
            if (*(c = *p + len) == '=') {
                return (char *)(++c);
            }
        }
    }
}

// 주어진 환경 변수 찾지 못함
return NULL;
}
```

6.4 errno

errno는 전역 변수로 프로그램에서 에러가 발생했을 때 에러 유형을 저장하는 변수다. 값을 얻기 전에 특정 함수를 호출해 버리면 errno값이 변경될 수 있으므로 문제가 발생했으면 바로 값을 체크해서 직전 에러를 파악한다. 에러 코드는 errno.h 파일에 정의돼 있다. 표 11-19는 errno가 갖는 에러 코드 리스트다.

표 11-19 errno값

항목	내용
E2BIG	너무 긴 인수 목록
EACCESS	접근 거부

항목	내용
EAGAIN	재시도
EBADF	잘못된 파일 번호
EBUSY	이미 사용 중인 디바이스나 자원
ECHILD	자식 프로세스 없음
EDOM	함수 영역을 넘어선 수학 인수
EEXIST	이미 존재하는 파일
EFAULT	잘못된 주소
EFBIG	너무 큰 파일
EINTR	인터럽트가 걸린 시스템 호출
EINVAL	유효하지 않은 인수
EIO	입출력 오류
EISDIR	디렉터리
EMFILE	열린 파일이 너무 많음
EMLINK	너무 많은 링크
ENFILE	파일 테이블 넘침
ENODEV	그런 디바이스 없음
ENOENT	그런 파일이나 디렉터리 없음
ENOEXEC	잘못된 실행파일 형식
ENOMEM	메모리 부족
ENOSPC	디바이스에 남은 공간 없음
ENOTDIR	디렉터리 아님
ENOTTY	부적절한 입출력 제어 연산
ENXIO	그런 디바이스나 주소 없음
EPRERM	허용되지 않은 연산
ERANGE	너무 긴 결과
EROFS	읽기 전용 파일 시스템
ESPIPE	유효하지 않은 탐색
ESRCH	그런 프로세스 없음
ETXTBSY	이미 사용 중인 텍스트 파일
EXDEV	적절하지 않은 링크

WIN32에서는 GetLastError API를 통해 직전에 발생한 에러를 확인할 수 있다.

 TIP errno 변수는 전역 변수일까? 아니면 스레드 전용 변수일까? 환경 변수처럼 모든 프로세스가 공통으로 사용하는 값이 아니므로 프로세스에 종속된 값인 것은 확실하다. 하지만 프로세스는 여러 스레드로 실행될 수 있고 각 스레드는 각자 에러를 출력하기 때문에 errno 변수는 스레드 고유의 변수로 추정된다.

짚고 넘어갈 점은 에러가 발생했다 하더라도 YUZA OS는 에러 발생 시 특별한 에러값을 설정하지 않는다는 점이다. 예를 들어 **opendir** 함수 호출에 실패하더라도 에러 변수에 특별한 값을 설정하지는 않는다. 추후 운영체제를 폴리싱하는 시기가 올 때 이런 세세한 부분도 수정보완해야 할 것이다.

errno 변수는 직접 접근해도 되지만 **perror**라는 함수로 값을 얻어낼 수 있다.

표 11-20 errno 변수와 관계있는 함수들

함수	내용
perrno	errno값 반환
strerr	errno값과 대응된 문자열 값 리턴. 스레드 세이프하지 않다.
strerr_r	errno값과 대응된 문자열 값 리턴. 스레드 세이프하다.

6.5 freopen

함수 원형은 다음과 같다.

```
FILE *freopen(const char *filename, const char *mode, FILE *stream)
```

기존 스트림을 새로운 스트림으로 대체한다. 예를 들어 표준 출력이 터미널, 즉 stdout이라고 가정하자. printf 등의 함수를 사용하면 터미널로 문자열이 출력될 것이다. 여기서 쓰기 모드로 freopen 함수를 사용하면 이제부터 출력은 터미널이 아니라 새롭게 생성한 파일 스트림으로 문자열이 기록된다. 표준 입출력과 연계되지 않는다면 freopen 함수는 단순히 fclose, fopen의 조합이라고 보면 된다.

코드 11-32 freopen의 사용

```
#include <stdio.h>

int main () {
    FILE *fp;

    printf("This text is redirected to stdout\n");
    fp = freopen("file.txt", "w+", stdout);
    printf("This text is redirected to file.txt\n");
    fclose(fp);

    return(0);
}
```

이 함수는 현재 구현돼 있지 않다. 자주 사용되지 않기 때문에 큰 문제는 되지 않지만 언젠가는 맞닥뜨릴 함수이므로 염두에 두는 것이 좋다.

6.6 vfprintf

vfprintf 함수는 va_list 파라미터를 사용해서 입력으로 받은 문자열을 파일로 기록하는 함수다. vfprintf와 fprintf는 게임의 경우 세이브 내용을 파일에 저장하거나 로그를 남길 때 자주 사용된다. fprintf는 가변 인자를 목적 함수로 넘기는 과정에서 설명한 바 있다.

```
void WriteString(FILE * stream, const char * format, ...)
{
  va_list args;
  va_start (args, format);
  vfprintf (stream, format, args);
  va_end (args);
}

int main ()
{
    FILE * pFile = 0;
    pFile = fopen ("test.txt","w");
    int HP = 100;
    const char* szName = "Hero";
    WriteString(pFile,"Name %s\n", szName);
    WriteString(pFile,"HP %d\n", HP);
    fclose (pFile);
    return 0;
}
```

가변 인자를 받는 함수와 **va_list** 변수를 파라미터로 받는 유형의 함수 구현은 생각보다 까다롭다. 특히 파일에 문자열을 저장하는 입출력 함수의 경우에는 일단 시스템이 파일로 데이터를 저장하는 기능을 지원해야 한다. 그래서 개발 초기에 이런 유형의 함수들은 더미 함수로 구현한다.

다양한 오픈소스를 포팅해 보면 **vfprintf, vprintf**를 사용하는 경우는 생각보다 많지는 않다. 하지만 볼륨이 큰 오픈소스 라이브러리는 심심찮게 해당 함수를 사용하므로 구현해 두는 편이 좋다.

6.7 vfscanf

vfscanf 함수는 파일 스트림과 서식있는 문자열, va_list 파라미터를 입력으로 받아 파일로부터 데이터를 뽑아내는 함수다. vfprintf와 달리 va_list는 데이터가 저장되는 참조 포인터를 구하는 데 사용되며 참조 포인터의 유형은 서식있는 문자열을 통해 알아낸다.

코드 11-34 vfscanf 사용 예제

```
void ReadProperty(FILE * stream, const char * format, ...)
{
  va_list args;
  va_start (args, format);
  vfscanf (stream, format, args);
  va_end (args);
}

int main ()
{
  FILE * pFile = 0;
  char szField[MAX_PATH];
  char szName[MAX_PATH];

  pFile = fopen ("test.txt","r");

  if (pFile!=NULL) {
    ReadProperty(pFile, " %s %s ", szField, szName);
    printf("%s : %s ", szField, szName);
    fclose (pFile);
  }

  return 0;
}
```

코드 11-34는 코드 11-33에서 저장한 test.txt 파일로부터 한 줄을 읽어 출력한다.

```
Name : Hero
```

vfscanf 함수의 세부 구현은 vfscanf.c 파일에서 참조한다.

6.8 tmpnam

tmpnam 함수는 임시 이름을 생성하는 함수다. 함수 원형은 다음과 같다.

```
char *tmpnam(char *string);
```

운영체제나 프로세스는 임시 파일을 자주 생성하며 임시 파일 생성 시 기존 파일 이름과 겹치지 않도록 고유한 이름을 생성해야 한다.

코드 11-35 tmpnam 함수

```
char* tmpnam(char* s)
{
    int pid = 0; // 프로세스 아이디. 이 값에 실행 중인 프로세스의 아이디 값을 기록하자.
    if (s == NULL) // 강제로 지정한 이름이 없다면 임시 버퍼 설정
        s = tmpnam_buffer;

    while (1)
    {
        FILE* f;
        sprintf(s, "%s/%s%x.%x", P_tmpdir, "t", pid, tmpnam_counter);
        f = fopen(s, "r"); // 해당 이름이 존재하는지를 체크
        if (f == NULL)
            break;
        tmpnam_counter++;
        fclose(f);
```

```
    }
    return s;
}
```

임시 이름을 생성할 때 해당 이름을 가진 파일이 존재하는지를 체크하고 없다면 생성한 이름을 반환한다.

7 정리

표준 프로그래밍 인터페이스의 구축은 기존의 다양한 오픈소스를 자신만의 운영체제에서 동작시키기 위한 첫걸음 중 하나다. 표준 프로그래밍 인터페이스로는 ANSI C, POSIX API, WIN32 API 등이 있었다. 해당 API를 구현해 두면 상당수의 오픈소스 코드를 별다른 수고없이 새로운 플랫폼으로 이식하는 것이 가능해진다. 다양한 샘플 코드를 통해 YUZA OS에서도 별다른 문제없이 표준 프로그래밍 인터페이스를 활용할 수 있음을 확인했다.

또한 비주얼 스튜디오가 지원하는 내장 함수를 활용해서 x86 기계어로 구성된 함수를 일일이 구현할 필요없이 활용할 수 있음을 확인했다. 내장 함수에는 메모리 연산, 비트 연산, 동기화 함수 등이 존재한다. 비주얼 스튜디오는 x86 및 ARM 기계어를 생성할 수 있으며 이 두 아키텍처를 제외한 새로운 아키텍처로 OS를 마이그레이션하고 싶다면 해당 아키텍처에 맞는 내장 함수를 사용하든지 또는 대체 함수를 구현해야 한다.

OS가 표준 API를 구현하지 못했는데 라이브러리를 사용하고 싶다면 일단 더미 함수를 만들어서 코드가 실행되도록 작업해 두자.

11장의 후반부에서는 자주 사용되지는 않지만 구현하기 까다로운 몇 가지 함수를 소개했다. 소개한 함수 외에도 구현하기 까다로웠던 함수와 기본 명세를 정확하게 구현하지 못한 함수도 존재한다. 그러므로 라이브러리 동작이 예상과 다르게 동작한다면 API를 검증하고 문제점을 찾는 작업이 필요하다.

마지막으로 표준 프로그래밍 인터페이스를 효율적으로 구축하기 위한 방법을 소개하려 한다. 표준 프로그래밍 인터페이스에 속하는 CRT나 POSIX는 앞에서도 언급한 바 있지만 커널과 연동하는 부분을 제외하고 플랫폼 독립적인 코드로 최대한 묶는 것이 가능하다. 그래서 우리 앞세대 프로그래머들이 모듈화시킨 CRT 라이브러리를 개발할 수 있었다. 이런 라이브러리를 활용하면 운영체제를 밑바닥부터 제작하려는 개발자의 수고스러움을 덜어 줄 수 있다. CRT 라이브러리를 제공하는 벤더는 C 표준 인터페이스뿐만 아니라 벤더의 확장 함수, POSIX 함수를 CRT에 구현해서 제공한다.

CRT 라이브러리는 대부분 플랫폼 독립적인 코드로 구성돼 있지만 커널의 시스템 서비스를 반드시 호출하므로 커널 종속적인 부분을 구현해야 한다. 즉 오픈소스 CRT 라이브러리 그 자체로는 특정 플랫폼에서 사용할 수 없다. 오픈소스이며 살펴볼 만한 가치가 있는 CRT 라이브러리는 다음과 같다.

표 11-21 CRT 라이브러리

CRT 라이브러리	설명
glibc	GNU C 라이브러리는 GNU 시스템과 커널로서 리눅스를 사용하는 여러 GNU/리눅스 시스템을 위한 코어 라이브러리를 제공한다. 이 라이브러리는 ISO C11, POSIX, BSD, OS에 종속적인 API 등을 포함한 핵심 API를 제공한다. API 예) open, read, write, malloc, printf, getaddrinfo, dlopen glibc는 포팅하기도 어려울 뿐만 아니라 라이선스 문제도 있으므로 참조용으로 사용하는 것이 좋다.
musl	경량형 embedded 리눅스 등에서 쓰이는 신뢰성 높은 C/POSIX 지원 라이브러리다. 너무 리눅스에 특화된 인터페이스가 문제다.
Google's Bionic	https://android.googlesource.com/platform/bionic.git/+/eclair-release/libc/stdlib
newlib	임베디드 시스템에서 사용하기 위해 제작된 C 라이브러리다. https://sourceware.org/newlib/
pdclib	표준 함수의 보안 함수 버전도 구현한다. https://github.com/DevSolar/pdclib
klibc	커널 시작 시에 활용할 수 있는 라이브러리다. 커널 부팅 시에 초기화되는 컴포넌트들은 응용앱에서 사용하는 glibc나 musl 같은 라이브러리를 사용할 수 없으므로 대안으로 klibc를 사용한다. 단 커널이 정상궤도에 진입하면 klibc는 더 이상 활용하지 않는다.
dietlibc	https://github.com/wardjaradat/dietlibc

표 11-21의 라이브러리를 활용하면 프로그래밍 인터페이스를 빠르게 구축할 수 있다. 개발자 입장에서는 표준 인터페이스의 활용방법만 숙지하고 있으면 되는 것이다. 문제는 이런 라이브러리들이 모두 유닉스/리눅스 시스템에 특화돼 있고 GCC 컴파일러에 종속돼 있어서 MSVC 환경에서는 사용하기 곤란하다는 데 있다. 그래서 표 11-21에서 소개한 라이브러리들을 MSVC에서 사용하려면 많은 수정이 필요하다.

8 고급

이번에는 표준 프로그래밍 인터페이스를 라이브러리 밑바닥부터 수작업으로 구축하는 것이 아니라 이미 구축된 라이브러리를 활용해서 빠르게 프로그래밍 인터페이스를 구축하는 방법을 살펴본다. 여기서는 표 11-21에서 언급한 라이브러리 중 musl 라이브러리를 활용하는 방법을 살펴보겠다. 이 예제는 비주얼 스튜디오를 사용하지 않고 다른 툴을 사용한다. 실습하다가 잘 진행이 되지 않는다면 지금 당장 보지 말고 추후에 학습하기 바란다.

8.1 musl

musl 라이브러리는 아래 링크에서 다운받을 수 있다.

https://www.musl-libc.org/

musl 라이브러리를 활용한 예제로 루아 운영체제 개발에서 참조했던 루아 커널을 분석한다.

https://github.com/ers35/luakernel

루아 커널은 루아+SQLite+musl libc가 결합된 64비트 독립형 운영체제다. 또한 GRUB
을 사용해서 부팅을 초기화한다. YUZA OS에서는 musl 라이브러리를 제거하고 자체
CRT 라이브러리와 커널을 사용했다.

현재 소스는 우분투 18.04 버전에서는 어셈블리 소스코드를 제외하고 정상 빌드된다. 따
라서 VirtualBox에 우분투 18.04 버전을 설치하거나 WSL을 사용해서 빌드한다. 여기서
는 빌드 시스템으로 WSL을 사용해서 설명한다.

빌드

WSL을 실행한 후 GIT으로 소스코드를 다운받는다.

```
git clone https://github.com/ers35/luakernel.git
```

폴더로 이동한 후 make를 실행하자. 그럼 에러가 출력된다.

```
relocation truncated to fit: R_X86_64_32 against symbol `PML4' defined in .bss section
in bin/init.o
```

이제 init.s 파일을 열어서 아래 부분을 찾는다.

```
gcc $(CFLAGS) -m32 src/init.c -o bin/init.o
```

이 라인을 다음과 같이 수정한다.

```
gcc $(CFLAGS) -m32 -O0 src/init.c -o bin/init.o
```

이제 소스코드는 정상 빌드되며 bin 폴더에는 luakernel.iso 시디 이미지가 생성된다. 이 이미지를 VirtualBox로 실행시켜 커널이 정상 동작하는지 확인한다. 실행 결과는 10장의 그림 10-11과 유사하다.

루아 커널은 루아 스크립트가 루아 모듈을 호출하는 구조다. lua 라이브러리는 musl libc를 호출한다. 그리고 open, read, write 등의 함수가 호출되면 결국 musl은 시스템 콜을 호출하게 된다. 이 시스템 콜은 운영체제 개발자가 제공해야 한다. 시스템 콜은 숫자로 식별되며 루아 커널에서는 luakernel.c 파일에 시스템 콜을 구현했다.

코드 11-36 루아 커널이 제공하는 시스템 콜

```
SYS_open
SYS_close
SYS_lseek
SYS_read
SYS_write
SYS_writev
SYS_ioctl
SYS_getpid
SYS_fsync
SYS_chown
SYS_clock_gettime
SYS_gettimeofday
SYS_fcntl
```

musl libc는 유닉스/리눅스 호환 CRT이기 때문에 위의 시스템 콜 외에도 다양한 시스템 콜을 받을 수 있다. 다만 가벼운 OS에서는 모든 시스템 콜을 구현할 필요는 없다. 루아 커널은 코드 11-36에 열거한 시스템 콜 이외의 시스템 콜이 호출되면 트랩이 발생해서 커널 실행을 중지한다. 코드 11-36의 시스템 콜들은 모두 _syscall 함수를 호출하므로 이 함수만 구현해 주면 musl 라이브러리의 외부 종속성은 해결된다. 루아 커널은 _syscall 함수로 handle_syscall 함수를 구현했다.

```
syscall = handle_syscall
```

코드 11-37 시스템 콜을 처리하는 handle_syscall 함수

```
long handle_syscall(long n, long a1, long a2, long a3, long a4, long a5, long a6)
{
  switch (n)
  {
    // 파일 열기 시스템 콜. 루아 커널은 메모리상의 파일을 연다.
    case SYS_open:
    {
      const char *pathname = (const char*)a1;
      int flags = a2;
      int mode = a3;
      // 루아 시스템의 파일 처리 함수를 호출. open 함수는 스크립트에서 확인 가능
      lua_getglobal(L, "open");
      lua_pushstring(L, pathname);
      lua_pushnumber(L, flags);
      lua_pushnumber(L, mode);
      lua_call(L, 3, 1);
      return luaL_ref(L, LUA_REGISTRYINDEX);
  }
      ……
    default:
    {
      trap();
      return -1; // 도달하지 않는다.
    }
  }
}
```

그럼 지금부터는 musl 라이브러리의 __syscall 함수가 호출되는 과정을 살펴보겠다. 여기서는 SYS_open 시스템 콜 호출 흐름만 살펴본다.

SYS_open 함수가 호출됐다는 것은 open 함수가 호출됐다는 것을 의미한다. musl 라이브러리 내의 open.c 함수에 open 함수가 구현돼 있다.

코드 11-38 open 함수

```
int open(const char *filename, int flags, ...)
{
        mode_t mode = 0;

        if (flags & O_CREAT) {
            va_list ap;
            va_start(ap, flags);
            mode = va_arg(ap, mode_t);
            va_end(ap);
        }

        int fd = __sys_open_cp(filename, flags, mode);
        if (fd>=0 && (flags & O_CLOEXEC))
            __syscall(SYS_fcntl, fd, F_SETFD, FD_CLOEXEC);

        return __syscall_ret(fd);
}
```

코드 11-38에서 시스템 콜 부분은 __sys_open_cp, __syscall, __syscall_ret이다. 따라서 __syscall은 구현했으므로 __sys_open_cp와 __syscall_ret을 구현해 주면 종속성을 해결할 수 있다. __syscall_ret은 __syscall과 __sys_open_cp로 구성된다. __sys_open_cp는 __syscall0에서 __syscall10으로 변환되는데 이 함수들은 최종적으로 __syscall 함수를 호출한다. 그러므로 __syscall 함수만 구현됐다면 musl 라이브러리가 필요로 하는 또 다른 종속 함수는 없다.

루아 커널의 luakernel.c와 musl 라이브러리에서 구현한 open.c를 통해 알 수 있는 사실을 정리하면 다음과 같다.

- musl 라이브러리는 커널 및 유저 라이브러리로 사용할 수 있다.
- musl 라이브러리는 __syscall 함수만 구현하면 사용할 수 있다. 루아 커널은 handle_systemcall 함수를 구현해서 제공했다.
- __syscall의 첫 번째 파라미터로 전달되는 커널 서비스 번호는 유닉스/리눅스 계열에서 사용하는 커널 서비스의 번호와 동일하다. 따라서 musl 라이브러리를 사용한다면 리눅스/유닉스 계열이 제공하는 커널 서비스와 유사하게 운영체제를 제작하면 좋다.

루아 커널은 입출력 처리와 관련된 커널 서비스만을 제공하지만 다양한 커널 서비스를 제공해 주면 정교한 운영체제가 될 수 있을 것이다.

12

C++ & STL

런타임 라이브러리 구축이라는 힘든 여정을 무사히 이겨내고 12장, 'C++ & STL'에 진입한 것을 축하한다. STL은 표준 템플릿 라이브러리의 준말로 C++ 언어에서 필수적으로 사용하는 프로그래밍 인터페이스다. 필자가 은연 중에 C++ 언어의 불편함을 내비치고 있지만 STL의 강력한 기능은 절대 무시하지 못할 만큼 개발자에게 편리한 인터페이스를 제공한다. 다만 인터페이스를 사용하는 것과 구현하는 것은 별개의 문제로 STL 구현 소스를 보면 아마도 자신감을 잃고 프로그래밍을 포기하는 상황이 발생할지도 모르겠다.

> MEMO → 세상에는 천재가 많다. 겸손해질 필요가 있다.

STL을 직접 구현하는 것은 인적으로나 물적으로나 모두 불가능에 가깝다. 그래서 STL 시스템 라이브러리를 구축하기 위한 현명한 선택은 이미 구현된 STL 라이브러리를 활용하는 것이다. CRT 라이브러리 구축 시 얻은 노하우를 활용해서 STL 라이브러리를 선택하고 구현할 때 고려할 내용을 살펴보자.

- STL 라이브러리는 커널과 연계된 부분과 플랫폼 독립적인 부분을 분리해서 개발한다. 커널과 연계된 부분에는 파일 입출력, 메모리 할당 등이 해당된다.
- 상용 시스템에 사용되는 라이브러리는 플랫폼 종속성이 강하므로 다른 플랫폼에서 그대로 사용하기 어렵다. 기존 라이브러리를 활용하고자 한다면 라이브러리와 특정 플랫폼과의 종속성 강도를 먼저 파악해야 한다. 물론 소스코드도 오픈돼 있어야 한다.
- 플랫폼 독립적으로 개발된 STL 라이브러리를 리서치해 본다.

현시점에서 YUZA OS는 C++11의 온전한 지원을 목표로 한다. 여기서는 독자분들이 C++11에 익숙하다고 가정하며 C++ 내용 중 강조할 사항에 대해서만 자세히 설명한다.

책의 C++ 내용 중 이해가 되지 않는 부분이 있다면 독학을 하거나 카페에 질문을 한다.

목표
- 플랫폼 독립적인 STL 라이브러리를 YUZA OS에 구현한다.
- YUZA OS에서 C++11을 제대로 지원하는지 확인한다.
- STL로 제작된 오픈소스를 큰 수정없이 YUZA OS로 마이그레이션할 수 있는지 확인한다.
- C++11로 프로그램을 작성해 본다.

코드는 05_stl.sln 파일을 열어서 참조한다.

1 STL

STL은 비주얼 스튜디오나 리눅스 개발 환경에서 특별한 설정없이 사용하는 것이 가능하다. 그 이유는 이들이 제공하는 컴파일러가 STL 라이브러리를 제공해 주기 때문이다. 그리고 이 STL 라이브러리는 다수의 코드가 플랫폼 독립적으로 구성된다. 알고리즘과 컨테이너는 플랫폼 독립적인 구현체의 대표적인 예라고 할 수 있다. 하지만 이 C++ 표준 라이브러리를 윈도우나 리눅스가 아닌 새로운 플랫폼에서 사용하는 데는 무리가 있다. 그 이유는 다음과 같다.

- 플랫폼에 특화된 부분

예를 들어 마이크로소프트사가 제공하는 STL은 예외처리를 할 때 구조화된 예외처리, SEH^{Structured Exception Handling}를 사용한다. 이 예외처리 구조는 윈도우 운영체제에 특화된 부분이기 때문에 새로운 플랫폼에서 STL을 사용하려면 이 부분을 제거하고 새롭게 예외처리를 구현해야 한다.

- 컴파일러 문제

리눅스 환경에서 쓰이는 libstdc++ 라이브러리는 GCC 컴파일러에 종속적이라서 비주얼 스튜디오 컴파일러로 빌드하는 데 어려움이 따른다. YUZA OS에서 libstdc++를 사용하려면 일단 비주얼 스튜디오 컴파일러로 빌드가 가능해야 하는데 이 작업은 쉽지 않다.

그래서 기존 STL 라이브러리를 손쉽게 활용하기 위해서는 C++ 컴파일러의 선택이 중요하다. C++ 컴파일러는 수없이 많지만 2020년 기준 운영체제 개발을 위한 의미있는 C++ 컴파일러 종류는 다음과 같다.

GCC, 비주얼 스튜디오 C++ 컴파일러(MSVC), LLVM + clang

한편 우리는 OS 개발을 위해 비주얼 스튜디오 C++ 컴파일러를 선택했기 때문에 다른 선택지는 없다. 그래서 지금은 우선적으로 비주얼 스튜디오에서 빌드가 쉬운 라이브러리를 선택해야 한다.

만일 표준 컴파일러가 제공하는 STL을 사용할 수 없다면 대체 STL도 좋은 대안이다. 공식 컴파일러에서 제공하는 STL 외에도 다수의 대체 STL이 존재하는데 대체 STL을 제작하는 이유는 다음과 같다.

이 과정에서 대체 STL은 기존 STL과의 호환성이 약해진다. 그러므로 대체 STL을 사용한다면 기존 STL과 어느 정도의 호환성을 유지하고 있는지 확인할 필요가 있다. 당연한 얘기지만 기존 STL과의 호환성이 떨어진다면 STL로 작성된 오픈소스를 새 플랫폼으로 마이그레이션하는 비용이 커지기 때문이다.

표 12-1은 새로운 플랫폼에서 사용할 수 있는 후보 STL 라이브러리를 정리한 것이다.

표 12-1 STL 라이브러리

STL 라이브러리	내용
libc++	LLVM clang 컴파일러에서 제공하는 라이브러리
libstdc++	GNU에서 제공하는 라이브러리
MSSTL	마이크로소프트사에서 제공하는 라이브러리. 이 책을 집필하는 도중에 MSSTL의 전체 소스코드가 공개됐다.
STL Port	http://www.stlport.org/
Rogue Wave Standard C++	로그 웨이브 개발사가 제공하는 라이브러리
Apache C++ Standard Library	아파치 재단에서 제작한 C++ 표준 라이브러리
cheerp-libcxx	https://github.com/leaningtech/cheerp-libcxx
Dinkum STL library	MSSTL은 이 라이브러리를 기반으로 제작됐다.

앞에서 언급했듯이 STL은 플랫폼 독립적인 코드가 다수를 차지한다. 그러므로 컴파일러 이슈를 해결하고 일부 플랫폼 종속적인 코드를 해결하면 무리없이 새 플랫폼에서 기존 STL을 활용할 수 있다. 플랫폼 종속적인 부분은 예외처리, 메모리 할당, RTTI, 변수 크기 등이 해당한다. 새 플랫폼에서는 새 플랫폼에 맞게 이 플랫폼 종속적인 부분을 재작성해야 한다.

표 12-2 STL의 플랫폼 종속적인 예시

항목	내용
std::size_t	변수의 크기
std::type_info	RTTI를 위해 필요
std::initializer_list	초기화 처리
std::bad_exception	예외처리

결국 지금까지의 내용을 다시 정리해 보면 기존 STL 라이브러리를 YUZA OS에서 활용하기 위해서는 아래 내용을 염두에 둬야 한다.

- 비주얼 스튜디오 C++ 컴파일러로 빌드할 수 있는 STL
- 플랫폼 독립적인 코드와 종속적인 코드 비율
- 대체 STL일 경우 표준 STL과의 프로그래밍 인터페이스 호환성

다양한 STL 라이브러리 중에서 SGI STL과 EASTL은 위의 사항을 만족하며 이 두 구현체는 YUZA OS에서 사용할 수 있게 마이그레이션됐다. 특히 EASTL은 C++11 STL과 거의 유사한 인터페이스를 제공하므로 좀 더 구체적으로 살펴볼 것이다.

표 12-3 YUZA OS에 적용된 STL

라이브러리	설명
SGI STL	C++11 나오기 이전에 사용된 구형 STL 라이브러리다. 최신 구문은 사용할 수 없지만 STL로 작성된 수많은 소스를 YUZA OS로 가져오는 데 많은 도움이 되고 있다.
EASTL	일렉트로닉 아츠에서 공개한 오픈소스 STL 라이브러리다. 견고하며 고성능을 지향하는 라이브러리로 C++11을 지원한다. 한 가지 아쉬운 점은 정규표현식인 std::regex는 명세에 포함돼 있지 않다는 점이다.

2 개인 제작 STL

기업 레벨에서 구현한 STL은 품질이 좋지만 소스코드를 이해하는 데는 크게 도움이 되지 않는다. STL을 스스로 구현해 보고자 한다면 비록 모든 범주의 STL 인터페이스를 구현하

지 못했더라도 개인이 취미로 만든 STL이 오히려 큰 도움이 된다. 최종 구축할 STL 라이브러리에 부족한 기능이 존재한다면 새로 구현할 필요도 있으므로 몇 가지 개인이 제작한 STL을 살펴보자.

MyTinySTL

MyTinySTL은 비주얼 스튜디오 프로젝트가 존재하므로 비주얼 스튜디오 프로젝트를 실행해서 그 결과를 쉽게 확인할 수 있다. 소스코드는 아래 링크에서 다운받을 수 있다.

https://github.com/Alinshans/MyTinySTL

코드 12-1은 MyTinySTL의 자료 구조를 테스트하는 코드다. vector, list, deque, queue, stack, map, set, unordered_map, string 등을 테스트한다.

코드 12-1 MYTinySTL 테스트 코드

```
int main()
{
  ……
  algorithm_performance_test::algorithm_performance_test();// 알고리즘 퍼포먼스 테스트
  vector_test::vector_test(); // 벡터 테스트
  list_test::list_test(); // 리스트 테스트
  deque_test::deque_test(); // 데크 테스트
  stack_test::stack_test(); // 스택 테스트
  map_test::map_test(); // 맵 테스트
  map_test::multimap_test(); // 멀티맵 테스트
  set_test::set_test(); // 셋 테스트
  set_test::multiset_test(); // 멀티셋 테스트
  string_test::string_test();
  ……
}
```

그림 12-1은 위 테스트 함수 중 스택 테스트의 결과를 보여준다. 스택 s1에는 4, 2, 1의 값이 푸시돼 있으며 s4에는 5, 4, 3, 2, 1 값이 푸시돼 있다. 스택 테스트에서는 표준 라이브러리보다 MyTinySTL이 더 좋은 성능을 보여준다.

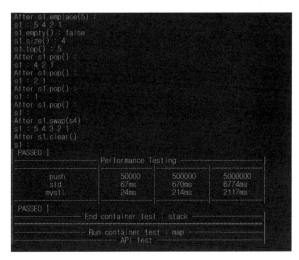

그림 12-1 MYTinySTL 테스트 결과

mystl

mystl은 STL에서 자주 쓰이는 list, queue, vector 자료 구조를 구현했다. C++11 인터페이스에 근접하게 구현했으므로 STL 라이브러리를 직접 구현하고자 한다면 좋은 레퍼런스라고 할 수 있다. 샘플 코드로 스레드큐 예제가 있는데 스레드 처리나 시간 처리를 위해서 기존 STL 라이브러리도 사용하고 있다.

https://github.com/senlinzhan/mystl

코드 12-2 스레드큐 예제

```
ThreadQueue<string> messageQueue;
mutex print_mtx;
```

```cpp
void provider( int product_num, int wait_seconds )
{
    for( int i = 0; i < product_num; ++i )
    {
        string message( "Message-" );
        message.append( to_string( i ) );
        messageQueue.push( message );
        this_thread::sleep_for( chrono::seconds( wait_seconds ) );
    }
    lock_guard<mutex> guard( print_mtx );
    cout << "All works done!" << endl;
}

void consumer( int consumer_id )
{
    while( true )
    {
        string message;
        messageQueue.pop( message );
        {
            lock_guard<mutex> guard( print_mtx );
            cout << "consumer-" << consumer_id << " receive: " << message;
            cout << endl;
        }
    }
}

int main()
{
    thread pvi{ provider, 10, 1 };
    thread csm1{ consumer, 1 };
    thread csm2{ consumer, 2 };
    pvi.join();
    csm1.join();
    csm2.join();
```

```
        return 0;
}
```

위 예제는 생산자 스레드와 소비자 스레드를 만든 다음 생산자 스레드가 큐로 메시지를 집어넣고 이 메시지를 소비자 스레드가 꺼내서 메시지의 내용을 출력하는 예제다.

MyTinySTL과 mystl은 STL을 스스로 제작하는 데 출발점이 되므로 디버깅을 하면서 내부 구현을 확인해 보기 바란다. 지금부터는 기업 수준의 STL을 살펴본다.

3 SGI STL

SGI STL은 표 12-3에서 언급했듯이 여러 STL 구현체의 기반이 된 라이브러리로 그 여러 STL 구현체의 기반이 된 STL로는 SGI STL과 dinkumware STL이 있다.

SGI STL은 20세기에 제작된 구현체라서 최신 인터페이스를 지원하지는 않지만 기존에 우리가 사용했던 인터페이스를 어느 정도는 사용할 수 있다. SGI STL의 사용 예제는 **test_sgi** 프로젝트를 참조한다. 벡터, 맵, 데크, 리스트, 정렬, 문자열에 대한 테스트 코드를 담고 있다.

코드 12-3 벡터 테스트 코드

```
void TestVector()
{
        vector<int> vec;
        vec.push_back(100);
        vec.push_back(105);
        vec.push_back(120);
        vec.push_back(140);

        while (vec.size() > 0)
        {
            int data = vec.back();
```

```
        printf("%d\n", data);
        vec.pop_back();
    }
}
```

벡터의 뒤쪽 부분부터 데이터를 꺼내기 때문에 140, 120, 105, 100 순으로 결과가 출력된다. 나머지 자료 구조에 대한 테스트 함수는 직접 디버깅을 하면서 확인해 본다.

SGI STL은 초창기의 STL이기 때문에 모던 STL 구문은 대부분 지원하지 않는다. 그러므로 SGI STL은 STL로 작성된 소스코드가 오래됐을 경우 활용하거나 커널 레벨에서 STL을 사용하고 싶을 경우 커널용 STL을 자체 구현하기보다는 이 SGI STL을 커널 레벨용으로 사용하면 좋을 것으로 판단된다.

4 EASTL

EASTL은 Electronic Arts Standard Template Library의 줄임말이다. EASTL은 런타임 및 도구 개발에 유용한 컨테이너 및 알고리즘, 반복자 등을 구현한 C++ 템플릿 라이브러리로 여러 플랫폼에서 동작할 수 있다. EASTL은 견고하게 구현됐으며 높은 성능을 자랑한다. 또한 C++ STL과 인터페이스가 거의 동일하기 때문에 STL로 작성한 프로그램은 코드 수정을 최소화해서 EASTL과 함께 빌드할 수 있다.

https://github.com/electronicarts/EASTL

STL 사용에 익숙하다면 EASTL도 무리없이 사용할 수 있다. EASTL의 주요 특징은 다음과 같다.

- C++11에 해당하는 STL을 구현했다.

- 네임스페이스로 std 대신 eastl을 사용한다.
- 표준 C++ 라이브러리보다 성능이 좋다.

SGI 라이브러리에 비해 EASTL을 사용함으로써 얻을 수 있는 큰 장점 중 하나는 스마트 포인터를 사용할 수 있다는 것이다. C++를 개발 언어로 사용하면서 필연적으로 마주칠 수밖에 없는 문제가 메모리를 할당하고 나서 이를 해제하지 않는 경우다. 이런 문제를 미연에 방지하려면 스마트 포인터가 큰 도움이 된다.

스마트 포인터

스마트 포인터는 RAII 디자인 패턴으로 구현된다. RAII 디자인 패턴은 객체가 자신이 선언된 범주를 벗어날 때 자동으로 소멸자를 호출하는 점에 착안했다. 즉 RAII 패턴은 객체의 자원을 바인딩하고 해제하는 작업을 객체의 생명주기에 의존하는 테크닉이다. 메모리를 할당하고 사용이 끝난 뒤 해제하지 않는 것은 C++ 프로그래머가 흔히 범하는 실수 중 하나인데 스마트 포인터를 활용하면 자바와 같은 가비지 컬렉터가 없다 하더라도 할당된 리소스의 해제 책임, 소유권 문제, 리소스 중복 해제 등의 문제를 해결할 수 있다.

 TIP RAII 패턴은 스마트 포인터뿐만 아니라 동기화 객체 사용 시에도 자주 활용된다.

스마트 포인터에는 unique_ptr와 shared_ptr, scoped_ptr가 있는데 여기서는 unique_ptr를 살펴보겠다. unique_ptr는 특정 객체에만 유일한 소유권을 부여하는 포인터 객체다.

코드 12-4 unique_ptr의 사용 1

```
unique_ptr<int> ptr(new int(3)); // ptr는 할당한 메모리에 대한 유일한 소유권을 가진다.
ptr.reset(new int(4));   // 기존 int(3)을 해제하고 새 메모리 int(4)의 소유권을 획득
ptr.reset(NULL);         // int(4)를 해제한다.
```

```
unique_ptr<int> ptr(new int(3));
unique_ptr<int> newPtr(new int(4));
ptr = eastl::move(newPtr);  // int(3)을 해제하고 newPtr가 지닌 int(4)를 ptr로 이전한다.
int* pLost = newPtr.get();  // pLost는 널 포인터다.
int* pGet = ptr.get();  // pGet은 int(4)를 가리킨다.
```

unique_ptr 및 shared_ptr, scoped_ptr의 세부 동작에 대해서는 test_eastl 프로젝트를 참조한다. 스마트 포인터 테스트 코드는 TestSmartPtr 코드를 참조하면 된다. 디버깅을 통해 단계별로 라인을 실행시키면서 동작을 정확히 이해하도록 한다.

EASTL 보강하기

앞에서도 언급했지만 EASTL은 대부분 C++11 기능을 갖췄으나 몇 가지 구현이 빠져 있다. 표 12-4에 그 항목과 해결책을 정리했다.

표 12-4 EASTL 보강사항

기능	해결책
정규표현식	정규표현식 라이브러리인 pcre2로 대체
std::bind	구현
입출력	별도의 라이브러리로 대체
스레드	tinythread 라이브러리로 보강

EASTL의 개발 목적이 코드 실행 속도 등의 향상에 있다 보니 모든 STL의 스펙을 다 개발하려고 하지는 않은 듯 보인다. 실제 EASTL의 샘플 테스트 코드를 보면 구현하지 않은 STL은 표준 C++ STL을 사용한다. 그래서 라이브러리 충돌을 막기 위해 std 네임스페이스와 eastl 네임스페이스 두 가지가 동시에 사용된다. 이 네임스페이스 때문에 오픈소스 마이그레이션 시 귀찮은 문제가 발생한다.

정규표현식

STL의 정규표현식을 PCRE2로 대체하려면 PCRE2에 다음 기능이 구현돼 있어야 한다.

- regex_match : 전체 문자열이 정규표현식과 매칭하는지 검사한다.
- regex_search : 문자열에서 정규표현식 패턴과 일치하는 부분의 문자열을 찾는다.
- regex_replace : 문자열에서 정규표현식 패턴과 일치하는 부분의 문자열을 다른 문자열로 치환한다.

여기서는 이메일 주소가 정규표현식에 부합하는지를 체크하는 코드를 표준 STL과 PCRE2로 구현해서 비교해 본다. 먼저 STL을 사용해서 구현해 보자.

코드 12-6 STL regex로 이메일 유효성 검증

```cpp
bool is_email_valid(const std::string& email)
{
    const std::regex pattern("(\\w+)(\\.|_)?(\\w*)@(\\w+)(\\.(\\w+)+)");
    return std::regex_match(email, pattern);
}

bool is_email_valid2(const std::string& email)
{
    const std::regex pattern("[0-9a-zA-Z]([-_.]?[0-9a-zA-Z])*@[0-9a-zA-Z]
([-_.]?[0-9a-zA-Z])*[.][a-zA-Z]{2,3}");
    return std::regex_match(email, pattern);
}

int main() {
    std::vector<std::string> emails =
    {
        "yuza@daum.net", "yuza3@daum.net",
        "orange@daum.net", "orange",
        "skyos32@", "skyos32@naver.coma.a",
        "s-a@daum.net", "s.@daum.net"
    };
```

```
    printf("regex email pattern 1\n");
    for (const auto& email : emails)
    {
        if (is_email_valid(email))
            printf("%s is valid address\n", email.c_str());
    }

    printf("regex email pattern 2\n");
    for (const auto& email : emails)
    {
        if (is_email_valid2(email))
            printf("%s is valid address\n", email.c_str());
    }

    return 0;
}
```

이메일 주소가 유효한지를 체크하는 정규표현식은 코드 12-6에서 보여주는 두 가지 정규표현식을 대표적으로 사용한다. 두 정규표현식은 다른 결과를 보여준다. WIN32 프로젝트를 생성해서 위 코드를 직접 확인해 보자.

이제 코드 12-6을 PCRE2를 사용해서 유사하게 구현해 본다. pcre2 라이브러리는 thirdparty/pcre2에서 확인할 수 있다. pcre2 라이브러리 자체의 인터페이스는 사용하기 불편한 감이 있으므로 여기서는 pcre2 래퍼를 활용한다.

https://github.com/jpcre2/jpcre2

코드는 test_pcre2 프로젝트를 참조한다.

```cpp
typedef jpcre2::select<char> jp;

bool is_email_valid(const std::string& email)
{
    jp::Regex pattern("(\\w+)(\\.|_)?(\\w*)@(\\w+)(\\.(\\w+)+)");
    return pattern.match(email);
}

bool is_email_valid2(const std::string& email)
{
    jp::Regex pattern("[0-9a-zA-Z]([-_.]?[0-9a-zA-Z])*@[0-9a-zA-Z]
([-_.]?[0-9a-zA-Z])*[.][a-zA-Z]{2,3}");
    return pattern.match(email);
}

int main()
{
    std::vector<std::string> emails;
    emails.push_back("yuza@daum.net");
    emails.push_back("yuza3@daum.net");
    emails.push_back("orange@daum.net");
    emails.push_back("orange");
    emails.push_back("skyos32@");
    emails.push_back("skyos32@naver.coma.a");
    emails.push_back("s-a@daum.net");
    emails.push_back("s.@daum.net");

    printf("regex email pattern 1\n");
    for (const auto& email : emails)
    {
        if (is_email_valid(email))
            printf("%s is valid address\n", email.c_str());
    }
```

```
    printf("regex email pattern 2\n");
    for (const auto& email : emails)
    {
        if (is_email_valid2(email))
            printf("%s is valid address\n", email.c_str());
    }

    return 0;
}
```

표준 STL로 작성한 정규표현식 처리와 pcre2 라이브러리를 사용한 정규표현식 코드를 비교해 보면 크게 차이가 없음을 알 수 있다. 물론 세부적인 내용에 들어가면 차이가 있으나 표준 STL로 작성된 정규표현식 처리를 PCRE2를 사용한 코드로 전환하는 데는 비용이 그렇게 많이 들지 않는다고 판단한다.

 TIP 정규표현식을 변환한 예제로 SDL 코드 에디터 프로젝트를 살펴보면 좋다. 이 프로젝트는 11_final_04_etc.sln을 실행하면 확인할 수 있다. 이 프로젝트는 C++11 구문과 정규표현식을 사용하므로 YUZA OS에서 동작시키기 위해 EASTL을 사용해서 포팅했으며 정규표현식은 pcre2 라이브러리로 대체했다. 원본 소스코드는 WIN32에서는 바로 빌드할 수 있으므로 WIN32에서 디버깅을 해보는 것을 추천한다.

https://github.com/paladin-t/sdl_code_edit

그림 12-2 SDL 코드 에디터

이 코드 에디터는 전처리 구문이나 예약어 등을 만나면 별도의 색상으로 표시한다. 이 기능은 CodeEdit 클래스의 colorizeRange 메소드에 구현돼 있으며 이 메소드에서 정규표현식을 사용한다. 기존 STL로 작성된 정규표현식 코드와 PCRE2로 변환한 코드를 비교대조해 보자. 코드 12-8은 표준 STL로 작성된 CodeEdit의 colorizeRange 메소드다.

코드 12-8 예약어 등 강조해야 할 키워드를 별도의 색상으로 처리

```
void CodeEdit::colorizeRange(int fromLine, int toLine)
{
    if (_codeLines.empty() || fromLine >= toLine) // 텍스트가 없다면 처리하지 않는다.
        return;

    std::string buffer;
    int endLine = std::max(0, std::min((int)_codeLines.size(), toLine));
    for (int i = fromLine; i < endLine; ++i)
    {
        bool preproc = false;
        Line &line = _codeLines[i];
        buffer.clear();
        // 하나의 라인을 선택하고 라인의 문자 글리프로부터 문자값을 얻어내
        // buffer에 저장한다.
        for (Glyph &g : _codeLines[i])
        {
            appendUtf8ToStdStr(buffer, g.character);
            g.colorIndex = PaletteIndex::Default;
        }

        std::match_results<std::string::const_iterator> results;
        auto last = buffer.cend();
        // 버퍼에서 한문자를 끄집어낸다. 마지막 문자에 도달할때까지 루프를 돈다.
        for (auto first = buffer.cbegin(); first != last; ++first)
        {
            for (auto &p : _regexes)
            {
                // 정규패턴의 모음. 루프를 돌면서 확인한다.
```

```cpp
const std::regex_constants::match_flag_type flag = std::regex_
constants::match_continuous;
// first에서 last까지의 문자열내에서 패턴을 만족하는 키워드를 찾는다.
if (std::regex_search<const_iterator>(first, last, results,
        p.first, flag))
{
    auto v = *results.begin();
    auto start = v.first - buffer.begin();
    auto end = v.second - buffer.begin();
    // 패턴을 만족한 키워드 문자열을 얻고 이 키워드의 색상 정보를 얻는다.
    std::string id = buffer.substr(start, end - start);
    PaletteIndex color = p.second;
    // 전처리 식별자, 예약어 등의 토큰 유형에 따라 색상정보를 변경한다.
    if (color == PaletteIndex::Identifier)
    {
        if (!_langDef.caseSensitive)
            transform(id.begin(), id.end(), id.begin(),
                CODE_EDIT_CASE_FUNC);
        if (!preproc)
        {
            // 전처리기 구문이 아니라면
            if (_langDef.keys.find(id) != _langDef.keys.end())
                color = PaletteIndex::Keyword;
            else if (_langDef.ids.find(id) != _langDef.ids.end())
                color = PaletteIndex::KnownIdentifier;
            else if (_langDef.preprocIds.find(id) !=
                    _langDef.preprocIds.end())
                color = PaletteIndex::PreprocIdentifier;
        }
        else
        {
            if (_langDef.preprocIds.find(id) !=
                    _langDef.preprocIds.end())
                color = PaletteIndex::PreprocIdentifier;
            else
                color = PaletteIndex::Identifier;
```

```
                    }
                }
                else if (color == PaletteIndex::Preprocessor)
                    preproc = true;
            // start에서 end 인덱스까지의 키워드 글리프에 색상정보를 저장
            }
        }
    }
}
```

PCRE2로 변환한 CodeEdit의 colorizeRange 메소드는 editor 프로젝트를 참조한다.

std::bind

std::bind는 함수 주소와 함수 파라미터를 바인딩해서 새로운 함수 객체를 반환하는 함수다. 즉 어댑터 역할을 하는 함수다. EASTL에서는 함수 객체를 반환하는 바인드 함수를 구현하지 않았기 때문에 이 부분을 보강하기 위해 바인드 기능을 추가했다. 함수 바인딩 기능 활용 예제는 test_bind 프로젝트를 참조한다.

코드 12-9 함수 바인딩 기능 추가

```
int add(int first, int second)
{
        return first + second;
}


int main(int argc, char** argv)
{
        using namespace std::placeholders;
        auto add_func = std::_bind::bind(&add, _1, _2);
        add_func(100, 101);
}
```

네임스페이스를 eastl로 변경할 수도 있지만 현시점에서는 변경하지 않았다. bind의 상세 구현은 corelib/eastreams 폴더의 bind.hpp 파일을 참조한다. 해당 소스의 원 출처는 아래 링크를 참조한다.

http://github.com/ToyAuthor/functional

파일 입출력

정규표현식과 바인드 구문은 표준 STL 인터페이스를 구현하지 못했지만 대체 라이브러리를 사용해서 문제를 해결했다. 이제 남은 과제는 파일 입출력 처리를 구현하는 것이다. 이 부분은 커널과 연계돼야 하므로 플랫폼 종속적인 코드가 필요하다. 파일 입출력 처리는 corelib 솔루션의 eastreams 프로젝트에서 확인할 수 있다.

 eastreams 프로젝트는 EASTL과 사용하고 streams 프로젝트는 SGI STL과 사용한다. eastreams 및 streams 프로젝트는 거의 동일한 내용이라서 하나로 합칠 수도 있었으나 네임스페이스 문제 때문에 별도로 분리했다. 향후 C++ STL 20을 사용할 수 있다면 이런 고민은 사라질 것이다.

STL의 파일 입출력 헤더 파일 정보 및 트리 구조에 대해서는 아래 링크를 참조한다.

http://www.cplusplus.com/reference/fstream/ifstream/

문서를 확인해 보면 알겠지만 입출력 자체를 구현하는 것만으로도 하나의 프로젝트로 개발해야 될 만큼 쉬운 작업이 아님을 알 수 있다. 무엇보다 명세를 정확하게 파악하는 것만으로도 시간이 걸리기에 파일 입출력을 스스로 구현하는 것보다는 구현체를 찾는 것이 현명하다. 다행히도 아래 링크와 같은 플랫폼 종속성이 낮고 파일 입출력의 기능을 대부분 구현한 라이브러리를 찾을 수 있었다.

사용해 본 결과 일부 메소드를 제외하고 범용적인 인터페이스는 기존 STL과 대부분 호환
됐다. 내부 라이브러리는 파일 입출력 함수로 ANSI를 사용하기 때문에 마이그레이션하는
데 큰 비용이 들지 않는다. 샘플로 파일에 텍스트를 저장하는 **test_streams** 프로젝트를
통해서 코드가 정상 동작하는지 확인해 보자.

코드 12-10 파일 스트림 테스트

```
int main(int argc, char** argv)
{
        ofstream file;
        file.open("example.txt");
        file << "Yuza OS Test!!\n";
        file.close();
        return 0;
}
```

ofstream에서 파일을 여는 구문은 다음과 같다.

코드 12-11 ofstream 클래스의 open 메소드

```
bool ofstream::open(const char* filename, ios::openmode mode)
{
        if (mode==ios::out)
            _fileHandle = fopen(filename, "w");
        else if (mode == ios::app)
            _fileHandle = fopen(filename, "a");
        else if (mode == (ios::app | ios::out))
            _fileHandle = fopen(filename, "a");
        else  // 유효하지 않은 출력 스트림의 오픈 모드일 경우
        {
            _fileHandle = NULL;
```

```
        assert(0);
        return false;
    }


    return (is_open());
}
```

open 메소드는 ofstream 객체 내부에 파일 핸들을 저장한다. 파일을 열기 위해 fopen 함수를 사용하므로 추가적인 코드 수정은 필요없다. 이제 열린 파일에 텍스트를 저장하는 << 연산자 처리를 살펴보자.

코드 12-12 ofstream << 연산자 문자열 처리

```
ostream& ostream::operator <<(char* s)
{
        OutFunction("%s", s);
        return (*this);
}
```

OutFunction 함수를 통해 문자열이 파일에 저장된다. OutFunction 함수의 구현은 코드 12-13과 같다.

코드 12-13 OutFunction 함수

```
int ofstream::OutFunction(const char* format, ...)
{
        va_list argList;
        va_start(argList, format);
        return(fprintf(_fileHandle, format, va_arg(argList, double)));
}
```

ofstream 클래스뿐만 아니라 파일을 입력으로 받는 ifstream 클래스도 동일한 구조로 돼 있다. 샘플 코드를 만들어서 파일을 읽는 동작을 확인해 보기 바란다.

streams 입출력 라이브러리의 **ofstream** 클래스 사례처럼 라이브러리가 플랫폼과의 종속성이 낮으면 포팅 비용이 매우 낮아진다. 그러므로 라이브러리를 마이그레이션할 때는 여러 번 강조하지만 특정 플랫폼과의 종속성 강도를 항상 먼저 체크한다.

스레드

EASTL은 스레드 관련 기능은 구현하지 않았으며 표준 STL의 스레드 함수를 사용한다. 이 스레드 기능을 EASTL에 보강하기 위해 tinythread++ 라이브러리를 활용하기로 했다.

https://tinythreadpp.bitsnbites.eu/

tinythread++는 오픈소스이며 C++11 표준 인터페이스와 유사하게 API를 구현했다. 또한 외부 의존성이 적으므로 프로젝트에서 쉽게 활용할 수 있다. tinythread++의 활용방법의 확인은 **test_tinythread** 프로젝트를 참조한다. 이 테스트 프로젝트는 메인 스레드가 11개의 스레드를 생성한다. 10개의 스레드는 시그널을 전달하는 스레드이고 1개의 스레드는 시그널을 받는 스레드다. 메인 스레드는 모든 스레드가 종료되면 프로그램을 종료한다. 시그널의 전달은 뮤텍스와 컨디션 변수를 사용한다. 동기화 객체인 컨디션 변수에 대해서 잘 모른다면 검색을 통해 예제를 살펴본다.

코드 12-14 tinythread++ 활용 예제

```
int gCount = 10; // 생성할 스레드 수
mutex gMutex; // 뮤텍스
condition_variable gCond; // 컨디션 변수

// 시그널을 전달하는 스레드 10개
void NotifierThreadProc(void* aArg)
{
    lock_guard<mutex> lock(gMutex); // gCount의 동기화를 위해 뮤텍스를 사용한다.
    --gCount;
    // 컨디션 변수를 대기하고 있는 모든 스레드(여기서는 스레드 1개)에 시그널 전달
    gCond.notify_all();
```

```
}

// 시그널을 대기하는 스레드 1개
void ConditionWaitThreadProc(void* aArg)
{
    printf(" Wating...");
    lock_guard<mutex> lock(gMutex);

    while (gCount > 0) // 10개의 스레드로부터 시그널을 받아 gCount가 0이 되면 함수 종료
    {
        printf(".");
        gCond.wait(gMutex);
    }
    printf("end\n");
}

int main(int argc, char* argv[])
{
    printf("Condition variable (11 + 1 threads)");
    thread t1(ConditionWaitThreadProc, 0); // 시그널 대기 스레드 생성
    list<thread*> threadList; // 시그널 전달 스레드 10개 생성
    for (int i = 0; i < 10; ++i)
        threadList.push_back(new thread(NotifierThreadProc, 0));

    // 메인 스레드는 모든 스레드가 종료할 때까지 대기
    t1.join();

    list<thread*>::iterator it;
    for (it = threadList.begin(); it != threadList.end(); ++it)
    {
        thread* t = *it;
        t->join();
        delete t;
    }
    return 0;
}
```

tinythread++는 내부적으로 POSIX 스레드 API 또는 WIN32 스레드 API를 사용해서 스레드 기능을 제공한다. YUZA OS는 POSIX 및 WIN32 스레드 API를 구현했으므로 마이그레이션 비용이 거의 들지 않는다. 그리고 tinythread++는 현재 POSIX API를 사용해서 동작하는데 WIN32 API를 사용하고 싶다면 전처리기를 변경해 주면 된다.

_TTHREAD_WIN32_ 전처리기가 정의돼 있다면 WIN32 API를 사용하고 그렇지 않으면 POSIX API를 사용한다.

그럼 WIN32에서 표준 STL의 스레드 API를 사용한다면 코드 12-14와 얼마나 차이가 나는지 확인해 보자. 일단 네임스페이스와 헤더 선언을 변경해야 한다.

```
#include <thread>
#include <list>
#include <mutex>

using namespace std;
```

그리고 ConditionWaitThreadProc 함수 내부의 한 줄을 변경한다.

```
변경 전 : lock_guard<mutex> lock(gMutex);
변경 후 : unique_lock<std::mutex> lock(gMutex);
```

마지막으로 메인 함수에서 스레드 생성 시 넘겼던 파라미터를 0에서 nullptr로 변경한다. 0을 넘기면 컴파일러가 스레드 메인 엔트리의 파라미터로 정수를 받는 함수를 찾으므로 에러가 발생한다.

WIN32 프로젝트를 만들고 변경사항을 반영해서 빌드해 보고 결과를 확인해 보기 바란다. 두 프로젝트의 실행 결과는 다음과 같다.

```
Condition variable (11 + 1 threads) Wating.........end
```

이것으로 tinythread++가 표준 STL의 스레드 API를 대체할 수 있다는 것을 증명했다.

최신 버전

책을 집필하고 있는 시점에서 EASTL은 최신 버전이 아니다. 소스코드는 계속 업데이트 되고 있으며 구현되지 않은 C++11 기능을 추가하고 있으므로 시간이 된다면 EASTL의 세부사항을 더 자세히 확인하기 위해 WIN32에서 소스코드를 빌드해서 분석하는 시간을 가지자. YUZA OS로 마이그레이션한 EASTL에는 단위 테스트 프로젝트가 빠져 있다. 당연한 얘기지만 EASTL은 템플릿 라이브러리이므로 응용 프로그램에서는 헤더 파일만 있으면 되기 때문이다. 그러므로 WIN32로 프로젝트를 빌드해서 EASTL의 단위 테스트 코드를 확인해서 모든 기능이 정상 동작하는지 그리고 표준 C++11과 유사한지를 확인해 본다.

먼저 소스코드를 다운받는다.

```
git clone https://github.com/electronicarts/EASTL
cd EASTL
git submodule update --init
```

위 명령을 순차적으로 실행하면 EASTL 관련 모든 소스코드를 다운받는다. 이제 다음과 같은 배치파일을 만들어서 실행한다.

```
set build_folder=out
mkdir %build_folder%
pushd %build_folder%
call cmake .. -DEASTL_BUILD_TESTS:BOOL=ON -DEASTL_BUILD_BENCHMARK:BOOL=OFF
call cmake --build . --config Release
call cmake --build . --config Debug
call cmake --build . --config RelWithDebInfo
```

```
call cmake --build . --config MinSizeRel
pushd test
call ctest -C Release
call ctest -C Debug
call ctest -C RelWithDebInfo
call ctest -C MinSizeRel
popd
popd
```

위 내용을 파일로 저장해서 실행하면 out 폴더에 솔루션 파일과 프로젝트 파일이 생성
된다.

test 폴더의 EASTL.sln 솔루션을 열고 EASTLTest 프로젝트를 실행시켜서 EASTL의 사
용법과 흐름을 이해한다. 예를 들어 알고리즘을 테스트하는 부분은 TestAlorithm 함수에
서 확인할 수 있다.

코드 12-15 EASTL 알고리즘 함수 샘플 테스트

```
eastl::vector<int> v;
v.push_back(2);
v.push_back(4);
v.push_back(6);
v.push_back(8);
// v = {2,4,6,8}
// 모든 요소가 2로 나눠지는가
EATEST_VERIFY(eastl::all_of( v.begin(), v.end(), DivisibleBy(2)));
// 3으로 나눠지는 요소가 있는가
EATEST_VERIFY(eastl::any_of( v.begin(), v.end(), DivisibleBy(3)));
// 5로 나눠지는 요소는 없음
EATEST_VERIFY(eastl::none_of(v.begin(), v.end(), DivisibleBy(5)));
```

5 테스트

EASTL을 학습하고 보강하는 과정에서 EASTL이 C++11 STL을 대체할 수 있다는 사실을 확인할 수 있었다. 마지막으로 C++11 STL로 구현된 소스코드가 큰 수정없이 YUZA OS로 포팅할 수 있는지 최종 확인해 본다. 여기서는 배열, 튜플 자료 구조와 알고리즘을 살펴본다.

배열

코드 12-16은 네 개의 원소를 가진 배열을 정렬하는 코드다.

코드 12-16 std::array 예제

```
array<int, 4> a = {87, 43, 1090, 4};
sort(a.begin(), a.end());
for(auto i = a.begin(); i != a.end(); ++i)
{
        cout << *i << endl;
}
```

이제 위 코드를 EASTL로 작성한다. 코드는 **test_array** 프로젝트를 참조한다.

코드 12-17 eastl을 사용해서 변환한 코드

```
#include <stdio.h>
#include <EASTL/array.h>
#include <EASTL/algorithm.h>
#include <EASTL/sort.h>
#include <iostream>

void* operator new[](size_t size, const char* name, int flags, unsigned
debugFlags, const char* file, int line)
{
    return new uint8_t[size];
```

```
    }

    void* operator new[](size_t size, size_t alignment, size_t alignmentOffset, const
    char* pName, int flags, unsigned debugFlags, const char* file, int line)
    {
        return new uint8_t[size];
    }

    using namespace eastl;

    int main(int argc, char** argv)
    {
        array<int, 4> a = { 47, 23, 90, 1 };
        sort(a.begin(), a.end());
        for (auto i = a.begin(); i != a.end(); ++i)
        {
            cout << *i << endl;
        }

    return 0;
    }
```

헤더 파일과 new 연산자 그리고 네임스페이스를 제외하면 소스코드를 수정하지 않고도 그대로 기존 코드를 사용할 수 있음을 알 수 있다.

튜플

튜플tuple은 두 개 이상의 값을 반환하고 싶을 때 유용한 자료 구조다. 원래 튜플은 부스트 라이브러리에서 구현된 라이브러리인데 표준 C++에도 TR1을 거쳐 C++11에서 정착이 됐다. 튜플을 사용한 샘플 코드를 살펴보자. 코드 12-18에서 메인 함수는 MakeSampleTuple 함수를 호출해서 네 가지 반환값을 가진 튜플을 리턴한다. 그리고 tie 함수를 사용해서 세 가지 값만 취하는 예제를 보여준다.

```c
#include <stdio.h>
#include <tuple>

std::tuple<int, int, int, int> MakeSampleTuple(int a, int b)
{
    return std::make_tuple(a + b, a - b, a * b, a / b);
}

int main(void)
{
    int add, sub, div;
    std::tie(add, sub, std::ignore, div) = MakeSampleTuple(15, 18);
    printf("%d, %d, %d\n", add, sub, div);
    return 0;
}
```

실행 결과는 다음과 같다.

```
33, -3, 0
```

코드 12-18을 YUZA OS로 포팅한 코드는 test_tuple 프로젝트를 참조한다.

```c
#include <stdio.h>
#include <EASTL/tuple.h>
……
int main(void)
{
        int add, sub, div;
        eastl::tie(add, sub, eastl::ignore, div) = MakeSampleTuple(15, 18);
        printf("%d, %d, %d\n", add, sub, div);
```

```
        return 0;
}
```

코드 12-19는 네임스페이스만 제외하고 코드 12-18과 동일함을 알 수 있다. 실행 결과도 동일하다.

알고리즘

특정 문자열의 앞·뒤쪽에 있는 공백을 제거하는 함수를 구현해서 알고리즘을 테스트해본다. 문자열 트림 관련 함수에는 공백문자를 확인하기 위해 std::find_if 함수가 사용됐으며 람다 함수도 사용됐다.

코드 12-20 문자열 트림하기

```
#include <string>
#include <locale>

std::string trimLeft(const std::string& s) {
    auto temp = s;
    temp.erase(std::begin(temp),
        std::find_if(std::begin(temp), std::end(temp),
            [](char c) {return !std::isspace(c, std::locale());
            }));
    return temp;
}

std::string trimRight(const std::string& s) {
    auto temp = s;
    temp.erase(std::find_if(std::rbegin(temp), std::rend(temp),
        [](char c) {return !std::isspace(c, std::locale()); }).base(),
        std::end(temp));
    return temp;
}

std::string trim(const std::string& s) {
    return trimLeft(trimRight(s));
```

```
}

int main(void)
{
    std::string str = "  WIN32 OS Trim Test!!      ";
    str = trim(str);
    printf("Trim Result[%s]\n", str.c_str());
    return 0;
}
```

실행 결과는 다음과 같다.

```
Trim Result[WIN32 OS Trim Test!!]
```

test_algo 프로젝트는 코드 12-20을 YUZA OS로 마이그레이션한 코드다. 네임스페이스를 제외하고 공백문자를 체크하는 함수인 std::isblank 함수가 변경됐다.

세세한 부분으로 들어가면 사소한 변경은 불가피하지만 적어도 배열, 튜플, 알고리즘과 관련된 테스트 코드를 통해서 C++11로 작성된 코드가 특별한 수고없이 YUZA OS로 마이그레이션할 수 있음을 확인해 봤다.

6 정리

STL은 C++ 언어로 프로그래밍을 작성하는 데 편리한 프로그래밍 인터페이스를 제공하는 필수 라이브러리다. 책을 집필 중인 시점에서는 현재 C++20이 표준으로 제정됐으며 위원회는 C++23 표준안을 마련하고 있는 중이다.

여러 STL 라이브러리는 플랫폼 독립적인 코드로 구성돼 있지만 플랫폼과 컴파일러와의 일부 종속성 문제 때문에 새로운 플랫폼으로 마이그레이션하는 것이 쉽지 않다. 그래서 현시점에서는 상대적으로 마이그레이션하기 쉬운 STL인 EASTL을 사용하고 있다. EASTL은

C++11 STL을 지원한다. 그리고 EASTL에는 일부 C++11 기능이 빠져 있으므로 EASTL을 강화하기 위해 정규표현식, 파일 입출력, 함수 바인딩, 스레드 기능을 보강했다.

오래된 STL 구문을 사용하는 오픈소스는 SGI STL을 사용해서 빌드하는 것이 좋다. SGI STL은 오래된 라이브러리긴 하지만 모든 STL의 근간이 된 라이브러리인 만큼 살펴볼 필요가 있다.

STL을 직접 구현하는 것은 매우 힘든 작업이다. 힘든 작업인 것을 넘어 기존 STL보다 빠르고 버그없이 제작하는 것은 거의 불가능에 가깝다. 그러므로 일부 커스터마이징을 위해 STL을 수정하는 경우가 아니라면 STL을 구현하겠다는 생각은 버리는 것이 좋다. 학습용으로 구현해 보고자 한다면 개인이 제작한 STL 코드가 큰 도움이 될 것이다.

YUZA OS는 MSVC를 컴파일러로 사용해서 개발하므로 MSVC가 제공하는 STL을 사용하는 것이 가장 이상적일 것이다. 하지만 MSSTL을 사용할 수 없었던 이유는 소스코드가 공개돼 있지 않아서 새로운 플랫폼에 사용할 방법이 없었기 때문이다. 하지만 책을 집필 중인 시점에서 마이크로소프트사가 자사의 STL 소스코드를 공개했으며 이제 누구나 MSSTL을 사용할 수 있게 됐다. MSSTL 프로젝트는 아래 링크에서 확인할 수 있다.

https://github.com/microsoft/STL

홈페이지에서는 STL을 단지 활용하기 위해서라면 해당 저장소는 불필요할 것이라고 언급하고 있다. 그렇다면 STL을 공개한 목적은 당연히 STL 코드의 기능을 개선하거나 버그를 찾기 위함일 것이다. 마이크로소프트사는 STL의 소스 공개 및 구현 목표 중의 하나로 타 플랫폼의 포팅을 생각했으나 홈페이지에서는 명확하게 타 플랫폼의 포팅은 자신들의 목표가 아니라고 밝히고 있다. 굉장히 아쉽긴 하지만 MSSTL을 YUZA OS에서 활용하려면 엄청난 시간적 투자가 필요하다고 판단된다. 다만 MSSTL 소스코드가 비주얼 스튜디오로 빌드될 수 있으므로 노력(?)하면 불가능하지는 않을 것으로 생각한다. 그림 12-3은 MSSTL과 윈도우 운영체제의 런타임 라이브러리와의 관계를 나타낸 도식도다.

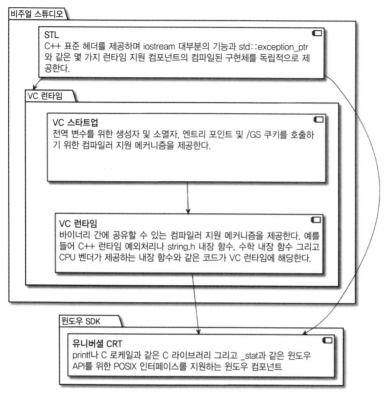

그림 12-3 MSSTL과 WIN32 코어 라이브러리와의 관계도
(출처 : 마이크로스프트 STL 깃허브 사이트)

그림 12-3에서 알 수 있듯이 MSSTL은 비주얼 스튜디오가 제공하는 스타트업 코드, 런타임 라이브러리 그리고 윈도우 SDK와 종속성이 있다. 그래서 MSSTL을 포팅하기 위해서는 이 종속성 관계를 먼저 끊어야 한다. 그런 다음 이 종속성 라이브러리가 제공했던 기능을 새로운 플랫폼이 제공하는 인터페이스로 대체해야 한다. 설명으로는 간단해 보이지만 굉장히 어려운 작업이다.

MSSTL을 YUZA OS에서 활용할 수 있다면 C++20 및 STL 구문으로 프로그래밍이 가능하고 또한 기존에 작성된 STL 코드를 아무런 비용없이 마이그레이션하는 것이 가능해진다. 그때까지는 다소 아쉬운 상황이긴 하지만 C++11 STL 프로그래밍 인터페이스로 프로그램을 개발하자.

13

데스크톱 시스템

13장에서는 YUZA OS에 데스크톱 시스템을 추가해서 여러 응용앱을 관리하는 테크닉을 살펴보겠다. 데스크톱 시스템은 간단히 말하자면 여러 개의 윈도우 창을 효율적으로 관리하기 위한 GUI 시스템이다.

그림 13-1 YUZA OS 데스크톱 화면

그림 13-1은 YUZA OS 데스크톱 시스템에서 콘솔 창과 루아 콘솔을 실행한 화면이다. 데스크톱 시스템을 구현하기 위해서는 다음과 같은 항목을 고려해야 한다.

- 마우스 및 키보드 입력 처리를 구현해야 한다. 입력 메시지는 타깃이 된 윈도우 창에만 전송돼야 한다.
- 윈도우 창 사이에 우선순위를 구현해 우선순위가 낮은 창이 우선순위가 높은 창을 가리지 않아야 한다.
- 윈도우 창은 화면 크기 조절과 이동이 가능해야 한다. 이동을 위해 태스크 바를 생성해야 한다.
- 각 윈도우 창은 자신만의 그래픽 버퍼를 갖고 있어야 한다.
- 윈도우 창의 그래픽 버퍼 갱신이 없다면 화면의 갱신 또한 불필요하다.

일반적으로 게임이나 동영상 프로그램 등은 그래픽 버퍼의 갱신 유무에 상관없이 화면을 갱신한다. 하지만 데스크톱 시스템은 항시 실행되는 화면이라 프레임마다 화면을 갱신한다면 시스템의 부하가 클 것이다. 그러므로 데스크톱 화면은 화면에 변화가 생겼다고 판단될 경우에만 갱신하는 것이 좋다.

지금부터는 YUZA OS의 데스크톱 시스템을 자세히 알아본다. 그런 다음 데스크톱 시스템에서 동작하는 여러 가지 응용앱을 살펴본다. 마지막으로 자신만의 데스크톱 시스템을 구축하는 데 도움이 되는 여러 가지 GUI 라이브러리를 살펴보고 13장을 마무리한다. 코드는 06_desktop.sln 솔루션 파일을 열어서 참조한다.

특색있는 OS를 만들려면 자신만의 데스크톱 시스템을 구축해야 한다. YUZA OS는 데스크톱 시스템을 교체하기 쉽도록 프레임워크화했다. 13장을 학습하고 난 뒤 자신만의 데스크톱 시스템을 구축하는 데 도전해 보기 바란다.

자가점검

- GUI 응용앱을 제작해 본 경험이 있는가?
- WIN32 앱을 제작해 본 적이 있는가? 다르게 말해서 WIN32 메시지 시스템을 다뤄본 적이 있는가?

- 프레임 버퍼, 더블 버퍼링(버퍼 스와핑) 등의 용어를 이해하는가?

1 기본 데스크톱

YUZA OS 데스크톱 시스템은 독립형 운영체제 제작하기 편에서 설명한 공통 데스크톱 인터페이스를 구현해서 제작됐다. 또한 한승훈 님이 개발한 MINT64 OS의 데스크톱 시스템을 기반으로 했다.

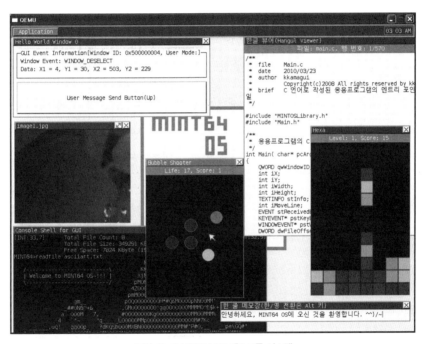

그림 13-2 MINT64 OS 데스크톱 시스템
(출처 : http://www.mint64os.pe.kr/)

MINT64 OS의 데스크톱 시스템은 소스코드의 외부 종속성이 없으며 C 언어로 작성됐기 때문에 재활용이 쉽다. MINT64 데스크톱 시스템을 YUZA OS로 마이그레이션하면서 변경된 사항은 다음과 같다.

- 64비트 코드를 32비트 코드로 다운그레이드

- 콘솔용 창을 여러 개 수정할 수 있게 수정

- 동기화를 위한 코드 수정

- 16비트 색상을 32비트로 변경

- 패널 부분을 별도의 앱으로 분리

 TIP 『MINT64 OS』는 한국에서 출간된 몇 안 되는 운영체제 개발 서적 중 하나다. 좋은 내용이 많으므로 참조하길 바란다.

1.1 구동하기

데스크톱 시스템은 desktopmgr 프로젝트에서 확인할 수 있다. 프로젝트를 빌드하면 desktopmgr.dll 모듈이 생성된다. 데스크톱 시스템을 구동하려면 우선 yuza.cfg 설정 파일을 수정해야 한다. 설정 파일을 열어 다음과 같이 내용을 수정한다.

```
image =
{
  HARDDISK = ( {name = "image/07_desktop.img";
            enable = 1;});
  ……
};
desktop =
{
  DESKTOPMGR = ( {name = "desktopmgr.dll";
            enable = 1;});
  ……
};
```

SKY_CONSOLE_MODE값을 0으로 변경하고 OS를 실행한다. 실행 결과로 그림 13-3과 같은 화면이 나타나야 한다.

그림 13-3 데스크톱 실행화면

데스크톱 시스템은 초기 화면을 구축하기 위해 패널 앱과 콘솔 앱을 실행한다.

표 13-1 데스크톱 초기화 시에 실행되는 앱

앱	내용
panel.dll	패널 바를 화면에 출력. 모듈의 분리를 위해 앱 형태로 제작했으며 중복 실행해서는 안 되는 모듈이므로 주의한다.
cmd.dll	콘솔 창

desktopmgr 프로젝트는 10장, '독립형 OS 제작하기'에서 설명한 **I_GUIEngine** 인터페이스를 구현했다. 인터페이스 구현 내용에 대해서는 **GUIEngine** 클래스를 참조한다. 데스크톱 시스템의 초기화는 **GUIEngine** 클래스의 **Intialize** 메소드에서 수행한다. 이 메소드는 **kStartWindowManager** 함수를 호출해서 앞에서 언급한 두 앱을 실행하고 키보드와 마우스 이벤트를 받는 초기화 작업을 수행한다. 또한 데스크톱 시스템을 운용하기 위한 자료 구조를 생성한다.

코드 13-1 kStartWindowManager 함수

```
void kStartWindowManager(LinearBufferInfo* bufferInfo)
{
        // I/O 초기화
        int iMouseX, iMouseY;
        kInitializeMouse();
```

```
        kInitializeKeyboard();

        // GUI 시스템 초기화
        kInitializeGUISystem(bufferInfo);

        // 현재 마우스 위치에 커서를 출력
        kGetCursorPosition( &iMouseX, &iMouseY );
        kMoveCursor( iMouseX, iMouseY );

        // 초기에 실행되는 앱들
        Syscall_CreateProcess("panel.dll", 0, 16); // 패널 앱
        Syscall_CreateProcess("cmd.dll", 0, 16); // 콘솔 앱
}
```

kInitializeGUISystem 함수에서는 미리 윈도우 창 풀을 생성한다. 그리고 배경 버퍼를 생성하고 특정 색상으로 버퍼를 초기화한다. 배경은 특별한 윈도우 창에 해당한다.

패널

패널은 panel 프로젝트에서 확인할 수 있다. 패널은 패널 바 내부에 앱 리스트 버튼과 시계 컴포넌트로 구성된다.

코드 13-2 패널 메인 코드

```
int main(int argc, char** argv)
{
        bool bApplicationPanelEventResult;
        bool bApplicationListEventResult;
// 패널 바와 앱 리스트 버튼, 시계 컴포넌트 생성. 앱 리스트 버튼을 누르면 앱 목록이 출력된다.
        if ((CreateApplicationPanelWindow() == FALSE) ||
            (CreateApplicationListWindow() == FALSE))
                return 0;
        // 이벤트 루프
        while (1)
        {
```

```
            // 윈도우 이벤트를 처리. 패널 바의 이벤트, 앱 리스트 박스의 이벤트
            bApplicationPanelEventResult = ProcessApplicationPanelWindowEvent();
            bApplicationListEventResult = ProcessApplicationListWindowEvent();

            // 처리한 이벤트가 없으면 프로세서를 반환
            if ((bApplicationPanelEventResult == FALSE) &&
                (bApplicationListEventResult == FALSE))
            {
                    Syscall_Sleep(1);
            }
        }
        return 0;
}
```

시계의 업데이트와 앱 버튼의 처리는 디버깅을 하면서 소스코드를 참조한다. 여기서는
여러 앱을 앱 리스트에 등록하는 방법을 설명한다. 먼저 panel.cfg 파일부터 살펴보자.

코드 13-3 panel.cfg

```
name = "panel configuration";
appinfo =
{
        APPLIST = ( { name = "monitor.dll";
                    desc = "System Monitor Task";
                    },
                    { name = "cmd.dll";
                        desc = "Console Command Prompt";
                    });
};
```

패널 앱은 위의 설정 파일을 읽고 열거된 앱을 앱 리스트에 추가한다.

```
bool LoadAppList()
{
    config_t cfg;
    config_init(&cfg);
    char* config_file = "panel.cfg";

    if (!config_read_file(&cfg, config_file))
    {
        printf("panel config file load fail : %s", config_file);
        printf("%s:%d - %s\n", config_file, config_error_line(&cfg),
        config_error_text(&cfg));
        config_destroy(&cfg);
        return false;
    }

    AddApp(cfg, "appinfo.APPLIST");

    config_destroy(&cfg);

    return true;
}
```

설정 파일 파싱은 libconfig 라이브러리를 활용했으므로 자세한 설명은 생략한다. 이제 위 코드를 통해 패널의 앱 리스트에는 monitor.dll과 cmd.dll이 등록된다. 다른 앱을 등록하고 싶다면 panel.cfg를 수정하면 된다.

그림 13-4 앱 리스트

앱을 중복 실행하면 DLL 디버깅 모드에서는 앱이 정상 동작하지 않을 수 있다. DLL 디버깅 모드에서 YUZA OS는 하나의 프로세스로 실행되는데 프로세스 내에서 로드한 DLL은 여러 번 로드한다 하더라도 한 번 로드된 후 더 이상 메모리로 중복 로드되지 않기 때문이다. 때문에 재진입을 허용해서는 안 되는 모듈에서 동일 로직이 실행된다면 문제가 발생할 소지가 있다. 그러므로 이 문제를 해결하려면 동일한 모듈이라 하더라도 매번 메모리로 로드해야 한다. 물론 이 때문에 불필요한 메모리 낭비가 발생한다.

해당 문제는 DLL 디버깅 미지원 모드로 OS를 구동하면 YUZA DLL 로더가 DLL을 로드하므로 해결할 수 있지만 이 경우에는 응용앱의 디버깅이 불가능하다는 것을 알고 있을 것이다. 그리고 수정사항을 확인하기 위해 매번 빌드한 바이너리를 가상 이미지 파일에 복사를 해야 하는 번거로움이 있다.

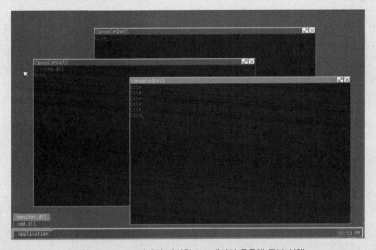

그림 13-5 DLL 디버깅 미지원 모드에서의 응용앱 중복 실행

효율적인 개발을 위해서는 DLL 디버깅 모드로 응용앱을 개발하고 디버깅하자. 다시 한 번 언급하지만 DLL 디버깅 모드에서는 앱을 중복 실행해서는 안 되며 재진입을 허용하지 않는 DLL이 공유돼서도 안 된다. 재진입이 허용 안 되는 대표적인 모듈에는 SDL이 있다. 이 SDL을 사용하는 응용앱들을 동시에 실행하면 프로그램이 비정상적으로 동작한다. 이 경우에도 DLL 디버깅 미지원 모드로 변경하면 문제는 해결된다. DLL 디버깅 미지원 모드는 실기 YUZA OS 동작에 근접하므로 응용앱이나 커널 수정 후 최종 테스트할 때 사용하면 좋다. 단 이 경우는 개발 시간을 절약하기 위해서 실기 테스트를 건너뛰는 경우에 한해서다.

데스크톱 시스템을 구동하고 디버깅하는 데 문제가 없다면 계속해서 다음 내용을 진행한다.

1.2 샘플 앱

MINT64 OS는 다음과 같은 데스크톱용 샘플 앱을 제공한다.

헥사 게임, 버블슈터, 한 줄 메모장, 이미지 뷰어, 한글 뷰어

위 앱들은 모두 YUZA OS로 포팅됐으며 desktop 필터에서 확인할 수 있다. 여기서는 앱들의 간략한 구조를 살펴본다.

HelloWorld

HelloWorld 프로젝트는 기본 윈도우 창을 생성하는 방법을 보여준다.

그림 13-6 HelloWorld 실행

```
int main(int argc, char** argv)
{
    QWORD qwWindowID; // 윈도우 아이디
    int iMouseX, iMouseY; // 마우스 좌표
    int iWindowWidth, iWindowHeight; // 윈도우 창 너비/높이
```

```
EVENT stReceivedEvent; // 이벤트. 이벤트에는 마우스, 키보드, 윈도우 이벤트가 있다.
MOUSEEVENT* pstMouseEvent; // 마우스 이벤트
KEYEVENT* pstKeyEvent; // 키보드 이벤트
WINDOWEVENT* pstWindowEvent; // 윈도우 이벤트
// 마우스의 현재 위치를 반환
Syscall_GetCursorPosition(&iMouseX, &iMouseY);

// 윈도우 생성 함수 호출, 마우스 커서가 있던 위치를 기준으로 생성
iWindowWidth = 500;
iWindowHeight = 200;

RECT rect;
rect.left = iMouseX - 10;
rect.top = iMouseY - WINDOW_TITLEBAR_HEIGHT / 2;
rect.right = rect.left + iWindowWidth;
rect.bottom = rect.top + iWindowHeight;
// 윈도우 창 생성
Syscall_CreateWindow(&rect, "Hello World Window", WINDOW_FLAGS_DEFAULT |
WINDOW_FLAGS_RESIZABLE, &qwWindowID);

// 윈도우 창을 생성하지 못했으면 실패
if (qwWindowID == WINDOW_INVALIDID)
{
    return 0;
}
// GUI 태스크의 이벤트 처리 루프
while (1)
{
    // 이벤트 큐에서 이벤트를 수신
    if (Syscall_ReceiveEventFromWindowQueue(&qwWindowID, &stReceivedEvent) ==
    FALSE)
    {
        Syscall_Sleep(0);
        continue;
    }
```

```
// 수신된 이벤트를 타입에 따라 나눠 처리
switch (stReceivedEvent.qwType)
{
    // 마우스 이벤트 처리
    case EVENT_MOUSE_MOVE:
    case EVENT_MOUSE_LBUTTONDOWN:
    case EVENT_MOUSE_LBUTTONUP:
    case EVENT_MOUSE_RBUTTONDOWN:
    case EVENT_MOUSE_RBUTTONUP:
    case EVENT_MOUSE_MBUTTONDOWN:
    case EVENT_MOUSE_MBUTTONUP:
        // 여기에 마우스 이벤트 처리 코드 넣기
        pstMouseEvent = &(stReceivedEvent.stMouseEvent);
        break;
    // 키 이벤트 처리
    case EVENT_KEY_DOWN:
    case EVENT_KEY_UP:
        // 여기에 키보드 이벤트 처리 코드 넣기
        pstKeyEvent = &(stReceivedEvent.stKeyEvent);
        break;
    // 윈도우 이벤트 처리
    case EVENT_WINDOW_SELECT:
    case EVENT_WINDOW_DESELECT:
    case EVENT_WINDOW_MOVE:
    case EVENT_WINDOW_RESIZE:
    case EVENT_WINDOW_CLOSE:
        // 여기에 윈도우 이벤트 처리 코드 넣기
        pstWindowEvent = &(stReceivedEvent.stWindowEvent);
        // 윈도우 닫기 이벤트면 윈도우를 삭제하고 루프를 빠져나가 태스크를 종료
        if (stReceivedEvent.qwType == EVENT_WINDOW_CLOSE)
        {
            // 윈도우 삭제
            Syscall_DeleteWindow(&qwWindowID);
            return 1;
        }
        break;
```

```
        // 그 외 정보
        default:
            // 여기에 알 수 없는 이벤트 처리 코드 넣기
            break;
        }
    }
    return 0;
}
```

WIN32 응용앱을 제작해 본 경험이 있다면 쉽게 이해할 수 있는 내용이다. 직관적으로 이해할 수 있는 내용이므로 자세한 설명은 생략한다. 시스템 콜 API는 이어지는 헥사 게임에서 자세히 설명한다.

헥사 게임

헥사 게임은 테트리스 같은 블록 낙하형 게임으로 가로, 세로 또는 대각선으로 세 개 이상의 동일한 블록이 나열되면 제거되는 게임이다. 데스크톱의 콘솔 창에서 hexa.dll을 입력하면 게임이 실행된다.

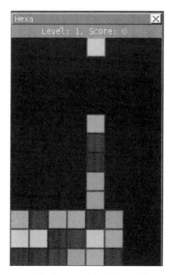

그림 13-7 헥사 게임 실행화면

hexa 프로젝트의 main.cpp를 열어 소스코드를 확인한다. 코드의 기반 구조는 HelloWorld 프로젝트와 거의 동일하다. 로직 부분은 디버깅을 진행하면서 이해하도록 한다. 이 앱을 작성하기 위해 호출하는 시스템 콜은 다음과 같다.

표 13-2 YUZA OS GDI API

API	내용
Syscall_GetScreenArea	데스크톱 화면의 가로, 세로 크기를 얻어낸다.
Syscall_CreateWindow	윈도우 창을 생성한다.
Syscall_GetTickCount	틱 카운트를 얻는다.
Syscall_DrawText	텍스트를 출력한다.
Syscall_ShowWindow	생성한 윈도우 창을 화면에 보인다.
Syscall_ReceiveEventFromWindowQueue	큐로부터 이벤트를 얻는다.
Syscall_DeleteWindow	윈도우 창을 삭제한다.
Syscall_Sleep	지정한 시간만큼 태스크를 쉰다(ms초 단위).
Syscall_DrawRect	특정 사각형 영역을 특정 색으로 그린다.

언급한 시스템 콜 중에서 Syscall_ReceiveEventFromWindowQueue 시스템 콜을 자세히 살펴본다. 이 API는 자신이 소유하고 있는 윈도우 큐 객체로부터 이벤트를 받았는지 확인하고 이벤트가 존재하면 해당 이벤트를 처리한다. 이 API에 브레이크 포인트를 걸어 코드 흐름을 확인해 보자.

코드 13-6 이벤트 획득 시의 콜스택 상황

```
desktopmgr.dll!kReceiveEventFromWindowQueue(......)
desktopmgr.dll!GUIEngine::ReceiveEventFromWindowQueue(......)
yuza.exe!SkyGUISystem::ReceiveEventFromWindowQueue(......)
yuza.exe!kReceiveEventFromWindowQueue(......)
SystemCall.dll!syscall2(int Function, int Arg0, int Arg1)
hexa.dll!main(int argc, char * * argv)
```

이벤트 큐로부터 이벤트를 가져오기 위해 여러 모듈을 거친다.

- hexa 모듈: 실행 중인 앱
- SystemCall 모듈: 시스템 콜 인터페이스를 제공하는 모듈
- yuza.exe: YUZA OS 커널
- desktopmgr 모듈: 데스크톱 시스템

hexa 앱이 자신의 큐에 이벤트가 있는지를 데스크톱 시스템에 조회하면 위에서 언급한 모듈을 거쳐 desktopmgr 모듈의 kReceiveEventFromWindowQueue 메소드가 실행된다.

코드 13-7 kReceiveEventFromWindowQueue 함수

```
bool kReceiveEventFromWindowQueue( QWORD qwWindowID, EVENT* pstEvent )
{
    WINDOW* pstWindow;
    bool bResult;

    // 타깃 윈도우 창이 존재하는지 검색한다. 윈도우 창을 얻으면 자동으로 스핀락 객체에 락을 건다.
    pstWindow = kGetWindowWithWindowLock( qwWindowID );
    if( pstWindow == NULL )
    {
        return FALSE;
    }
    // 윈도우 창으로부터 이벤트를 얻어낸다.
    bResult = kGetQueue( &( pstWindow->stEventQueue ), pstEvent );
    SpinlockRelease(&pstWindow->stLock);

    return bResult;
}
```

윈도우 아이디로 자신의 윈도우 창을 얻어낸 뒤 윈도우 창의 이벤트 큐에 메시지가 있다면 이벤트를 꺼낸다. 이벤트를 얻을 때 스핀락 동기화 객체를 사용하는데 위 코드에서는 스핀락 해제 코드만 있을뿐 스핀락 획득 코드는 없다. kGetWindowWithWindowLock 함수에서 윈도우 창을 반환할 시 스핀락 획득 코드가 적용되므로 이 함수가 정상적으로 WINDOW 객체를 반환했다면 반드시 스핀락 해제 코드를 실행해야 한다.

다른 시스템 콜에 대해서도 브레이크 포인트를 걸어 코드의 흐름을 확인해 본다.

 여러 동기화 객체 중 스핀락은 멀티코어 간 동기화를 위한 객체로 싱글 코어에서 사용해도 문제는 없다. 하지만 싱글 코어에서는 불필요한 연산에 불과하므로 싱글 코어에서는 최적화를 해두면 좋다. 예를 들어 커널을 빌드할 때 옵션을 둬서 싱글 코어용으로 빌드한다면 스핀락의 경우 락 객체를 얻기 위해 스핀하는 코드 부분을 적용하지 않으면 속도 향상을 가져올 수 있다.

용용앱 제작해 보기

HelloWorld 프로젝트와 hexa 프로젝트에 익숙해졌다면 이 프로젝트에 사용된 API를 활용해서 자신만의 응용앱을 제작할 수 있으리라 판단한다. 우선 여기서 소개하지 않은 다른 샘플 앱들도 참조해서 API 사용에 익숙해지자. HelloWorld 프로젝트와 hexa 프로젝트를 제외하고 참조할 수 있는 샘플 앱 리스트를 표 13-3에 정리했다.

표 13-3 응용앱 리스트

프로젝트	내용
hangulviewer	한글 텍스트 뷰어
imageviewer	JPG 이미지 뷰어
memo	한 줄 입력 메모장
message	키보드나 마우스 입력을 확인
monitor	시스템이나 스레드 상태를 모니터링하기 위한 앱. 현재는 외형만 출력
shooter	버블슈터 게임. 마우스로 버블을 터뜨리는 게임이다.

표 13-3에 열거된 모든 응용앱을 실행해 보고 디버깅을 해서 이해하는 데 어려움이 없다면 이 응용앱이 사용한 API를 활용해서 게임을 제작해 보자. 소코반이나 스네이크 바이트 게임은 도전하기에 적당한 프로젝트다.

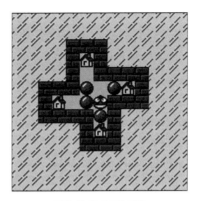

그림 13-8 소코반 게임

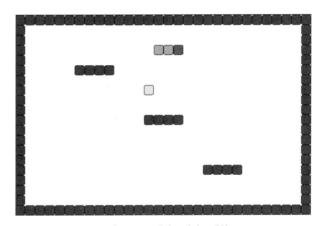

그림 13-9 스네이크 바이트 게임

소코반이나 스네이크 바이트 게임을 플레이해 본 적이 없다면 샘플 게임을 구해서 플레이한 뒤 로직을 이해하자. 로직 구현에 자신이 없다면 소스 공유 사이트에서 소스를 구해서 로직을 이해해 본다. 로직을 파악하고 구현할 준비가 됐다면 남은 작업은 게임 오브젝트를 화면에 그리는 것이다. 화면 조작 API를 표 13-4에 정리했다.

표 13-4 그리기 API

API	내용
Syscall_DrawRect	사각형 영역을 특정 색상으로 채운다.
Syscall_DrawLine	선을 특정 색상으로 그린다.
Syscall_DrawCircle	특정 반경과 특정 색상으로 원을 그린다.
Syscall_DrawText	특정 색상으로 텍스트를 출력한다.
Syscall_DrawButton	버튼을 그린다.
Syscall_BitBlt	블리팅 함수. 버퍼 내용을 특정 영역에 블리팅(복사)한다.

표 13-4의 그리기 API를 적절히 사용하면 소코반이나 스네이크 바이트 게임의 화면 구성을 쉽게 그릴 수 있다. API 사용에 어려움을 겪는다면 앞에서 소개했던 헥사 게임이나 버블슈터 프로젝트를 참조한다.

만일 응용앱 제작에 성공한다면 필자에게 소스코드를 보내주기 바란다. 제일 먼저 보내주는 독자분의 소스코드는 샘플 앱에 추가하도록 하겠다(물론 제대로 구현됐다면!!).

다음 절로 넘어가기 전에 자가점검을 해보자. 다음 세 가지 항목을 모두 패스했다면 다음 절로 넘어간다.

- YUZA OS의 데스크톱 시스템 설정을 이해했으며 자유롭게 사용할 수 있다.
- 데스크톱 시스템과 응용앱의 연동과정(API 호출과정)을 이해할 수 있다.
- 데스크톱 시스템에서 동작하는 간단한 응용앱을 작성할 수 있다.

 도전과제인 소코반 프로젝트와 스네이크 바이트 프로젝트의 구현 예제는 이 책에서 확인할 수 있다. 게임을 구현하는 데 어려움을 겪는다면 해당 프로젝트를 참조하자.

1.3 GUI 콘솔 앱

콘솔은 컴퓨터가 최초 시작됐을 때 그래픽 모드로 전환되지 않은 상태를 의미한다. 반면 윈도우 운영체제와 같은 GUI 환경에서는 콘솔이라는 것이 없으므로 별도의 윈도우 창을 띄워서 콘솔을 시뮬레이션해야 한다. YUZA OS에서는 프로그램을 콘솔용으로 작성했어도 GUI 환경에서도 소스코드 수정없이 콘솔 앱으로 동작하도록 설계했다. 루아 콘솔 앱의 메인 코드를 다시 살펴보자.

코드 13-8 루아 콘솔 진입점

```
int main (int argc, char** argv)
{
        printf("%s\nLua 5.4.0 Console Start!!\n", (char*)argv[0]);
        luamain(argc, argv);
        return 0;
}
```

위 코드는 원래 루아 콘솔의 메인 함수였다. 하지만 메인 함수의 이름을 main_impl로 변경한 다음 코드 13-9와 같이 main_impl 함수가 호출되도록 변경했다.

코드 13-9 콘솔 및 데스크톱에 대응하는 프레임워크

```
int main(int argc, char** argv)
{
        GUIConsoleFramework framework;
        return framework.Run(argc, argv, main_impl);
}
```

GUIConsoleFramework 클래스의 객체를 선언하고 이 객체의 Run 메소드에 실제 메인 함수와 인자를 함께 넘겨주면 해당 객체는 현재 실행 상태가 콘솔 모드인지 그래픽 모드인지 판단해서 상황에 맞게 프로그램을 실행한다. 데스크톱 모드였다면 프로그램은 운영체제에 윈도우 창 생성을 요청하고 요청이 성공하면 콘솔과 관련된 모든 입출력은 생성된 윈도우 창으로 포워딩된다. 그림 13-1은 루아 콘솔 프로그램을 GUIConsoleFramework 클래스를 활용해서 실행한 화면이었다.

콘솔로 제작된 모든 앱도 코드 13-9처럼 양식을 변경하면 데스크톱에서 실행할 수 있다. sqlite3, grep 등의 콘솔 앱을 데스크톱 환경에서 실행해서 결과를 확인해 보기 바란다.

GUIConsoleFramework 클래스

GUIConsoleFramework 클래스는 외부에 노출한 Run 메소드와 Run 메소드에서 호출하는 MainLoop 함수 두 개로 구성된다.

코드 13-10 GUIConsoleFramework

```
class GUIConsoleFramework
{
public:
        bool Run(int argc, char** argv, MAIN_IMPL entry);
private:
        bool MainLoop(CONSOLE_START_STRUCT* args);
};
```

코드 13-11 GUIConsoleFramework::Run 메소드

```
bool GUIConsoleFramework::Run(int argc, char** argv, MAIN_IMPL entry)
{
        bool isGrahpicMode = Syscall_IsGraphicMode();
        if (isGrahpicMode)
        {
            CONSOLE_START_STRUCT consoleStruct;
            consoleStruct.argc = argc;
            consoleStruct.argv = argv;
            consoleStruct.entry = entry;

            return MainLoop(&consoleStruct);
        }

        return entry(argc, argv);
}
```

Run 메소드는 시스템 콜인 `Syscall_IsGraphicMode`를 호출해서 현재 시스템이 그래픽 모드인지 또는 콘솔 모드인지를 체크한다. 콘솔 모드라면 엔트리 함수를 단순히 실행시킨다. 그래픽 모드라면 `MainLoop` 메소드를 호출해서 앞에서 소개했던 헥사 앱이나 버블슈터 앱 같은 메시지 처리를 수행한다. 세부 내용은 GUIConsoleFramework.cpp 파일을 참조한다.

1.4 데스크톱 구조

지금까지는 데스크톱 환경을 구축하고 이 데스크톱 환경에서 동작하는 샘플 앱을 살펴보았다. 1.4절에서는 이 데스크톱 시스템이 운용되는 구조를 간략히 살펴본다.

데스크톱 시스템은 여러 윈도우를 관리하고 이벤트를 적절한 윈도우로 전송할 책임이 있다. 또한 윈도우가 겹칠 시 우선순위를 판단해 적절한 윈도우를 화면에 그려야 한다. 그리고 포커스를 가진 윈도우를 찾고 해당 윈도우에 메시지를 전송해야 하는데 이 과정에서 스레드 경합이 발생하므로 동기화 처리도 필요하다.

> 윈도우 관리, 이벤트 처리, 화면 갱신

윈도우 관리

데스크톱 시스템에서 핵심인 윈도우(또는 윈도우 창)는 WINDOW 구조체로 표현된다.

코드 13-12 윈도우를 표현하는 WINDOW 구조체

```
// 윈도우의 정보를 저장하는 자료 구조
typedef struct kWindowStruct
{
    // 다음 데이터의 위치와 현재 윈도우의 ID
    LISTLINK stLink;
    // 자료 구조 동기화를 위한 스핀락
```

```
    Spinlock_t stLock;
    // 윈도우 영역 정보
    RECT stArea;
    // 윈도우의 화면 버퍼 어드레스
    COLOR* pstWindowBuffer;
    // 윈도우를 소유한 프로세스(또는 태스크) ID
    QWORD qwTaskID;
    // 윈도우 속성
    DWORD dwFlags;
    // 이벤트 큐와 큐에서 사용할 버퍼
    QUEUE stKeyEventQueue;
    QUEUE stEventQueue;
    EVENT* pstEventBuffer;
    EVENT* pstKeyEventBuffer;

    // 윈도우 제목
    char vcWindowTitle[ WINDOW_TITLEMAXLENGTH + 1 ];
} WINDOW;
```

WINDOW를 관리하는 윈도우 매니저는 WINDOWMANAGER 구조체로 정의한다.

표 13-5 윈도우를 관리하는 데 필요한 자료 구조

구조체	내용
WINDOW	윈도우(창)를 표현한다. 이벤트에서 사용할 버퍼와 화면 버퍼를 가진다.
WINDOWPOOLMANAGER	미리 윈도우 풀을 만들어서 윈도우 매니저가 윈도우를 필요로 할 때 빠르게 제공한다.
WINDOWMANAGER	윈도우 매니저. 데스크톱에서 실행하는 윈도우를 관리한다. 여러 이벤트를 수신하며 특정 윈도우로 이벤트를 전송해야 할 책임을 가진다. 실제 화면을 가리키는 프레임 버퍼를 가지고 있다.

윈도우 매니저와 윈도우 풀 매니저, 윈도우의 관계는 그림 13-10과 같다.

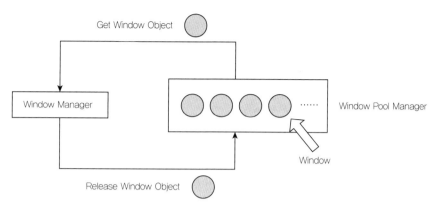

그림 13-10 윈도우 매니저, 윈도우 풀 매니저, 윈도우의 관계

윈도우 매니저는 응용앱이 생성될 때마다 윈도우 풀 매니저로부터 윈도우 객체를 꺼내서 응용앱에 할당한다. 응용앱이 종료되면 해당 프로세스에 할당한 윈도우 객체를 윈도우 풀 매니저로 반환한다.

이벤트 처리

커널로부터 이벤트가 발생하면 제일 먼저 윈도우 매니저가 이벤트를 수신한다. 그리고 나서 윈도우 매니저는 이벤트를 받아야 하는 윈도우에 이벤트를 전송한다. 커널로부터 전송된 이벤트가 있는지는 아래 함수를 호출해서 체크한다.

```
bool kProcessEventQueueData(void);
```

해당 함수 내부에서는 아래 함수를 호출해서 이벤트를 가져온다.

```
bool kReceiveEventFromWindowManagerQueue( EVENT* pstEvent );
```

그리고 나서 이벤트를 얻었으면 타깃 윈도우로 이벤트를 보낸다.

```
// 타깃 윈도우를 찾는다.
WINDOW* pstWindow = kGetWindowWithWindowLock(vstEvent[i].stKeyEvent.qwWindowID);
kPutQueue(&pstWindow->stKeyEventQueue, &vstEvent[i]);
SpinlockRelease(&pstWindow->stLock);
```

kPutQueue 함수를 사용해서 타깃 윈도우의 이벤트 큐에 이벤트를 큐잉한다. 여기서 눈여겨 볼 점은 커널로부터 획득한 이벤트에는 타깃 윈도우의 윈도우 아이디가 저장돼 있다는 것이다. 윈도우 아이디는 커널에 마우스나 키보드 입력이 발생할 때 얻는다. 예를 들어 마우스 입력이 발생하면 현재 마우스 위치를 포함하는 윈도우를 찾기 위해 데스크톱 모듈에 질의한다. 그런 다음 타깃 윈도우를 찾았으면 마우스 좌표와 윈도우 아이디를 저장한 이벤트를 생성하고 이 이벤트를 윈도우 매니저로 전달한다. 이벤트를 전달받은 윈도우 매니저는 코드 13-13을 통해 대상 윈도우로 이벤트를 전송한다.

각각의 윈도우는 앞에서 살펴봤듯이 kReceiveEventFromWindowQueue 함수를 호출해서 자신의 이벤트 큐로부터 이벤트를 획득한다.

화면 갱신

윈도우가 그리기 API 등으로 자신을 갱신한다고 해서 화면을 가리키는 프레임 버퍼가 바로 갱신되지는 않는다. 기본적으로 그리기 API는 윈도우가 가진 자체 화면 버퍼를 갱신한다. 프레임 버퍼의 최종 갱신은 kProcessEventQueueData 함수 후반부에서 수행된다.

코드 13-14 프레임 버퍼 최종 갱신

```
// 통합된 이벤트를 모두 처리
for (i = 0; i < iEventCount; i++)
{
        pstWindowEvent = &(vstEvent[i].stWindowEvent);

        // 타입별로 처리
        switch (vstEvent[i].qwType)
```

```
{
    // 윈도우의 영역을 화면에 업데이트
    case EVENT_WINDOWMANAGER_UPDATESCREENBYID:
    // 윈도우의 내부 영역을 화면에 업데이트
    case EVENT_WINDOWMANAGER_UPDATESCREENBYWINDOWAREA:
        // 윈도우 기준 좌표를 화면 좌표로 변환해 업데이트 처리
        if (kConvertRectClientToScreen(pstWindowEvent->qwWindowID,
        &(pstWindowEvent->stArea), &stArea) == TRUE)
        {
            kRedrawWindowByArea(&stArea, pstWindowEvent->qwWindowID);
        }
        break;
    // 화면 좌표로 전달된 영역을 화면에 업데이트
    case EVENT_WINDOWMANAGER_UPDATESCREENBYSCREENAREA:
        kRedrawWindowByArea(&(pstWindowEvent->stArea), WINDOW_INVALIDID);
        break;
    default:
        break;
    }
}
```

코드에서 확인할 수 있듯이 프레임 버퍼의 갱신은 세 가지 타입으로 나뉜다.

- 윈도우 영역
- 윈도우 내부 특정 영역
- 화면의 특정한 영역에 포함된 윈도우 영역

어떤 유형이든 프레임 버퍼 갱신은 kRedrawWindowByArea로 수행된다. 이 함수는 지정한 영역과 겹치는 윈도우를 찾은 다음 그 겹치는 영역을 DRAWBITMAP 구조체에 저장한다. 그런 다음 마지막에 kCopyWindowBufferToFrameBuffer 함수를 호출해서 프레임 버퍼를 갱신한다. kCopyWindowBufferToFrameBuffer 함수는 변경할 화면 정보를 담은 DRAWBITMAP 구조체를 파라미터로 받아 이 구조체에서 지정하는 영역과 겹치는 좌표 영역을 가진 윈도우를 찾아 이 윈도우의 화면 버퍼를 프레임 버퍼로 복사한다.

데스크톱 모듈의 구조에 대해서는 이 정도로 설명하겠다. 세부적인 내용은 desktopmgr 프로젝트의 소스코드를 참조한다. 계속해서 윈도우에 GUI 위젯을 그리는 방법을 설명한다.

2 GUI 위젯

GUIEngine 클래스는 화면에 선이나 사각형 또는 원을 그리기 위한 여러 메소드를 제공하지만 이런 메소드를 통해서 우리가 원하는 GUI 위젯(컴포넌트)을 구축하려면 시간이 소요된다. 예를 들어 리스트 박스를 만들고 싶은데 사각형 또는 선 API를 사용해서 이 컴포넌트를 만드는 것은 쉽지가 않을 것이다. 그러므로 시스템이 미리 제작한 GUI 컴포넌트를 제공해 주면 좋을 것이다.

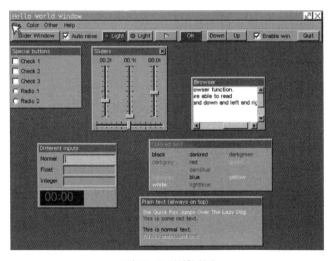

그림 13-11 다양한 위젯

그림 13-11은 SVGA 라이브러리를 활용해서 GUI 컴포넌트를 모두 출력한 것이다. SVGA 라이브러리는 『C++로 나만의 운영체제 제작하기』에서 소개한 바 있다. 코드는 widgets 필터의 guisample 프로젝트를 참조한다.

GUI 위젯을 생성하는 내용은 InitGUIControl 함수에서 확인할 수 있다. 여러 위젯을 조작해 보고 코드의 흐름을 이해하자. 특히 메뉴에서 File을 선택한 다음 Open 항목을 선택해서 파일 다이얼로그를 실행해 보자.

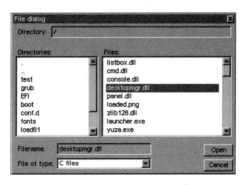

그림 13-12 파일 다이얼로그 박스 출력

왼쪽은 폴더 리스트를, 오른쪽은 현재 선택된 폴더의 파일 리스트를 보여준다. 파일 다이얼로그 생성 관련 로직 부분은 filedialog.cpp 파일의 create_file_dialog 함수를 참조한다. 독자분들은 파일 다이얼로그에 파일 리스트를 추가하는 로직을 분석해 본다.

> 여기서 다음 내용으로 넘어가지 말고 꼭 SVGA 라이브러리의 대략적인 동작 방식을 이해하자.

InitGUIControl 함수의 내용을 보면 알겠지만 각각의 위젯을 생성하는 인터페이스가 너무 불편하다. 그래서 코드에 생명력을 부여하려면 라이브러리가 심플한 인터페이스를 제공해야 한다. 인터페이스가 불편한 이유는 SVGA 라이브러리가 C로 작성됐기 때문이다. 지금부터는 라이브러리를 간편하게 사용할 수 있도록 심플한 어댑터 패턴을 적용해서 C++ 스타일의 인터페이스를 구현해 본다. 여러 위젯 중 리스트 박스, 메뉴 그리고 파일 다이얼로그 및 메시지 박스 인터페이스만 구현하겠다. 나머지는 독자분들의 몫으로 남겨둔다. 코드는 listbox 프로젝트를 참조한다.

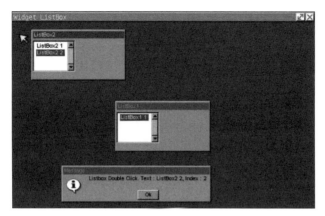

그림 13-13 listbox 출력

그림 13-13은 listbox 프로젝트를 실행시킨 결과 화면이다. 메뉴와 리스트 박스 창을 두 개 생성했다. 리스트 박스 1의 요소를 클릭하면 모달 메시지 박스가 팝업된다. 리스트 박스 2는 더블 클릭을 해야 모달 메시지 박스가 팝업된다. 메뉴의 **Open** 항목을 누르면 파일 선택창이 팝업되며 **Close** 항목을 누르면 프로그램을 종료한다.

코드 13-15 listbox 프로젝트

```
int main(int argc, char** argv)
{
    char* szTitle = "Widget ListBox";
    int width = 640, height = 480;
    WidgetManager* pManager = WidgetManager::GetInstance();
    QWORD windowId = CreateWindow(width, height, szTitle,
    WINDOW_FLAGS_DEFAULT | WINDOW_FLAGS_RESIZABLE);
    pManager->Initialize(windowId, width, height, szTitle);

    // 첫 번째 리스트박스 생성
    RECTINFO windowRect = { 1, 51, 200, 105 };
    RECTINFO listBoxRect = { 5, 25, 70, 2 };
    WindowWidget* pWindow;
    pWindow = pManager->AddWindow("ListBox1", ......);
```

```
    ListBoxWidget* pListBox = pWindow->CreateListBox(listBoxRect);
    pListBox->AddElement("ListBox1 1", CallbackClickFromListBox, 0);

    // 두 번째 리스트박스 생성
    RECTINFO windowRect2 = { 100, 100, 200, 105 };
    RECTINFO listBoxRect2 = { 5, 25, 70, 2 };
    pWindow = pManager->AddWindow("ListBox2", ......);
    pListBox = pWindow->CreateListBox(listBoxRect2);
    pListBox->AddElement("ListBox2 1", 0, CallbackDoubleClickFromListBox);
    pListBox->AddElement("ListBox2 2", 0, CallbackDoubleClickFromListBox);

    // 메뉴 File을 생성하고 후속 아이템 추가
    RECTINFO windowRect3 = { 0, 0, width, 21 };
    pWindow = pManager->AddWindow("", ......);
    PullDownWidget* pPullDown = pWindow->CreatePullDown("File");
    pPullDown->AddElement("Open", CallbackFileMenu);
    pPullDown->AddElement("Close", CallbackFileMenu);
    pPullDown = pWindow->CreatePullDown("Edit");

    WidgetManager::GetInstance()->Activate();
    WidgetManager::GetInstance()->Run();
    return 0;
}
```

CallbackClickFromListBox 함수와 CallbackDoubleClickFromListBox 함수는 리스트 박스의 요소를 클릭 또는 더블 클릭했을 때 호출되는 콜백 함수다.

코드 13-16 리스트 박스 콜백 함수

```
static void CallbackClickFromListBox(GuiObject* obj, int data)
{
    char buf[MAXPATH];
    sprintf(buf, "Listbox Click. Text : %s, Index : %d\n", obj->label, data);
    WidgetManager::GetInstance()->MessageDialog(buf, DIA_INFO);
}
```

```
static void CallbackDoubleClickFromListBox(GuiObject* obj, int data)
{
    char buf[MAXPATH];
    sprintf(buf, "Listbox Double Click. Text : %s, Idx : %d\n", obj->label, data);
    WidgetManager::GetInstance()->MessageDialog(buf, DIA_INFO);
}
```

완벽한 어댑터 패턴을 구축하려면 SVGA 라이브러리가 노출하는 구조체나 메소드를 은닉해야 하는데 SVGA 라이브러리를 건드리지 않고 리팩토링하는 것은 생각보다 어렵다. 그래서 좀 더 정교한 위젯 라이브러리로 사용하고 싶다면 라이브러리의 수정이 많이 필요하다.

어댑터 기능을 하는 WidgetManager 클래스는 전역 환경에서 사용할 수 있도록 싱글턴 패턴을 사용했다. 이 클래스는 메시지 박스와 파일 다이얼로그를 생성하는 인터페이스를 제공한다.

3 Advanced

YUZA OS는 안정화된 소스가 아니라 계속 개발 중인 OS기 때문에 기본 GDI API가 현시점에서는 고정돼 있지 않다. 또한 그리기 API나 위젯 생성 메소드는 개선될 여지가 많기 때문에 계속 수정될 것이다. 그래서 현시점에서는 기본 GDI API 구현의 우선순위가 높지 않다. 언젠가 YUZA OS가 구조적으로 안정화됐다고 판단되면 정확한 명세를 확정할 것이다. 한편 정교한 그리기 API를 제공하고 수많은 위젯을 제공하는 GUI 라이브러리는 매우 많다. 이런 라이브러리를 활용해서 앱을 제작한다면 기존 소스코드를 재활용하는 것이 가능할 뿐만 아니라 작성한 소스코드의 생명력이 연장될 것이다. 또한 기존 GUI 라이브러리는 일반적으로 엄격성이나 디자인 면에서 품질이 매우 좋다. 그러므로 다양한 GUI 라이브러리를 살펴보는 것은 데스크톱 시스템을 한 단계 업그레이드하는 데 큰 도움이 된다. 유용하다고 판단되는 GUI 라이브러리를 표 13-5에 정리했다.

표 13-6 대표적인 GUI 라이브러리

GUI 라이브러리	내용
GWork	다양한 컨트롤을 구현했으며 스킨 적용이 가능한 내장형 GUI 라이브러리다. 컨트롤 렌더링은 모두 추상화된 인터페이스를 제공하기 때문에 응용 프로그램에서 재정의할 수 있다. 또한 GWEN 프로젝트로부터 파생됐다.
Cairo	다양한 형태의 출력을 지원하는 2D 그래픽 라이브러리다. 현재 지원되는 출력 대상에는 X-Window System(Xlib 및 XCB), Quartz, Win32, 이미지 버퍼, PostScript, PDF 및 SVG 파일 출력이 포함된다. 실험적인 백엔드에는 OpenGL, BeOS, OS/2 및 DirectFB가 포함된다. 또한 SDL도 백엔드로 지원하므로 YUZA OS에서도 활용할 수 있다.
MyGUI	게임과 3D 앱을 위한 그래픽 유저 인터페이스를 제공하는 크로스 플랫폼 라이브러리로 3D 게임 엔진인 OGRE 엔진에서 주로 사용된다.
ImGui	C++ 그래픽 사용자 인터페이스 라이브러리다. 최적화가 잘돼 있으며 외부 종속성이 없어서 렌더러에 독립적이다. 즉 추상화가 잘돼 있는 라이브러리다. ImGui + SDL 조합이 가능하므로 포팅이 상대적으로 수월하다.
CEGUI	Crazy Eddie's GUI System의 줄임말이다. GUI를 위한 기능이 기본적으로 제공되지 않거나 부족한 그래픽 API 및 엔진을 위해 윈도우나 위젯을 제공하는 라이브러리다. C++를 활용해서 객체지향적으로 작성됐으며 일반적으로 게임 개발에 자주 쓰인다. 레이아웃 및 이미지 세트를 생성하기 편리하도록 WYSIWYG 편집기를 제공한다.
QT	The QT Company에서 개발한 C++ 오픈소스 GUI 프레임워크. 큐트라고 발음하며 다음과 같은 특징이 있다. • C++ 기반이라 모듈화가 잘돼 있어서 확장이 쉽다. • 다양한 플랫폼을 지원하는 멀티플랫폼 라이브러리다. • 이벤트 처리 모델이 정형화돼 있어서 이 정형화된 룰을 따르면 코딩 실수가 크게 줄어든다. • 16비트 유니코드를 지원한다. • 기업이 관리하는 라이브러리라서 안정성이 높으며 라이브러리 규모가 커서 웬만한 기능은 대부분 포함돼 있다.
wxWidgets	크로스 플랫폼 응용 프로그램을 위한 그래픽 사용자 인터페이스를 만들어 주는 위젯 툴킷이다.
GNOME	GNU 프로젝트의 일부며 GTK 기반으로 개발된 데스크톱 환경이다. 리눅스 계열에서 가장 인기있는 데스크톱 시스템 중 하나다.

QT 같은 대형 GUI 라이브러리가 YUZA OS상에서 실행될 수 있으면 좋겠지만 결코 쉬운 작업이 아니므로 현시점에서는 보류하는 것이 좋다. QT 라이브러리가 YUZA OS에서 정상 동작한다는 것은 QT 라이브러리가 필요로 하는 시스템 콜을 모두 구현했고 POSIX 등의 인터페이스를 완벽히 지원한다는 것을 뜻하는데 아직 YUZA OS는 미흡한 부분이 많기 때문이다.

wxWidgets 라이브러리의 경우에는 포팅을 시도해 본 적이 있는데 실패했다. 실패를 한 시점 이후로 표준 프로그래밍 인터페이스를 계속 다듬어 왔기 때문에 지금 다시 시도하면 성공할 수 있을지도 모르겠다. 하지만 현시점에서는 새로운 내용을 추가하는 것보다 현 재까지 구축된 라이브러리들을 다듬고 안정화시키는 작업이 더 급선무인 것으로 보인다.

QT 및 wxWidgets와 같은 라이브러리를 제외하고 표 13-6의 일부 GUI 라이브러리는 YUZA OS로 포팅을 완료했다. 특히 ImGui 라이브러리는 시각적으로 멋진 화면을 보여 준다. 유용한 GUI 라이브러리에 대해서는 책의 내용을 진행하면서 계속 소개할 것이다.

4 정리

13장에서는 운영체제의 핵심 컴포넌트 중 하나인 데스크톱 시스템을 살펴봤다. YUZA OS는 MINT64의 데스크톱 시스템을 채용했으며 구체적인 이해를 돕기 위해 데스크톱상 에서 동작하는 다양한 샘플 앱을 소개했다. 또한 메시지나 이벤트가 특정 응용앱으로 전 달하는 과정을 설명했으며 윈도우 매니저가 윈도우를 관리하는 원리를 설명했다. 기본 그 리기 API만으로는 다양한 위젯을 빠르게 구현하는 데 한계가 있으므로 SVGA 라이브러 리를 활용해서 리스트 박스나 메뉴 바와 같은 위젯을 빠르게 생성하는 방법도 살펴봤다. 마지막으로 데스크톱 시스템을 확장하는 데 유용한 GUI 라이브러리를 살펴보는 것으로 13장을 마무리했다.

YUZA OS가 구축한 기본 그리기 API는 표준 API가 아니다. 그러므로 YUZA OS 그리기 API로 작성한 코드는 YUZA OS 내부에서만 사용할 수 있는 단점이 있다. 만일 윈도우 운 영체제의 GDI나 GDI+ API를 사용할 수 있다면 수많은 윈도우 전용 소스코드를 수정없 이 재활용하는 것이 가능할 것이다. 이런 프로젝트의 일환으로 libgdiplus 프로젝트가 존 재한다. libgdiplus 프로젝트는 윈도우 운영체제가 아닌 환경에서 GDI+ 호환 API를 제 공하는 것을 목표로 한다.

https://www.mono-project.com/docs/gui/libgdiplus/

필자는 libgdiplus 프로젝트의 포팅을 시도한 적이 있는데 실패했다. libgdiplus 빌드를 위해서는 수많은 서드파티가 필요했는데 이 라이브러리들의 마이그레이션이 쉽지 않았기 때문이다.

giflib, libjpeg, libpng, cairo, glib, tiff, libexif, pango, freetype2, jpeg-turbo, gettext, libexif, fontconfig

이 책을 쓰고 있는 현시점에서는 glib, pango 라이브러리 두 가지만을 마이그레이션하지 못했다. 만일 이 두 라이브러리를 포팅할 수만 있다면 GDI+ API로 작성된 소스코드를 모두 재사용할 수 있게 돼 YUZA OS는 더욱 풍부한 GDI 인터페이스를 갖출 수 있을 것이다.

표 13-7 libgdiplus 포팅에 필요한 라이브러리

라이브러리	내용
glib	유용한 라이브러리를 모은 크로스 플랫폼 라이브러리로 GTK나 GNOME 같은 프로젝트의 기반이 되는 로레벨 수준의 코어 라이브러리다.
pango	텍스트 및 글꼴 렌더링을 수행하는 라이브러리다.

glib를 포팅한다면 GNOME와 같은 대형 프로젝트를 마이그레이션할 수 있는 가능성이 생긴다. 그러므로 glib 라이브러리는 반드시 살펴볼 필요가 있다. glib의 소스는 아래 링크에서 다운받을 수 있다.

https://download.gnome.org/sources/glib/

14

SDL 살펴보기

SDL^{Simple Direct media Layer}은 크로스 플랫폼 프로그래밍을 위한 멀티미디어 라이브러리다.

그림 14-1 SDL 로고

SDL은 로키 엔터테인먼트 소프트웨어의 수석 프로그래머인 샘 오스카 랭틴가가 작성한 모듈로 비디오, 오디오, 사용자 입력 등을 추상화했기 때문에 해당 라이브러리로 프로그램을 구현하면 여러 플랫폼으로 거의 수정없이 포팅할 수 있다. 즉 한 플랫폼에서 SDL을 사용해서 프로그램을 개발하면 별다른 비용을 들이지 않고 다른 플랫폼에 쉽게 이식할 수 있다는 뜻이다. 이것이 가능한 이유는 플랫폼 종속적인 부분을 SDL 내부에서 모두 처리하기 때문이다. SDL은 C로 구현됐으며 C/C++ 개발 환경에서 활용할 수 있다.

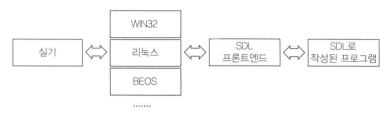

그림 14-2 SDL 실행 흐름

SDL로 작성된 프로그램은 SDL 모듈이 제공하는 API를 활용해서 사운드 출력이나 그리기를 요청한다. 요청을 받은 SDL 모듈은 WIN32나 리눅스같이 플랫폼에 특화된 API를 실행해서 결과를 통지받은 후 처리 결과를 다시 SDL로 작성된 프로그램에 알린다. 보통은 이 플랫폼에 특화된 코드를 개발자가 작성할 필요는 없다. SDL 관련 개발자들이 다양한 플랫폼에서 SDL이 동작할 수 있도록 이미 코드를 작성했기 때문이다. SDL을 지원하는 플랫폼 리스트는 다음과 같다.

WIN32, 라즈베리, 리눅스, 하이쿠, 맥 OS X, 안드로이드, FreeBSD, NetBSD, PSP, 드림캐스트

위에서 열거한 플랫폼 외에도 SDL은 다양한 플랫폼을 지원한다. 즉 SDL로 작성된 프로그램은 대부분의 플랫폼에서 실행할 수 있다는 의미다. 하지만 안타깝게도 우리는 새로운 운영체제를 만들고 있는 중이다. SDL이 YUZA OS를 지원하지 않으므로 SDL과 커널이 연동하는 부분을 구현해야 한다. 즉 SDL을 사용하려면 YUZA OS에 종속적인 부분을 SDL에서 다룰 수 있도록 구현해야 한다. SDL은 멀티미디어 라이브러리이므로 운영체제로부터 다음과 같은 지원을 받아야 한다.

- 키보드, 마우스와 같은 입력
- 타이머 이벤트

- 오디오 출력을 위한 인터페이스
- 화면 처리를 위한 그래픽 버퍼 지원
- 동기화 객체(뮤텍스, 세마포어, 컨디션 변수 등)

SDL의 구조와 원리 및 커널과의 연동과정을 이해한다면 운영체제에 새로운 GUI 프론트엔드를 적용하는 데도 큰 도움이 된다. SDL은 시간이 지나면 잊혀지는 최근 기술들과는 성격이 다르므로 알아두면 여러모로 큰 도움이 될 것이다.

 TIP 최근에는 SDL로 작성한 C/C++ 코드가 웹에서도 실행되는 웹 어셈블리 기술이 나오고 있다. 미래에는 SDL로 작성된 프로그램이 웹에서도 무리없이 실행될 것이다.

목표
- SDL로 작성된 프로그램을 살펴본다.
- SDL의 구조를 파악한다.
- SDL 프로그램을 작성할 수 있는 능력을 익힌다.
- SDL을 YUZA OS에서 동작하도록 구현한다.
- SDL을 완전히 이해함으로써 다른 그래픽 프론트엔진도 YUZA OS에 포팅할 수 있는 기초를 마련한다.

1 SDL

SDL은 주로 게임 제작을 위해 사용된다. 최초 목적은 윈도우용 게임을 리눅스용으로 포팅하기 위해 개발됐다고 한다. 현재는 리버스 엔지니어링을 통해 얻은 도스용 게임 소스를 현대 운영체제에서 실행시키기 위해 SDL을 활용한다. 또한 GUI 프로그램을 제작하거나 동영상 재생을 위해 SDL을 활용한다. 게임 개발이 주목적이었지만 지금은 언리얼이나 유니티 3D가 대세이므로 SDL로 게임 개발을 진행하는 일은 매우 드물다. 하지만 SDL로 작성된 유용한 프로그램이 워낙 많으며 그런 프로그램들을 하나하나 살펴보고 동작을 변경할 수 있다는 사실에 필자는 SDL의 가치를 두고 있다.

그림 14-3 리버스 엔지니어링된 도스 소스코드를 SDL로 포팅한 페르시아 왕자

본격적으로 SDL을 다루기 전에 SDL로 작성된 프로그램을 간략히 살펴보겠다. SDL로 작성된 프로그램이 얼마나 다양한지를 확인함으로써 필자가 SDL을 GUI 시스템 핵심 컴포넌트로 선택한 이유를 이해할 수 있을 것이다.

1.1 게임

지금부터 소개하는 게임들은 필자가 전부 WIN32에서 동작할 수 있음을 확인한 게임들이다. 정확히 말하자면 WIN32에서 제대로 컴파일되지 않는 부분을 수정해서 WIN32에서 정상적으로 동작하게끔 수정했다. 또한 이 중 다수의 게임들은 YUZA OS상에서 구동되도록 작업을 마친 상태다.

표 14-1 SDL로 작성된 게임들

제목	설명
로드파이터 리메이크	코나미에서 제작한 탑뷰 방식의 2D 아케이드 레이싱 게임의 리메이크
울펜스타인 3D	한국에서는 울프 3D란 제목으로 동서게임채널에서 발매한 FPS 게임
둠	존 카맥이 제작에 참여한 현대 FPS 게임의 아버지라고 불리는 작품
배틀시티	사령부를 지키며 적 탱크를 전멸시키는 것이 목적인 게임

제목	설명
비주얼드	테트리스 이후 최고의 퍼즐류 게임
구니스	악당에게 납치당한 7명의 아이를 구출하는 것이 목표. 총 5스테이지로 구성돼 있다.
오픈 타이투스	한국에서는 폭스라고 알려진 게임의 SDL 포트
팩맨	팩맨을 조종해서 유령들을 피해 화면상의 점들을 모두 먹는 게임
오픈 타이리언	이클립스 프로덕션에서 제작하고 1995년에 에픽 메가 게임즈에서 유통한 종스크롤 비행 슈팅 게임
리틀 빅 어드벤처	한국에서는 릴렌트리스라는 제목으로 출시된 어드벤처 게임

오픈 타이리언은 도스 플랫폼으로 출시됐던 종스크롤 비행 슈팅 게임이다.

그림 14-4 오픈 타이리언

둠은 울펜스타인 3D와 더불어 FPS 게임의 효시가 된 작품이다. 둠 덕분에 네트워크 대전 게임이 확산됐으며 둠은 이후 둠2나 퀘이크, 하프라이프 등의 게임에 많은 영향을 끼쳤다.

그림 14-5 둠

이런 유명한 게임들이 내부적으로 어떻게 구현됐는지를 확인해 보는 것은 프로그래머에게 있어서 크나큰 즐거움이라 할 수 있겠다. 또한 소스코드를 장악했다는 것은 프로그램 내부 동작을 변경할 수 있다는 의미기 때문에 자신만의 커스터마이징된 게임을 창조할 기회도 얻게 된다. 더불어 이런 게임들이 자신만의 OS에서 구동할 수 있다면 그 즐거움은 배가 될 것이다.

> MEMO SDL로 포팅된 게임 중 페르시아 왕자는 도스바이너리를 분석해서 소스코드를 재현했기 때문에 컴파일이 가능하더라도 가독성이 떨어진다. 필자는 이 소스코드를 분석해서 사용자가 이해하기 쉬운 C++ 코딩 스타일로 수정 작업을 진행 중이다. 최종 목표는 페르시아 왕자에 여러 가지 기능을 추가해서 페르시아 왕자 세계관을 확장하는 것이다(다양한 함정, 적 등).

1.2 에뮬레이터

안드로이드나 PSP, WII, XBOX와 같은 콘솔 게임기는 다양한 에뮬레이터를 통해서 수많은 게임을 에뮬레이션한다. 예를 들어 PSP에는 오락실 게임을 실행시킬 수 있는 마메^{MAME} 에뮬레이터가 존재한다. 이런 에뮬레이터는 백엔드 렌더러로 SDL을 사용한다.

표 14-2 SDL로 구현된 에뮬레이터

제목	내용
도스박스	도스 환경을 에뮬레이션
VisualBoy Advanced	GBA$^{GameBoy\ Advanced}$ 에뮬레이터
fmsx	MSX 에뮬레이터
스컴	루카스아츠, 시에라사 게임 등 고전 게임들을 최신 컴퓨터에서 동작하게 해주는 에뮬레이터
PCEM	고전 PC 에뮬레이터
86BOX	고전 PC 에뮬레이터
마메	오락실용 게임 에뮬레이터
GNUBoy	휴대용 게임보이 에뮬레이터

마메

마메MAME는 오락실 게임을 PC나 콘솔 게임기 등에서 플레이 가능하게 해주는 에뮬레이터다. MSVC 2019에서는 컴파일러와의 충돌 문제로 정상 빌드가 불가능하므로 WIN32에서 마메를 빌드하려면 MSVC 2019 이전 컴파일러로 빌드해야 한다.

그림 14-6 마메로 실행된 파이널 파이트

MEMO

지금은 PC방이나 콘솔 게임기가 게임 문화를 바꿔 버렸지만 이전에는 오락실이 대표적인 문화공간이었다. 온라인으로 게임을 플레이할 수는 없었지만 최대 1~4인용 플레이는 로컬 공간에서 가능했으며 고수가 플레이하는 뒤편에는 항상 구경꾼이 붐볐다. 이제는 이런 오락실을 찾아보기가 힘들다. 그나마 격투 게임의 성지였던 서울 노량진의 ○○ 오락실도 2020년 6월 이후로 이제 그 명맥이 끊어지고 말았다.

이 책을 집필하는 시점에서 오락실은 네트워크 대전도 지원한다. 대표적인 격투 게임인 철권 7은 오락실 간 네트워크 대전을 지원한다. 하지만 PC방뿐만 아니라 가정에서도 네트워크 대전이 워낙 활성화돼 있어서 오락실의 네트워크 대전은 크게 의미가 없어 보인다. 그리고 철권 같은 게임은 플레이어의 분노를 초래하는 경우가 많아 대전 시 불상사가 발생하는 일이 종종 있으므로 로컬에서 대전하는 것보다는 원격지 플레이어와 대전하는 것이 안전할 것이다.

도스박스

도스박스^{DosBox}는 MS-DOS 플랫폼을 에뮬레이션해 주는 프로그램이다. 도스박스는 파일
읽기, 삭제 및 폴더 이동에 관한 좋은 소스코드를 제공하므로 코드를 분석하면 크게 도움
이 된다.

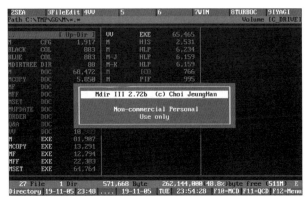

그림 14-7 도스 플랫폼의 대표 파일 매니저 Mdir3

그림 14-7은 도스박스로 실행시킨 MDIR이라는 프로그램의 실행화면이다. WIN32에서
는 윈도우 탐색기로 파일 처리 및 폴더 이동을 하지만 도스 시절에는 MDIR이 대표적인
파일 시스템 매니저였다. YUZA OS 파일 시스템을 구축할 당시에 파일 시스템에 하자가
없는지를 검증할 방법이 필요했는데 이 MDIR이 큰 도움이 됐다.

 도스박스는 MS-DOS뿐만 아니라 WIN3.1, 윈도우 95, 윈도우 98도 에뮬레이션할 수 있다.
이 운영체제 계열은 기본 부팅을 MS-DOS로 시작하기 때문에 도스박스에서 에뮬레이션할
수 있다.

스컴

스컴^{ScummVM}은 에뮬레이터 성격보다는 과거 게임 코드를 살려서 현대 운영체제에서도 동
작하는 것을 목표로 한다. 특히 도스 시절에 제작된 어드벤처 게임들을 최신 컴퓨터에서
편하게 플레이하는 것에 중점을 두고 있다.

그림 14-8 스컴을 통해 실행된 어드벤처 게임 명작 브로큰 소드 1

스컴^{ScummVM}은 원래 도스 시절 루카스아츠사가 제작한 게임들을 다양한 플랫폼에서 실행시키기 위해 제작된 에뮬레이터였다. 지금은 그 성격이 변해서 루카스아츠사뿐만 아니라 다양한 고전 어드벤처 게임들을 최신 OS 환경에서 구동할 수 있게 지원한다. 이 스컴을 YUZA OS로 포팅하는 작업은 수많은 종속 라이브러리를 필요로 하며 이 각각의 종속 라이브러리를 빌드해서 스컴에 통합시키는 것은 난관이 많기 때문에 쉽지 않다. 그러므로 스컴이 YUZA OS에서 동작한다면 그만큼 YUZA OS는 시스템적으로나 인터페이스적으로나 매우 안정됐다고 볼 수 있겠다.

> **MEMO** 운영체제 개발은 앞에서도 언급한 바 있지만 인내와 끈기가 중요하다. 라이브러리 빌드에 익숙해지기 위해 스컴을 (YUZA OS가 아니라) WIN32 환경에서 구동할 수 있도록 빌드에 도전해 보자. 서드파티가 너무 많으므로 힘들다면 vcpkg를 사용하거나 미리 컴파일된 바이너리를 활용해서라도 도전해 본다. 소스코드 다운로드 및 빌드 방법은 아래 스컴 홈페이지를 참조한다.
>
> https://www.scummvm.org/

1.3 GUI

데스크톱 환경의 꽃은 역시 화려한 GUI다. SDL로 구현한 GUI 라이브러리는 상당수 존재하며 임베디드 환경에 대응할 수 있는 경량형의 GUI도 많기 때문에 SDL로 구현된 GUI 라이브러리를 알아두면 미래에 큰 도움이 될 것이다.

표 14-3 SDL을 지원하는 GUI 라이브러리

라이브러리	링크
ImGui	https://github.com/ocornut/imgui
NanoGUI	https://github.com/dalerank/nanogui-sdl
GWork	https://github.com/billyquith/GWork
nuclear	https://github.com/vurtun/nuklear
GuiChan	https://github.com/wheybags/guichan
TinyGUI	링크 없음
SDL-Widgets	• https://discourse.libsdl.org/t/list-all-gui-toolkits-for-sdl/21911/20 • https://github.com/gale320/sdl2-widgets

ImGui와 GWork는 13장, '데스크톱 시스템'의 표 13-6에서 설명한 바 있다.

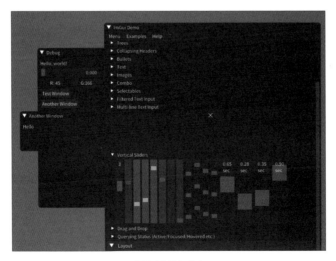

그림 14-9 ImGui

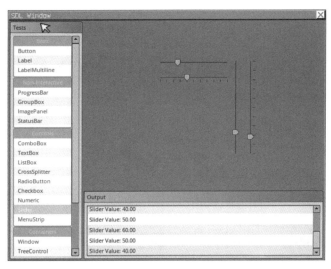

그림 14-10 GWork

GWork의 경우에는 통합 개발 환경을 만들거나 편집기 등을 제작할 때 매우 유용하다.

NanoGUI는 OpenGL 3.1 이상에서 동작하는 크로스 플랫폼 위젯 라이브러리다. 현재 YUZA OS는 OpenGL을 지원하지 않으므로 NanoGUI의 SDL 포트 버전을 사용한다.

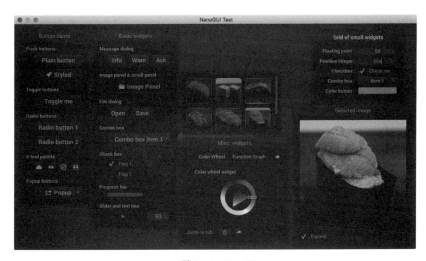

그림 14-11 NanoGUI

nuklear는 싱글 헤더로 사용할 수 있는 GUI 라이브러리다. 다음과 같은 특징을 지닌다.

- 다른 라이브러리에 종속적이지 않다.

- 스킨 적용을 할 수 있다. 즉 커스터마이징을 할 수 있다.

- UTF8 문자열을 지원한다.

- 경량형 라이브러리다.

- 효율성과 심플함에 중점을 뒀다.

그림 14-12 nuklear 화면

1.4 동영상

동영상 관련 작업을 위해서는 영상 데이터가 어떤 코덱으로 압축돼 있는지를 파악하고 해당 코덱으로 데이터를 인코딩, 디코딩하는 작업이 필요하다. 대표적인 동영상 관련 라이브러리로는 ffmpeg를 들 수 있으며 ffmpeg를 활용해서 SDL로 구현한 동영상 재생 라이브러리는 다수 존재한다.

그림 14-13 SDL ffmpeg 플레이어

위 프로그램은 필자가 balor 라이브러리와 ffmpeg, SDL 조합으로 제작한 간단한 WIN32 용 동영상 플레이어다.

1.5 정리

지금 소개한 SDL로 제작된 프로그램은 빙산의 일각에 불과하다. 그리고 여러 프로그램 이 현재도 SDL 기반으로 제작되고 있다. 이는 SDL 생태계가 매우 활성화돼 있다는 것을 의미한다. 따라서 SDL 시스템을 YUZA OS에 통합한다면 YUZA OS에 크나큰 생명력을 부여할 수 있다.

또한 SDL과 유사한 멀티미디어 라이브러리는 다수 존재한다. 예를 들어 SFML이나 알레 그로 엔진이 그것이다. SDL을 새로운 플랫폼에 통합시키는 과정을 이해한다면 또 다른 멀티미디어 라이브러리를 새로운 플랫폼에 채용하는 것도 가능해지므로 14장의 내용에 주목해야 한다.

2 SDL 시스템

이제 SDL이 무엇인지에 대해 감을 잡았으니 2절에서는 SDL 시스템을 살펴보고 SDL을 구성하는 모듈을 살펴본다. 먼저 SDL의 포지션을 다시 한 번 확인해 보자.

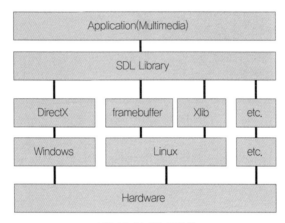

그림 14-14 SDL 포지션

SDL은 윈도우 운영체제에서는 DirectX, 리눅스에서는 Xlib 라이브러리를 활용하므로 일종의 래퍼, 프론트엔드를 담당한다. 한편 OpenGL, wxWidgets와 같은 모듈이 SDL과 연동할 경우 각 라이브러리는 SDL API를 호출하기 때문에 여기서 SDL은 백엔드 역할을 담당한다.

그림 14-15 프론트엔드, 백엔드 역할을 하는 SDL

YUZA OS에서 SDL은 DirectX나 Xlib 같은 중간 인터페이스를 거치지 않고 직접 그래픽 버퍼에 렌더링한다. 즉 백엔드로 동작한다는 의미다. 또한 프로그래머는 SDL API를 직접 사용할 수 있으므로 YUZA OS에서 SDL은 백엔드와 프론트엔드 역할을 동시에 수행한다.

SDL 버전은 크게 1.xx 버전과 2.xx 버전으로 나뉜다. 파이썬이 2.7 버전과 3.xx 버전으로 나뉘는 것과 동일한 형태라고 생각하면 되겠다.

표 14-4 SDL 버전

버전	최종 버전
SDL 1.xx	SDL 1.2.15
SDL 2.xx	SDL 2.0.12

현시점에서 SDL로 프로그래밍을 한다면 당연히 2.xx 버전으로 작업하는 것이 좋다. 1.xx 대 최종 버전인 1.2.15 버전도 하자는 없으나 2.xx 버전이 더욱더 안정적이고 최적화도 잘돼 있다. 그래서 다른 플랫폼으로 SDL 프로그램을 포팅하는 경우 1.xx 버전을 2.xx 버전으로 마이그레이션하는 경우도 많다. 필자도 SDL 1.xx 게임을 안드로이드로 포팅할 때 2.xx 버전으로 마이그레이션을 자주했었다. 그림 14-16은 안드로이드 버전으로 포팅하면서 SDL 버전을 변경한 슈퍼 마리오 브라더스의 시작 화면이다.

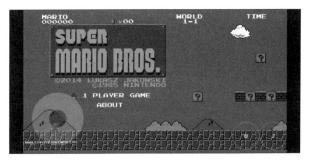

그림 14-16 안드로이드용 슈퍼 마리오 브라더스

그런데 이런 마이그레이션 작업은 비용이 매우 많이 드는 작업이다. 특히 SDL 관련 코드가 프로젝트 전반에 걸쳐 흩어져 있는 경우 마이그레이션 작업은 굉장한 인내심을 요구한다. 지금 와서 얘기하지만 SDL 소스코드가 프로젝트 전반에 흩어져 있는 경우 해당 프로젝트의 마이그레이션은 깨끗이 포기하는 것이 좋다. 우선 간단하게 두 버전의 SDL API 차이를 살펴보자. 코드 14-1, 코드 14-2는 SDL 버전별 모듈 초기화 코드다.

```
int main(int argc, char *argv[]) {
    …… //800 * 600 윈도우 창 모드로 초기화하는 코드
    SDL_Init(SDL_INIT_EVERYTHING);
    SDL_WM_SetCaption("Hello SDL1 World!", NULL);
    SDL_SetVideoMode(800, 600, 32, SDL_HWSURFACE);
    ……
}
```

```
int main(int argc, char* args[]) {
  SDL_Window* window = NULL;
  SDL_Init(SDL_INIT_VIDEO);
  window = SDL_CreateWindow("Hello SDL2 World!",
          SDL_WINDOWPOS_UNDEFINED, SDL_WINDOWPOS_UNDEFINED,
          SCREEN_WIDTH, SCREEN_HEIGHT,
          SDL_WINDOW_SHOWN);
  ……
}
```

초기화 코드뿐만 아니라 렌더링 API, 오디오 API 등 많은 API에서 SDL1과 SDL2는 큰 차이를 보인다. 초기화 코드 정도의 차이라면 마이그레이션하는 데 걸림돌이 없겠지만 사운드 객체, 이미지 객체를 생성하거나 이미지 포맷을 변경하고 화면에 렌더링하는 API 등을 모두 수정해야 한다면 개발 비용이 만만치 않다. 그러므로 마이그레이션 작업은 어떤 경우에는 과감히 포기하는 것이 정신건강에 좋다.

하지만 SDL 1.xx 버전으로 작성된 프로그램은 상당수 존재한다. 이런 프로그램을 포기하기에는 너무 아깝다는 생각이 들었으며 SDL 1.xx 버전의 소스코드를 수정하지 않고 SDL 2.xx 모듈을 사용하게끔 하는 방법을 강구했던 적이 있다. 그 결과 마침내 해결책을 찾았으며 이제 YUZA OS는 SDL 버전에 상관없이 소스코드를 빌드할 수 있다. 이 구현 방법은 14장 후반부에서 설명한다.

SDL은 SDL만으로도 멀티미디어나 게임 개발을 위한 대부분의 기능을 지원하지만 보다 강력한 기능 지원을 위해 확장 모듈이 나오게 됐다. 이런 확장 모듈은 SDL 라이브러리에 모두 포함될 수 있었지만 SDL 라이브러리의 경량화를 위해 새로운 기능을 SDL에 추가하지 않았으며 별도의 모듈로 분리해서 기능을 제공하고 있다. 표 14-5에서 다양한 SDL 확장 모듈을 정리했다.

표 14-5 SDL과 SDL 확장 라이브러리

SDL 모듈	설명
SDL	비디오 및 오디오 처리를 위한 기본 API 제공
SDL_mixer	복잡한 사운드 처리를 위한 모듈
SDL_ttf	트루타입 폰트 출력 지원
SDL_net	네트워킹 라이브러리
SDL_rtf	서식있는 텍스트 포맷 렌더링
SDL_image	다양한 이미지 파일 처리 지원
SDL_gfx	점, 선 등의 기본 프리미티브 렌더링 지원

표 14-5의 라이브러리는 SDL 1.xx, 2.xx 버전별로 모두 존재한다는 것을 기억하자. YUZA OS의 현재 버전은 네트워킹은 지원하지 않으므로 SDL_net은 포팅되지 않았다. 또한 사운드 출력도 아직 구현되지 않았다. 다만 사운드의 경우 소리는 재생할 수 없지만 SDL_mixer 모듈의 더미 코드를 통해 소리 재생을 시뮬레이션한다.

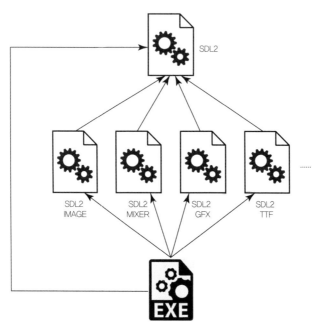

그림 14-17 SDL과 확장 모듈, 응용 프로그램과의 관계도

SDL 프로젝트는 ThirdParty/SDL 폴더에서 확인할 수 있다. 하위폴더로 SDL2와 SDL1CL 이 존재하며 SDL2는 SDL 2.xx 버전이다. SDL1CL 폴더는 SDL1 호환 레이어로써 SDL1 로 제작된 프로그램이 SDL2 모듈을 사용하도록 구축된 SDL1 호환 시스템이다.

2.1 SDL_mixer

SDL_mixer는 멀티 채널 오디오 믹서 라이브러리다. SDL_mixer는 16비트 스테레오 오디오 채널의 동시 플레이를 지원하는데 여기에 미디, FLAC, OGG, MP3가 믹싱된 단일 채널 음악을 지원한다.

표 14-6 SDL_mixer 모듈이 사용하는 종속 라이브러리

라이브러리	지원 포맷
FLAC 라이브러리	FLAC
MikMod	MOD
Timidity	미디
Vorbis	OGG
SMPEG	MP3

음원을 디코딩하는 로직 자체는 **SDL_mixer**에 포함돼 있지 않으므로 특정 음원 포맷을 지원하려면 표 14-6에서 언급한 라이브러리를 정적 또는 동적으로 연결해야 한다.

2.2 SDL_image

SDL_image는 이미지 파일을 처리하는 라이브러리다. 이미지 파일을 SDL 서페이스^{Surface} 및 텍스처 객체로 로드하는 기능을 갖추고 있다. **SDL_image**를 사용하면 BMP, GIF, JPEG, LBM, PCX, PNG, PNM, SVG, TGA, TIFF, WEBP, XCF, XPM, XV 등 다양한 이미지 파일 포맷을 로드할 수 있다.

이미지 파일은 픽셀 포맷이 다양하므로 멀티미디어 라이브러리는 픽셀 포맷을 변경하는 기능을 제공해야 한다. 예를 들어 이미지가 RGBA값을 갖는 32비트 픽셀 포맷이고 게임에서 R6G5B5인 16비트 픽셀 포맷을 사용한다면 멀티미디어 라이브러리는 이미지를 로드하고 난 뒤 픽셀 포맷을 16비트 픽셀 포맷으로 변경할 수 있어야 한다. SDL은 이 기능을 지원한다.

표 14-7 SDL_image 모듈이 사용하는 종속 라이브러리

라이브러리	지원 포맷
tiff	TIFF
jpeg	JPG
libpng	PNG
libwebp	WEBP

이미지 포맷 자체는 SDL이나 SDL 확장 모듈이 관여하지 않는다. 다양한 이미지 포맷을 인코딩하거나 디코딩하려면 외부 이미지 라이브러리를 사용해야 한다. 표 14-7에서 언급한 라이브러리는 **SDL_image** 모듈에 정적으로 포함될 수 있고 동적으로도 포함될 수 있다. 이 중에서 동적기능을 사용하면 불필요한 라이브러리의 사용을 줄여 바이너리 크기를 줄일 수 있다는 장점이 있다. 예를 들어 프로젝트에서 png 파일을 로드하지 않는다면 프로그램 배포 시 동적 png 라이브러리를 포함하지 않아도 문제없다.

2.3 SDL_gfx

선이나 면 등을 그리는 프로그래밍은 꽤 귀찮은 작업이다. 특히 DirectX 프로그래밍을 경험해 본 적이 있다면 선분을 그리기 위해 정점을 정의하는 작업 등은 매우 번거롭다는 것을 알고 있을 것이다. SDL도 마찬가지인데 그 이유는 SDL은 기본적인 렌더링 API만을 지원하기 때문이다. 그래서 13장, '데스크톱 시스템'의 'GDI'절에서 설명한 위젯처럼 편의성을 제공하기 위해 손쉽게 선이나 도형을 그릴 수 있도록 도와주는 SDL_gfx 모듈이 개발됐다. 그림 14-18은 **SDL_gfx** 모듈을 활용해서 도형을 그린 결과 화면이다.

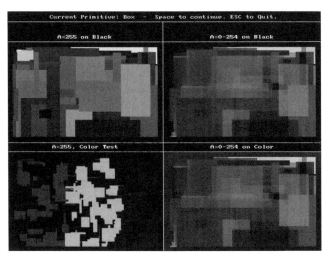

그림 14-18 SDL_gfx를 활용한 도형 출력

460

2.4 SDL_ttf

SDL_ttf는 특정 문자열을 트루타입 폰트를 사용해서 화면에 출력할 수 있게 해준다. 구체적으로 설명하면 TTF 폰트 파일을 읽은 뒤 freetype 라이브러리를 사용해서 문자열 이미지를 메모리에 생성한다. 생성된 문자열 이미지는 파일로도 저장할 수 있다. 또한 UTF8 문자열 및 유니코드 문자열 처리를 지원하기 때문에 한국어, 일본어, 중국어 등의 출력을 쉽게 구현할 수 있다.

그림 14-19 SDL_ttf를 사용한 문자열 출력

2.5 정리

지금까지 설명한 SDL 라이브러리의 특징을 요약해 보자.

- SDL은 프론트엔드나 백엔드로 동작하는 멀티미디어 라이브러리다.
- SDL은 1.xx대 버전과 2.xx 버전이 존재한다.
- SDL로 프로그래밍한다면 2.xx 버전으로 한다. 또한 안정성 및 속도 면에서 SDL은 2.xx 버전 모듈을 사용하는 것이 좋다.
- 1.xx 버전으로 작성된 프로그램은 2.xx 버전으로 마이그레이션하는 것이 좋으나 그 비용이 만만치 않다.
- YUZA OS는 SDL 1.xx로 작성된 소스코드가 2.xx 모듈 기반에서 동작하도록 호환 레이어를 제공한다.

- SDL은 기본 멀티미디어 기능만을 제공하기 때문에 강화된 기능을 사용하려면 확장 모듈을 사용해야 한다. SDL에는 다양한 확장 모듈이 존재한다.

SDL 사용에 익숙해진다면 기존 SDL 응용 프로젝트의 포팅뿐만 아니라 YUZA OS에서 동작하는 자신만의 SDL 응용앱을 작성할 수 있다. 또한 SDL 자체는 플랫폼 독립적이므로 한 번 배워두면 윈도우, 리눅스, 안드로이드 등 다양한 운영체제에서 유용하게 써먹을 수 있다. 다음 소개하는 게임은 PushOver(한국명 아기개미 G.I)란 게임으로 MS-DOS 시절에 출시된 게임이다. 이 게임을 현대 운영체제에서도 구동하기 위해 SDL 버전이 구현됐다. PushOver 안드로이드 버전은 PC 버전을 기반으로 필자가 포팅한 것이다. 안드로이드 SDL 앱의 경우에는 손의 터치로 입력을 넣기 때문에 가상패드 및 가상버튼을 구현해야 한다.

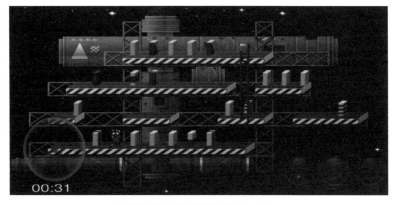

그림 14-20 안드로이드용 게임 PushOver

필자는 독자분들이 SDL 학습을 통해 SDL로 작성된 게임이나 응용앱을 새로운 플랫폼에 포팅할 수 있는 역량을 갖추기를 기대한다.

462

3 SDL 프로그래밍

지금부터는 다양한 SDL 프로그램의 코드를 분석함으로써 SDL 응용 프로그램을 작성할 수 있는 기초를 마련한다. 난이도가 낮은 것부터 순차적으로 분석해 나갈 것이다. 먼저 기본 내용을 학습하기 위해 튜토리얼 프로젝트를 살펴본다. 그런 다음 게임 프로젝트를 분석하고 나서 기타 프로젝트를 살펴볼 것이다. SDL 코드는 직관적이라 어렵지 않기 때문에 학습 비용이 많이 들지 않는다.

- 튜토리얼

  flip, bmp, loadpng, TTF 출력, 타이머

- 게임

  소코반, SDLBird, 로드파이터, 오픈 타이리언 등

3.1 튜토리얼

튜토리얼 편에서는 07_sdl_01_tutorial.sln 파일을 실행해서 프로젝트를 참조한다. 프로젝트는 특별한 언급이 없는 한 2.xx 버전으로 작성된 코드다. 각각의 프로젝트는 YUZA OS 데스크톱 모드로 실행한 뒤 GUI 콘솔에서 명령어를 입력해서 실행한다. 예를 들어 flip 프로젝트의 경우 콘솔 창에서 다음과 같이 입력해서 실행한다.

```
cd flip
flip.dll
```

다른 프로젝트도 해당 프로젝트를 위한 서브폴더가 존재하니 서브폴더로 이동해서 프로그램을 실행한다.

flip

flip 프로젝트는 320 * 200 크기로 윈도우를 생성한 뒤 녹색과 보라색을 0.1초 간격으로 반복하면서 화면에 출력하는 프로젝트다.

그림 14-21 화면 플립 실행 결과

코드 14-3 SDL 기본 동작 프레임워크

```
int main(int argc, char** argv)
{
    SDL_Window *pWindow; // 윈도우 객체
    SDL_Renderer *pRenderer; // 렌더러 객체

    int width = 320;
    int height = 200;
    // 320*200 해상도를 가진 윈도우 창을 생성한다.
    if (SDL_CreateWindowAndRenderer(width, height, 0, &pWindow, &pRenderer) < 0)
    {
        printf("SDL_CreateWindowAndRenderer Error\n");
        return 0;
    }

    bool running = true;
    int lastTickCount = SDL_GetTicks(); // 틱을 얻는 함수
    int curTickCount = lastTickCount;
```

```
int k = 0;
while (running) // running 변수가 true인 동안 루프를 돈다.
{
    SDL_Event event;
    while (SDL_PollEvent(&event)) // 자신에게 통지된 이벤트가 있는지 확인한다.
    {
        // 키를 누른 이벤트가 발생했다면
        if (event.type == SDL_KEYDOWN)
        {
            // ESCAPE 키를 눌렀다면 루프를 빠져나온다.
            if (event.key.keysym.sym == SDLK_ESCAPE)
            {
                running = false;
            }
        }
        else if (event.type == SDL_QUIT)
        {
            // 프로그램 닫기 버튼등을 눌렀다면 루프 종료
            running = false;
        }
    }
    curTickCount = SDL_GetTicks();
    if (curTickCount - lastTickCount > 100) // 틱값 차이가 0.1초보다 크면
    {
        k++;
        k = k % 2; // 화면 플립
        lastTickCount = curTickCount;
    }
    if (k == 0) // 녹색을 설정한다.
        SDL_SetRenderDrawColor(pRenderer, 0, 255, 0, 255);
    else
    {
        // 보라색을 설정한다.
        SDL_SetRenderDrawColor(pRenderer, 255, 0, 255, 255);
    }
```

```
        SDL_RenderClear(pRenderer);
        SDL_RenderFillRect(pRenderer, NULL);// 설정된 색상으로 화면을 채운다.
        SDL_RenderPresent(pRenderer); // 버퍼를 스왑한다.
    }
    ……
}
```

윈도우 객체와 렌더링 객체를 생성한 뒤 루프를 돌면서 마우스나 키보드 이벤트를 가져온다. ESC 키를 누르면 프로그램이 종료된다. 특별한 액션이 없으면 틱값을 얻어서 이전 틱값과 비교해 0.1초가 지났으면 화면에 출력할 색상을 변경한다. 표 14-8은 코드 14-3에서 사용한 API 항목을 간단히 정리한 것이다.

표 14-8 SDL API 항목

API	설명
SDL_CreateWindowAndRenderer	윈도우 객체와 렌더러 객체를 생성한다.
SDL_PollEvent	키보드나 조이스틱 또는 마우스 등의 이벤트를 가져온다.
SDL_GetTicks	틱 카운트를 얻는다.
SDL_SetRenderDrawColor	화면에 도형을 그릴 때 도형을 채울 기본 색상을 정의한다.
SDL_RenderFillRect	사각형을 지정된 색상으로 그린다. 영역을 지정하지 않으면 전체 화면을 지정된 색상으로 그린다.
SDL_RenderPresent	화면을 갱신(플립)한다. DirectX 등에 비유하면 버퍼 스왑을 한다고 보면 된다.

일반적으로는 위 함수들의 쓰임새만 알면 충분하지만 운영체제를 만드는 입장에서는 그렇지 않다. 빈번하게 함수의 구현체로 진입해서 소스코드를 분석하고 디버깅해야 할 상황이 많다는 것을 항상 염두에 둔다.

bmp

bmp 프로젝트는 비트맵 파일을 읽어서 화면에 출력하는 프로그램을 생성한다. 코드는 bmp 프로젝트를 참조한다.

그림 14-22 bmp 프로젝트

코드 14-4 bmp 프로젝트

```
int main(int argc, char** argv)
{
    ……
    SDL_Surface *pHellowBMP = SDL_LoadBMP("gui-chan.bmp"); // BMP 파일을 로드한다.
    ……
    // SDL_Surface 객체를 SDL_Texture 객체로 변환한다.
    SDL_Texture *pTexture = SDL_CreateTextureFromSurface(pRenderer,
    pHellowBMP);
    ……
    while (running)
    {
        // 이벤트를 가져오는 코드
        ……
    // 렌더러에 이미지를 복사한다.
        SDL_RenderCopy(pRenderer, pTexture, &srcrect, &dstrect);
        SDL_RenderPresent(pRenderer);
    }
    ……
    return 0;
}
```

표 14-9는 코드 14-4에서 사용한 API 항목을 간단히 정리한 것이다.

표 14-9 SDL API 항목

API	내용
SDL_GetWindowSize	생성한 윈도우의 가로, 세로 크기 값을 얻어낸다.
SDL_LoadBMP	비트맵 파일을 로드한다. 서페이스(Surface) 객체를 생성한다.
SDL_CreateTextureFromSurface	서페이스 객체로부터 텍스처 객체를 생성한다. 텍스처 객체는 렌더러 객체로 자신의 텍스처를 복사할 수 있다.
SDL_RenderCopy	텍스처 객체를 렌더 객체로 복사한다. 소스 이미지의 크기, 타깃에 그려질 이미지 크기를 조정할 수 있다.
SDL_DestroyTexture	텍스처 객체를 해제한다.

1.xx 버전에서는 텍스처 객체가 없고 서페이스 객체를 통해 렌더링 작업을 직접 수행했으나 2.xx 버전의 경우에는 일반적으로 텍스처 객체를 경유해서 렌더링 작업을 한다.

loadpng

flip 프로젝트와 bmp 프로젝트에서는 SDL 확장 모듈을 사용하지 않았다. bmp 프로젝트에서 사용된 bmp 이미지 로드 기능은 SDL의 기본 기능이다. loadpng 프로젝트는 확장 모듈인 SDL_image를 사용하며 png 파일을 읽어서 화면에 출력한다. png 파일을 읽어들이기 위해 추가로 libpng 라이브러리가 필요하다. 코드는 loadpng 프로젝트를 참조한다.

그림 14-23 확장 모듈을 사용한 이미지 로드

```cpp
int main(int argc, char* args[])
{
    // SDL을 초기화하고 PNG 파일을 gPNGSurface에 로드한다.
    init();
    // png 파일 로드
    loadMedia();
    ......
    while (!quit)
    {
        ......
        // PNG 서페이스를 화면 서페이스에 직접 블리팅한다.
        SDL_BlitSurface(gPNGSurface, NULL, gScreenSurface, NULL);
        SDL_UpdateWindowSurface(gWindow);
    }
}
```

```cpp
bool init()
{
    // SDL 비디오 시스템을 초기화한다.
    SDL_Init(SDL_INIT_VIDEO);
    // 윈도우 생성
    gWindow = SDL_CreateWindow("PNG LOAD", ......);

    // SDL_image 초기화. PNG 파일 로드 가능하도록 플래그 설정
    int imgFlags = IMG_INIT_PNG;
    IMG_Init(imgFlags);
    // 윈도우 객체로부터 화면 서페이스를 얻어온다.
    gScreenSurface = SDL_GetWindowSurface(gWindow);
    ......
}
```

```
bool loadMedia() // PNG 파일 로드
{
    bool success = true;
    // PNG 파일을 읽어서 서페이스 객체를 생성한다.
    gPNGSurface = loadSurface("loaded.png");
    if (gPNGSurface == NULL)
    {
        printf("Failed to load PNG image!\n");
        success = false;
    }

    return success;
}
```

```
// 프로그램에서 요구하는 사양에 맞게 서페이스 객체를 생성한다.
// 예를 들어 PNG 파일이 16비트 픽셀 포맷인데 화면은 32비트 픽셀이라면
// 화면 픽셀에 맞게 서페이스 객체를 변경해야 한다.
SDL_Surface* loadSurface(char* path)
{
    SDL_Surface* optimizedSurface = NULL;
    // 특정 경로의 이미지 파일을 읽어서 서페이스 객체를 생성한다.
    SDL_Surface* loadedSurface = IMG_Load(path);
    // 이미지 포맷은 다양한 형식을 가질 수 있으므로 화면 포맷으로 변경한다.
    optimizedSurface = SDL_ConvertSurface(loadedSurface,
    gScreenSurface->format, 0);
    // 처음 생성한 서페이스 객체는 불필요하므로 해제한다.
    SDL_FreeSurface(loadedSurface);
    return optimizedSurface;
}
```

코드 14-5에서 **SDL_image** 모듈이 제공하는 API는 표 14-10과 같다.

표 14-10 SDL_image 모듈의 함수

함수	내용
IMG_Init	SDL_image 모듈을 초기화한다.
IMG_Load	이미지를 로드해서 서페이스 객체를 생성한다.

다시 한 번 언급하지만 **SDL_image** 모듈 등은 SDL 모듈 속으로 단일하게 통합될 수 있었다. 단지 모듈의 복잡도가 높아진다는 우려 때문에 통합하지 않았다는 것을 기억하자.

Init 함수를 통해 SDL을 초기화하고 **SDL_image** 모듈이 익스포트한 **IMG_Init** 함수를 호출해서 PNG 파일을 로드할 수 있도록 초기화 작업을 한다. **IMG_Init** 함수를 호출할 때 인자로 플래그값을 설정해야 한다.

표 14-11 SDL_image 모듈 초기화 플래그

플래그	내용
IMG_INIT_JPG	JPG 파일 로드 가능하게 초기화
IMG_INIT_PNG	PNG 파일 로드 가능하게 초기화
IMG_INIT_TIF	TIF 파일 로드 가능하게 초기화
IMG_INIT_WEBP	WEBP 파일 로드 가능하게 초기화

BMP 포맷을 읽어들이는 코드는 기본 SDL 모듈에 정적으로 포함돼 있다. 하지만 위 플래그의 이미지 포맷을 다루는 라이브러리는 기본 SDL 모듈에 포함돼 있지 않다. 그래서 **SDL_image** 모듈을 사용해야만 다양한 이미지 파일을 읽어들일 수 있다. **SDL_image** 모듈도 다양한 이미지 파일을 읽기 위해 해당 이미지 파일을 처리할 수 있는 외부 라이브러리가 필요하며 PNG 파일을 처리하는 경우에는 libpng 라이브러리를 사용한다. 기본적으로는 libpng 라이브러리를 동적으로 로드하도록 설정돼 있으나 정적으로 포함하도록 수정할 수도 있다. 외부 라이브러리들을 정적으로 로드 또는 동적으로 로드하는 것은 전처리선언으로 변경할 수 있다.

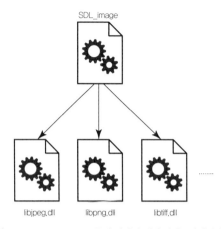

그림 14-24 SDL_image 모듈과 이미지 처리 라이브러리와의 관계

그래서 **SDL_image**를 사용해서 이미지를 로드하려 했는데 실패한다면 종속 이미지 라이브러리가 제대로 로드됐는지를 확인해야 한다. 동적으로 이미지 라이브러리를 로드하려면 **SDL_image** 프로젝트 속성의 전처리기에 다음과 같이 매크로를 선언해야 한다.

```
LOAD_PNG; LOAD_BMP;LOAD_PNG_DYNAMIC="libpng.dll"
```

LOAD_PNG 매크로는 PNG 파일을 처리하겠다는 것을 의미하고 LOAD_PNG_DYNAMIC 매크로는 동적으로 dll 파일을 로드하겠다는 것을 의미한다. 위의 매크로에서는 jpg 파일에 대한 항목이 없으므로 jpg 파일은 로드할 수가 없다. LOAD_JPG, LOAD_JPG_DYNAMIC="libjpeg.dll"과 같은 형식으로 매크로를 선언하면 jpg 파일의 로드도 가능해진다. 그리고 libpng 라이브러리를 정적으로 포함하고 싶다면 LOAD_PNG_DYNAMIC 매크로를 제거하면 된다.

이제 **SDL_image** 라이브러리에서 PNG 라이브러리를 초기화하는 부분을 살펴보자.

코드 14-6 PNG 라이브러리의 초기화

```
int IMG_InitPNG()
{
    if ( lib.loaded == 0 ) {
```

```
#ifdef LOAD_PNG_DYNAMIC
        lib.handle = SDL_LoadObject(LOAD_PNG_DYNAMIC);
        if ( lib.handle == NULL ) {
            return -1;
        }
#endif
        FUNCTION_LOADER(png_create_info_struct, png_infop (*) (png_noconst15_
structrp png_ptr))

        ……
    }
    ++lib.loaded;

    return 0;
}
```

코드 14-6에서 확인할 수 있듯이 PNG 라이브러리의 초기화 시 **LOAD_PNG_DYNAMIC** 매크로가 선언돼 있으면 PNG 라이브러리를 동적으로 로드한다.

- **SDL_LoadObject** : 동적으로 라이브러리를 로드한다. WIN32에서는 dll, 리눅스는 so 파일을 로드한다.

SDL_LoadObject는 내부적으로 **LoadLibrary** 함수를 호출하며 이 API는 YUZA OS가 지원하는 함수다.

loadpng 프로젝트는 flip, bmp 프로젝트와 달리 SDL 윈도우를 생성하기 위해 **SDL_CreateWindowAndRenderer** 함수를 사용하지 않고 **SDL_CreateWindow** 함수를 사용하는 것에 주목하자. **SDL_CreateWindow** 함수를 사용한다면 렌더러 객체를 생성하기 위해 **SDL_CreateRenderer** 함수를 사용해야 한다. 여기서는 렌더러 객체를 생성하지 않고 윈도우의 서페이스 객체에 직접 접근해서 화면을 갱신하는 방법을 사용한다.

TTF

TTF 프로젝트는 트루타입 폰트 파일을 활용하는 방법을 제시한다. 이 프로젝트는 SDL_ttf 모듈을 활용해서 문자열을 화면에 출력한다.

그림 14-25 TTF 프로젝트 실행 결과

코드 14-7 TTF 프로젝트

```
int main(int argc, char** argv)
{
        // TTF 라이브러리 초기화
        if (TTF_Init() == -1)
        {
            return 0;
        }
        // 윈도우와 렌더러 객체 생성
        if (SDL_CreateWindowAndRenderer(width, height, 0, &pWindow, &pRenderer) < 0)
        {
            printf("SDL_CreateWindowAndRenderer Error\n");
            return 0;
        }

        // TTF 폰트 로드
        gFont = TTF_OpenFont("Inconsolata-Regular.ttf", 30);

        // 폰트 파일과 문자열을 사용해서 문자열 이미지 생성
        SDL_Color textColor = { 0, 0, 0 };
        SDL_Surface* textSurface = TTF_RenderText_Blended(gFont, "TTF Test",
```

```
        textColor);
    SDL_Texture* mTexture = SDL_CreateTextureFromSurface(pRenderer,
    textSurface);

    int mWidth = textSurface->w;
    int mHeight = textSurface->h;

    // 문자열 렌더링 영역 지정
    SDL_Rect renderQuad = { 10, 10, mWidth, mHeight };
    ......
    while (running)
    {
        ......
        SDL_RenderClear(pRenderer);
        SDL_SetRenderDrawColor(pRenderer, 255, 0, 255, 255);
        // 문자열 텍스처를 렌더링 객체에 복사
        SDL_RenderCopy(pRenderer, mTexture, NULL, &renderQuad);
        // 화면 플립
        SDL_RenderPresent(pRenderer);
        SDL_Delay(time_left());
        next_time += TICK_INTERVAL;
    }
    ......
}
```

SDL_ttf 모듈의 주요 API는 다음과 같다.

표 14-12 TTF 라이브러리 API

API	내용
TTF_Init	TTF 라이브러리를 초기화한다.
TTF_OpenFont	TTF 폰트 객체를 생성한다.
TTF_RenderText_Blended	TTF 폰트 객체와 주어진 문자열을 사용해서 문자열 이미지에 해당하는 SDL 서페이스 객체를 생성한다.

렌더링 객체에 서페이스 객체를 직접 복사하는 것이 허용되지 않으므로 서페이스 객체를 텍스처 객체로 변환한 다음 SDL_RenderCopy 함수를 사용해서 렌더링 객체에 복사한다.

TTF 라이브러리는 UTF8 인코딩도 지원하므로 한글 출력도 문제없다. ANSI, UTF8, 유니코드 문자열 출력을 기본으로 지원한다.

표 14-13 문자열 이미지 생성 함수

함수	내용
TTF_RenderText_Blended	ANSI 문자열을 받아서 서페이스 객체 생성
TTF_RenderUTF8_Blended	UTF8 문자열을 받아서 서페이스 객체 생성. UTF8은 ANSI 문자열과 하위 호환되므로 ANSI 문자열을 인자로 받아도 문제없다.
TTF_RenderUNICODE_Blended	유니코드 문자열을 받아서 서페이스 객체 생성

한글 출력 테스트를 위해 프로젝트에서 #if 1 부분을 #if 0으로 수정해 빌드해서 실행해 보자. 그림 14-26과 같은 결과가 출력될 것이다.

그림 14-26 TTF 라이브러리를 사용한 한글 출력

그림 14-26은 UTF8로 인코딩 문자열을 화면에 출력한 결과다. 해당 이미지를 생성하기 위해 **TTF_RenderUTF8_Blended** 함수를 사용했다. UTF8 문자열이 제대로 출력되지 않는다면 일반적으로 해당 TTF 파일에 한글 폰트 관련 정보가 없는 경우가 많으므로 고딕체 폰트나 바탕체 폰트를 사용해 본다. 그림 14-26에서 사용된 폰트는 베스킨라빈스체다. 폰트를 로딩하는 데는 freetype 라이브러리가 필요하다. 프리타입 라이브러리는 ThirdParty 폴더에서 확인할 수 있다.

코드에서 눈치챘겠지만 동적으로 문자열을 변경하려면 새로운 서페이스 객체를 생성해야한다. 이는 문자열이 빈번하게 변경되면 문자열 이미지 생성 함수를 계속 호출해야 한다는 것을 의미한다. 그리고 문자열 렌더링이 빈번하게 발생하면 문자열 이미지를 생성하고 삭제하는 비용이 만만치 않기 때문에 비효율적이다. 이 문제를 해결하는 한 가지 방법은 사전에 각 문자들에 대한 폰트 캐시를 크기별로 생성한 다음 문자열을 렌더링할 때 이 폰트 캐시를 활용해서 렌더링 객체에 블리팅하는 것이다.

 TIP SDL 폰트 캐시에 대한 예제는 아래 링크를 참조한다.
https://github.com/grimfang4/SDL_FontCache

타이머

SDL은 복수 개의 타이머를 등록하고 콜백 함수를 호출하는 인터페이스를 제공한다. SDL 타이머 테스트는 test_timer 프로젝트를 참조한다.

코드 14-8 SDL 타이머 테스트

```
int main (int argc, char* argv[])
{
    // 로깅 활성화
    SDL_LogSetPriority(SDL_LOG_CATEGORY_APPLICATION, SDL_LOG_PRIORITY_INFO);
    if (SDL_Init(SDL_INIT_TIMER) < 0)
    {
        SDL_LogError(SDL_LOG_CATEGORY_APPLICATION,
        "Couldn't initialize SDL: %s\n", SDL_GetError());
        return 1;
    }
    TestSingleTimer(); // 타이머의 실제 해상도를 체크
    TestMultipleTimer(); // 복수 개의 타이머 동작 체크
    TestPerformanceCounter(); // SDL_GetTick, SDL_GetPerformanceCounter 함수 체크
}
```

```
void TestMultipleTimer() // 복수 개의 타이머를 등록하고 해제하는 샘플 코드
{
        SDL_Log("Test 2 : Multiple Timer\n");
        SDL_Delay(2000);
        SDL_TimerID t1, t2, t3;
        SDL_Log("Testing multiple timers...\n");
        // 각각 100ms, 1000ms, 2500ms 해상도를 가진 타이머 세 개 생성
        t1 = SDL_AddTimer(100, callback, (void*)1);
        t2 = SDL_AddTimer(1000, callback, (void*)2);
        t3 = SDL_AddTimer(2500, callback, (void*)3);

        // 10초 대기. 타이머 세 개의 콜백 함수는 계속 실행됨
        SDL_Log("Waiting 10 seconds\n");
        SDL_Delay(10 * 1000);
        // 첫 번째 타이머를 제거하고 5초간 대기. 두 번째, 세 번째의 콜백 함수는 계속 호출됨
        SDL_RemoveTimer(t1);
        SDL_Delay(5 * 1000);
        // 나머지 타이머들 제거
        SDL_RemoveTimer(t2);
        SDL_RemoveTimer(t3);
}
```

SDL 타이머 테스트 코드에는 타이머의 해상도를 확인하는 코드도 있으나 여기서는 복수 개의 타이머를 설정하고 해제하는 TestMultipleTimer 함수만 살펴본다. 이 함수에서는 처음에 타이머를 세 개 등록한 다음 10초간 메인 스레드의 실행을 막는다. 이 10초 동안 세 개의 타이머의 콜백 함수가 계속해서 실행된다. 타이머 각각의 콜백 시간은 100ms, 1000ms, 2500ms다. 10초가 지난 다음에는 첫 번째 타이머를 제거한 후 5초 동안 메인 스레드의 실행을 멈춘다. 이제 두 개의 타이머만이 각각 콜백 함수를 호출한다.

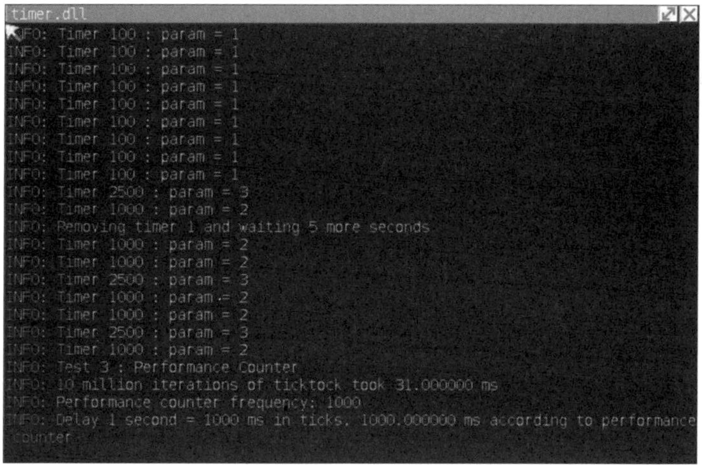

그림 14-27 타이머 테스트 화면

그림 14-27에서 알 수 있듯이 처음에는 세 개의 타이머로부터 콜백 함수가 호출되다가 첫 번째 타이머를 제거한 이후에는 나머지 두 개의 타이머로부터만 콜백 함수가 호출됨을 알 수 있다.

Timer 프로젝트는 그래픽 렌더링을 위한 윈도우 객체 및 렌더링 객체를 생성하지 않는다. 마지막으로 Timer 프로젝트에서 등장한 SDL API를 표 14-14에 정리했다.

표 14-14 Timer 프로젝트에서 사용된 SDL API

함수	내용
SDL_LogSetPriority	로그 단계를 설정한다.
SDL_Log	로그를 남긴다.
SDL_AddTimer	타이머를 추가한다.
SDL_RemoveTimer	타이머를 제거한다.

SDL의 타이머 객체는 시그널을 받아서 동작하기 때문에 내부에서 동기화 객체를 사용한다.

지금까지 몇 가지 튜토리얼 프로젝트를 통해 SDL 프로그래밍에 익숙해지는 시간을 가졌다. 계속해서 SDL로 제작된 게임 프로젝트를 통해 SDL 사용법을 좀 더 깊게 학습한다.

3.2 게임

게임을 실행하려면 수많은 게임 리소스를 로드하고 관리하기 위해 다양한 API를 호출해야 한다. 그래서 SDL로 작성한 게임은 YUZA OS에 구축한 SDL 시스템이 안정적으로 동작하는지를 확인할 때 유용할 뿐만 아니라 게임의 로직 구현에 동원한 수많은 런타임 함수의 검증에도 큰 도움이 된다. 또한 게임 프로그래밍은 뭔가를 창조한다는 관점에서 볼 때 인간의 추상화 능력을 요구하는 영역이다. 무엇보다 게임 프로그래밍은 재미가 있다. 지금까지 게임 제작에 큰 관심이 없었다면 앞으로 소개할 여러 가지 게임 프로젝트를 살펴봄으로써 게임 제작에도 흥미를 가져보기 바란다. 프로젝트는 07_sdl_02_game.sln 솔루션 파일을 열어 참조한다.

소코반

소코반Socoban은 일본어로 창고지기倉庫番라는 뜻이다. 최초의 소코반 게임은 1982년 12월에 발매된 것으로 알려져 있다. 만일 소코반류의 게임을 해본 적이 없다면 소코반 프로젝트를 실행해서 로직을 이해한다. 코드는 socoban 프로젝트를 참조한다.

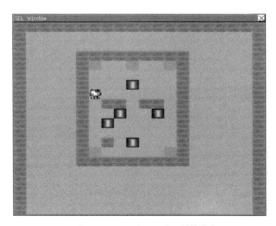

그림 14-28 소코반 프로젝트 실행화면

각 스테이지를 클리어하기 위해서는 주인공이 블록(상자)을 밀어서 지정된 위치로 이동시켜야 한다. 그림 14-28에서 지정된 위치는 왼쪽 최상단, 가운데 최상단, 오른쪽 최상단, 왼쪽 최하단, 오른쪽 최하단이다.

코드 14-10 소코반 메인 코드

```
int main(int argc, char** argv)
{
    if (SDLSingleton::GetInstance()->InitSystem() == false)
        assert(0);
    CGameCore::GetInstance()->Initialize();

    bool running = true;
    Uint32 frameStart, frameTime;

    while (running)
    {
        frameStart = SDL_GetTicks();

        SDL_Event event;
        while (SDL_PollEvent(&event))
        {
            ......
            if (event.type == SDL_KEYUP)
            {
                CGameCore::GetInstance()->ProcessInput(event.key.keysym.scancode);
            }
            else if (event.type == SDL_FINGERUP)
            {
                float fingerX = event.tfinger.x;
                float fingerY = event.tfinger.y;

                CGameCore::GetInstance()->ProcessInputWithTouch(fingerX, fingerY);
            }

            CGameCore::GetInstance()->ProcessGame();
```

```
            SDL_RenderClear(SDLSingleton::GetInstance()->GetRenderer());
            CGameCore::GetInstance()->Render();
            SDL_RenderPresent(SDLSingleton::GetInstance()->GetRenderer());

            frameTime = SDL_GetTicks() - frameStart;

            if (frameTime < DELAY_TIME)
            {
                    SDL_Delay((int)(DELAY_TIME - frameTime));
            }
    }
    return 0;
}
```

소코반 프로젝트에서 핵심 코드는 CGameCore 클래스와 SDLSinglton 클래스다. SDLSinglton 클래스는 SDL 초기화 관련 작업을 래핑하고 있으며 CGameCore 클래스는 게임의 핵심 로직을 구현한다.

표 14-15 CGameCore 메소드 설명

메소드	내용
Initialize	로직을 초기화한다.
ProcessInput	입력을 처리한다.
ProcessGame	게임 로직을 처리한다.
Render	게임 객체를 렌더링한다.
Finalize	로직을 위해 할당된 객체를 해제한다. 이 메소드는 없음

유저 입력은 키를 눌렀을 때가 아니라 뗐을 때 발생한다.

코드 14-11 SDL_KEYUP 이벤트 처리

```
void CGameCore::ProcessInput (int scanCode)
{
        if (scanCode == SDL_SCANCODE_UP)
            ProcessDirective(0, -1);
```

```
    if (scanCode == SDL_SCANCODE_LEFT)
        ProcessDirective(-1, 0);
    if (scanCode == SDL_SCANCODE_DOWN)
        ProcessDirective(0, 1);
    if (scanCode == SDL_SCANCODE_RIGHT)
        ProcessDirective(1, 0);
    if (scanCode == SDL_SCANCODE_P) // P 키를 누르면 레벨 리셋
        m_bLevelReset = false;
}
```

키 이벤트 발생 시 방향키면 처리한다. 또한 P 키를 누르면 레벨을 리셋한다.

이 소코반 게임은 안드로이드 기기에도 대응한다. 이벤트 중 **SDL_FINGERUP**은 손가락 터치를 받았을 때의 이벤트를 의미한다.

MEMO socoban 폴더에는 맵 데이터를 표현하는 5개의 파일이 있다. 이 파일들을 참조해서 6번째 스테이지 파일을 만들어서 테스트해 보자. 1단계를 나타내는 map1.txt 내용은 다음과 같다.

코드 14-12 map1.txt

```
......
00000111111111000000
00000120000321000000
00000101010101000000
00000131310101000000
00000101010101000000
00000120030021000000
00000111111111000000
00000000000000000000
......
```

타일을 나타내는 숫자는 표 14-16과 같은 의미를 지닌다.

표 14-16 타일 숫자의 의미

숫자	뜻
0	주인공이 이동할 수 있는 타일
1	벽
3	상자
2	상자를 이동시켜야 하는 장소

SDL 처리와 게임 로직은 각각 SDLSinglton 클래스와 CGameCore 클래스를 자세히 살펴본다. SDLSinglton 클래스는 오픈 타이리언 편에서 구체적으로 설명한다.

테트리스

테트리스 게임을 모르는 독자분들은 없을 것이므로 게임에 대한 설명은 생략한다. 코드는 tetris 프로젝트를 참조한다. 블록 변경은 위쪽 방향키, 한 번에 블록을 떨어뜨리려면 스페이스 바를 사용한다.

```
cd tetris
tetris.dll
```

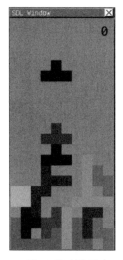

그림 14-29 실행 결과

tetris 프로젝트는 블록을 일정 주기로 떨어뜨리기 위해 타이머 기능을 사용한다. 그리고 폰트 출력을 위해 SDL_ttf 라이브러리를 활용한다. 다음 코드를 주목하자.

```
atexit(cleanup);
```

atexit 함수는 프로그램 종료 시 호출할 함수를 등록한다. 그래서 테트리스 게임을 종료하면 cleanup 함수가 실행된다.

```
void cleanup() {
    cleanup_graphics();
    TTF_Quit();
    SDL_Quit();
}
```

cleanup 함수는 그래픽 리소스를 해제하고 SDL_ttf 폰트 모듈을 해제한 다음 SDL 모듈 종료 처리를 수행함을 알 수 있다.

팩맨

팩맨은 1980년에 철권 시리즈로 유명한 남코에서 발매한 게임이다. 테트리스와 더불어 중독성이 있는 게임이라서 다양한 변종 게임이 출시됐다. 코드는 pacman 프로젝트를 참조한다.

```
cd pacman
pacman.dll
```

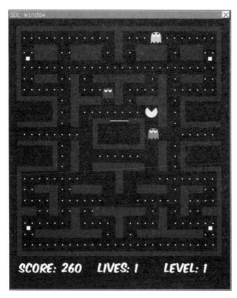

그림 14-30 실행 결과

텍스트 렌더링을 위해 SDL_ttf 모듈이 사용됐으며 비록 출력은 되지 않지만 내부적으로 사운드 출력 코드가 실행된다. 이 팩맨 게임은 C 언어로 작성된 1.x SDL 소스코드를 2.x 버전으로 마이그레이션한 것이다. 변경사항은 다음과 같다.

- SDLSingleton 클래스를 프로젝트에 포함해서 초기화 및 렌더링 부분 수정
- SDL_Flip 함수를 변경
- SDL_WM_Caption 함수를 제거

소스코드는 하나의 파일로 구성됐으며 1,400줄 정도다. 비록 객체지향적인 코드는 아니지만 쉽게 내용을 파악할 수 있다. 메인 루프부터 차근차근 내용을 살펴보자.

코드 14-13 팩맨 게임 메인 엔트리

```
int main(int argc, char* argv[])
{
        // SDL 초기화 및 게임 초기화
        init_game();
```

```
    while(true)
    {
        game(); // 게임 메인 로직
        if(killed)
        {
            // 플레이어가 죽었으면 적과 플레이어의 위치를 리셋시킨다.
            // life가 0이면 루프를 벗어나서 게임을 종료한다.
        }
        if(levelup)
        {
            // 플레이어가 화면상의 아이템을 전부 없애면 라운드 클리어
            // 맵을 다시 초기화해 적과 플레이어를 기본 위치에 배치시키고
            // 플레이어가 먹어야 하는 아이템을 배치시켜 다시 게임을 진행한다.
        }
    }
    shutdown();
    exit(1);
}
```

주석을 통해서 게임 로직이 어떤 흐름으로 흘러가는지 알 수 있을 것이다. game 함수가 메인 로직이며 적의 AI 처리, 유저의 입력 처리 및 화면을 렌더링하는 내용이 이 함수에 들어 있다. game 함수에서 중요한 부분을 살펴보자.

코드 14-14 메인 로직을 담당하는 game 함수

```
void game()
{
    // 화면상에 출력되는 정보 업데이트

    // 적의 움직임을 업데이트하기 위해 타이머 함수를 호출한다.
    // 특정 주기마다 적의 움직임을 업데이트하는 moveghosts 함수가 호출된다.
    timer_moveghosts = SDL_AddTimer(speed, moveghosts, NULL);

    // 플레이어의 좌표를 업데이트하기 위해 move 함수를 호출한다.
```

```
    timer_movepacman = SDL_AddTimer(speed, move, NULL);

    // 5초마다 적의 내부 상태를 변경하는 updategstate 함수를 호출할 수 있도록 타이머를 설정한다.
    timer_updategstat = SDL_AddTimer(5000, updategstat, NULL);
    ……
    bool done = false;
    SDL_Event event;
    while(!done)
    {
        if(killed)
        {
            // 플레이어가 죽었으면 타이머를 해제하고 루프를 벗어난다.
            done = true;
            break;
        }
        if(levelup)
        {
            // 레벨을 클리어했으면 루프를 빠져나간다.
            done = true;
            break;
        }
        if(SDL_WaitEvent(&event))
        {
            // 키보드 입력을 받아 플레이어가 선택한 방향키 정보를 저장한다.
        }
    }
}
```

game 함수 내에서 호출되는 핵심 함수는 다음 세 가지다.

- moveghosts 함수: 적의 좌표를 갱신한다.
- move 함수: 플레이어의 좌표를 갱신한다.
- updategstat 함수: 적의 AI 전략을 변경한다.

팩맨 게임은 테트리스와 마찬가지로 내부적으로 AI 갱신을 위해 타이머를 활용한다. SDL_AddTimer에 등록된 SDL_TimerCallback 콜백 함수를 통해 앞에서 언급한 세 개의 함수가 주기적으로 실행된다. updategstat 함수가 적의 AI 전략을 변경한다고 했지만 코드를 살펴보면 플레이어와 상호작용하는 부분은 없으며 방향을 변경하는 내용이 대부분이므로 적을 똑똑하게 만들고 싶다면 이 updategstat 함수를 수정하면 된다.

이 팩맨 게임은 SDL의 전형적인 구조에서 사용하는 SDL_PollEvent API를 사용하지 않고 대신에 SDL_WaitEvent API를 사용한다. SDL_WaitEvent는 SDL 이벤트가 발생할 때까지 무한정 대기하는데 그 이유는 렌더링을 프레임마다 할 필요가 없기 때문이다. 대신 타이머 이벤트가 발생하여 콜백 함수가 호출됐을 때 화면을 갱신할 필요가 있다면 그때 렌더링해 주면 된다.

팩맨 게임은 SDL이 오래된 게임 소스코드도 재활용할 수 있다는 사실을 보여주는 좋은 예다.

SDLBird

플래피 버드 게임은 너무 유명해서 별도로 설명할 필요가 없을 듯하다. 단순한 것이 최고라는 명제를 증명시켜 주는 게임 중 하나며 여러 플랫폼에 다양한 언어로 구현된 게임이다. 화면은 오른쪽에서 왼쪽으로 스크롤되며 플래피는 파이프와 닿지 않게 빈 공간으로 이동해야 한다. 중력이 작용하므로 스페이스 바를 상황에 따라 눌러서 위로 날아가야 할 필요가 있다. '쉬어가기 1'에서 운영체제로 동작하는 플로피 버드 프로젝트를 소개한 바 있다. 코드는 SDLBird 프로젝트를 참조한다.

그림 14-31 플래피 버드

이 SDLBird 프로젝트는 애증이 담겨 있는 프로젝트다. SDL이 제대로 동작하는지 검증했던 초기 시절 이 SDLBird 프로젝트가 사용됐는데 동작 중간에 원인을 파악하기 어려운 크래시가 발생했기 때문이다. 또한 거의 동일한 코드로 윈도우 WIN32에서 실행했을 때는 아무런 문제없던 프로그램이 YUZA OS에서만 문제가 발생했다. 이 때문에 YUZA OS WIN32와 윈도우 WIN32의 실행 흐름을 비교대조하면서 코드를 디버깅한 적이 있다. 어느 부분에서 로직이 다르게 수행되는지 확인하기 위해서였다. 결론부터 말하자면 수학 함수가 문제였다. 수학 함수가 YUZA OS를 제대로 지원하려면 플랫폼이 SSE를 지원해야 한다.

```
/arch:SSE
```

C/C++ 속성의 명령줄에 위의 옵션을 넣지 않으면 링킹 과정에서 _ftol 함수를 찾을 수 없다는 에러가 발생한다. _ftol 함수는 float 함수를 long 타입으로 변경해 주는 함수다. 운영체제 개발을 위해 모든 기본 라이브러리는 무시했으므로 기본 라이브러리에 포함된 _ftol 함수의 구현부도 빠지게 된다. 그러므로 이 문제를 해결하려면 _ftol 함수를 구현하거나 /arch:SSE 옵션을 추가해야 한다.

```nasm
bits 32
segment .text

; _ftol 함수
global __ftol

; 이 함수는 MSVC가 생성한 코드로 실수형을 정수형으로 변환하는 함수다.
__ftol:
        fnstcw  word [esp-2]
        mov     ax, word [esp-2]
        or      ax, 0C00h
        mov     word [esp-4], ax
        fldcw   word [esp-4]
        fistp   qword [esp-12]
        fldcw   word [esp-2]
        mov     eax, dword [esp-12]
        mov     edx, dword [esp-8]
        ret
```

위 함수 등을 사용하면 /arch:SSE 옵션을 제거하는 것도 가능하나 실수형을 정수형으로 변환하는 함수 외에도 타입 변환을 위한 함수는 상당수 존재한다. 예를 들어 정수형을 실수형으로 변환하는 함수도 존재할 것이다. 이 모든 함수들의 구현부를 작성하는 것은 쉬운 일이 아니므로 /arch:SSE 옵션을 활용하자.

TIP 아주 오래된 아키텍처는 FPU 자체가 없으므로 실수 연산이 매우 어렵다. 3D 게임인 울펜스타인 3D는 FPU가 없는 286 아키텍처에서도 동작했는데 특별한 방법으로 3D 연산을 수행했다.

```
int main(int argc, char *argv[])
{
    // SDL 오디오 시스템 및 비디오 시스템 초기화
    SDL_Init(SDL_INIT_AUDIO | SDL_INIT_VIDEO);
    atexit(SDL_Quit); // 프로그램이 종료될 때 SDL_Quit 함수가 실행되도록 등록한다.
    SDL_SetHint(SDL_HINT_ORIENTATIONS, "Portrait");

    // 비디오 초기화
    VideoInit();
    atexit(VideoDestroy); // 프로그램이 종료될 때 VideoDestroy 함수가 실행되도록 등록한다.
    // 오디오 초기화. 44100HZ, 2채널, 1024 바이트 오디오 버퍼
    SOUND_OpenAudio(44100, 2, 1024);
    return GameMain(); // 게임 메인 함수 진입
}
```

이 프로젝트는 STL을 활용하는데 SGI STL을 사용하지 않고 EASTL을 사용했다. EASTL에 대해서는 12장, 'C++ & STL'에서 소개했다.

EASTL 라이브러리도 네임스페이스를 제외하면 일반 STL 라이브러리처럼 사용할 수 있다. 다만 별도의 메모리 할당자를 사용하므로 새로운 new 연산자 두 개를 선언해야 한다.

SDL_Init에서 인자로 받아들이는 플래그는 표 14-17과 같다.

표 14-17 SDL_Init 초기화 플래그

플래그	내용
SDL_INIT_EVERYTHING	모든 플래그를 초기화한다.
SDL_INIT_VIDEO	비디오 시스템을 초기화한다.
SDL_INIT_AUDIO	오디오 시스템을 초기화한다.
SDL_INIT_EVENTS	이벤트 시스템을 초기화한다.
SDL_INIT_TIMER	타이머 시스템을 초기화한다.

여기서는 비디오 시스템과 오디오 시스템을 초기화한다. 비록 오디오 장치 출력은 현재 YUZA OS에 구현돼 있지 않지만 더미 오디오 드라이버를 통해 오디오 출력이 소리없이 진행된다. 44100HZ, 2채널, 오디오 버퍼 1024바이트를 인자로 받는 **SOUND_OpenAudio** 함수를 호출해서 오디오 시스템을 초기화한다. **SOUND_OpenAudio** 함수 내부에서는 표 14-18과 같은 함수를 호출한다.

표 14-18 SDL API

함수	내용
SDL_CreateMutex	뮤텍스를 생성한다.
SDL_WasInit	SDL 시스템이 초기화됐는가?
SDL_OpenAudio	오디오를 오픈한다.
SDL_DestroyMutex	뮤텍스를 해제한다.
SDL_CloseAudio	오디오를 해제한다.
SDL_LoadWAV_RW	데이터 소스로부터 WAV 데이터를 로드한다.
SDL_RWFromFile	파일에 읽거나 쓰기 위한 SDL_RWops 객체를 생성한다.
SDL_FreeWAV	WAV 데이터를 해제한다.
SDL_ConvertAudio	오디오 포맷을 다른 포맷으로 변경하는 데 사용한다.
SDL_PauseAudio	오디오 재생을 일시정지하거나 일시정지 해제에 사용된다.
SDL_UnlockMutex	뮤텍스를 연다.
SDL_LockMutex	뮤텍스를 획득한다(잠근다).

SDL_CreateMutex, **SDL_DestroyMutex**는 스레드 동기화와 관련이 있다. SDL은 내부적으로 스레드 동기화 옵션을 비활성화할 수 있는데 이럴 경우 뮤텍스는 활용되지 않는다. 이런 옵션을 제공한다는 것은 비활성화를 해도 프로그램이 문제없이 동작한다는 것을 의미한다. 하지만 실제로 확인해 보면 한 스레드에서 사용하는 버퍼를 다른 스레드가 먼저 해제해 버림으로써 버그를 발생시키는 경우가 있다. 따라서 스레드 동기화 옵션은 해제하지 않아야 한다.

그리고 다시 한 번 강조하지만 우리는 운영체제를 개발하고 있는 중이다. 플래피 버드 같은 최종 응용 프로그램에서 호출하는 SDL API는 보통의 경우에는 그 사용법만 알면 되지만 YUZA OS에서는 내부 소스코드도 디버깅해야 할 상황이 반드시 발생한다. 소스코드는 동일하다 하더라도 일반 WIN32에서 개발하는데 사용한 라이브러리와 YUZA OS가 사용한 라이브러리의 실행 결과는 다를 수 있기 때문이다. 그래서 같은 소스코드를 사용해 생성한 플래피 버드 앱이라 하더라도 다른 결과를 보여줄 수 있다. 앞에서 언급한 수학 라이브러리 문제도 그 연장선상에 있다.

학습을 위해 플래피 버드 프로젝트 소스코드 중 아무데나 브레이크 포인트를 걸어서 콜스택을 확인해 보자. 그리고 SDL, SDL_image, math 라이브러리 내부를 디버깅해 봄으로써 구체적인 코드 실행 흐름을 파악해 본다.

> MEMO 마우스 입력 같은 사용자 입력이 SDL_PollEvent 함수로 넘어오는 과정을 확인해 본다.

로드파이터

로드파이터는 SDL 1.xx API로 제작됐다. 소스코드가 1.xx 버전이긴 하지만 YUZA OS에서 구축한 SDL 통합 시스템을 사용했으므로 내부적으로는 SDL 2.xx 모듈을 활용한다. 게임 역사에서 기념비적인 게임 중 하나이므로 게임을 실행해서 실제로 플레이해 보자. 스테이지는 총 5개로 구성되며 모두 클리어하면 처음부터 게임을 다시 시작한다. 한 바퀴를 도는 데 30분 정도면 충분하다. 프로젝트는 RoadFighter 프로젝트를 참조한다.

그림 14-32 로드파이터 리메이크 실행화면

로드파이터는 종속 모듈이 많다. 그림 14-33은 로드파이터의 모듈 종속성을 보여준다.

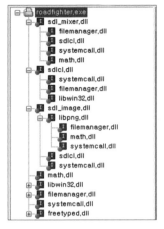

그림 14-33 roadfighter.exe의 모듈 종속성

- sdl_mixer.dll : sdl 1.xx 믹서 라이브러리
- sdl_image.dll : sdl 1.xx 이미지 라이브러리
- sdlcl.dll : sdl1 호환 라이브러리

호환 라이브러리에 대해서는 나중에 자세히 설명하겠다. 위 종속성 관계를 보면 알 수 있겠지만 시스템 라이브러리인 math.dll, libwin32.dll, systemcall.dll, filemanager.dll 등은 종속성이 없으므로 말단 노드에 해당한다.

sdl_image.dll과 sdl_mixer.dll 모듈은 SDL 1.xx API로 작성됐지만 SDL 1.xx 모듈을 대체한 sdlcl.dll 호환 모듈의 API를 호출하고 sdlcl.dll은 SDL 2.xx 모듈의 API를 호출한다.

> MEMO
>
> WIN32에서 동작하는 것을 확인하고 가상 에뮬레이터에서도 동작하는 것을 확인하는 것은 행사비용의 대표적인 예다. 특히 로드파이터 프로젝트는 WIN32에서는 제대로 동작하는데 가상 에뮬레이터에서는 제대로 동작하지 않는 경우가 많았다. 그래서 포팅 중에는 행사비용을 줄이기 위해 우선적으로 WIN32의 테스트만 통과하는 것을 목표로 삼았다. 여러 부분에서 너무나 많은 행사비용이 발생했기 때문에 행사비용을 가능한 한 줄이지 않으면 YUZA OS 프로젝트를 진행하기가 힘들었기 때문이다.

로드파이터 게임의 세부 동작은 소스코드 전체가 확보돼 있으므로 전체 구조를 파악하는 것이 어렵지 않다. 또한 비주얼 스튜디오는 클래스 간의 관계를 보여주는 '클래스 디자이너' 기능을 제공해 준다. 비주얼 스튜디오 메뉴의 보기에서 클래스 뷰를 선택한 다음 RoadFighter 프로젝트를 우클릭한다. 그런 다음 보기를 선택하고 '클래스 다이어그램 보기'를 선택하면 자동으로 클래스 다이어그램이 생성된다. 프로젝트 전체 구조를 파악하는 데 도움이 될 것이다. 여기서는 좀 더 편하게 클래스 다이어그램을 보기 위해 게임 오브젝트 간의 관계를 UML 툴로 정리했다.

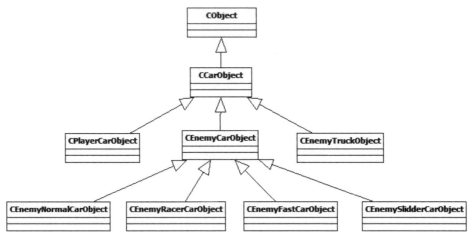

그림 14-34 게임 오브젝트 클래스 다이어그램

모든 게임 객체는 CObject 클래스를 상속받는다. CCarObject는 CObject를 상속했으며 모든 차량 클래스는 CCarObject를 상속한다. 이 클래스 다이어그램을 통해 게임에 등장하는 차량은 총 6종임을 알 수 있다.

> MEMO
> CEnemyCarObject를 상속한 새로운 차량 클래스를 만들어서 게임에 추가해 보자. CEnemy SlowCarObject 클래스를 만들어서 게임 화면에 등장하면 일반적인 적 차량보다 오랫동안 화면에서 사라지지 않도록 제작해 본다.

오픈 타이리언

타이리언은 게임을 좋아하는 사람이라면 누구라도 알만한 유명한 종스크롤 2D 비행 슈팅 게임이다. 원래 도스용으로 출시됐으나 현재는 소스코드가 공개돼 오픈 타이리언이라는 제목으로 여러 플랫폼으로 포팅됐다. 게임 화면은 그림 14-4를 참조한다.

오픈 타이리언은 로드파이터처럼 SDL 1.xx 버전으로 작성됐으며 필자는 이 게임의 소스 코드를 2.xx 버전으로 마이그레이션한 경험이 있다. 그리고 여기서 소개하는 오픈 타이리언 프로젝트는 SDL 2.0으로 마이그레이션한 코드다. 그래서 처음부터 2.xx 기반으로 작성한 SDL 앱과는 달리 오픈 타이리언 프로젝트는 마이그레이션을 위한 헬퍼 코드를 사용하고 있다.

코드는 OpenTyrian 프로젝트를 참조한다.

코드 14-17 오픈 타이리언 메인 엔트리(opentyr.cpp)

```cpp
int main(int argc, char *argv[])
{
        // SDL 시스템을 초기화한다.
        SDLSingleton::GetInstance()→InitSystem();
        // 비디오, 키보드, 조이스틱 시스템을 초기화한다.
        init_video();
        init_keyboard();
        init_joysticks();

        // 게임 메인 루프
        for (; ; )
        {
            // 플레이어 데이터 초기화
            JE_initPlayerData();
            JE_sortHighScores();
            // 타이틀 화면 로직. 함수가 true를 리턴하면 루프문을 벗어나고 프로그램을 종료한다.
            if (JE_titleScreen(true))
                break;
            // 로딩된 게임 리소스 자원이 있다면 해제한다.
```

```
            if (loadDestruct)
            {
                JE_destructGame();
                loadDestruct = false;
            }
            else
            {
                // 메인 로직을 수행한다.
                JE_main();
            }
        }
        // 타이리언 게임을 종료한다.
        JE_tyrianHalt(0);
        return 0;
}
```

SDLSingleton 클래스는 소스코드 전체에서 접근할 수 있도록 제작된 싱글턴 클래스다.
InitSystem 메서드 호출을 통해 SDL 2.0 시스템을 초기화한다.

```
SDLSingleton::GetInstance()->InitSystem();
```

이 싱글턴 객체에서 중요한 멤버 변수는 **m_pGameScreen** 서페이스 객체다. 1.xx의 SDL 그
리기 API는 **SDL_Surface** 객체에 게임 오브젝트를 직접 그리기 때문이다. 그래서 1.xx 버
전의 SDL 소스코드를 2.xx로 포팅하려면 우선 전역 **SDL_Surface** 객체를 선언한 다음 이
객체에 모든 게임 객체를 그려줄 필요가 있다. 그리고 나서 최종 렌더링 과정에서 이 서페
이스 객체를 텍스처 객체로 변환하고 이 변환된 텍스처 객체를 렌더러에 블리팅해 주면 소
스코드 수정 비용을 최소화할 수 있다.

코드 14-18 SDLSingleton 클래스

```
class SDLSingleton
{
```

```
        // 싱글턴 인스턴스 생성
        static SDLSingleton* GetInstance()
        {
            if (m_pInstance == 0)
                m_pInstance = new SDLSingleton();
            return m_pInstance;
        }
        // SDL 초기화
        bool InitSystem();
        // 화면을 갱신한다.
        void DoRender();
private:
        SDL_Window* m_pWindow;
        static SDLSingleton* m_pInstance;

        SDL_Renderer* m_pRenderer;
        // 게임상의 이미지는 모두 이 Surface 객체에 그려진다.
        SDL_Surface* m_pGameScreen;
        SDL_Texture* m_pGameTexture;
};
```

코드 14–18은 게임 서페이스 객체를 얻기 위해 **SDLSingleton** 객체를 사용하는 예를 보여준다. 게임 전체에서 게임 서페이스 객체를 얻기 위해 이 코드를 사용하고 있으니 살펴보기 바란다.

코드 14-19 palette.cpp의 set_palette 함수

```
void set_palette(Palette colors, int first_color, int last_color)
{
    SDL_Surface *const surface = SDLSingleton::GetInstance()->GetSurface();
    ......
}
```

오픈 타이리언의 게임 로직은 심플하다. 오픈 타이리언의 게임 구조를 살펴보고자 한다면 tyrian2.cpp 파일의 `JE_Main` 함수에서부터 분석을 진행하면 된다. 비행 슈팅 게임의 로직은 모두 유사하며 대체적으로 다음과 같은 로직을 준수한다.

- 배경 렌더링
- 적기의 생성 및 업데이트
- 탄환 업데이트
- 플레이어 기체 업데이트
- 기체 간 충돌 처리

오픈 타이리언 소스코드는 객체지향적인 코드는 아니지만 심플하므로 시간이 된다면 로직을 분석해 본다.

3.3 GUI

SDL로 구현된 여러 GUI에 대해서는 표 14-3에서 소개한 바 있다. 3.3절에서는 YUZA OS로 마이그레이션한 몇 가지 GUI 라이브러리를 살펴보겠다. 프로젝트는 07_sdl_03_gui.sln 솔루션 파일을 열어서 참조한다.

TinyGUI

코드는 tinygui 프로젝트를 참조한다. 프로그램을 실행하면 서버에 접속해서 채팅을 할 수 있는 그래픽 유저 인터페이스를 보여준다.

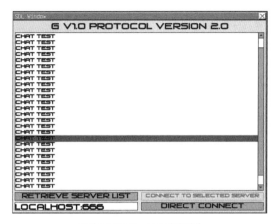

그림 14-35 TinyGUI 실행 결과

그림 14-35에서 채팅 리스트 박스에는 30개의 요소가 추가돼 있다. 이 리스트 박스를 구성하는 코드만 추려보면 코드 14-20과 같다.

코드 14-20 TinyGUI를 활용한 리스트 박스 구축

```
GUIListBox serverListBox; // 리스트 박스 선언
serverListBox.Register(); // GUI 구성 요소로 등록
serverListBox.SetPos(5, 30, screenW - 5, screenH - 55); // 리스트 박스의 위치 정의
for (int i = 0; i < 30; i++) // 리스트 박스에 30개의 아이템을 추가한다.
{
        serverListBox.AddItem("Chat Test");
}
```

GuiChan

GuiChan은 임베디드 시스템에 주로 활용되는 경량형 GUI 라이브러리다. 코드는 guichan 프로젝트를 참조한다. 컴포넌트를 처리하고 렌더링을 수행하는 부분은 **GUIManager** 클래스가 담당한다.

그림 14-36 GuiChan 컴포넌트들

GuiChan 라이브러리를 수정보완한 라이브러리로 guisan이 있다. 아래 링크에서 소스코드를 다운받을 수 있다.

https://github.com/kallisti5/guisan

guisan의 데모 프로젝트에서는 롤플레잉 게임에서 캐릭터 설정 화면을 구성하는 방법을 보여준다.

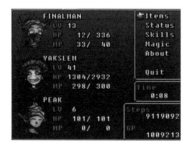

그림 14-37 guisan 라이브러리를 활용한 데모 프로젝트

MEMO guisan 라이브러리를 YUZA OS로 마이그레이션해 보자.

Cairo

카이로 그래픽스는 윈도우 운영체제에서는 크게 알려져 있지 않지만 유닉스/리눅스 계열에서는 자주 사용하는 GUI 라이브러리다. 카이로 자체는 화면 렌더링을 위한 기능이 없기 때문에 여러 백엔드 멀티미디어 라이브러리와 결합해서 사용한다. 다행히 SDL과도 연동해서 사용하는 것이 가능하다. 13장, '데스크톱 시스템'에서 GDI+ API와 호환되는 libgdiplus 라이브러리를 소개한 바 있는데 이 라이브러리에서 사용하는 GUI 라이브러리가 바로 카이로 라이브러리다. 현재는 glib 라이브러리를 포팅하는 데 실패해서 진척이 없지만 glib를 포팅한다면 이 카이로 그래픽스를 활용해서 libgdiplus 라이브러리를 사용할 수 있으니 참조하자. 그림 14-38은 카이로를 활용해서 원주를 출력한 화면이다. 코드는 cairo_test 프로젝트를 참조한다.

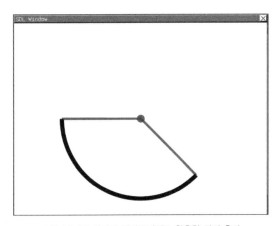

그림 14-38 카이로 라이브러리를 활용한 화면 출력

코드 14-21 원호 및 직선을 그리는 코드

```
// 원의 중심과 반지름
double xc = 320.0;
double yc = 240.0;
double radius = 200.0;
// 원호의 각도 45~180도
double angle1 = 45.0  * (M_PI/180.0);
```

```
double angle2 = 180.0 * (M_PI/180.0);

// 45~180도 범위에서 반지름이 200인 원호를 그린다.
cairo_set_source_rgba(cairo_context, 0, 0, 0, 1.0);
cairo_set_line_width(cairo_context, 10.0);
cairo_arc(cairo_context, xc, yc, radius, angle1, angle2);
cairo_stroke(cairo_context);

cairo_set_source_rgba(cairo_context, 1, 0.2, 0.2, 0.6);
cairo_set_line_width(cairo_context, 6.0);
// 원의 중심점을 그린다. 반지름은 10이다.
cairo_arc(cairo_context, xc, yc, 10.0, 0, 2*M_PI);
cairo_fill(cairo_context);

// 직선을 그린다.
cairo_arc(cairo_context, xc, yc, radius, angle1, angle1);
cairo_line_to(cairo_context, xc, yc);

// 직선을 그린다.
cairo_arc(cairo_context, xc, yc, radius, angle2, angle2);
cairo_line_to(cairo_context, xc, yc);
cairo_stroke(cairo_context);
```

SDL_GUI

SDL_GUI 라이브러리는 C++로 작성됐으며 SDL_image, SDL_ttf 라이브러리를 사용한다. 각국의 텍스트를 올바로 출력하는 데 도움을 주는 HarfBuzz 라이브러리를 사용하며 유니코드(UTF8)를 지원한다.

https://github.com/mozeal/SDL_gui

코드는 **sdl_gui** 프로젝트를 참조한다. 그림 14-39는 해당 프로젝트의 실행 결과를 보여준다. 메뉴, 슬라이드 바, 콤보 박스, 리스트 박스, 체크 박스 등 다양한 컴포넌트가 구현된 것을 확인할 수 있다.

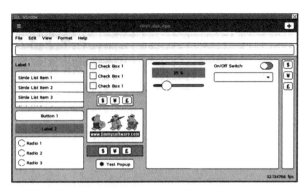

그림 14-39 sdl_gui 프로젝트 실행 결과

SDL_GUI는 C++11로 작성됐기 때문에 EASTL을 사용해서 마이그레이션했다. 여유가 된다면 원본 SDL_GUI 프로젝트를 다운받아 직접 마이그레이션에 도전해 본다.

GWork

GWork는 스킨 적용이 가능한 내장형 라이브러리다. 프로젝트는 gwork_test를 참조한다. gwork_test 프로젝트 실행 결과는 그림 14-10과 같다. GWork 프로젝트도 SDL_GUI 프로젝트처럼 C++11 구문으로 작성됐다.

코드 14-22 gwork_test 프로젝트 메인 코드 중 일부

```
// GUI 스킨을 설정
auto skin = new Gwk::Skin::TexturedBase(renderer);
skin->SetRender(renderer);
skin->Init("DefaultSkin.png");
// 스킨의 폰트 설정
skin->SetDefaultFont("OpenSans.ttf", 11);
// 캔버스 생성
```

```cpp
Gwk::Controls::Canvas* canvas = new Gwk::Controls::Canvas(skin);
canvas->SetSize(screenSize.x, screenSize.y);
canvas->SetDrawBackground(true);
canvas->SetBackgroundColor(Gwk::Color(150, 170, 170, 255));

// TestAPI 클래스는 그림 14-10의 모든 컴포넌트를 생성하고 처리하는 부분을 다루는 테스트 클래스다.
TestAPI* unit = new TestAPI(canvas);
unit->SetPos(10, 10);

// 입력을 받는 객체. 캔버스에 등록된 컴포넌트로 입력을 전달하는 역할을 한다.
Gwk::Input::SDL2 input;
input.Initialize(canvas);
bool haveQuit = false;

while (!haveQuit)
{
    SDL_Event evt;
    while (SDL_PollEvent(&evt))
    {
        if (evt.type == SDL_QUIT)
            haveQuit = true;

        input.ProcessEvent(&evt);
    }

    renderer->BeginContext(nullptr);
    canvas->RenderCanvas(); // 캔버스를 렌더러에 그린다.
    renderer->PresentContext(nullptr); // 업데이트된 내용을 화면에 갱신한다.
    renderer->EndContext(nullptr);
}

......
```

3.4 LUA SDL

SDL은 수많은 언어에서 사용할 수 있도록 작업됐다.

표 14-19 SDL을 사용할 수 있는 언어(SDL2 기준)

언어	내용
Ada	SDLAda − https://github.com/Lucretia/sdlada
C#	SDL#2 − https://github.com/flibitijibibo/SDL2−CS
D	DerelictSDL2 − http://derelictorg.github.io/packages/sdl2/
Go	go−sdl2 − https://github.com/veandco/go−sdl2
Lua	Lua−SDL2 − https://github.com/Tangent128/luasdl2
OCaml	tsdl − http://erratique.ch/software/tsdl
Pascal	Pascal SDL 2 − https://github.com/ev1313/Pascal−SDL−2−Headers
Python	Py−SDL2 − https://bitbucket.org/marcusva/py−sdl2
Rust	Rust−SDL2 − https://github.com/AngryLawyer/rust−sdl2

표 14-19에서 확인할 수 있듯이 SDL은 수많은 언어나 스크립트에서 호출할 수 있도록
포팅됐으며 루아 또한 SDL을 사용할 수 있도록 확장 모듈이 제작됐다. SDL 확장 모듈은
extension/sdl 필터에서 확인할 수 있다. SDL 확장 모듈에는 image, lSDL, mixer, ttf
가 있다.

그림 14-40 image.lua의 실행화면

그림 14-40은 데스크톱 그래픽 모드로 실행해서 루아 콘솔을 실행한 후 image.lua 파일을 실행한 결과다. image.lua 파일은 루아 로고 이미지 파일을 읽어서 화면에 출력한다. 윈도우 출력창은 5초 후 자동으로 종료된다. 프로젝트는 07_sdl_04_lua.sln 솔루션 파일을 열어서 참조한다.

코드 14-23 window.lua

```lua
-- 루아 확장 모듈
package.cpath = "./?.dll"
local SDL  = require "lSDL"
local image= require "lSDL.image"


--
-- SDL 함수 호출이 성공했는지를 확인하는 래퍼 함수
-- 실패하면 프로그램을 종료한다.
local function trySDL(func, ...)
        local t = { func(...) }

        if not t[1] then
            error(t[#t])
        end

        return table.unpack(t)
end


-- SDL과 SDL_image 초기화
trySDL(SDL.init, { SDL.flags.Video })

-- SDL_image는 요청한 이미지를 다룰수 있는지에 대한 값을 반환한다.
local formats, ret, err = image.init { image.flags.PNG }
if not formats[image.flags.PNG] then
        error(err)
end

-- 윈도우 객체 생성
```

508

```lua
local win = trySDL(SDL.createWindow, {
        title  = "04 - Drawing image",
        width  = 256,
        height = 256,
        flags  = { SDL.flags.OpenGL }
})

-- 렌더러 생성
local rdr = trySDL(SDL.createRenderer, win, -1)

rdr:setDrawColor(0xFFFFFF)

-- 이미지를 SDL 서페이스 객체에 로드
local img = trySDL(image.load, "Lua-SDL2.png")

-- 서페이스 객체를 텍스처 객체로 변환
local logo = trySDL(rdr.createTextureFromSurface, rdr, img)
-- 5초 동안 이미지를 그린 후 루프를 빠져나옴
for i = 1, 50 do
        -- Draw it
        rdr:clear()
        rdr:copy(logo)
        rdr:present()

        SDL.delay(100)
end
-- SDL 모듈 정리
SDL.quit()

image.quit()
```

비록 다른 언어긴 하지만 C++로 윈도우 창을 출력하는 코드와 유사하므로 이해하는 데
크게 어려움이 없을 것이다. 확장 모듈에 대해서는 10장, '독립형 OS 제작하기'의 '루아 운
영체제' 절을 참조한다.

3.5 포팅해 보기

14장에서 SDL 프로그래밍의 기본을 배우고 있으며 동시에 YUZA OS상에서 동작하는 SDL 앱을 분석하고 있다. 여기서 추가로 학습해야 할 부분은 14장에서 소개한 원본 프로젝트들이 YUZA OS상에서 실행되도록 수정하는 과정이다. 14장뿐만 아니라 이전 장에서 소개한 여러 프로젝트들도 YUZA OS상에서 동작할 수 있도록 수정 작업을 거쳤는데 이 작업은 생각보다 쉽지 않다. 그래서 이 책 중간중간에 라이브러리의 포팅에 도전할 것을 권했다. 3.5절에서는 간단한 WIN32 SDL 프로젝트를 YUZA OS로 포팅하는 과정을 학습해 볼 것이다.

서적『Game Programming in C++』의 SDL 샘플이나『Game Development By Example』의 샘플 예제는 좋은 도전 과제다. 또한 구글이나 깃허브에서 sdl game 같은 검색어로 리서치해 보면 sdl로 제작된 게임 샘플이 다수 나온다. 몇 가지 프로젝트를 선정해서 프로젝트를 마이그레이션하는 데 시간이 얼마나 걸리는지 또는 쉽게 마이그레이션할 수 있는지를 판단하는 능력을 기르자. 여기서는『Game Programming in C++』의 1장 예제인 '퐁'을 포팅해 보겠다.

프로젝트 구성

프로젝트를 생성하는 가장 좋은 방법은 기존 프로젝트를 복사하는 것이다. 가장 심플한 프로젝트는 flip 프로젝트이므로 해당 프로젝트를 복사해서 생성하자. 포함 디렉터리는 다음과 같이 설정한다.

```
../../../corelib/include;
../../../runtime/include;
../../../ThirdParty/SDL/SDL2/SDL/include;
```

상대경로가 마음에 들지 않으면 **$Solution**이나 **$Configuration**을 활용한다. 추가 라이브러리 디렉터리는 다음과 같이 설정한다.

```
../../../Debug;
../../../corelib/debug;
../../../runtime/debug;
../../../ThirdParty/SDL/SDL2/debug
```

마지막으로 추가 라이브러리에는 다음 열거한 라이브러리를 등록한다.

```
systemcall.lib
sdl.lib
libcrt.lib
libwin32.lib
exestub.lib
math.lib
filemanager.lib
```

프로젝트를 복사해서 생성하지 않았다면 옵션 부분은 기존 프로젝트를 참조해서 수정한다. 프로젝트 생성에 대해서는 이미 자세하게 설정했으므로 지금 단계에서는 문제없이 생성할 수 있어야 한다.

 MEMO 현시점에서 프로젝트 생성에 애로사항을 겪는다면 내용 진행을 멈추자. 비주얼 스튜디오에 익숙하지 않다는 의미이므로 책을 다시 리뷰하거나 인터넷을 통해서 비주얼 스튜디오 자체를 학습한 후 다시 진행하기를 권한다.

프로젝트 이름은 pong으로 수정한다.

퐁

퐁 게임은 화면 안의 막대기를 움직여서 공을 쳐내는 게임이다.

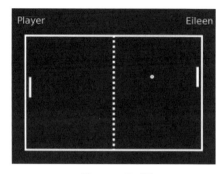

그림 14-41 퐁 게임

아래 링크에서 퐁 게임의 소스코드를 다운받자.

https://github.com/gameprogcpp/code

퐁 소스는 1장에 있다. 1장의 Main.cpp, Game.h, Game.cpp 파일을 복사해서 우리가 생성한 폴더에 복사한 후 프로젝트에 추가한다. 빌드 시 수정해야 할 사항은 다음과 같다.

- SDL 포함 헤더 경로
- 1024, 768을 각각 640 * 480으로 변경
- SDL_CreateRenderer 함수의 세 번째 인자를 SDL_RENDERER_SOFTWARE로 변경

YUZA OS는 현재 그래픽 하드웨어 가속을 지원하지 않으므로 SDL_CreateRenderer 함수의 세 번째 인자는 항상 SDL_RENDERER_SOFTWARE로 선언돼야 한다.

SDL_CreateWindowAndRenderer 함수를 사용하면 한번에 윈도우 객체와 렌더러 객체를 생성할 수 있지만 SDL_CreateWindow, SDL_CreateRenderer 함수를 사용해서 별도로 객체를 생성할 수도 있다.

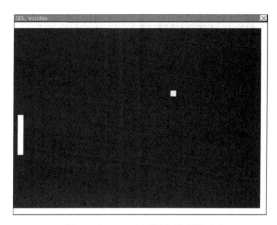

그림 14-42 YUZA OS에서의 퐁 실행 결과

W/S 키를 사용하면 패들을 위아래로 움직일 수 있다. 공을 쳐내지 못하면 프로그램은 자동 종료된다. 마지막으로 VirtualBox에서 퐁 프로그램을 실행해서 실기에서도 문제없이 동작하는지 최종 확인한다.

정리

지금까지 SDL로 작성된 여러 프로젝트를 살펴보면서 SDL 프로그래밍의 기본 사용법을 익혀 봤다. 플립 프로젝트에서는 SDL 코드의 기본 골격을 살펴봤으며 bmp, loadpng 프로젝트를 통해서는 이미지 포맷을 화면에 출력하는 방법을 배웠다. TTF 프로젝트에서는 트루타입 폰트를 화면에 출력하는 방법을 배웠으며 SDLBird, 로드파이터, 오픈 타이리언 등의 프로젝트를 통해 게임이라 부를 수 있을 수준의 프로젝트를 살펴봤다. 그리고 GUI 앱을 통해 유용한 유틸리티를 쉽게 제작할 수 있는 기반을 마련했으며 마지막으로 간단한 SDL 프로젝트를 마이그레이션하면서 YUZA OS로 포팅하는 작업이 생각보다 어렵지 않음을 확인했다.

3.3절에서 소개한 프로젝트는 모두 정상 빌드되지만 독자가 직접 포팅을 해보는 것이 도움이 될 것이다. 연습문제를 통해 프로젝트의 포팅에 도전해 보자.

연습문제 1

새로운 SDLBird 프로젝트를 만들어서 YUZA OS에서 실행되도록 작업해 본다. 프로젝트 구성은 SDLBird 프로젝트를 참조한다.

https://github.com/CecilHarvey/sdlbird

연습문제 2

새로운 로드파이터 프로젝트를 만들어서 YUZA OS에서 실행할 수 있게 작업한다. 프로젝트 구성은 로드파이터 프로젝트를 참조한다.

https://github.com/ptitSeb/roadfighter

4 SDL 통합 시스템

로드파이터 프로젝트는 SDL 1.xx 버전으로 작성됐지만 SDL 2.xx 모듈 기반으로 동작한다고 설명한 바 있다. 어떻게 이것이 가능한 것일까? 지금부터는 SDL 버전에 상관없이 SDL 2.xx 모듈을 사용하는 SDL 통합 시스템에 대해 설명한다. 소스코드는 ThirdParty/SDL/SDL1CL 폴더의 솔루션 파일을 열어서 SDLCL 프로젝트를 참조한다. 그림 14-43을 살펴보자.

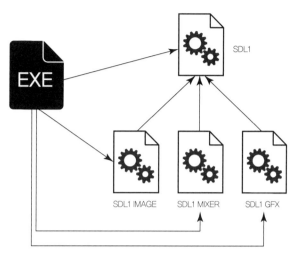

그림 14-43 SDL1로 작성된 프로그램의 모듈 관계도

SDL1로 작성된 프로그램은 응용 프로그램이든 SDL 확장 모듈이든 모두 SDL1 모듈의 API를 최종적으로 호출한다. 이 SDL1 모듈을 호환 레이어로 명명한 SDL1CL(SDLCL) 모듈로 대체하고 이 SDL1CL 모듈이 SDL2 모듈의 API를 호출하도록 구현한다면 SDL 1.xx로 작성됐다 하더라도 응용앱 및 모듈은 SDL2 모듈을 사용하게 된다.

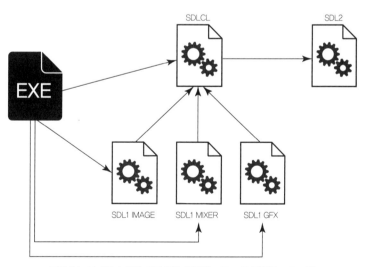

그림 14-44 SDL1 호환 레이어를 사용하는 SDL1로 작성된 프로그램

이 개념이 그림상으로는 간단해 보이지만 SDLCL의 모듈 구현은 굉장히 난이도가 높다. 그 이유는 다음과 같다.

- SDL1 API 인터페이스와 SDL2 API 인터페이스에는 동일한 이름의 함수가 많다.
- SDLCL은 SDL1 API 기능을 SDL2 API를 사용해서 구현해야 한다.

첫 번째 문제 때문에 SDLCL이 SDL2가 익스포트하는 함수를 묵시적으로 임포트하는 것은 좋은 방법이 아니다. 이름 충돌이 발생하기 때문이다. 이 문제를 해결하기 위해 SDL1CL은 명시적으로 SDL2 모듈을 로드한다. 구체적으로 설명하면 SDL1CL은 SDL2 모듈이 익스포트하는 함수들의 포인터를 하나하나씩 얻어낸 다음 별도의 이름으로 해당 포인터를 저장한다. 그런 다음 이 리네임된 함수 포인터를 사용해서 SDL2 API를 호출해 SDL1CL이 제공하는 API와의 이름 충돌을 해결한다.

그래서 SDL1CL은 모듈 초기화 때에 SDL2 모듈을 동적으로 로드해야 한다. YUZA OS는 DLL이 최초 로드될 때 초기화 작업 기회를 제공한다. 만일 DLL이 InitialzeDll 함수를 익스포트하고 있다면 DLL 초기화 때에 이 함수를 호출한다. SDL1CL에는 초기화 작업을 위해 InitialzeDll 함수가 구현돼 있다.

```
extern "C" __declspec(dllexport) void InitializeDll()
{
        initlib();
}
```

Initlib 함수의 구현은 다음과 같다.

코드 14-24 Initlib 함수

```
void Initlib (void)
{
        void *handle;
        if (!lib)
        {
```

```
            handle = Syscall_LoadLibrary("SDL.dll"); // SDL2 모듈을 로드한다.
// SDL2 모듈이 익스포트하는 함수를 리네이밍해서 저장한다.
#define SDL2_SYMBOL(name, ret, param) \
        r##name = Syscall_GetProcAddress(handle, #name); \
        if (!r##name) { \
            SDL_UnloadObject(handle); \
            quitlib(); \
            return; \
        }
#include "symbols.x"
#undef SDL2_SYMBOL
        lib = handle;
    }
}
```

Initlib 함수는 LoadLibrary 함수를 호출해서 SDL2 DLL의 핸들을 얻어낸다. 바로 아래 **SDL2_SYMBOL** 매크로는 SDL 모듈이 익스포트하는 함수를 얻어내는 매크로다. GetProcAddress의 동작은 WIN32에서 제공하는 함수와 기능이 동일하다. 그래서 DLL 핸들과 함수 이름을 제공하면 해당 함수 포인터를 얻어낼 수 있다. 이제 #include "symbols.x" 구문을 통해 SDL이 익스포트하는 모든 함수에 대한 함수 포인터를 얻는다.

코드 14-25 symbols.x 일부 내용

```
SDL2_SYMBOL(SDL_Init, int, (Uint32 flags))
SDL2_SYMBOL(SDL_InitSubSystem, int, (Uint32 flags))
SDL2_SYMBOL(SDL_GetError, const char *, (void))
SDL2_SYMBOL(SDL_SetError, int, (const char *fmt, ...))
SDL2_SYMBOL(SDL_ClearError, void, (void))
SDL2_SYMBOL(SDL_Error, int, (SDL_errorcode code))
SDL2_SYMBOL(SDL_QuitSubSystem, void, (Uint32 flags))
SDL2_SYMBOL(SDL_Quit, void, (void))
SDL2_SYMBOL(SDL_WasInit, Uint32, (Uint32 flags))
SDL2_SYMBOL(SDL_SetHint, SDL_bool, (const char *name, const char *value))
```

예를 들어 SDL2_SYMBOL(SDL_Init, int, (Uint32 flags))의 경우에는 다음과 같이 확장된다.

```
rSDL_Init = Syscall_GetProcAddress(handle, "SDL_Init");
if(!rSDL_Init)
{
        SDL_UnloadProject(handle); // 함수 포인터를 얻지 못하면 로드한 SDL 모듈을 해제한다.
        quitlib();
        return;
}
```

익스포트된 수많은 함수에 대한 처리를 간소화하기 위해 이 매크로는 매우 큰 도움이 된다. SDL2_SYMBOL 매크로를 통해 SDL2로부터 얻은 함수의 진짜 이름에 r를 붙임으로써 이름 충돌을 피했다. 그리고 함수 원형도 선언해야 하는데 이를 위해 SDL2_SYMBOL 매크로의 정의를 해제한 다음 새롭게 SDL2_SYMBOL 매크로를 선언한다.

```
#undef SDL2_SYMBOL
#define SDL2_SYMBOL(name, ret, param) extern ret (SDLCALL *r##name) param;
#include "symbols.x"
```

새롭게 SDL2_SYMBOL 매크로를 선언하고 symbols.x를 포함하면 함수의 원형이 선언된다. 예를 들어 rSDL_Init 함수의 원형은 다음과 같이 선언된다.

```
extern int (SDL_CALL *rSDL_Init) (Uint32 flags);
```

지금까지 설명한 내용을 통해서 SDL1CL 모듈은 이제 SDL2 모듈의 API를 호출할 수 있는 준비가 됐다. 마지막으로 SDL1 API인 SDL_CreateRGBSurface가 어떻게 SDL2 API를 호출하는지 살펴본다.

```
DECLSPEC SDL1_Surface *SDLCALL SDL_CreateRGBSurface (Uint32 flags, int width, int
height, int depth, Uint32 Rmask, Uint32 Gmask, Uint32 Bmask, Uint32 Amask) {
        SDL_Surface *surface2;
        SDL1_Surface *surface;
        if (Amask) flags |= SDL1_SRCALPHA;
        // SDL2 서페이스 객체를 생성한다.
        surface2 = rSDL_CreateRGBSurface(0, width, height, depth, Rmask, Gmask,
            Bmask, Amask);
        if (!surface2) return NULL;
        // SDL2 서페이스 객체로부터 자체 정의한 SDL1 서페이스 객체를 생성한다.
        surface = SDLCL_CreateSurfaceFromSDL2(surface2);
        if (!surface) {
            rSDL_FreeSurface(surface2);
            return NULL;
        }
        surface->flags |= flags & (SDL1_SRCCOLORKEY | SDL1_SRCALPHA);
        update_surface_blend(surface);
        return surface; // SDL1 서페이스 객체를 반환한다.
}
```

SDL2 API 호출 외에 SDLCL에서 자체적으로 구현한 SDLCL_CreateSurfaceFromSDL2 API가 존재한다. SDL 프로그램을 실행할 때 디버깅을 통해 코드 흐름을 꼭 따라가 보기 바란다.

TIP SDL1CL의 SDL_CreateRGBSurface 함수의 경우 반환값은 SDL1_Surface다. 이 구조체는 SDL1CL에서 자체 정의한 구조체며 SDL1의 SDL_Surface 구조체와는 다르다. 하지만 호환이 되는 구조체로 만들었기 때문에 SDL1 코드에서 SDL1_Surface 구조체를 사용해도 문제는 없 다. 다만 이 경우 몇 가지 이유로 SDL1CL이 응용 프로그램이나 확장 모듈로 구조체를 반환할 때 응용 프로그램이나 모듈이 인식하는 파라미터 크기가 SDL1CL이 정의한 파라미터 크기와 는 다른 문제가 발생할 수 있으므로 주의한다. 예상되는 원인은 다음과 같다.

- 바이트 정렬
- bool 타입의 크기

특히 bool 타입은 모듈마다 다르게 정의하는 경우가 있으므로 주의해야 한다. 한쪽은 4바이트로 정의했는데 다른 쪽은 1바이트로 정의했다면 응용 프로그램이 제대로 객체를 얻었다 하더라도 구조체의 파라미터값은 더미값으로 인식될 수 있다.

SDL 통합 시스템을 사용한다면 SDL1로 제작된 응용 프로그램이나 SDL_image나 SDL_mixer 같은 1.xx SDL 확장 모듈에서 변경해야 할 사항은 하나뿐이다. 기존 모듈이 참조했던 SDL.lib 파일을 sdl1cl.lib로 변경하는 것이다.

5 확장 모듈

SDL에서 공식(?) 인증된 확장 모듈은 앞에서 언급한 SDL_image, SDL_mixer, SDL_gfx, SDL_ttf다. 하지만 확장 모듈이 개발된 이유와 동일하게 SDL의 부족한 기능을 보완하기 위해 개발된 비공식 확장 모듈도 많다. 이런 비공식 확장 모듈도 알아두면 매우 도움이 된다. 예를 들어 TTF 프로젝트를 설명하면서 폰트를 캐싱해야 되는 이유를 설명했는데 이미 이런 캐싱 시스템을 구현한 확장 모듈이 존재한다.

https://github.com/grimfang4/SDL_FontCache

위 프로젝트는 TTF 라이브러리를 활용해서 폰트 캐싱을 구현했다. 확장 모듈을 다시 확장한 모듈뿐만 아니라 SDL을 기초로 한 확장 모듈도 많으니 검색해 보기 바란다.

6 정리

14장에서는 진일보한 응용앱을 작성하기 위해 SDL이라는 멀티미디어 라이브러리를 구체적으로 살펴봤다. SDL은 게임이나 에뮬레이터, GUI, 유틸리티 제작에 널리 사용되며 이용자 풀이 큰 멀티미디어 라이브러리다. SDL은 1.xx, 2.xx 두 개의 버전이 존재하며 성능이나 안정성 면에서 볼 때 현시점에서는 2.xx 버전을 사용하는 것이 좋다.

멀티미디어 라이브러리는 종류가 많지만 SDL 라이브러리를 YUZA OS의 GUI 라이브러리로 선택한 이유는 다음과 같다.

- SDL로 작성된 오픈소스는 수없이 많다.
- 다른 라이브러리들에 비해 이식성이 높은 라이브러리다.
- 심플한 API를 제공한다. 또한 검증된 라이브러리다.

SDL은 SDL 자체만으로는 많은 기능을 제공하지 못하므로 다양한 기능을 지원하기 위해 SDL 확장 라이브러리가 등장했다. 이 확장 라이브러리에는 이미지 처리, 사운드 처리, 네트워크 기능, 폰트 처리가 강화된 라이브러리 등이 있다.

우리는 SDL에 대한 이해를 높인 다음에 SDL 라이브러리를 활용해서 응용앱을 작성하는 방법을 배웠으며 SDL로 작성된 다양한 오픈소스를 구체적으로 살펴봤다. 이 과정에서 언급은 하지 않았지만 기초적인 C++ 구문과 STL, 패턴을 활용함으로써 YUZA OS에서 C++ 언어를 사용하는 데 무리가 없음을 확인했다.

또한 SDL 통합 시스템을 통해 레거시 코드인 SDL 1.xx 버전의 소스코드를 수정없이 빌드가 가능한 이유를 설명했다. 통합 시스템의 핵심은 시스템이 호환 레이어를 제공해 주는 것이다. 이를 위해 YUZA OS에서는 SDL1CL이라는 SDL 호환 레이어 모듈을 구현해서 제공했다.

SDL 시스템을 이해하고 응용 프로그램 작성도 가능해졌으니 다음 단계는 SDL과 YUZA OS가 연동하는 과정을 이해하는 것이다. 14장, 'SDL 살펴보기'에서는 응용 프로그래머 입장에서 기존 플랫폼과 별 차이없이 프로그래밍이 가능함을 입증했다면 15장, 'SDL 코어편'에서는 SDL과 커널이 연동하는 과정을 심도있게 파고들 것이다. 앞에서 계속 강조했지만 이 연동과정을 이해하기 위해서는 SDL 라이브러리 자체를 파고들어야 한다. 쉽지 않겠지만 계속 힘을 내줬으면 한다.

마지막으로 독자분들에게 바라는 사항이 있다.

- 독자분들이 SDL로 프로그램을 직접 작성해 본다.
- SDL로 작성된 프로그램을 포팅해 본다.

특히 포팅 작업은 반드시 해보기를 권장한다. 책에서는 결과물만으로 설명했기에 포팅 과정이 어렵다는 것을 인식하기 어렵다고 판단된다. 포팅은 어려운 작업이기에 이 작업을 계속 반복해 보면 코드를 읽는 눈이 높아져서 어느 순간 실력이 향상된 자신을 발견할 수 있을 것이다. 또한 여러 프로젝트의 포팅을 통해서 운영체제가 반드시 지원해야 하는 요소를 파악하는 것도 가능하다. 예를 들어 수많은 파일을 읽어들이거나 크기가 큰 파일을 읽어들이는 프로그램은 초기에 제대로 실행되지 않았는데 이 과정에서 필자는 메모리 매핑 파일^{Memory Mapping File} 기능이 반드시 필요하다는 것을 깨달았다.

포팅 주제는 18장, '포팅하기'에서 좀 더 구체적으로 살펴볼 것이다.

레퍼런스

이 책에서 설명하는 SDL 내용만으로도 책의 내용을 진행하는 데 무리가 없겠지만 기존에 출간된 서적이나 글들을 참조하면 큰 도움이 될 것이다.

- 『SDL과 C++를 이용한 크로스 플랫폼 프로그래밍』
- 『Game Programming in C++』
- 『SDL Game Development』
- 『Focus On SDL』
- http://www.lazyfoo.net/SDL_tutorials/

15
SDL 코어편

SDL 응용 프로그램을 제작하는 것은 즐거운 작업이다. 이 책의 주제가 운영체제가 아니라 SDL로 게임 만들기였다면 SDL로 개발된 다양한 게임의 구조를 설명하고 해당 게임을 커스터마이징하는 방법을 설명했을 것이다. 또한 안드로이드, iOS로 SDL 게임을 포팅하는 방법을 설명했을 것이다. SDL로 프로그램을 다루는 자세한 내용에 대해서는 14장에서 언급한 레퍼런스 서적을 참조하기 바란다.

SDL 포팅은 다음 두 가지 카테고리로 분류할 수 있다.

- SDL 응용 프로그램을 YUZA OS 플랫폼에서 동작하도록 포팅하기
- YUZA OS와 SDL 연동 구현하기

두 가지 모두 포팅이라는 관점에서는 동일한 영역에 속하지만 두 번째 항목은 첫 번째 항목에 비해 플랫폼 종속적인 내용이 많다.

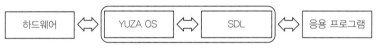

그림 15-1 15장의 개발 영역

새로운 플랫폼을 지원하기 위해 SDL이 다른 플랫폼에서 어떤 식으로 연동되는지를 살펴보는 것은 큰 도움이 된다. 다양한 플랫폼에 대한 구현 샘플을 많이 얻을 수 있다면 새로운 플랫폼으로 이식하는 데 좋은 아이디어를 주기 때문이다. 포팅은 쉬운 작업이 아니기 때문에 모듈을 특정 플랫폼으로 마이그레이션하려는 계획이 있다면 문서가 잘 정리돼 있거나 여러 플랫폼으로 이식된 모듈을 선택하자. SDL을 비롯한 여러 크로스 플랫폼 라이브러리는 포팅에 관해서는 그다지 친절하게 설명을 하고 있지 않다. 그러므로 다른 플랫폼으로 이식된 내부 소스코드를 살펴보는 것이 좋은 방법이다. 여기서는 안드로이드, WIN32가 SDL과 연동하는 과정을 살펴본다. 그런 다음 YUZA OS와 SDL이 연동하는 과정을 구체적으로 설명한다.

목표

- 안드로이드 운영체제와 SDL 네이티브 모듈이 연동하는 과정을 이해한다.
- WIN32 운영체제와 SDL 네이티브 모듈이 연동하는 과정을 이해한다.
- YUZA OS와 SDL의 연동을 구현한다.
- 어떤 모듈도 포팅할 수 있는 자신감을 획득한다.

1 안드로이드

안드로이드는 리눅스 커널을 기반으로 제작된 운영체제며 스마트폰과 같은 모바일 플랫폼에서 실행되는 대표적인 운영체제 중 하나다. 이 운영체제에서 실행되는 앱을 제작하는 데 사용되는 언어로는 자바나 코틀린 등이 있으며 이클립스나 안드로이드 스튜디오로도 제작할 수 있다. 또한 네이티브 언어로 제작된 모듈(C/C++)과의 통신방법도 제공하기 때문에 레거시 코드를 활용할 수 있는 여지를 남겨두고 있다. 여기서는 안드로이드 운영체제상에서 앱과 C++ 네이티브 모듈이 통신하는 방법을 설명한다. 그런 다음 앱과 SDL이 연동하는 세부사항을 살펴봄으로써 운영체제와 모듈이 연동하는 원리를 습득한다.

1.1 자바와 C++

자바JAVA는 한국에서 널리 쓰이고 있는 프로그래밍 언어 중 하나다. 외국에서는 .NET 언어가 활성화돼 있는 반면 한국에서는 자바 언어에 편중된 면이 있다. 자바는 웹이 활성화되면서부터 각광을 받기 시작했으며 언어의 기원은 C++와 같은 연장선상에서 출발했다고 생각해도 크게 틀리지는 않다. 단 자바는 소스코드를 컴파일할 때 바이트 코드로 변환되는데 이 변환된 바이트 코드는 플랫폼 독립적이기 때문에 이 바이트 언어를 해석할 수 있는 모듈이 각각의 플랫폼에 구현돼 있다면 어떤 플랫폼에서라도 실행할 수 있다. 즉 자바로 컴파일된 바이트 코드는 플랫폼 종속적이지 않다는 뜻이다.

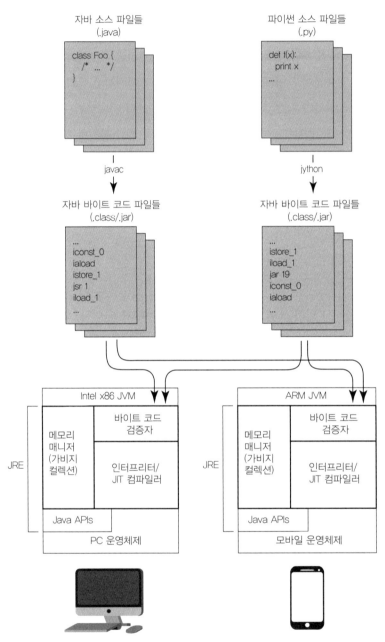

그림 15-2 자바 소스코드의 실행 원리

(출처 : 자바 위키)

그림 15-2는 자바 소스코드가 여러 플랫폼에서 실행되는 원리를 보여준다. 자바 컴파일러가 자바 소스코드를 컴파일하면 바이트 코드가 생성된다. 이 바이트 코드는 JVM^{Java Virtual Machine} 모듈이 해석해서 실행한다. 더 구체적으로 설명하자면 JVM의 바이트 코드 검증자^{Byte Code Verifier}가 컴파일된 바이트 코드의 무결성을 검증한다. 바이트 코드에 문제가 없으면 JIT Compiler^{Just in time Compiler}는 실행 시간에 바이트 코드를 적절히 해석한 다음 Java API나 운영체제가 제공하는 API를 호출해 프로그램을 실행한다.

자바 언어의 대표적인 특징 중 하나는 가비지 컬렉션 기능이다. 가비지 컬렉션은 할당한 메모리를 적절한 시점에서 자동으로 해제하는 기능이다. 이 기능은 개발자에게 메모리 정리 책임에 대한 부담을 덜어준다. C++로 프로그래밍을 하다가 자바로 프로그래밍을 해보면 이 기능이 얼마나 프로그래머의 삶의 질을 높여주는지 알 수 있을 것이다. 다만 이 경우 프로그래머가 메모리 정리를 수동으로 제어하지 못하기 때문에 언제 가비지 컬렉션이 일어날지 알 수 없다는 문제가 있다. 그리고 가비지 컬렉션이 수행되는 경우 큰 오버헤드가 발생하면 프로그램 실행이 순간 느려질 가능성이 있다. 어떻게 보면 자바의 메모리 운영 전략은 양날의 검일 것이다. 그리고 C++의 철학 중 "내가 작성한 코드를 수행할 경우 그 시점에서 내가 작성한 코드만을 수행해야 한다"는 철학에도 위배되기 때문에 C++ 프로그래머가 자바 언어를 싫어하는 경향도 있다.

> **MEMO** 자바는 굉장히 훌륭한 언어긴 하지만 속도 면에서 C++에 뒤지는 것이 사실이다(만일 속도에서 C++와 동등한 속도를 낸다면 C++는 시대의 저편으로 사라졌을 것이다).

자바와 C++ 연동

구글에서는 초창기 안드로이드에서 프로그래밍을 할 때 네이티브 코드를 실행할 수 있는 방법을 제공하지 않았지만 속도 문제와 자바의 비효율적인 코드 실행에 따른 발열 문제 등의 사유로 네이티브 모듈, 즉 C++로 작성된 모듈과 연동하는 인터페이스를 제공하기 시작했다.

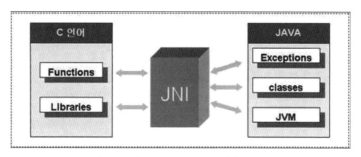

그림 15-3 C/C++와 자바 간 통신 인터페이스 JNI

JNI^{Java Native Interface}는 C++ 모듈과 자바 간 통신을 위한 인터페이스를 제공한다. 즉 JNI 가 제공하는 인터페이스를 준수하면 자바에서 C++로, C++에서 자바로 함수 호출이 가 능해진다.

 현재 구글에서는 32비트 C++ 라이브러리는 금지하고 64비트 라이브러리만을 권장한다. 실 제 C++ 네이티브 라이브러리를 사용해서 안드로이드 앱을 배포하려는 경우 64비트 네이티 브 라이브러리가 없다면 빌드는 되지만 배포는 불가능하다.

표 15-1 C++ ↔ JAVA 호출 방향

방향	장점
C++ → JAVA	자바는 C++로는 구현하기 힘든 내용을 쉽게 구현할 수 있다.
	예: RMI(Remote Method Invocation)
	그러므로 C++로 기능을 구현하는 데 시간이 걸리거나 난이도가 있는 모듈은 자바 로 작성한 뒤 C++에서 호출하는 구조로 프로그램을 제작한다면 생산성을 향상시 킬 수 있다.
JAVA → C++	zlib나 jpeg 같은 네이티브 모듈은 수많은 검증을 거쳤다. 또한 이런 모듈은 다른 언 어로 작성된 모듈보다 최적화됐으므로 자바 입장에서는 네이티브 모듈을 활용하면 퍼포먼스 향상에 도움이 된다.

연동 구현하기

여기서는 JAVA ↔ C++ 연동을 직접 구현해 본다. JAVA ↔ C++ 연동을 설명하는 이유는 안드로이드와 SDL의 통신 원리를 이해함으로써 운영체제와 SDL이 통신하는 데 아이디어를 얻기 위함이라고 앞에서 설명한 바 있다. 이 외에 다음과 같은 두 가지 효과를 노리고 있다.

- 이기종 언어 간의 통신 원리를 이해한다.
- C/C++ 언어가 아닌 새로운 언어로 운영체제를 제작할 수 있는 기초를 마련한다.

WIN32 프로그램에서 자바 언어를 해석하려면 JVM 모듈이 필요하다. JVM 모듈은 JAVA JDK에 포함돼 있으므로 JAVA JDK를 아래 링크에서 다운받아 설치한다. 현재 최신 버전은 JDK 1.8이다.

http://www.oracle.com/technetwork/java/javase/downloads/index.html

설치한 다음 환경 변수의 PATH 변수에 다음 경로가 등록돼 있는지 확인한다.

```
%JAVA_HOME%\jre\bin\client;
%JAVA_HOME%\bin;
```

JAVA_HOME 변수는 시스템 변수로 등록돼 있으며 필자의 경우 다음 값으로 등록돼 있다.

```
C:\Program Files (x86)\Java\jdk1.8.0_31
```

필자는 JAVA SDK 32비트 버전을 설치했지만 64비트 버전도 예제를 실행하는 데 문제가 없으니 운영체제가 64비트라면 64비트 JDK를 설치한다.

자바 프로그램을 개발하는 IDE로 IntelliJ 커뮤니티 버전을 추천한다. 해당 프로그램은 아래 링크에서 다운받을 수 있다.

https://www.jetbrains.com/idea/

다운받은 후 코드 15-1과 같이 작성한다.

코드 15-1 HelloJava.java

```java
public class HelloJava {
// 로드할 dll이 존재하는 전체 경로를 입력한다.
    static {
        System.load("E:\Dev\HelloJAVA\out\production\HelloJAVA\Hello.dll");
    }

    private native void HelloJava();

    public static void main(String[] args) {
        new HelloJava().HelloJava();
    }
}
```

코드 15-1은 프로그램 시작 시 Hello.dll을 메모리에 적재하고 dll이 익스포트하는 **HelloJava** 함수를 실행한다. 자바는 C++ 모듈이 익스포트하는 함수를 사용하기 위해 native라는 키워드를 사용한다.

```java
 private native void HelloJava();
```

메소드 앞에 native 키워드를 선언하면 자바 컴파일러는 해당 메소드를 네이티브 함수로 인식하며 JNI가 이 메소드의 처리를 수행한다. JNI는 HelloJava 메소드 이름으로 네이티브 함수를 찾지 않고 특별하게 네임 맹글링된 이름을 찾는다. 따라서 C++ 모듈은 JNI가 규정한 규칙으로 함수를 선언해야 한다. 이 맹글링된 이름을 사람이 수동으로 생성하는 것은 힘든 작업이므로 자바에서 제공하는 javah라는 유틸을 사용해서 C++에서 사용하는 헤더 파일을 생성한다.

HelloJava.class 파일이 생성된 폴더로 이동한 뒤 콘솔 창에서 다음과 같이 명령어를 입력한다.

```
javah -classpath . HelloJava
```

그러면 HelloJava.h라는 헤더 파일이 생성된다.

코드 15-2 HelloJava.h

```
#include <jni.h>
/* Header for class HelloJava */

#ifndef _Included_HelloJava
#define _Included_HelloJava
#ifdef __cplusplus
extern "C" {
#endif
/*
 * Class:     HelloJava
 * Method:    HelloJava
 * Signature: ()V
 */
JNIEXPORT void JNICALL Java_HelloJava_HelloJava
  (JNIEnv *, jobject);

#ifdef __cplusplus
}
#endif
#endif
```

위 헤더 내용에서 중요한 부분은 함수 익스포트 부분이다. 자바에서 네이티브 메소드 호출 메소드로 HelloJava를 선언했다면 C++ 모듈에서는 메소드 이름을 Java_HelloJava_HelloJava로 선언해야 한다. 형식은 Java + 패키지명 + 메소드명이다. 이 헤더 파일을 사용해서 동적 라이브러리를 구현한다.

비주얼 스튜디오를 실행하고 Hello란 이름의 DLL 프로젝트를 생성한다(빈 프로젝트로 생성한다). 프로젝트를 생성한 후 프로젝트 폴더에 앞에서 생성한 HelloJava.h를 복사한 다음 프로젝트에 추가한다. 그리고 HelloJava.cpp를 생성해서 함수 몸체를 구현한다.

코드 15-3 HelloJava.cpp

```cpp
#include "HelloJava.h"

void JNICALL Java_HelloJava_HelloJava(JNIEnv *, jobject)
{
        printf("Hello Java!!\n");
}
```

이제 컴파일하면 Hello.dll 파일이 생성될 것이다. 이 파일을 HelloJava.java 파일이 있는 위치로 복사한 다음 IntelliJ에서 HelloJAVA 프로젝트를 실행하면 콘솔 창에 그림 15-4와 같은 문자열이 출력된다.

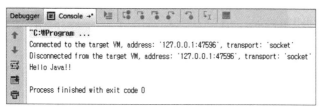

그림 15-4 HelloJava.java 실행 결과

계속해서 C++에서 자바 함수를 호출하는 방법을 살펴본다.

C++에서 JAVA 메소드 호출

코드 15-4는 C++에서 자바 정적 메소드를 호출하고 자바 메소드가 반환하는 값을 C++에서 받아 출력하는 프로그램이다. 개발 IDE는 비주얼 스튜디오를 사용한다.

코드 15-4 C++에서 JAVA 정적 메소드 호출

```cpp
// 자바 가상 머신을 생성하기 위한 jvm.dll의 JNI_CreateJavaVM 메소드에 대한 함수 포인터 선언
// jvm.lib 라이브러리를 따로 링킹할 필요가 없다.
typedef jint(JNICALL *JNI_CreateJavaVM_func)(JavaVM **pvm, void **penv,
               void *args);

JNI_CreateJavaVM_func JNI_CreateJavaVM_ptr;

int _tmain(int argc, _TCHAR* argv[])
{
    // 자바 메소드와 네이티브 메소드를 연결하는 인터페이스 객체
    JNIEnv *env = NULL;
    JavaVM *jvm = NULL;
    long status;
    jclass echoClass;
    jmethodID methodId;
    jstring szEcho;

    // jvm.dll의 동적 로드
    HMODULE jvm_dll = LoadLibrary(L"jvm.dll");
    // jvm 모듈에서 JNI_CreateJavaVM을 찾는다.
    JNI_CreateJavaVM_ptr = (JNI_CreateJavaVM_func)GetProcAddress(jvm_dll,
                              "JNI_CreateJavaVM");

    // 기본으로 제공된 자바 클래스 및 컴파일된 자바 클래스가 존재하는 경로 추가
    JavaVMOption options;
    // 이 부분은 독자분들의 경로로 수정할 것
    options.optionString = "-Djava.class.path=.;C:\\Users\\user\\Documents\\
    Visual Studio 2019\\Projects\\javaEmbeddingEx1\\Debug";

    JavaVMInitArgs vm_args;
```

```cpp
    vm_args.version = JNI_VERSION_1_8;
    vm_args.options = &options;
    vm_args.nOptions = 1;
    vm_args.ignoreUnrecognized = JNI_FALSE;
    // 자바 가상 머신의 생성 및 인터페이스 객체 생성
    status = JNI_CreateJavaVM_ptr(&jvm, (void**)&env, &vm_args);
    // 자바에 스트링을 넘기기 위한 객체 생성
    // 자바는 문자열 인코딩이 기본적으로 UTF8이다.
    jstring jstr = env->NewStringUTF("My name is");
    jstring jstr2 = env->NewStringUTF("YUZA OS.");

    // JavaEmbedding.class를 찾는다.
    echoClass = (env)->FindClass("JavaEmbedding");
    if (echoClass != 0)
    {
        // JavaEmbedding 클래스의 정적 메소드 EchoMethod를 찾는다.
        methodId = (env)->GetStaticMethodID(echoClass, "EchoMethod",
          "(Ljava/lang/String;Ljava/lang/String;)Ljava/lang/String;");
        if (methodId != 0)
        {
            // EchoMethod는 String 객체를 리턴하므로 C++에서 리턴값을
            // 받기 위해서는 CallStaticObjectMethod 메소드를 호출해야 한다.
            // 자바에서 문자열, 즉 String은 객체다.
            szEcho = (jstring)(env)->CallStaticObjectMethod(echoClass,
                        methodId, jstr, jstr2);
            // jstring 객체로부터 문자열을 얻어낸다.
            const char* str = env->GetStringUTFChars(szEcho, NULL);
            printf("Echo : %s\n", str);
        }
    }
    // 자바 가상 머신을 해제한다.
    (jvm)->DestroyJavaVM();
    return 0;
}
```

프로그램은 "My name is"라는 스트링과 "YUZA OS."라는 문자열을 EchoMethod라는 자바 메소드에 넘긴다. EchoMethod 메소드는 이 두 문자열을 하나로 합치고 그 결과를 C++에 넘긴다. 마지막으로 C++는 호출 결과를 화면에 출력한다. 이제 코드 15-4의 소스코드 중 핵심 부분을 다시 살펴보겠다.

클래스 검색

```
echoClass = (env)->FindClass("JavaEmbedding");
```

JNIEnv 클래스의 FindClass 메소드는 자바 클래스를 찾는 역할을 한다. JavaEmbedding 클래스는 우리가 작성해야 하는 클래스다.

정적 메소드의 호출

```
methodId = (env)->GetStaticMethodID(echoClass, "EchoMethod", "(Ljava/lang/String;Ljava/lang/String;)Ljava/lang/String;");
```

JNIEnv 클래스의 GetStaticMethodID 메소드는 목표 클래스에서 정적 메소드를 찾는다. 메소드의 반환값과 파라미터는 다음과 같은 형식으로 정의된다.

```
(A)B
```

괄호 안은 파라미터를 나타내며 B는 반환값이다. JNI에 정의된 파라미터 및 반환값 정의는 다음과 같다.

표 15-2 자바 파라미터 시그너처와 타입 간 관계

시그너처	자바 타입
Z	boolean
B	byte
C	char
S	short
I	int
J	long
F	float
D	double
L fully-qualified-class ;	fully-qualified-class
[type	type []
(arg-types) ret-type	method type

예를 들어 첫 번째 파라미터가 int고 두 번째 파라미터가 boolean 그리고 반환값이 long
이라면 GetStaticMethodID의 세 번째 파라미터는 다음과 같이 정의하면 된다.

```
"(IZ)J"
```

EchoMethod 메소드의 경우 첫 번째 파라미터가 String, 두 번째 파라미터도 String 그리
고 반환값도 String 타입이기 때문에 GetStaticMethodID 메소드의 세 번째 파라미터는
다음과 같다.

```
(Ljava/lang/String;Ljava/lang/String;)Ljava/lang/String;"
```

String은 자바에서 객체로 취급된다고 언급했다. 따라서 표에서 fully-qualified-class
에 해당하고 String 클래스는 java/lang/String 네임스페이스에 정의돼 있다. 규칙에 따
라 이 네임스페이스 앞뒤로 L 및 ;을 붙이면 문자열 시그너처가 완성된다.

C++에서 자바로 전달할 String 객체를 생성하려면 JAVA SDK에서 정의한 jstring 타입을 사용해야 한다.

GetStaticMethodID 메소드를 호출해서 EchoMethod 메소드의 메소드 아이디를 얻은 다음에는 CallStaticObjectMethod 메소드를 호출해서 EchoMethod를 호출한다. EchoMethod는 String 객체를 반환하므로 CallStaticObjectMethod 메소드를 사용해야 한다. 만일 정수형 결과를 반환하는 메소드였다면 CallStaticIntMethod를 호출하면 된다.

마지막으로 C++에서 호출한 자바 클래스를 살펴보자.

코드 15-5 JavaEmbedding.java 소스코드

```java
public class JavaEmbedding {
    public static String EchoMethod(String szString1, String szString2) {
        return szString1 + " " + szString2;
    }
}
```

이 코드를 컴파일해서 **JavaEmbedding.class** 바이트 코드를 생성한다. 그러고 나서 C++ 실행파일이 있는 곳으로 복사하고 난 뒤 프로그램을 실행하면 예제를 테스트할 수 있다. 출력 결과는 다음과 같다.

```
Echo : My name is YUZA OS.
```

JNA

자바는 C++ 모듈을 호출하기 위해 JNI 인터페이스를 사용하지만 윈도우 운영체제에서 제공하는 런타임 라이브러리 등을 호출하기 위해 매번 JNI를 경유하는 것은 매우 귀찮은 작업이다. 자바는 윈도우 API를 쉽게 사용하도록 JNA^Java Native Access 인터페이스 API를 제공한다. 이 JNA를 활용하면 파이썬에서 제공하는 순수 디버거 툴인 PyDev 같은 모듈도 쉽게 구현할 수 있다. JNA 모듈 구현 소스는 아래 링크를 참조한다.

이 홈페이지에서 제공하는 JNA 튜토리얼을 살펴보자.

윈도우 운영체제에서 제공하는 동적 C 런타임 라이브러리는 msvcrt.dll 파일이다. 이 dll 모듈은 printf 같은 c 함수를 제공한다.

코드 15-6 JNA 사용 예제

```
package com.sun.jna.examples;

import com.sun.jna.Library;
import com.sun.jna.Native;
import com.sun.jna.Platform;

/** JNA 인터페이스를 매핑하는 심플 튜토리얼 */
public class HelloWorld {

    // 네이티브 타입과 자바를 매핑하는 일반적인 방법
    // native 함수인 printf와 자바 간 매핑 방법에 주목하자.
    public interface CLibrary extends Library {
        CLibrary INSTANCE = (CLibrary)
            Native.loadLibrary((Platform.isWindows() ? "msvcrt" : "c"),
                               CLibrary.class);

        void printf(String format, Object... args);
    }

    public static void main(String[] args) {
        CLibrary.INSTANCE.printf("Hello, World\n"); // WIN32 printf의 호출
        for (int i=0;i < args.length;i++) {
            CLibrary.INSTANCE.printf("Argument %d: %s\n", i, args[i]);
        }
```

```
        }
    }
```

WIN32 라이브러리 로드를 위해 Library 클래스를 확장한 CLibrary 인터페이스를 선언하고 msvcrt.dll의 인스턴스를 얻어온다. 그리고 호출하려는 C 런타임 함수 인터페이스를 선언한다. printf의 경우 자바 메소드 프로토타입은 다음과 같다.

```
void printf(String format, Object... args);
```

JNA를 사용하지 않는다면 별도로 네이티브 모듈을 만든 다음 모듈 내부에 printf를 호출하는 함수를 구현해야 한다. 함수가 몇 개 되지 않으면 상관없지만 수백 개 이상의 함수를 구현해야 한다면 그 작업량이 만만치 않을 것이므로 JNA는 매우 유용한 모듈이라 할수 있겠다.

정리

SDL은 C/C++로 구현됐고 안드로이드 앱은 자바로 제작한다. 그래서 안드로이드 운영체제상에서 SDL 모듈을 실행하려면 자바 ↔ C++ 통신이 필요하며 이를 위해 필요한 두 언어 간 통신 원리를 설명했다.

- 자바와 C++ 연동을 위한 JNI 소개
- 자바와 C++ 연동 프로그램 제작
- 자바에서 WIN32 API를 쉽게 호출하기 위한 JNA 소개

자바와 C++ 연동을 설명한 데는 커널과 SDL의 연동 설명을 돕는 것 외에 한 가지 이유가 더 있다. 추후 독자분들이 운영체제를 제작할 때 독자분들에게 C/C++, 어셈블리가 아닌 다른 언어로 운영체제를 제작할 수 있는 기반을 제공하기 위해서다. 이미 루아로 운영체제를 작성할 수 있는 방법을 설명했지만 루아 외에도 운영체제 제작에 사용할 수 있는 좋은 프로그래밍 언어가 많다.

표 15-3 운영체제 개발로 사용할 수 있는 스크립트 또는 프로그래밍 언어 후보

언어	내용
자바	JVM.dll 모듈을 마이그레이션할 수 있다면 사용 가능
펄	인터프리터 방식의 프로그래밍 언어
파이썬	Python.dll 모듈을 마이그레이션할 수 있다면 사용 가능
자바 스크립트	V8 엔진 모듈을 마이그레이션할 수 있다면 사용 가능
루아	가능함을 이 책에서 보여줌
러스트	개발 가능
C#	개발 가능
D	개발 가능

표 15-3에서 소개한 언어 중에 러스트와 C#의 경우에는 이미 운영체제 개발 언어로 사용 중인 프로젝트가 존재한다. 자신만의 특색있는 운영체제를 개발하고 싶다면 표에서 언급한 언어를 메인으로 삼아서 개발하는 것도 고려해 보기 바란다. 표 15-3의 언어 중 스크립트 언어를 해석하는 엔진은 대부분 C++로 구현됐으므로 스크립트 엔진의 마이그레이션이 가능하다면 새로운 언어로 자신만의 운영체제를 작성할 수 있을 것이다.

범위를 좁혀서 보자면 안드로이드 응용앱은 메인 코드가 자바지만 네이티브 모듈을 메인으로 한 개발도 가능하다. 이 경우도 새로운 언어로 운영체제를 개발하는 것과 동일한 상황이라고 말할 수 있겠다. 실제 안드로이드에서 SDL 응용앱을 구현하는 경우 메인 언어는 자바가 아니라 C/C++가 된다.

JNI 프로그래밍에 대해 더 자세히 알고 싶다면 아래 링크를 참조한다.

http://journals.ecs.soton.ac.uk/java/tutorial/native1.1/implementing/index.html

1.2 액티비티 & SDL 연동

자바와 C++의 연동과정을 이해했으니 이제 안드로이드 앱과 SDL의 연동을 살펴볼 차례다. 먼저 안드로이드 앱의 동작 원리를 어느 정도 이해해야 한다. 안드로이드 앱은 액티비티라는 생명주기로 프로그램이 실행된다. 안드로이드 액티비티Activity는 화면에 표시되는 UI 구성을 위한 가장 기본이 되는 요소다. 안드로이드 앱은 화면에 UI를 출력하기 위해 최소한 하나 이상의 액티비티를 가져야 한다. 앱을 실행하면 지정한 액티비티가 실행되며 이 액티비티가 사용자 UI를 표시한다. 그리고 다른 화면으로 전환될 때에는 다른 액티비티로 교체된다. 액티비티의 생명주기는 그림 15-5와 같다.

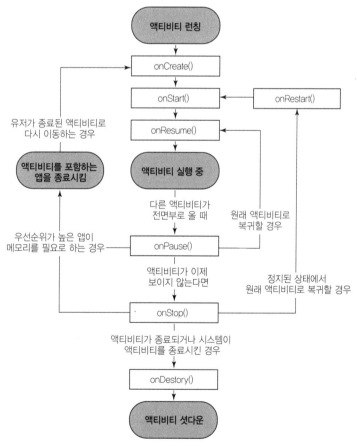

그림 15-5 액티비티의 생명주기(인터넷 참조)

액티비티 동작에 대한 구체적인 내용은 안드로이드 관련 서적이나 인터넷을 참조한다.

JNI

JNI^{Java Native Interface}는 앞에서 개념을 설명했지만 자바와 네이티브 언어 간 통신을 가능하게 해주는 인터페이스다. 자바는 바이트 언어고 C++로 작성된 모듈은 네이티브 어셈블리 코드로 생성되기 때문에 자바 코드에서 C++를 직접적으로 호출할 수 있는 방법이 없다. 따라서 C++ 모듈을 호출하기 위해서는 중개 모듈이 필요하며 이 중개 모듈에 해당하는 것이 JNI다. 파이썬의 경우 swig가 C++ 모듈을 호출하는 중개 역할을 담당한다.

구체적으로 설명하자면 자바 코드는 JVM^{Java Virtual Machine}상에서 수행되고 네이티브 코드로 작성된 가상 머신 JVM은 가비지 컬렉션, 즉 메모리 할당에 관련된 연산이나 자바 코드 파싱을 담당하는데(예를 들어 스프링 언어의 어노테이션 파싱) 특정 기능을 수행하기 위해서 C++ 모듈을 호출하기도 한다. 이런 C++ 모듈은 시스템 라이브러리지만 결국은 자바 코드가 호출하는 라이브러리다. 즉 특정 규약으로 C++ 모듈을 생성하면 자바 코드가 이 C++ 모듈을 호출할 수 있다는 의미고 이 모듈 내에 존재하는 메서드를 호출하기 위해 자바와 네이티브 모듈 간 정의된 규약을 매핑하는 역할을 담당하는 존재가 JNI다. 지금 설명한 내용을 그림 15-6에 정리했다.

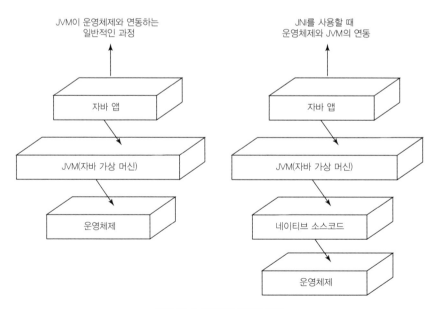

그림 15-6 네이티브 모듈의 위치

물론 네이티브 모듈은 안드로이드상에서 동작해야 되기 때문에 안드로이드가 제공하는 NDK로 개발한다. NDK^{Native Development Kit}는 안드로이드 운영체제에서 동작하는 네이티브 모듈을 개발하기 위한 소프트웨어 개발 키트다.

액티비티에서 네이티브 모듈 호출하기

액티비티에서 SDL 호출은 JNI 호출규약을 따르면 된다. 안드로이드 앱 실행 후 네이티브 모듈이 호출되는 흐름을 간략히 정리하면 다음과 같다.

- 자바나 코틀린 언어로 액티비티를 만든다.
- 액티비티 시작부에 네이티브 모듈을 로드하는 코드를 추가한다.
- JNI 인터페이스로 네이티브 메소드를 호출한다.
- 네이티브 모듈이 역으로 자바 함수를 호출한다.

지금 안드로이드와 네이티브 모듈 연동과정을 학습하는 이유는 안드로이드가 SDL에 사운드와 입력, 타이머 이벤트를 제공하는 방법을 확인하기 위해서다. 아래 코드는 SDL과 연동하는 **SDLActivity** 클래스다.

코드 15-7 SDLActivity.java

```java
public class SDLActivity extends Activity {
    private static final String TAG = "SDL";
    ……
    // libSDL2.so 공유 라이브러리 로드
    static {
        System.loadLibrary("SDL2");
    }
    // 액티비티가 생성될 때 실행되는 onCreate 메소드
    @Override
    protected void onCreate(Bundle savedInstanceState) {
        super.onCreate(savedInstanceState);

        // 화면을 풀스크린으로 설정. 타이틀 바 생성하지 않음
```

```
requestWindowFeature(Window.FEATURE_NO_TITLE);
getWindow().setFlags(WindowManager.LayoutParams.FLAG_FULLSCREEN,
        WindowManager.LayoutParams.FLAG_FULLSCREEN);

SDLActivity.initialize();
// 네이티브 모듈에서 정적 메소드를 호출할 때 SDLActivity 객체에 접근할 수 있도록
// 싱글턴으로 저장한다.
mSingleton = this;

// SDL Surface 객체 생성
mSurface = new SDLSurface(getApplication());
……
// 화면 레이아웃 설정
setContentView(mLayout);
}


// 이벤트를 처리하는 메소드
// 앱이 일시 정지되면 handlePause가 호출된다.
@Override
protected void onPause() {
    Log.v("SDL", "onPause()");
    super.onPause();
    SDLActivity.handlePause();
}
// 정지된 앱이 재개되면 handleResume이 호출된다.
@Override
protected void onResume() {
    Log.v("SDL", "onResume()");
    super.onResume();
    SDLActivity.handleResume();
}
……
```

---

handlePause나 handleResume 메소드를 호출하면 SDL이 안드로이드 앱에 노출한 메소드가 호출된다. 안드로이드 앱이 SDL 모듈을 제어하기 위해 제공되는 SDL 인터페이스는 표 15-4와 같다.

표 15-4 네이티브 모듈이 제공하는 SDL 인터페이스

메소드	내용
nativeInit	SDL 초기화 및 SDL_main 함수 호출
nativeLowMemory	메모리가 부족하다.
nativeQuit	프로그램을 종료한다.
nativePause	프로그램을 정지한다.
nativeResume	프로그램을 재개한다.
onNativeResize	화면 크기가 변경됐다.
onNativeKeyDown	키보드를 눌렀다.
onNativeKeyUp	키보드를 뗐다.
onNativeTouch	화면을 터치했다.
onNativeSurfaceChanged	화면 Surface 정보가 변경됐다. 예: 픽셀 포맷 등

표 15-4에서 언급한 네이티브 메소드는 글루 코드에 해당하므로 안드로이드와 SDL 연동 부분은 인터페이스가 달라질 수 있다. 하지만 SDL 미디어 라이브러리가 필요로 하는 이벤트는 표 15-4에서 언급한 메소드와 거의 동일하다. 위 메소드 중 nativeInit 메소드와 onNativeKeyDown의 실행과정을 구체적으로 살펴본다.

nativeInit 메소드

SDL을 초기화하고 SDL_main 함수를 호출하는 코드다. nativeInit에 대응하는 C++ 함수 이름은 다음과 같다.

```
Java_org_libsdl_app_SDLActivity_nativeInit
```

함수 이름은 JNI 규약에 따라 생성된 것이다.

네이밍 맹글링 : Java + 패키지명 + 액티비티명 + 메소드

코드 15-8 Java_org_libsdl_app_SDLActivity_nativeInit 함수

```
extern "C" void Java_org_libsdl_app_SDLActivity_nativeInit(JNIEnv* env,
jclass cls, jobject obj)
{
    // 안드로이드와 연동하기 위한 시스템 초기화
    SDL_Android_Init(env, cls);
    SDL_SetMainReady();

    cdToExtStorage(); // 안드로이드 외부 저장장치 폴더를 기본 폴더로 설정

    // SDL 응용 프로그램 실행 코드 진입. 파라미터 두 개 받는 형식으로 표준화
    int status;
    char *argv[2];
    argv[0] = SDL_strdup("SDL_app");
    argv[1] = NULL;
    status = SDL_main(1, argv);
}
```

몇 가지 SDL 응용 프로그램을 살펴봤기 때문에 이미 알고 있겠지만 SDL 응용 프로그램
은 이벤트를 수신하기 위해 수신된 이벤트가 존재하는지 폴링하는 구조다. 그런데 안드
로이드 앱은 싱글 UI 스레드로 실행된다. 그래서 액티비티는 별도의 스레드가 아니라 이
벤트를 얻는 태스크에 불과하다. 따라서 nativeInit 메소드를 특별한 작업없이 호출하면
제어권이 액티비티로 넘어가지 않기 때문에 UI를 갱신하는 것이 불가능해지고 사용자 입
력을 받지 못하는 상황이 발생한다. 그러므로 nativeInit 메소드 호출은 별도의 스레드
를 생성해서 호출해야 한다.

```
SDL_Event e;
while( SDL_PollEvent( &e ) != 0 )
{
    ……
}
```

별도의 스레드로 nativeInit 메소드를 호출하는 부분은 화면 해상도 등의 변경으로 호출되는 surfaceChanged 메소드에서 시작한다.

```
@Override
public void surfaceChanged(……) {
    ……
    mWidth = width;
    mHeight = height;
    ……
    // SDL 스레드가 생성되지 않았다면
    if (SDLActivity.mSDLThread == null) {
        // C 프로그램의 진입점을 실행한다.
        // 액티비티의 블로킹을 막기 위해 스레드를 생성해서 C 프로그램 진입점을 실행한다.
        SDLActivity.mSDLThread = new Thread(new SDLMain(), "SDLThread");
        SDLActivity.mSDLThread.start();

        // SDL 스레드가 종료될 때까지 대기하고 종료 시 SDL을 위해 할당된 자원을 회수하는
        // 별도의 스레드를 생성한다.
        new Thread(new Runnable(){
            @Override
            public void run(){
                try {
                    // SDL 네이티브 스레드가 종료될 때까지 대기
                    SDLActivity.mSDLThread.join();
                }
                catch(Exception e){}
```

```
            finally{
                // SDL 네이티브 스레드가 종료됐다.
                if (! SDLActivity.mExitCalledFromJava) {
                    SDLActivity.handleNativeExit(); // 종료 처리 작업
                }
            }
        }
    }).start();
    }
}
```

SDL 스레드를 실행할 때 호출되는 **SDLMain** 클래스는 코드 15-11과 같다.

코드 15-11 SDLMain 클래스

```
class SDLMain implements Runnable {
    @Override
    public void run() {
        // SDL_main 함수를 호출하는 nativeInit 네이티브 메소드 실행
        SDLActivity.nativeInit();
    }
}
```

SDL 스레드가 생성되면 SDLMain의 run 메소드가 실행되며 네이티브 메소드 **nativeInit**이 실행된다. 이 함수는 앞에서 살펴봤듯이 SDL 관련 초기화 작업을 진행하고 SDL의 메인 함수인 **SDL_main** 함수를 실행한 다음 while문에서 이벤트를 폴링한다.

onNativeKeyDown 메소드

앱에서 키 입력이 발생하면(예를 들어 블루투스 키보드로부터) **OnNativeKeyDown** 함수가 호출된다. **OnNativeKeyDown** 호출에 대응하는 SDL측 함수는 다음과 같다.

```
void Java_org_libsdl_app_SDLActivity_onNativeKeyDown(JNIEnv* env, jclass jcls,
jint keycode) {
```

```
    Android_OnKeyDown(keycode);
}
```

위 함수는 Android_OnKeyDown 함수를 호출한다.

```
int Android_OnKeyDown(int keycode)
{
    return SDL_SendKeyboardKey(SDL_PRESSED, TranslateKeycode(keycode));
}
```

마침내 플랫폼에 비종속적인 함수인 **SDL_SendKeyboardKey**를 호출하는 시점에 도달했다. 이 시점에서 중요한 것은 안드로이드로부터 얻은 키보드값을 SDL이 제대로 해석하도록 변환하는 것이다. TranslateKeycode 함수가 그 역할을 담당한다.

```
static SDL_Scancode TranslateKeycode(int keycode)
{
    SDL_Scancode scancode = SDL_SCANCODE_UNKNOWN;

    if (keycode < SDL_arraysize(Android_Keycodes)) {
        scancode = Android_Keycodes[keycode];
    }
    if (scancode == SDL_SCANCODE_UNKNOWN) {
        __android_log_print(ANDROID_LOG_INFO, "SDL", "Unknown keycode %d",
            keycode);
    }
    return scancode;
}
```

Android_Keycodes 배열은 안드로이드 키코드와 SDL 키코드를 매핑하는 배열이다.

```
static SDL_Scancode Android_Keycodes[] = {
    SDL_SCANCODE_UNKNOWN, /* AKEYCODE_UNKNOWN */

    ……

    SDL_SCANCODE_0, /* AKEYCODE_0 */
    SDL_SCANCODE_1, /* AKEYCODE_1 */
    SDL_SCANCODE_2, /* AKEYCODE_2 */
    SDL_SCANCODE_3, /* AKEYCODE_3 */

    ……
```

예를 들어 키보드 0을 눌렀다고 가정하자. 키보드 0은 안드로이드의 키값 AKEYCODE_ 0(7)에 해당하며 이 값은 TranslateKeycode 함수에 의해 SDL이 정의한 스캔 코드값인 SDL_SCANCODE_0으로 변환된다.

이쯤에서 확실히 이해하고 넘어가야 하는 부분을 정리하면 다음과 같다.

- SDL_main 함수를 호출하는 nativeInit 메소드는 별도의 스레드에서 실행돼야 한다.
- 플랫폼에서 사용하는 키코드값과 SDL이 사용하는 키코드값이 다르기 때문에 변환 함수가 필요하다.
- 입력키 값은 SDL_SendKeyboardKey 함수를 통해 SDL 내부로 전달된다.

액티비티에서 SDL 네이티브 모듈로 데이터를 전송하는 방법을 확인했으니 계속해서 SDL 네이티브 모듈로부터 액티비티로 데이터를 전달하는 과정을 살펴본다.

네이티브 모듈에서 액티비티 호출하기

지금부터는 SDL이 안드로이드로 오디오 버퍼를 전송하는 과정을 살펴봄으로써 SDL 네이티브 모듈이 액티비티 메소드를 호출하는 과정을 이해한다. SDL이 오디오를 출력하려면 안드로이드 시스템의 오디오 버퍼에 데이터를 기록할 수 있어야 한다. 코드 15-15는 SDL 오디오 시스템 초기화 시 실행하는 ANDROIDAUDIO_Init 함수다.

```
static int ANDROIDAUDIO_Init(SDL_AudioDriverImpl * impl)
{
    // 함수 포인터 설정
    impl->OpenDevice = ANDROIDAUDIO_OpenDevice;
    impl->PlayDevice = ANDROIDAUDIO_PlayDevice;
    impl->GetDeviceBuf = ANDROIDAUDIO_GetDeviceBuf;
    impl->CloseDevice = ANDROIDAUDIO_CloseDevice;
    impl->CaptureFromDevice = ANDROIDAUDIO_CaptureFromDevice;
    impl->FlushCapture = ANDROIDAUDIO_FlushCapture;
    ......
}
```

SDL_AudioDriverImpl 인터페이스는 플랫폼 독립적인 오디오 인터페이스며 오디오를 사용하기 위해서는 각 플랫폼이 오디오 인터페이스의 구현체를 전달해야 한다.

표 15-5 SDL 오디오 인터페이스

인터페이스	내용	안드로이드 오디오 인터페이스 구현체
OpenDevice	디바이스를 연다.	ANDROIDAUDIO_OpenDevice
PlayDevice	사운드를 플레이한다.	ANDROIDAUDIO_PlayDevice
GetDeviceBuf	디바이스 버퍼를 얻는다.	ANDROIDAUDIO_GetDeviceBuf
CloseDevice	디바이스를 닫는다.	ANDROIDAUDIO_CloseDevice
CaptureFromDevice	디바이스로부터 사운드를 캡처한다.	ANDROIDAUDIO_CaptureFromDevice
FlushCapture	캡처한 버퍼를 플러시한다.	ANDROIDAUDIO_FlushCapture

표 15-5의 메소드 중에서 PlayDevice 메소드를 구현한 ANDROIDAUDO_PlayDevice 메소드를 살펴본다.

코드 15-16 ANDROIDAUDIO_PlayDevice

```
static void ANDROIDAUDIO_PlayDevice(_THIS)
{
    Android_JNI_WriteAudioBuffer();
}
```

```
void Android_JNI_WriteAudioBuffer(void)
{
    JNIEnv *mAudioEnv = Android_JNI_GetEnv();
    // 오디오 버퍼가 16비트라면
    (*mAudioEnv)->CallStaticVoidMethod(mAudioEnv, mActivityClass,
        midAudioWriteShortBuffer, (jshortArray)audioBuffer);
}
```

SDL은 Android_JNI_WriteAudioBuffer 함수를 호출해서 자바 측에 데이터를 전달한다. 그리고 CallStaticVoidMethod 메소드를 호출해서 mAudioEnv 객체에 등록된 자바 측 함수를 실행한다. 액티비티에 정의된 메소드를 호출하려면 액티비티 클래스의 이름을 지정해야 한다.

표 15-6 CallStaticVoidMethod 메소드를 통한 액티비티의 audioWriteShortBuffer의 호출

파라미터	내용
mAudioEnv	JNI 객체
mActivityClass	타깃 액티비티. SDLActivity
midAudioWriteShortBuffer	호출하려는 액티비티의 정적 메소드
audioBuffer	자바 측에 전달하는 오디오 버퍼

midAudioWriteShortBuffer는 SDLActivity 액티비티의 audioWriteShortBuffer 정적 메소드를 가리킨다. 다음 코드를 실행해서 네이티브 모듈과 액티비티 간 메소드 매핑을 처리한다.

```
midAudioWriteShortBuffer = (*mEnv)->GetStaticMethodID(mEnv, mActivityClass,
                                "audioWriteShortBuffer", "([S)V");
```

GetStaticMethodID 메소드의 마지막 파라미터는 audioWriteShortBuffer 메소드의 반환값, 파라미터의 개수 및 타입을 지정한다. ([S)V이므로 audioWriteShortBuffer 메소드의 반환값은 void고 파라미터는 short 타입 배열 하나임을 알 수 있다.

552

```
public static void audioWriteShortBuffer(short[] buffer)
```

이제 CallStaticVoidMethod를 통해 호출하는 액티비티의 정적 메소드 audioWriteShort Buffer 함수를 살펴보자. 이름 그대로 audioWriteShortBuffer 함수는 버퍼를 오디오 시스템에 기록한다.

코드 15-18 audioWriteShortBuffer

```
public static void audioWriteShortBuffer(short[] buffer) {
    for (int i = 0; i < buffer.length; ) {
        int result = mAudioTrack.write(buffer, i, buffer.length - i);
        ......
}
```

mAudioTrack 객체에 데이터를 기록하면 디바이스로부터 사운드가 출력된다. 데이터 기록 이후의 사운드 출력은 안드로이드 운영체제의 역할이므로 앱 개발자는 더 이상 신경 쓸 필요가 없다. 새로운 운영체제 입장에서는 audioWriteShortBuffer에 해당하는 메소드를 구현해야 한다.

정리

1.2절에서는 안드로이드 앱과 SDL의 연동과정을 이해하기 위해 다음의 항목을 설명했다.

- 안드로이드 측에서 SDL_main 함수를 호출하는 과정
- 안드로이드 측에서 키보드 데이터를 SDL 모듈에 전달하는 과정
- 오디오 출력을 위해 SDL 측에서 오디오 버퍼를 안드로이드로 전송하는 과정

안드로이드 ↔ 네이티브 모듈 통신에는 키보드와 오디오뿐만 아니라 그래픽 데이터, 타이머 이벤트 등도 구현해야 한다. 키보드와 오디오의 연동과정을 이해했다면 나머지 항목들의 연동과정도 이해하는 데 크게 무리가 없을 것으로 판단한다. 여유가 된다면 그래픽 데이터, 타이머 이벤트의 통신과정도 반드시 살펴보도록 한다.

2 WIN32

안드로이드와 SDL의 연동과정에 이어 2절에서는 WIN32와 SDL의 연동과정을 파악한다. 여기서는 WIN32와 SDL이 주고받는 메시지 이벤트 처리과정을 중점적으로 살펴본다. WIN32에서 비디오 장치를 초기화하는 함수는 **WIN_CreateDevice** 함수다. 이 함수 내부에서 실행하는 **SDL_RegisterApp** 함수는 윈도우 시스템이 SDL로 메시지를 보내는 데 필요한 초기화 작업을 수행한다.

코드 15-19 SDL_RegisterApp 함수

```
int SDL_RegisterApp(char *name, Uint32 style, void *hInst)
{
    WNDCLASSEX wcex;
    TCHAR path[MAX_PATH];
    ……
    // 앱 클래스 정보를 초기화한다.
    wcex.cbSize          = sizeof(WNDCLASSEX);
    ……
    wcex.lpszClassName   = SDL_Appname; // 앱 이름
    wcex.style           = SDL_Appstyle; // 앱 스타일
    wcex.hbrBackground   = NULL;
    wcex.lpfnWndProc     = WIN_WindowProc; // 메시지 처리 콜백 함수 등록
    wcex.hInstance       = SDL_Instance;
    wcex.cbClsExtra      = 0;
    wcex.cbWndExtra      = 0;

    RegisterClassEx(&wcex); // 앱 클래스를 등록한다.

    ……
}
```

WIN32로부터 이벤트 메시지를 수신하려면 앱 클래스의 **lpfnWndProc** 함수 포인터에 콜백 함수를 등록해야 한다. 여기서는 **WIN_WindowProc** 콜백 함수가 해당된다.

```
LRESULT CALLBACK WIN_WindowProc(HWND hwnd, UINT msg, WPARAM wParam, LPARAM
lParam)
{
    SDL_WindowData *data;
    LRESULT returnCode = -1;
    ......
    switch (msg) {
      ......
      case WM_MOUSEMOVE: // 마우스 이동이 감지됐다면
      {
          // SDL에 마우스 위치 정보 전달
          SDL_SendMouseMotion(data->window, mouseID, 0, GET_X_LPARAM(lParam),
              GET_Y_LPARAM(lParam));

      }
      // 마우스 버튼 이벤트 관련
      case WM_LBUTTONUP:
      case WM_RBUTTONUP:
      ......
      {
          WIN_CheckWParamMouseButtons(wParam, data, mouseID);
      }
      break;
      // 키보드 이벤트
      case WM_KEYDOWN:
      case WM_SYSKEYDOWN:
      {
          // 윈도우 스캔 코드를 SDL 스캔 코드로 변환한다.
          SDL_Scancode code = WindowsScanCodeToSDLScanCode(lParam, wParam);
          // SDL로 SDL 키코드를 전달한다.
          SDL_SendKeyboardKey(SDL_PRESSED, code);
      }
      // 윈도우 창 사이즈 변환
    case WM_SIZE:
```

```
    {
        switch (wParam) {
        case SIZE_MAXIMIZED:
            SDL_SendWindowEvent(data->window, SDL_WINDOWEVENT_MAXIMIZED, 0, 0);
            break;
        case SIZE_MINIMIZED:
            SDL_SendWindowEvent(data->window, SDL_WINDOWEVENT_MINIMIZED, 0, 0);
            break;
        default:
            SDL_SendWindowEvent(data->window, SDL_WINDOWEVENT_RESTORED, 0, 0);
            break;
        }
    }
    break;
    // 기타 case 코드는 생략
    }
    ……
}
```

코드 15-20은 마우스/키보드 이벤트 및 윈도우 창 크기 조절 및 최대화/최소화 이벤트의 처리를 보여준다. 간결한 내용 전달을 위해 수많은 이벤트에 대한 설명을 생략했다. 생략된 이벤트도 중요한 내용이 많으므로 여유가 될 때 꼭 살펴보도록 한다.

WIN_WindowProc 함수를 호출하려면 수신된 메시지가 있는지 폴링하는 함수가 필요하다. WIN_PumpEvents 함수가 수신된 메시지가 있는지 폴링하는 함수다.

코드 15-21 WIN_PumpEvents 함수

```
void WIN_PumpEvents(_THIS)
{
    const Uint8 *keystate;
    MSG msg;
    DWORD start_ticks = GetTickCount();

    if (g_WindowsEnableMessageLoop) {
```

```
        // 수신된 메시지가 있다면
        while (PeekMessage(&msg, NULL, 0, 0, PM_REMOVE)) {

            // 아래 두 함수를 통해 WIN_WindowProc 함수가 호출된다.
            TranslateMessage(&msg);
            DispatchMessage(&msg);

            // 너무 많은 메시지를 받았을 때 루프를 벗어나지 못하는 현상을 막기 위해
            // 루프 진입 시간이 일정 시간을 초과하면 루프를 벗어난다.
            if (SDL_TICKS_PASSED(msg.time, start_ticks)) {
                break;
            }
        }
    }
    ......
}
```

WIN_PumpEvents 함수는 SDL 비디오 디바이스 초기화 시 등록된다.

코드 15-22 WIN_CreateDevice 함수

```
// 비디오 디바이스 구조체 정보를 생성한다.
static SDL_VideoDevice* WIN_CreateDevice(int devindex)
{
    SDL_VideoDevice *device;
    SDL_VideoData *data;
    SDL_RegisterApp(NULL, 0, NULL);
    ......
    // 함수 포인터를 설정
    device->VideoInit = WIN_VideoInit;
    device->VideoQuit = WIN_VideoQuit;
    device->PumpEvents = WIN_PumpEvents; // 수신된 이벤트가 있는지 폴링하는 함수
    device->CreateSDLWindow = WIN_CreateWindow;
    ......
    return device;
}
```

이제 `WIN_CreateDevice` 함수를 호출하면 SDL 프레임워크를 구동하기 위한 환경설정이 완료된다. 이때부터는 응용앱이 코드 15-21처럼 `SDL_PollEvent` 함수를 호출하면 내부적으로 `WIN_PumpEvents` 함수가 `WIN_WindowProc` 콜백 함수를 호출한다. 그래서 응용앱은 이벤트를 가져올 수 있게 된다.

3 YUZA OS 포트

지금까지 안드로이드와 WIN32 시스템이 SDL과 연동하는 과정을 통해 새로운 플랫폼과 SDL의 연동을 위한 실마리를 얻었다. 이 실마리를 바탕으로 이제 YUZA OS 커널과 연동하도록 SDL 포팅에 도전해 보자. 소스코드는 ThirdParty/SDL/SDL2 폴더에 있는 SDL2 솔루션 파일을 실행해서 계속 참조한다. 빈 프로젝트로부터 직접 SDL 프로젝트를 수동으로 구성하는 것이 이상적이지만 설명에 어려움이 있으므로 완전한 프로젝트에서 설명을 진행한다. 3절의 내용을 완벽히 이해한다면 빈 프로젝트로부터 시작해서 SDL 프로젝트 완성에 도전해 보기 바란다.

3.1 프로젝트 구성

SDL을 새 플랫폼으로 포팅하기 위한 첫 번째 절차는 SDL_platform.h 파일을 열어서 새로운 플랫폼 엔트리를 추가하는 것이다. SDL_platform.h 파일을 열고 다음 코드를 추가한다.

코드 15-23 SDL_platform.h

```
#if defined(SKYOS32)
#define __SKYOS32__     1
#endif
```

그런 다음 SDL_config.h 파일을 열어서 코드 15-24의 진하게 처리된 코드를 추가한다.

코드 15-24 SDL_config.h

```
#ifdef USING_PREMAKE_CONFIG_H
#include "SDL_config_premake.h"
#elif defined(__WIN32__)
#include "SDL_config_windows.h"
.........
#elif defined(__SKYOS32__)
#include "SDL_config_skyos32.h"
#else
#include "SDL_config_minimal.h"
#endif
```

__SKYOS32__를 정의했으므로 소스코드는 SDL_config_skyos32.h를 포함한다. SDL 컴파일 옵션은 SDL_config_skyos32.h를 수정해서 사용하면 된다. 그런 다음 코드 15-25에 언급된 파일들을 프로젝트에 추가한다. SDL 소스코드 중 타 플랫폼과 관련된 소스코드는 목록에서 제외해야 한다.

코드 15-25 추가해야 할 소스코드 목록

```
src/*.c
src/audio/*.c
src/cdrom/*.c
src/cpuinfo/*.c
src/events/*.c
src/file/*.c
src/joystick/*.c
src/stdlib/*.c
src/thread/*.c
src/timer/*.c
src/video/*.c
src/audio/disk/*.c
src/video/dummy/*.c
```

```
src/joystick/dummy/*.c
src/cdrom/dummy/*.c
src/thread/generic/*.c
src/timer/dummy/*.c
src/loadso/dummy/*.c
```

코드 15-25의 목록을 살펴보면 경로 이름에 dummy가 있는 것을 확인할 수 있다. dummy에 포함된 파일들은 새로운 플랫폼을 SDL에서 구동시키는 데 필요한 최소한의 뼈대 코드다.

3.2 구현

현시점에서 SDL 프로젝트는 빌드는 되지만 타이머나 입력 처리, 비디오 처리는 더미 코드로 실행이 된다. 그러므로 이 더미 코드가 YUZA OS의 입력 및 타이머, 비디오 이벤트를 처리하도록 확장 구현해야 한다. 또한 동기화도 구현해야 한다.

비디오 및 입력

비디오 및 입력 처리는 SDL_nullvideo.c 파일에서 설정한다.

코드 15-26 SDL_nullvideo.c

```
VideoBootStrap DUMMY_bootstrap = {
    DUMMYVID_DRIVER_NAME, "SDL dummy video driver",
    DUMMY_Available, DUMMY_CreateDevice
};
```

코드 15-26처럼 부트스트랩 구조체에 함수를 등록하고 SDL을 초기화하면 DUMMY_Create Device 함수가 호출된다. DUMMY_CreateDevice 함수의 임무는 비디오 디바이스 객체를 생성하는 것이다. 이 객체는 WIN32절에서 살펴봤듯이 SDL 프레임워크를 구성하는 함수 포인터를 담고 있다.

```
static SDL_VideoDevice * DUMMY_CreateDevice(int devindex)
{
    // 비디오 디바이스 객체
    SDL_VideoDevice *device;

    device = (SDL_VideoDevice *) SDL_calloc(1, sizeof(SDL_VideoDevice));
    if (!device) {
        SDL_OutOfMemory();
        return (0);
    }

    // SDL 프레임워크를 유지하기 위한 함수 포인터들을 설정
    device->VideoInit = DUMMY_VideoInit;
    device->VideoQuit = DUMMY_VideoQuit;
    device->SetDisplayMode = DUMMY_SetDisplayMode; // 디스플레이
    device->PumpEvents = DUMMY_PumpEvents; // 메시지 처리
    // 프레임 버퍼
    device->CreateWindowFramebuffer = SDL_DUMMY_CreateWindowFramebuffer;
    device->UpdateWindowFramebuffer = SDL_DUMMY_UpdateWindowFramebuffer;
    device->DestroyWindowFramebuffer = SDL_DUMMY_DestroyWindowFramebuffer;
    // 비디오 디바이스 삭제
    device->free = DUMMY_DeleteDevice;

    return device;
}
```

표 15-7은 비디오 디바이스 객체에 등록하는 함수들을 간추린 것이다.

표 15-7 비디오 디바이스 객체의 함수 포인터

메소드	내용
DUMMY_Videolnit	비디오 모드를 초기화한다. 그래픽 카드에서 지원할 수 있는 해상도와 깊이 값 등을 설정한다. SDL 초기화 시 요청한 디스플레이가 적용되는지 확인한다.
DUMMY_PumpEvents	커널로부터 이벤트를 폴링한다.
SDL_DUMMY_CreateWindowFramebuffer	프레임 버퍼를 생성한다. SDL의 렌더링 함수를 통해 이미지 등을 렌더링하면 이 프레임 버퍼(SDL 서페이스)로 데이터가 복사된다.
SDL_DUMMY_UpdateWindowFramebuffer	프레임 버퍼의 내용을 화면에 반영하기 위해 운영체제에 요청한다.
SDL_DUMMY_DestroyWindowFramebuffer	프레임 버퍼를 해제한다.
Dummy_CreateWindow	윈도우 창을 생성한다.

먼저 이벤트를 폴링하는 `DUMMY_PumpEvents` 함수를 살펴본다.

코드 15-28 DUMMY_PumpEvents 함수

```
void DUMMY_PumpEvents(_THIS)
{
        EVENT stReceivedEvent;
        MOUSEEVENT* pstMouseEvent;
        KEYEVENT* pstKeyEvent;
        WINDOWEVENT* pstWindowEvent;
        // 이벤트 큐에서 이벤트를 수신
        if (ReceiveEventFromWindowQueue(0, &stReceivedEvent) == TRUE)
        {
            // 수신된 이벤트를 타입에 따라 나눠 처리
            switch (stReceivedEvent.qwType)
            {
            // 마우스 이벤트 처리
            case EVENT_MOUSE_MOVE:
            case EVENT_MOUSE_LBUTTONDOWN:
            case EVENT_MOUSE_LBUTTONUP:
            case EVENT_MOUSE_RBUTTONDOWN:
            case EVENT_MOUSE_RBUTTONUP:
```

```
case EVENT_MOUSE_MBUTTONDOWN:
case EVENT_MOUSE_MBUTTONUP:
{
    // 여기에 마우스 이벤트 처리 코드 넣기
    pstMouseEvent = &(stReceivedEvent.stMouseEvent);
    SKYOS_OnMouse(_this->windows, stReceivedEvent.qwType,
    pstMouseEvent->stPoint.iX,
    pstMouseEvent->stPoint.iY - WINDOW_TITLEBAR_HEIGHT);
}
break;

// 키 이벤트 처리
case EVENT_KEY_DOWN:
{
    SDL_SetKeyboardFocus(_this->windows);
    pstKeyEvent = &(stReceivedEvent.stKeyEvent);
    SkyOS_OnKeyDown(pstKeyEvent->bASCIICode);
}
break;
case EVENT_KEY_UP:
{
    SDL_SetKeyboardFocus(_this->windows);
    pstKeyEvent = &(stReceivedEvent.stKeyEvent);
    SkyOS_OnKeyUp(pstKeyEvent->bASCIICode);
}
break;
// 윈도우 이벤트 처리
case EVENT_WINDOW_SELECT:
case EVENT_WINDOW_DESELECT:
case EVENT_WINDOW_MOVE:
case EVENT_WINDOW_RESIZE:
case EVENT_WINDOW_CLOSE:
    pstWindowEvent = &(stReceivedEvent.stWindowEvent);
    if (stReceivedEvent.qwType == EVENT_WINDOW_CLOSE)
    {
        // 윈도우 삭제
```

```
                    DeleteWindow(0);
                    SDL_Quit();
                    ExitThread(0);
                    return;
                }
                break;
            default: // 그 외 정보
                break;
            }
        }
    }
}
```

코드 15-28은 꽤 친숙할 것이다. 13장, '데스크톱 시스템'에서 구현한 응용앱이 메시지를
획득하는 뼈대와 거의 동일한 코드다. ReceiveEventFromWindowQueue 함수로부터 이벤트
를 획득하고 나서는 이벤트 유형에 따라 SDL 내부로 메시지를 전달한다. 현재 YUZA OS
는 마우스와 키보드 이벤트만 SDL 내부로 전송한다.

표 15-8 SDL 내부로 이벤트를 전달하는 함수

함수	내용
SKYOS_OnMouse	마우스 이벤트를 전달한다.
SkyOS_OnKeyDown	키보드를 눌렀을 때 호출된다.
SkyOS_OnKeyUp	키보드를 뗐을 때 호출된다.

마우스 이벤트를 전달하는 **SKYOS_OnMouse**의 구현은 코드 15-29와 같다.

코드 15-29 SKYOS_OnMouse 함수

```
void SKYOS_OnMouse(SDL_Window* pWindow, QWORD action, float x, float y)
{
    switch(action) {
        case EVENT_MOUSE_LBUTTONDOWN:
            SDLButton = SDL_BUTTON_LEFT;

            SDL_SendMouseMotion(pWindow, 0, 0, x, y);
```

```
                SDL_SendMouseButton(pWindow, 0, SDL_PRESSED, SDLButton);
                break;

        case EVENT_MOUSE_LBUTTONUP:
                SDLButton = SDL_BUTTON_LEFT;
                SDL_SendMouseMotion(pWindow, 0, 0, x, y);
                SDL_SendMouseButton(pWindow, 0, SDL_RELEASED, SDLButton);
                break;

        case EVENT_MOUSE_RBUTTONDOWN:
                SDLButton = SDL_BUTTON_RIGHT;

                SDL_SendMouseMotion(pWindow, 0, 0, x, y);
                SDL_SendMouseButton(pWindow, 0, SDL_PRESSED, SDLButton);
                break;

        case EVENT_MOUSE_RBUTTONUP:
                SDLButton = SDL_BUTTON_RIGHT;
                SDL_SendMouseMotion(pWindow, 0, 0, x, y);
                SDL_SendMouseButton(pWindow, 0, SDL_RELEASED, SDLButton);
                break;

        case EVENT_MOUSE_MOVE:
                SDL_SendMouseMotion(pWindow, 0, 0, x, y);
                break;

        case EVENT_MOUSE_MBUTTONDOWN:
        case EVENT_MOUSE_MBUTTONUP:
                SDL_SendMouseWheel(pWindow, 0, x, y, SDL_MOUSEWHEEL_NORMAL);
                break;

        default:
                break;
    }
}
```

표 15-9 이벤트 전송 함수

함수	내용
SDL_SendMouseMotion	마우스를 움직일 때
SDL_SendMouseButton	마우스 버튼을 눌렀을 때
SDL_SendMouseWheel	마우스 중간 버튼 또는 휠을 눌렀을 때

표 15-9의 함수를 통해 입력 이벤트가 SDL 내부로 전송된다. 응용앱에서 SDL_PollEvent 함수를 호출하면 이 일련의 과정이 실행된다. 계속해서 키보드 입력 처리를 살펴본다. 키보드 입력 처리는 SDL_skyoskeyboard.c 파일에서 확인할 수 있다.

코드 15-30 키보드를 눌렀을 때의 처리

```
int SkyOS_OnKeyDown(int keycode)
{
        int scanCode = TranslateKeycode(keycode); // 키코드를 스캔 코드로 변환
        ......
        return SDL_SendKeyboardKey(SDL_PRESSED, scanCode);
}
```

키코드를 스캔 코드로 변환하는 TranslateKeycode 함수는 소스코드를 참조한다.

이제 화면 갱신과 관련있는 세 가지 함수를 살펴보자.

코드 15-31 프레임 버퍼 관련 함수들 구현부

```
#define DUMMY_SURFACE "_SDL_DummySurface"
#define SKYOS_DATA "_SDL_Skyos_Data"

// 프레임 버퍼 생성
int SDL_DUMMY_CreateWindowFramebuffer(_THIS, SDL_Window* window,
Uint32* format, void** pixels, int* pitch)
{
   SDL_Surface* surface;
   const Uint32 surface_format = SDL_PIXELFORMAT_RGB888;
   int w, h;
```

```
    int bpp;
    Uint32 Rmask, Gmask, Bmask, Amask;

    // 기존 프레임 버퍼가 존재한다면 해제한다.
    surface = (SDL_Surface*)SDL_GetWindowData(window, DUMMY_SURFACE);
    SDL_FreeSurface(surface);

    // 새로운 픽셀 포맷으로 프레임 버퍼를 생성한다.
    SDL_PixelFormatEnumToMasks(surface_format,&bpp,&Rmask,&Gmask,&Bmask,&Amask);
    SDL_GetWindowSize(window, &w, &h);
    surface = SDL_CreateRGBSurface(0, w, h, bpp, Rmask, Gmask, Bmask, Amask);
    if (!surface) {
        return -1;
    }
    // 프레임 버퍼의 정보를 저장한다.
    SDL_SetWindowData(window, DUMMY_SURFACE, surface);
    *format = surface_format;
    *pixels = surface->pixels;
    *pitch = surface->pitch;
    return 0;
}

// 화면 버퍼 갱신
int SDL_DUMMY_UpdateWindowFramebuffer(_THIS, SDL_Window* window,
const SDL_Rect* rects, int numrects)
{
    SDL_Surface* surface;
    surface = (SDL_Surface*)SDL_GetWindowData(window, DUMMY_SURFACE);
    if (!surface) {
        return SDL_SetError("Couldn't find dummy surface for window");
    }
    // 프레임 버퍼(SDL 서페이스)의 영역에서 지정된 영역만을 갱신한다.
    // 일반적으로는 영역은 하나고 서페이스 전체 영역이 지정된다.
    for (int i = 0; i < numrects; i++)
    {
        RECT rect;
```

```
        rect.left = rects[i].x;
        rect.top = rects[i].y;
        rect.right = rects[i].x + rects[i].w;
        rect.bottom = rects[i].y + rects[i].h;
        // 시스템 콜을 래핑한 API
        // 함수 내부에서 Syscall_ DrawWindow API 호출
        DrawWindow(0, surface->pixels, &rect);
    }
    return 0;
}


// 프레임 버퍼 해제
void SDL_DUMMY_DestroyWindowFramebuffer(_THIS, SDL_Window * window)
{
    SDL_Surface* surface;
    surface = (SDL_Surface*)SDL_SetWindowData(window, DUMMY_SURFACE, NULL);
    // 윈도우 창도 삭제 요청한다.
    if (surface)
        DeleteWindow(0);

    SDL_FreeSurface(surface);
}
```

세 함수에서 등장한 SDL 함수를 표 15-10에 정리했다.

표 15-10 SDL 함수

SDL 함수	내용
SDL_PixelFormatEnumToMask	픽셀 포맷으로부터 BPP(픽셀당 바이트 수), RGBA 마스크값을 얻어낸다.
SDL_GetWindowSize	윈도우 창의 가로, 세로 크기를 얻어낸다.
SDL_CreateRGBSurface	윈도우 창의 가로, 세로 크기와 BPP, RGBA 마스크값으로부터 SDL 서페이스를 생성한다.
SDL_FreeSurface	SDL 서페이스를 해제한다.
SDL_SetWindowData	SDL_Window 객체와 특정 데이터를 매핑시킨다.
SDL_GetWindowData	SDL_Window 객체로부터 특정 데이터를 얻어낸다.

SDL은 다양한 픽셀 포맷을 지원한다. 예를 들어 16비트 픽셀 포맷에는 표 15-11과 같은 유형이 존재한다.

표 15-11 16비트 픽셀 포맷

16비트 픽셀 포맷	내용
SDL_PIXELFORMAT_ARGB4444	알파 4비트, 레드 4비트, 그린 4비트, 블루 4비트
SDL_PIXELFORMAT_ARGB1555	알파 1비트, 레드 5비트, 그린 5비트, 블루 5비트
SDL_PIXELFORMAT_RGB565	레드 5비트, 그린 6비트, 블루 5비트

SDL_DUMMY_CreateWindowFramebuffer 함수는 SDL_PIXELFORMAT_RGB888 24비트 픽셀 포맷으로 SDL 서페이스를 생성한다. 또한 윈도우 창을 나타내는 SDL_Window 객체에 부가적인 데이터를 설정하기 위해 SDL_SetWindowData 함수를 호출한다.

```
SDL_SetWindowData(window, DUMMY_SURFACE, surface);
```

위 코드처럼 SDL_Window 객체와 SDL 서페이스 객체를 매핑하면 이후 다른 함수에서 SDL_Window 객체와 매핑된 SDL 서페이스를 얻어낼 수 있다. SDL_DUMMY_UpdateWindow Framebuffer 함수에서는 SDL_GetWindowData 함수를 호출해서 SDL 서페이스를 얻어낸 후 커널의 그리기 API를 호출해서 화면을 갱신한다. DrawWindow 함수에 브레이크를 걸어 함수가 어떻게 실행되는지 확인해 본다.

스레드

스레드 처리 코드는 SDL_systhread.c 파일을 참조한다. 스레드를 생성하는 SDL_SYS_ CreateThread API는 내부에서 YUZA OS가 제공하는 CreateThread API를 호출한다. 스레드의 실행 우선순위를 설정하는 SDL_SYS_SetThreadPriority 함수는 더미 코드지만 프로그램 실행에 지장을 주지 않으므로 구현하지 않아도 상관없다.

```
int SDL_SYS_CreateThread(SDL_Thread * thread, void *args) // 스레드 생성
{
        DWORD dwThreadId = 0;
        thread->handle = CreateThread(NULL, 0, RunThreadViaCreateThread,
        pThreadParms, 0, &dwThreadId);
        thread->threadid = thread->handle;
        ……
}


SDL_threadID SDL_ThreadID(void) // 현재 스레드의 아이디를 얻는다.
{
        return GetCurrentThreadId();
}


// 스레드의 우선순위를 얻는다. 더미 코드
int SDL_SYS_SetThreadPriority(SDL_ThreadPriority priority)
{
        return (0);
}


void SDL_SYS_WaitThread(SDL_Thread * thread) // 해당 스레드가 종료될 때까지 대기한다.
{
        WaitForSingleObject((HANDLE)thread->handle, -1);
        CloseHandle((HANDLE)thread->handle);
}


void SDL_SYS_DetachThread(SDL_Thread * thread) // 해당 스레드의 제어권을 반납한다.
{
        CloseHandle((HANDLE)thread->handle);
}
```

동기화

동기화와 관련된 오브젝트는 컨디션 변수, 뮤텍스, 세마포어가 있다. 그중 SDL에서 구현해야 하는 세마포어 함수를 살펴본다.

표 15-12 SDL 세마포어 함수

함수	내용
SDL_CreateSemaphore	세마포어 객체를 생성한다.
SDL_DestroySemaphore	세마포어 객체를 해제한다.
SDL_SemWaitTimeout	세마포어 획득을 위해 지정된 시간을 대기한다.
SDL_SemWait	세마포어를 획득할 때까지 무한히 대기한다.
SDL_SemPost	세마포어를 반환(릴리스)한다.

코드 15-33 SDL 세마포어 함수

```
SDL_sem* SDL_CreateSemaphore(Uint32 initial_value)
{
        return (SDL_sem *)CreateSemaphore(NULL, initial_value, -1, NULL);
}


void SDL_DestroySemaphore(SDL_sem * sem)
{
        CloseHandle(sem);
}


int SDL_SemWaitTimeout(SDL_sem * sem, Uint32 timeout)
{
        int retval;
        DWORD dwMilliseconds;

        if (timeout == SDL_MUTEX_MAXWAIT) {
            dwMilliseconds = INFINITE;
        }
        else {
            dwMilliseconds = (DWORD)timeout;
```

```
        }

        switch (WaitForSingleObject(sem, dwMilliseconds))
        {
            case WAIT_OBJECT_0:
                retval = 0;
                break;
            case WAIT_TIMEOUT:
                retval = SDL_MUTEX_TIMEDOUT;
                break;
            default:
                retval = SDL_SetError("WaitForSingleObject() failed");
                break;
        }
        return retval;
}

int SDL_SemWait(SDL_sem * sem)
{
        return AquireSemaphore(sem, -1);
}

Uint32 SDL_SemValue(SDL_sem * sem)
{
        return 0;
}

int SDL_SemPost(SDL_sem * sem)
{
        DWORD dwPreviousReleaseCount = 0;
        ReleaseSemaphore(sem, 1, &dwPreviousReleaseCount);
        return 0;
}
```

세마포어 제어를 위해 YUZA OS는 CreateSemaphore, ReleaseSemaphore, Aquire Semaphore, WaitForSingleObject 함수 등을 제공한다. 이 중 ReleaseSemaphore 함수에 주목해야 한다. 이 함수를 호출하면 이전 릴리스 카운트를 얻어야 하지만 실제 내부 함수를 호출하면 dwPreviousReleaseCount는 갱신되지 않는다. 이 문제는 필자가 세마포어 API를 표준에 맞춰 구현하지 않았기 때문이며 이후 여러 인터페이스에 호환되도록 수정해야 한다.

코드 15-34 ReleaseSemaphore 함수

```
BOOL ReleaseSemaphore(HANDLE hSemaphore, LONG lReleaseCount,
LPLONG lpPreviousCount)
{
    // 시스템 콜에는 lpPreviousCount 변수를 파라미터로 받지 않는다. 향후 수정해야 될 부분이다.
    return Syscall_ReleaseSemaphore(hSemaphore, lReleaseCount);
}
```

세마포어 등 동기화 객체의 구현에 대해서는 2권 하드웨어편에서 자세히 설명한다. 동기화 객체에 대해 잘 알고 있다면 문제가 되지 않겠지만 익숙하지 않다면 레퍼런스나 인터넷을 통해 동기화 객체의 개념을 확실히 짚고 넘어간다.

타이머

14장, 'SDL 살펴보기'의 SDL 프로그래밍 편에서 SDL 타이머를 사용하는 방법을 살펴본 적이 있다. 이 타이머 기능을 지원하기 위해서는 틱 카운트 함수를 제공해야 한다.

코드 15-35 SDL_systimer.c

```
static SDL_bool ticks_started = SDL_FALSE;
static time_t start = 0;

void SDL_TicksInit(void) // 시작 틱 카운트를 저장한다.
{
    if (ticks_started) {
        return;
```

```c
    }
    ticks_started = SDL_TRUE;

    start = GetTickCount();
}

void SDL_TicksQuit(void)
{
    ticks_started = SDL_FALSE;
}

Uint32 SDL_GetTicks(void) // 틱 카운트값을 얻는다.
{
    if (!ticks_started) {
        SDL_TicksInit();
    }

    time_t now = GetTickCount();
    return (DWORD)(now - start);
}

Uint64 SDL_GetPerformanceCounter(void)
{
    return SDL_GetTicks();
}

Uint64 SDL_GetPerformanceFrequency(void)
{
    return 1000;
}

void SDL_Delay(Uint32 ms)
{
    Sleep(ms);
}
```

표 15-13 SDL 카운팅 함수

함수	내용
SDL_GetTicks	틱 카운트를 얻는다. 틱값 1000은 1초가 경과했음을 의미한다.
SDL_GetPerformanceCounter	퍼포먼스 카운터값을 얻는다.
SDL_GetPerformanceFrequency	퍼포먼스 카운터의 프리퀀시(진동수)값을 얻는다. 현재 SDL_GetPerformanceCounter 함수가 SDK_GetTicks 함수를 사용하므로 진동수는 1000으로 고정된다.
SDL_Delay	밀리초만큼 코드 실행을 지연한다.

퍼포먼스 카운터는 일반적으로 틱 카운트보다 해상도가 더 높다. 그래서 진동수 값이 1000보다 크다. 추후 정교한 시간 틱값을 얻을 수 있다면 더 높은 해상도 처리를 위해 SDL_GetPerformanceCounter와 SDL_GetrPerformanceFrequency 함수를 수정해야 한다.

4 정리

지금까지 우리는 SDL 라이브러리가 YUZA OS와 연동하기 위해 구현해야 되는 내용을 살펴봤다. 새로운 플랫폼으로 SDL을 마이그레이션하기 위해서는 기존 플랫폼에서 어떻게 마이그레이션했는지를 살펴보는 것이 최선의 방법이다. 그래서 15장, 'SDL 코어편'에서는 안드로이드와 WIN32 플랫폼에서 SDL이 어떻게 마이그레이션됐는지를 구체적으로 살펴봤다. '안드로이드' 절에서는 액티비티와 네이티브 모듈인 SDL이 연동하는 과정과 입출력 데이터가 서로 연동하는 과정을 설명했고 WIN32에서는 SDL과 메시지 이벤트를 주고받는 부분에 대해 중점적으로 설명했다.

이 두 플랫폼에 대한 이해를 바탕으로 YUZA OS 포트 편에서는 실제 SDL 포팅을 진행했다. 포팅해야 될 요소는 다음과 같다.

키보드/마우스 입출력, 비디오 처리, 오디오 처리, 스레드, 타이머, 동기화 객체 이런 요소는 SDL과 같은 멀티미디어 라이브러리를 새로운 플랫폼으로 이식하기 위해 구현해야 되는 공통 요소다. 만일 SDL 외에 다른 멀티미디어 라이브러리를 사용하고 싶다면 SFML을 추천한다. SFML 라이브러리도 크로스 플랫폼을 고려해서 개발됐기 때문에 조금만 연구를 해보면 YUZA OS에서 동작이 가능하리라 판단한다.

https://www.sfml-dev.org/

이제 14장, 'SDL 살펴보기'과 15장, 'SDL 코어편'을 통해서 2D 프로그래밍을 편하게 할 수 있는 환경을 마련했다. 19장, '실전 응용앱편'에서는 SDL을 활용한 다양하고 유용한 응용앱을 살펴볼 것이다. 이제 남은 프로그래밍 인터페이스는 3D다. 계속해서 16장에서는 3D 프로그래밍 인터페이스를 구축하기 위해 필요한 사항을 살펴본다.

알레그로allegro 엔진은 비디오 게임이나 멀티미디어 프로그래밍을 제작하기 위한 크로스 플랫폼 라이브러리다. SDL 라이브러리처럼 이미지 그리기, 윈도우 생성, 사용자 입력, 사운드 재생을 추상화해서 여러 플랫폼에서 동작하는 것을 목표로 한다. 공식 홈페이지에서는 알레그로 엔진이 게임 엔진이 아니라고 하지만 알레그로 엔진을 사용한 대부분의 앱은 게임이다.

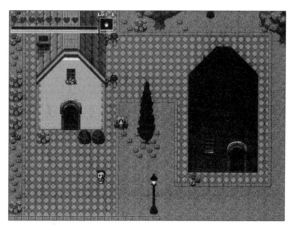

그림 1 알레그로 엔진을 활용한 2D 게임 제작

알레그로 엔진은 SDL, Python이 두 가지 버전을 혼용해서 사용하고 있는 것처럼 4.x와 5.x 버전대로 구별된다. 새롭게 프로그래밍을 한다면 당연히 최신 버전인 5.x 버전을 사용하는 것이 좋다.

'쉬어가기' 편에서 알레그로 엔진을 언급한 이유는 특정 문제를 해결하기 위해서는 여러 가지 방법이 존재함을 상기시키기 위함이다. 예를 들어 알레그로 엔진을 사용한 앱을 YUZA OS에서 동작시키려면 어떻게 해야 할까? 일차적인 방법은 알레그로 엔진을 SDL 라이브러리처럼 구조를 분석해서 포팅을 하는 것이다. 물론 이 방법은 정석이며 시도해 볼 가치도 충분하다. 하지만 다음과 같은 방법으로도 YUZA OS에서 동작시키는 것이 가능하다.

알레그로 엔진은 크로스 플랫폼 라이브러리며 MS-DOS상에서도 구동시킬 수 있다. 그런데 YUZA OS는 앞에서도 언급했지만 도스용 에뮬레이터인 도스박스를 실행할 수 있다. 그러므로 알레그로 엔진을 사용한 앱은 도스박스를 통해서 YUZA OS에서 실행하는 것이 가능한 것이다.

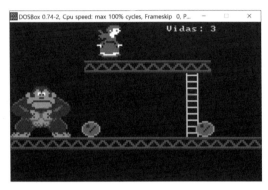

그림 2 알레그로 엔진을 사용한 앱을 도스박스에서 실행

아래 링크는 필자가 도스상에서 구동할 수 있는 알레그로 엔진을 사용한 오픈소스들을 정리한 프로젝트다.

https://github.com/pdpdds/allegro4_dos

MS-DOS는 본질적으로 시스템 제약이 심하기 때문에 알레그로 엔진이 도스를 지원한다 하더라도 대부분의 게임이 정상적으로 동작하기는 쉽지 않다.

위에서 언급한 프로젝트는 주목해야 될 부분이 있는데 그것은 프로젝트가 WIN32/DOS 플랫폼을 동시 지원한다는 것이다. 이 덕분에 도스상에서 앱을 구동시키는 작업을 수월하게 할 수 있다. 예를 들어 알레그로 엔진으로 프로그램을 제작한 뒤 도스상에서 테스트를 진행한다고 가정해 보자. 그런데 프로그램에서 버그가 발생했다. 이 버그를 잡으려면 의심되는 코드 영역에 파일로 로그를 남겨서 원인을 분석해 볼 수 있다. 하지만 이 방법으로는 빠르게 원인을 특정하는 것이 쉽지 않다. 그리고 도스상에서 동적으로 버그를 추적할 수 있는 방법은 매우 부실하다. 한편 도스상에서 문제가 발생했다면 WIN32에서도 문제가 발생할 수 있다고 추정할 수 있으며 WIN32로는 선행적 디버깅이 가능하기 때문에 문제의 원인을 특정하는 것이 매우 수월하다. 그래서 개발 및 테스트는 WIN32에서 진행하고 최종 테스트만 도스상에서 수행하면 행사비용을 대폭 줄일 수 있다. 이 개념은 YUZA OS의 콘셉트와 동일하다.

프로그래밍에서 중요한 것은 추상화 인터페이스, 모듈의 레고 조립화, 행사비용의 최소화, 생각의 전환 등 여러 요소가 존재한다고 판단한다. 특정 언어의 프로그래밍 문법은 기본적으로 익혀야 될 사항일뿐 그 이상도 그 이하도 아니다. 독자분들은 특정 프로젝트를 진행하기 전에 어떻게 하면 프로젝트를 효율적으로 진행할 수 있는지에 대한 방법론에 대해 먼저 고민해 보기 바란다.

16

3D 프로그래밍 인터페이스

16장은 프로그래밍 인터페이스 구축과 관계된 마지막 장이 될 것이다. 지금까지 우리는 여러 프로그래밍 인터페이스를 살펴봤는데 여기서 다시 한 번 내용을 정리해 보자.

ANSI C, POSIX, WIN32, C++11 & STL, SDL

위 항목을 통해 표준 C/C++ 프로그래밍이 가능해졌고 2D 프로그래밍도 가능하게 됐다. 이제 남은 것은 3D 프로그래밍뿐이다. 3D 프로그래밍 환경만 제공해 주면 프로그래밍 인터페이스는 모두 갖추게 된다.

현시점에서 YUZA OS는 하드웨어 가속을 지원하지 않기 때문에 3D 프로그래밍 인터페이스를 제공하는 것이 의미가 없을 수도 있다. 하지만 소프트웨어 렌더러를 통해 3D를 그릴 수만 있다면 3D 프로그래밍 인터페이스 자체는 변경될 일이 없기 때문에 선행해서 작업해도 문제가 없다고 판단한다. 다만 3D 라이브러리는 여러 가지 이유로 구현하기 어려울 뿐만 아니라 기존 라이브러리를 마이그레이션하는 것도 대단히 어렵다. 그러므로 16장은 구현체를 제대로 보여주지 못하므로 미완의 장에 해당한다. 다만 YUZA OS를 개발하는 한 3D 지원은 계속 연구할 예정이므로 16장, '3D 프로그래밍 인터페이스'는 YUZA OS의 로드맵 중 하나라고 생각하고 이런 내용이 있다고만 인식하면 된다.

목표

- 3D 프로그래밍을 위한 API에는 어떤 것이 있는지 확인한다.
- 표준 3D 프로그래밍 라이브러리 구현의 난점을 이해한다.
- 기초적인 3D 프로그래밍 환경을 구축한다.

프로젝트는 08_3d_programming.sln 파일을 열어 참조한다.

1 3D API

3D API는 3D 유틸리티나 게임을 개발하기 위해 사용한다. 대표적인 3D API로는 OpenGL과 마이크로소프트사의 Direct3D를 들 수 있다.

표 16-1 대표적인 저수준(Low-level) 3D API

3D API	내용
Direct3D	• 마이크로소프트사가 제공하는 DirectX의 한 부분으로 3D 그래픽 인터페이스를 제공한다. • 한 장면을 렌더링하기 위해 파이프라인 형식으로 3D 오브젝트를 처리한다. • 알파 블렌딩, Z-버퍼링, 스텐실 버퍼, 안티 얼라이싱, 밉맵을 다룰 수 있는 인터페이스를 제공한다.
OpenGL	2D 및 3D 벡터를 다루기 위한 크로스 플랫폼 3D API
OpenGL ES	임베디드 시스템을 위한 OpenGL
Vulkan	• OpenGL의 차세대 버전으로 개발됐지만 독자적인 이름인 Vulkan이라는 네이밍을 사용한다. • 멀티코어에 작업부하를 배분하는 기능이 정교하므로 CPU 사용률이 타 3D 라이브러리에 비해 낮다.

열거한 3D API는 커널에 자신이 필요로 하는 기능을 요청하므로 플랫폼 종속적인 라이브러리다. 특히 Direct3D는 윈도우 플랫폼에서만 사용할 수 있으며 소스코드도 공개돼 있지 않으므로 다른 플랫폼으로의 이식이 어렵다. 물론 Direct3D는 마이크로소프트사의 플랫폼에만 사용할 수 있지만 리눅스 진영에서도 WINE 프로젝트를 통해 Direct3D 기능을 시뮬레이션하는 것이 가능해졌다. 그래서 World of Warcraft 같은 게임도 리눅스에서 구동할 수 있다.

3D 프로그램은 표 16–1에서 열거한 저수준 3D API를 직접 사용해서 개발하기도 하지만 일반적으로는 저수준 API를 래핑한 3D 엔진을 사용해서 3D 프로그램을 개발한다.

표 16–2 대표적인 3D 엔진 리스트

표	내용
OGRE3D	C++로 제작된 크로스 플랫폼 3D 엔진
일리히트 엔진 (Irrlicht Engine)	고성능을 자랑하는 실시간 3D 엔진. D3D, OPENGL 지원
Torque 3D	서버 클라이언트 구조로 구현된 엔진
Unreal Engine	리얼타임 3D 창작 플랫폼

대부분의 3D 엔진은 내부에서 로레벨 3D API를 사용하며 대부분의 로레벨 3D API를 지원하므로 크로스 플랫폼 라이브러리라고 볼 수 있다.

그림 16–1 3D 프로그램 실행 흐름

결국 로레벨 3D API를 제대로 구현한다면 3D 프로그램이나 3D 엔진의 마이그레이션이 쉬워진다는 결론을 내릴 수 있다. 그리고 Direct3D의 소스코드가 공개돼 있지 않기 때문에 OpenGL이 새로운 플랫폼에서의 3D API 대안이라고 할 수 있다.

2 OpenGL

OpenGL은 2D/3D 크로스 플랫폼을 위한 산업 표준 라이브러리다. 오랫동안 사용돼 왔던 만큼 다양한 방식으로 인터페이스가 진화해 왔다. 그래서 초기 OpenGL 버전이 사용한 API는 최근 버전 API와 인터페이스가 매우 다르다. 책을 집필하는 시점에서 OpenGL 최신 버전은 4.7이다.

표 16-3 OpenGL 버전

버전	발표 연도	특징
1.0	1992	IRIS GL의 공개 버전으로 발표
1.1	1995	텍스트 매핑 개선, 논리 연산 기능 추가
1.2	1998	ARB 확장 기능 제공
1.3	2001	텍스처 압축, 멀티 샘플링, 전치 행렬
2.0	2005	GLSL 셰이더
3.0	2008	하위 호환을 위한 콘텍스트 개념 도입
4.0	2010	셰이더를 4.0으로 업그레이드
4.1	2010-7-26	GLSL 4.1
4.2	2011-08-08	GLSL 4.2
4.3	2012-08-06	GLSL 4.3
4.4	2013-07-22	GLSL 4.4
4.5	2014-08-11	GLSL 4.5
4.6	2017-07	GLSL 4.6

OpenGL은 초기에 GL 및 GLU 헤더 파일을 사용했다. GL은 기본적인 함수들로 구성됐으며 GLU^{GL Utility}는 GL을 좀 더 편히 사용할 수 있도록 도와주는 래핑 함수다. 그런데 GL 및 GLU는 오랫동안 업데이트되지 않아서 현재는 GLUT^{GL Utility Toolkit}로 대체됐다.

OpenGL 자체는 인터페이스와 기능의 명세에 불과하므로 각각의 플랫폼에서는 해당 인터페이스를 구현한 라이브러리를 제공해야 한다. 하지만 문제는 이 OpenGL이 개인이 다루기에는 너무 규모가 큰 프로젝트라는 점이다. 그러므로 새로운 플랫폼에 OpenGL 기능을 구현하려면 소스가 공개된 OpenGL 라이브러리를 찾는 것이 현명하다.

SDL & OpenGL

OpenGL은 플랫폼 종속성을 배제하기 위해 UI와 키보드/마우스 입출력, 화면 렌더링 및 윈도우 창 생성을 위한 콘텍스트 같은 내용을 포함하고 있지 않다. 즉 3D 연산 본연의 기능만을 제공하고 있는 것이다. 이 때문에 OpenGL API를 사용해서 뭔가 눈으로 확인해 보려 한다면 매번 번거로운 작업을 해줘야 한다. 또한 OpenGL 버전도 여러 가지므로 플랫폼에서 어떤 OpenGL을 지원하는지 쉽게 판단하기가 어렵다. 이 번거로움을 없애기 위해서 다양한 OpenGL 확장 라이브러리가 등장했다.

표 16-4 OpenGL 확장 라이브러리

확장 라이브러리	내용
GLFW	윈도우 창 생성, 서페이스 생성과 입력 및 이벤트를 처리하는 API 제공
GLEW	대상 플랫폼에서 어떤 OpenGL 확장 라이브러리를 사용할 수 있는지를 판단하는 효율적인 메커니즘 제공
GLM	GLSL과 유사한 인터페이스를 제공하는 C++ 수학 라이브러리
freeglut	OpenGL GLUT(유틸리티 툴킷)
GLAD	OpenGL 로딩 라이브러리

GLAD와 같은 라이브러리가 필요한 이유는 OpenGL은 결국 그래픽 카드 드라이버 제조사가 제공하는 OpenGL 드라이버 내부 함수를 호출해야 하기 때문이다. 이런 함수들의 포인터는 응용앱의 컴파일 시점에서는 알 수 없으므로 런타임 시에 운영체제에 질의해서 얻고 난 다음 OpenGL의 프레임워크 인터페이스와 매핑시켜야 한다.

코드 16-1 glGenBuffers 구현체 매핑

```
// glGenBuffers OpenGL 함수 인터페이스
typedef void (*GL_GENBUFFERS) (GLsizei, GLuint*);
// 런타임 시 함수를 바인딩
GL_GENBUFFERS glGenBuffers  = (GL_GENBUFFERS)wglGetProcAddress("glGenBuffers");
```

코드 16-1처럼 실행 시간에 **glGenBuffers** 함수 포인터를 얻고 나면 해당 함수를 언제든지 호출할 수 있다.

```
unsigned int buffer;
glGenBuffers(1, &buffer);
```

수많은 OpenGL 함수를 코드 16-1처럼 연결하는 작업은 꽤 번거롭기 때문에 GLAD 같은 라이브러리가 등장하게 됐다.

한편 OpenGL을 편하게 사용할 수 있게 도와주는 GLFW 라이브러리처럼 SDL도 유사하게 동작하는 것이 가능하다. SDL은 2D 라이브러리라서 3D API를 제공하지는 않지만 3D 오브젝트는 결국 2D 화면에 그려지므로 OpenGL 그리기 API가 SDL 서페이스에 그려지도록 구현해 두면 SDL을 OpenGL의 백엔드 라이브러리로 사용할 수 있다.

코드 16-2 SDL과 OpenGL의 조합 코드

```
SDL_Window *Window = SDL_CreateWindow("OpenGL ", 0, 0, width, height,
SDL_WINDOW_OPENGL);
SDL_GLContext Context = SDL_GL_CreateContext(Window);

while (Running)
{
        SDL_Event Event;
        while (SDL_PollEvent(&Event))
        {
            // 이벤트 처리
        }
        glViewport(0, 0, width, height); // 뷰포트 설정
        glClearColor(1.f, 0.f, 1.f, 0.f); // 색상 설정
        glClear(GL_COLOR_BUFFER_BIT); // 설정한 색상으로 초기화

        SDL_GL_SwapWindow(Window); // 버퍼 스왑
}
```

SDL_Window 객체를 생성하기 위해 SDL_WINDOW_OPENGL 플래그를 전달하면 OpenGL과 연동할 수 있는 윈도우 창이 생성된다. 그리고 SDL_GL_CreateContext 함수를 호출하면

OpenGL 콘텍스트가 생성돼 OpenGL을 사용할 준비가 완료된다. OpenGL 콘텍스트는 OpenGL이 인식하는 모든 상태와 오브젝트를 포함하는 OpenGL의 세계를 뜻한다.

한편 YUZA OS에서 코드를 실행하면 SDL_Window 객체 생성에 실패한다. OpenGL과 SDL이 연동하는 코드가 구현돼 있지 않기 때문이다. PSP의 경우에는 SDL_GL_CreateContext 함수 구현체가 존재한다.

```
SDL_GLContext PSP_GL_CreateContext(_THIS, SDL_Window * window);
```

YUZA OS에서 SDL과 OpenGL이 연동하는 코드를 작성하고 싶다면 PSP_GL_CreateContext와 같은 함수들을 구현해야 할 뿐만 아니라 OpenGL 자체 라이브러리도 구현해야 한다. 그러므로 SDL과 OpenGL의 조합은 OpenGL 라이브러리를 구현하고 나서 생각해 볼 문제다.

> OpenGL 자체는 인터페이스 명세에 불과하기 때문에 실제 구현체는 그래픽 카드 제조사가 제공하는 드라이버를 사용하거나 소프트웨어적으로 하드웨어 기능을 시뮬레이션하는 기능을 만들어야 한다.

TinyGL

TinyGL은 임베디드 시스템이나 게임을 위해 구현한 OpenGL의 최소한의 구현체다. 소프트웨어로만 처리하며 주요 OpenGL 함수만 구현됐기 때문에 중요하다고 생각되지 않는 API는 구현 대상에서 제외됐다.

> https://bellard.org/TinyGL/

TinyGL은 2002년 0.4버전 이후로 업데이트가 되지 않고 있지만 OpenGL의 내부를 살펴볼 수 있는 중요한 단서가 된다. TinyGL은 렌더링 기능이 없기 때문에 백엔드 렌더링 라이브러리를 제공해야 한다. TinyGL과 SDL이 결합한 라이브러리는 아래 링크에서 확인할 수 있다.

https://github.com/vuvk/tinygl_sdl2

이제 TinyGL을 활용해서 간단한 삼각형 폴리곤을 렌더링하는 샘플을 살펴보자. 코드는 test_tinygl 프로젝트를 참조한다.

코드 16-3 TinyGL+SDL을 활용한 삼각형 폴리곤 그리기

```
// SDL 초기화
……
SDL_Surface* screen = SDL_CreateRGBSurface(0,winSizeX,winSizeY,16,0,0,0,0);
SDL_Texture* screenTexture = SDL_CreateTexture(renderer, SDL_PIXELFORMAT_RGBA32,
SDL_TEXTUREACCESS_STREAMING, winSizeX, winSizeY);
mode = ZB_MODE_RGBA;
// OpenGL 그리기 API를 위한 프레임 버퍼 생성
ZBuffer* frameBuffer = ZB_open(winSizeX, winSizeY, mode, 0, 0, 0, 0);

glInit(frameBuffer);

// 뷰포트 설정 및 배경화면 초기화
glViewport(0, 0, winSizeX, winSizeY);
glClearColor(0.0f, 0.0f, 0.0f, 0.0f);
……
while (running)
{
        // 색상 버퍼와 깊이 버퍼 초기화
        glClear(GL_COLOR_BUFFER_BIT | GL_DEPTH_BUFFER_BIT);
        // 프로젝션(원근 투영) 매트릭스 초기화(아이덴티티 매트릭스)
        glMatrixMode(GL_PROJECTION);
        glLoadIdentity();
        // 시야각과 종횡비를 사용해 원근 투영 행렬 설정
```

```
gluPerspective(65.0f, winSizeX / winSizeY, 1.0f, 100.0f);

// 모델뷰 매트릭스를 설정하고 초기화
glMatrixMode(GL_MODELVIEW);
glLoadIdentity();
glRotatef(-90, 1, 0, 0);
glTranslatef(0, 0, -1.0f);

// 회전하는 삼각형을 그린다.
glTranslatef(0.0f, 14.0f, 0.0f);
// Z축을 기준으로 삼각형을 회전시킨다. t값은 시간이 경과함에 따라 변한다.
glRotatef( (GLfloat)t/10.0f, 0.0f, 0.0f, 1.0f);
// 삼각형의 정점(버텍스)을 정의한다.
glBegin(GL_TRIANGLES);
glColor3f(1.0f, 0.0f, 0.0f);
glVertex3f(-5.0f, 0.0f, -4.0f);
glColor3f(0.0f, 1.0f, 0.0f);
glVertex3f(5.0f, 0.0f, -4.0f);
glColor3f(0.0f, 0.0f, 1.0f);
glVertex3f(0.0f, 0.0f, 6.0f);
glEnd();

// 버퍼 스왑
// 1. GL용 프레임 버퍼를 SDL 서페이스에 복사
// 2. SDL 서페이스를 SDL 텍스처에 복사
// 3. SDL 텍스처를 SDL 렌더러에 복사
// 버퍼 스왑
ZB_copyFrameBuffer(frameBuffer, screen->pixels, pitch);
SDL_UpdateTexture(screenTexture, NULL, screen->pixels, screen->pitch);

SDL_RenderClear(renderer);
SDL_RenderCopy(renderer, screenTexture, NULL, NULL);
SDL_RenderPresent(renderer);
// SDL 이벤트 폴링
……

}
```

```
// 클린업
ZB_close(frameBuffer);
if (SDL_WasInit(SDL_INIT_VIDEO))
        SDL_QuitSubSystem(SDL_INIT_VIDEO);
SDL_Quit();
```

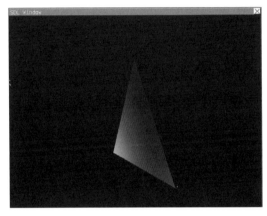

그림 16-2 실행 결과

while문 내부의 코드가 OpenGL API 인터페이스에 해당한다. OpenGL에 익숙하지 않다면 잠시 책의 내용 진행을 멈추고 OpenGL 튜토리얼이나 레퍼런스를 참조해 학습한다. 또한 3D 개념에 익숙하지 않다면 3D 그래픽스를 학습해야 한다. 필자는 다음 책을 추천한다.

『Game Programming in C++』(에이콘, 2019)

이 책은 3D 그래픽스에 대한 설명뿐만 아니라 SDL 및 OpenGL을 설명한다. 또한 게임 제작을 위한 프레임워크 구축 및 AI 내용을 소개하므로 살펴볼 만한 가치가 있다. 사전 지식이 있다면 좋겠지만 그렇지 않다면 3D 프로그래밍을 학습하는 데 시간이 많이 걸리므로 일단은 여기서 사용된 OpenGL API의 쓰임새만 파악하자.

이제 새로운 플랫폼에서 OpenGL 프로그래밍이 가능해졌다. 비록 TinyGL은 라이브러리가 오래됐기 때문에 최신 OpenGL API에는 대응하지 못한다는 단점이 있지만 그래도 새로운 플랫폼에서 3D 프로그래밍을 할 수 있다는 것 자체가 너무나 감격스러운 일이다.

GLM

GLM^{OpenGL Mathematics}은 GLSL^{OpenGL Shading Language} 셰이더 언어를 기반으로 한 소프트웨어 C++ 수학 라이브러리다. GLM은 GLSL과 유사하게 개발했기 때문에 GLM에 익숙해지면 이후 하드웨어 가속을 사용하게 될 때 GLSL 작성도 어렵지 않게 적응할 수 있다. GLM은 책을 집필 중인 현재, 0.9.8이 최신 버전이며 다행히 포팅하는 데 큰 비용이 들지 않았다. GLM을 사용하는 예제는 test_glm 프로젝트를 참조한다. test_glm 프로젝트는 벡터의 이동 및 스케일링을 보여준다.

코드 16-4 GLM 수학 라이브러리 사용 예제

```
// 이동 매트릭스
glm::mat4 myMatrix;
myMatrix = glm::translate(glm::mat4(1.0f), glm::vec3(10.0f, 0.0f, 0.0f));
glm::vec4 myVector(10.0f, 10.0f, 10.0f, 1.0f);
// 이동 매트릭스를 벡터와 곱해서 위치를 이동시킴
glm::vec4 transVec = myMatrix * myVector;

printf("%f %f %f %f \n", myMatrix[0][0], myMatrix[0][1],
        myMatrix[0][2], myMatrix[0][3]);
printf("%f %f %f %f \n", myMatrix[1][0], myMatrix[1][1],
        myMatrix[1][2], myMatrix[1][3]);
printf("%f %f %f %f \n", myMatrix[2][0], myMatrix[2][1],
        myMatrix[2][2], myMatrix[2][3]);
printf("%f %f %f %f \n", myMatrix[3][0], myMatrix[3][1],
        myMatrix[3][2], myMatrix[3][3]);

printf("%f %f %f\n", transVec.x, transVec.y, transVec.z);


// 스케일 매트릭스
```

```
glm::mat4 myScalingMatrix = glm::scale(glm::vec3(2.0f, 2.0f, 2.0f));
// 벡터에 스케일 매트릭스를 곱해서 벡터의 각 요소를 두 배 증가시킴
transVec = myScalingMatrix * transVec;
printf("%f %f %f\n", transVec.x, transVec.y, transVec.z);
```

실행 결과는 다음과 같다.

```
1.000000 0.000000 0.000000 0.000000
0.000000 1.000000 0.000000 0.000000
0.000000 0.000000 1.000000 0.000000
10.000000 0.000000 0.000000 1.000000

20.000000 10.000000 10.000000
40.000000 20.000000 20.000000
```

위의 네 줄은 벡터 각각의 요소에 10, 0, 0을 더하는 이동 매트릭스다. myVector의 초기 위치는 (10, 10, 10)이며 이동 매트릭스와 곱하면 그 결과는 (20, 10, 10)이 된다. 이 결과에다 벡터의 크기를 두 배로 늘리는 스케일링 매트릭스를 곱하면 최종 결과는 (40, 20, 20)이 된다.

GLM을 사용하면 매트릭스(행렬) 변환, 쿼터니언(4원수), 데이터 패킹 및 랜덤 넘버 등 다양한 수학 연산을 활용할 수 있으므로 알아두면 좋다.

3 OpenGL 과제

TinyGL을 사용해서 OpenGL을 사용할 수 있게 됐다. 하지만 TinyGL은 소스 업데이트가 오랫동안 멈췄기 때문에 OpenGL API로 작성한 프로젝트를 새로운 플랫폼으로 마이그레이션하는 데 도움이 되지는 못한다. 지금부터는 비록 구현하지는 못했지만 앞으로 진행하려는 OpenGL 관련 로드맵을 살펴볼 것이다.

swGL

swGL은 OpenGL 1.3 버전을 구현한 멀티스레드 대응 소프트웨어 래스터라이저다.

https://github.com/h0MER247/swGL

하프라이프 1 및 스타트렉:엘리트포스 같은 오래된 게임은 OpenGL을 사용하며 이 게임들이 사용하는 기존 OpenGL 드라이버를 swGL로 대체해도 문제없이 실행이 된다.

그림 16-3 swGL로 렌더링한 하프라이프 1

swGL은 OpenGL을 구현하는 데 좋은 단서가 되지만 버전이 1.3이라 최신 소스코드에서 사용하기는 어렵다. 예를 들어 OpenGL 2.0 이상에서는 **glGenBuffers** 함수를 사용하는데 1.x 버전의 명세에는 존재하지 않으므로 OpenGL 2.0 이상의 API를 사용한 소스코드에서는 swGL 라이브러리가 정상 동작하지 않는다. 그리고 WIN32에서 swGL 라이브러리를 활용하려면 FreeGlut가 아닌 오리지널 GLUT 3.76 버전을 사용해야 한다.

코드 16-5 GLUT와 swGL을 활용한 큐브 출력

```
int main(int argc, char** argv) // display 함수와 init 함수는 생략
{
    glutInit(&argc, argv);
    glutInitDisplayMode(GLUT_DOUBLE | GLUT_RGB | GLUT_DEPTH);
    glutCreateWindow("red 3D lighted cube");
```

```
    glutDisplayFunc(display);
    init();
    glutMainLoop();
    return 0;
}
```

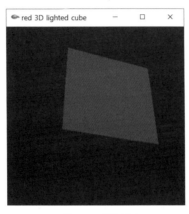

그림 16-4 실행 결과

지금까지 설명한 내용은 WIN32 환경에서 swGL을 활용할 수 있는 방법을 제시한 것이다. 만일 YUZA OS에서 swGL을 사용하고 싶다면 아래 라이브러리를 마이그레이션해야 한다.

GLUT 3.62 버전, swGL

특히 swGL은 WIN32의 HDC 핸들을 사용해서 화면을 렌더링하므로 YUZA OS로 마이그레이션하기 위해서는 이 부분을 SDL이나 기본 그리기 함수로 변경해야 한다. HDC는 디바이스 콘텍스트 핸들을 의미하며 WIN32에서 기본 그리기 API를 사용할 때 활용하는 핸들이다. 그리고 swGL에서는 이 HDC를 사용하는 함수가 많기 때문에 swGL의 마이그레이션은 쉽지 않다. 이 부분의 수정은 독자분들의 몫으로 남겨둔다.

TinyGL과 swGL은 둘 다 1.x OpenGL 버전을 지원하지만 TinyGL에는 직교투영 연산이 구현돼 있지 않은 반면 swGL에는 직교투영 연산이 구현돼 있다. 그러므로 swGL을 마이그레이션하면 2D/3D OpenGL 프로그래밍이 가능해진다.

> **TIP** GLUT와 swGL을 사용하는 WIN32 프로젝트 구성에 실패하면 카페에 글을 남기기 바란다. 샘플 예제를 만들도록 하겠다. 그리고 큐브 출력 예제 외에 다양한 3D 출력 예제를 구하고 싶다면 아래 링크에 접속해서 확인한다.
>
> https://www.opengl.org/archives/resources/code/samples/glut_examples/examples/examples.html

swGL 라이브러리를 마이그레이션하면 하프라이프 1 엔진으로 제작된 오픈소스 게임들을 YUZA OS에서 실행시킬 수 있는 가능성이 열린다(물론 게임 자체의 소스코드도 공개돼 있다면). 하지만 버전이 낮다는 것이 큰 약점이다. 계속해서 설명할 ANGLE 라이브러리와 Mesa 3D는 상위 버전의 OpenGL을 구현할 수 있는 단서를 제공한다.

ANGLE

ANGLE은 구글에서 개발한 OpenGL 라이브러리다. 이 라이브러리는 OpenGL ES API를 Direct3D 같은 각각의 플랫폼에 특화된 하드웨어 지원 API로 변환해서 여러 운영체제에서 WebGL이나 OpenGL ES로 구현한 콘텐츠를 원활하게 실행하는 것을 목표로 한다.

https://github.com/google/angle

각 플랫폼별 백엔드 렌더러 API와의 연동 구현 여부는 깃허브에서 확인할 수 있으니 참조한다. YUZA OS가 하드웨어 가속 드라이버를 만들게 된다면 ANGLE 라이브러리는 OpenGL을 활용하는 데 큰 도움이 될 것이라 확신한다.

Mesa 3D

Mesa 3D는 OpenGL, Vulkan 등의 다양한 그래픽 API를 오픈소스 라이브러리로 구현한 프로젝트다. Mesa 3D는 다양한 그래픽 API를 ANGLE 라이브러리처럼 그래픽 하드웨어 업체가 제공하는 드라이버의 API로 변환한다. Mesa 3D의 또 다른 장점은 하드웨어 지원뿐만 아니라 소프트웨어 렌더링 기능도 충실하게 갖추고 있다는 점이다. 그래서 필자는 YUZA OS에 OpenGL 기능을 처음 추가하려고 했을 때 Mesa 3D를 먼저 마이그레이션하려고 했다. 하지만 여러 가지 이유로 Mesa 3D 마이그레이션은 쉽지 않으며 책을 쓰는 현시점에서도 마이그레이션은 매우 어려울 것으로 판단한다.

만일 Mesa 3D을 마이그레이션할 수 있다면 OpenGL 명세를 그대로 활용할 수 있기 때문에 OpenGL로 작성된 응용앱 대부분을 새로운 플랫폼으로 마이그레이션하는 것이 가능할 것이다. 필자는 언젠가 다시 마이그레이션에 도전해 보고 싶지만 시간이 많이 걸릴 뿐만 아니라 운영체제 개발의 본질에서는 조금 먼 프로젝트므로 현재는 개발 우선순위에서 밀려난 상태에 있다.

4 소프트웨어 렌더러

지금까지는 표준화된 3D API를 활용하는 방법을 살펴봤다. 이제 마지막으로 표준화된 API를 사용하지 않은 3D 소프트웨어 렌더러를 소개함으로써 16장을 마무리하려 한다.

기존 3D 엔진은 대부분 크로스 플랫폼을 지원하지만 내부에서 사용하는 3D API는 모두 DirectX나 OpenGL이 주를 이뤘다. 그래서 YUZA OS처럼 이런 내부 3D API를 지원하지 못하면 해당 3D 엔진을 포팅하는 것이 어렵다. 한편 표준 3D API를 사용하지 않고 모든 기능을 직접 구현해서 만든 3D 엔진도 다수 있다. 지금은 이미 개발한 것을 활용하는 것이 추세로 의욕적으로 3D 엔진 전부를 제작해 보겠다는 개발자가 없지만 적어도 3D가 붐을 일으키던 시절 초창기에는 모든 것을 직접 제어하고 싶던 개발자가 다수 있었다. 지금 여기서 소개하는 3D 소프트웨어 렌더러는 김성철 님이 제작했으며 허락을 받고 소개한다. 소스코드는 아래 링크에서 다운받을 수 있다.

프로젝트 이름은 SGL^{Software 3D Graphics Rendering Library}이다. 엔진은 렌더러로 SDL을 사용했으며 그 외의 3D API는 모두 자체 구현했다. 이 엔진에서 구현한 기능은 다음과 같다.

- 퀘이크 시리즈에서 사용한 md2 3D 파일 포맷 파싱 가능
- 깊이 정렬
- 클리핑
- 텍스처 매핑
- 분산색, 주변색의 처리

프로그래밍 인터페이스는 OpenGL과 매우 유사하다.

코드 16-6 SGL 엔진 일부 코드

```
void Init()
{
        sglViewport(0, 0, 640, 480);
        sglMatrixMode(SGL_PROJECTION);
        sglLoadIdentity();
        sglPerspective(45.0f, 640.0f/480.0f, 10.0f,200.0f);
        sglMatrixMode(SGL_MODELVIEW);
        sglLoadIdentity();
        sglEnable(SGL_ALPHABLEND);
        sglEnable(SGL_ZDEPTHSORT);
        sglEnable(SGL_OBJECT_CULL);
        sglEnable(SGL_BACKFACE_CULL);
        sglEnable(SGL_CLIP_3D);
        sglShadeMode(SGL_FLAT_SHADE);
        texId = sglLoadTextureFromFile("edin.bmp");
        texId2 = sglLoadTextureFromFile("eva.bmp");

        sglEnable(SGL_LIGHT);
```

```
    sglLightColor(SGLColor(255, 255, 255));
    sglLight(SGL_AMBIENT, SGLVector3D(0.7, 0.0, 0.7));
    sglLight(SGL_DIFFUSE, SGLVector3D(-1.0, 0.0, 0.0));
}
```

코드는 SGL4 프로젝트를 참조한다. SGL4 엔진을 마이그레이션하는데 고려했던 사항은
다음과 같다.

- SDL 1.x 버전
- QueryPerformanceFrequency API

SDL 부분은 호환 레이어가 준비돼 있으므로 문제가 없다. QueryPerformanceFrequency
API의 경우에는 API 인터페이스가 준비돼 있으나 무조건 0을 반환하므로 문제의 소지가
있었다. 하지만 소스코드 분석 결과 이 API는 오로지 초당 프레임을 표시하기 위해서만
사용되므로 샘플 예제가 오작동하는 상황은 없다.

3D 큐브를 출력하는 샘플 예제의 출력 결과는 다음과 같다.

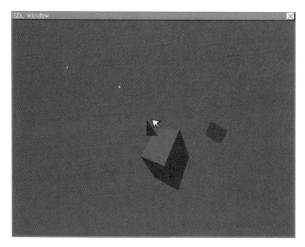

그림 16-5 SGL 엔진의 샘플 예제 출력 결과

한편 md2 3D 오브젝트 파일을 파싱할 때는 기존과는 다른 결과를 보였다.

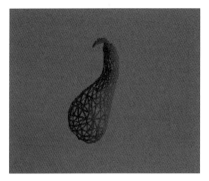

그림 16-6 WIN32 환경에서의 md2 파일 파싱 결과

그림 16-7 YUZA OS의 md2 파일 파싱 결과

YUZA OS에서는 3D 오브젝트가 제대로 출력되지 않았다. 이 부분에 대해서는 현재 원인을 찾고 있는 중이다. 독자분들도 여건이 된다면 원인을 찾아보기 바란다.

문제의 원인으로는 파일을 읽을 때 파일의 읽기 모드와 관련이 있을 것이라고 추정하고 있다. 파일을 열 때 읽기 모드는 'rt'였는데 'rt'는 YUZA OS에서 지원하지 않는 읽기 모드다. 그래서 처음 마이그레이션을 시도했을 때 파일 읽기는 항상 실패했다. 그래서 파일을 읽기 위한 옵션을 'rb'로 변경했는데 이 옵션 변경에 따라 데이터를 잘못 읽어들이는 것이 아닌가 추정하고 있다.

수학 함수의 오동작도 원인일 수 있다고 추정하고 있다. 지금까지 수많은 프로젝트를 마이그레이션하는 과정에서 여러 가지 문제에 부딪혔는데 수학 함수가 오동작해서 발생한 문제가 다수를 차지했다. 비록 많은 수정을 통해 안정화됐다고는 하나 그림 16-7의 결과는 잠재적으로 문제가 있었던 수학 함수가 수면에 떠오른 결과로 판단하고 있다.

 TIP 3D 소프트웨어 렌더러는 출간 직전에 내용을 추가한 것이다. 비록 md2 파일 파싱에 문제가 있긴 하지만 곧 해결할 수 있으리라 생각한다.

5 정리

16장에서는 새로운 플랫폼에서 3D 프로그래밍 인터페이스를 지원하기 위해 고려할 사항을 살펴봤다. 대표적인 3D API로는 Direct3D, OpenGL, Vulkan 라이브러리가 있으며 Direct3D는 소스가 공개돼 있지 않으므로 우리는 OpenGL을 새로운 플랫폼의 3D API로 채택했다.

OpenGL은 API의 명세에 불과하므로 각 플랫폼은 구현체를 제공해야 한다. 윈도우 운영체제의 경우에는 소스코드가 공개되지 않았으며 리눅스 계열은 Mesa 3D 라이브러리를 사용한다. 이런 라이브러리의 핵심은 OpenGL 인터페이스를 호출했을 때 이에 해당하는 하드웨어 지원 API를 연결시켜 주는 것이다. 윈도우 운영체제의 경우 수많은 하드웨어 그래픽 카드 제조사들이 자신의 카드를 제어하기 위한 드라이버를 제공하므로 3D 가속 기능을 활용하는 데는 큰 문제가 없다. 하지만 YUZA OS는 단 하나의 그래픽 카드를 위한 가속 드라이버도 제대로 제공하지 않으므로 현시점에서는 소프트웨어 렌더링 기능만 사용해야 한다. TinyGL은 비록 OpenGL 1.x대 버전이지만 OpenGL 인터페이스로 3D 프로그래밍이 가능함을 보여줬다. 또한 swGL 라이브러리는 YUZA OS로 포팅하지는 않았지만 1.x 버전의 OpenGL API로 작성된 소스코드는 glut 라이브러리와 연계해서 수정없이 재활용할 수 있는 가능성을 보여줬다.

OpenGL 라이브러리 자체는 디바이스 콘텍스트를 생성하거나 메시지 이벤트를 처리하는 능력이 없으므로 OpenGL을 편리하게 사용하려면 OpenGL 확장 라이브러리를 이용해야 한다. 이런 확장 라이브러리로는 GLFW 라이브러리가 있으며 SDL도 OpenGL과 결합해 각종 콘텍스트 생성을 도와주는 기능을 갖추고 있다.

새로운 플랫폼에서 최신 OpenGL의 명세를 사용하려면 소프트웨어 처리를 구현한 Mesa 3D 라이브러리가 유일한 대안이다. Mesa 3D는 마이그레이션이 쉽지는 않겠지만 크로스 플랫폼을 고려한 라이브러리기 때문에 언젠가는 포팅이 가능할 것이다.

 Direct3D는 소스코드가 공개돼 있지 않지만 리눅스 진영에서는 WIN32 바이너리를 리눅스에서 동작시키기 위해 WINE 프로젝트를 시작했다. WINE 내부에는 Direct3D 호환 레이어가 존재하는데 이 호환 레이어는 Direct3D API를 리눅스 API를 사용해서 구현했다. 그러므로 Direct3D API를 새로운 플랫폼에서 지원하고 싶다면 WINE은 좋은 레퍼런스가 될 것이다. 또한 Vulkan API는 OpenGL을 대체할 수 있는 차세대 3D API이므로 눈여겨볼 만하다.

마지막으로 16장에서는 기존의 3D 라이브러리와 관련성이 없는 3D 소프트웨어 렌더러를 소개했다. 모든 것을 바닥부터 구현한 3D 소프트웨어 렌더러는 3D 엔진이 갖춰야 하는 내부 구성 요소를 이해하는 데 도움이 된다. 이번에 소개한 SGL 엔진은 모든 소스코드가 공개돼 있는 만큼 3D 장면의 렌더링 과정을 이해하는 데 큰 도움이 될 것이다.

17

오픈소스 라이브러리

특정 프로그램을 완성하기 위해서는 여러 라이브러리가 사용되므로 개발자가 사전에 다양한 오픈소스 라이브러리를 많이 알고 있다면 큰 도움이 된다. 그리고 현명한 개발자는 모든 기능을 자신이 직접 개발하기보다는 필요로 하는 기능을 갖춘 기존 라이브러리를 활용해서 프로그램을 개발하며 그 결과 개발 시간의 단축이라는 크나큰 보상을 받는다.

리눅스 계열의 운영체제는 패키지 시스템을 통해서 자신이 필요로 하는 라이브러리를 쉽게 검색할 수 있으며 다운받아 프로젝트에 쉽게 통합할 수 있다. 네트워크 속도만 정상적이라면 리눅스의 빌드 시스템은 이상적이라고 판단된다. 하지만 WIN32 환경으로 시선을 돌려보면 모든 것이 고달파진다. 라이브러리가 쉽게 빌드되는 경우가 거의 없기 때문이다. CMAKE 같은 크로스 플랫폼 프로젝트 생성 도구를 사용해서 WIN32용 프로젝트를 생성했다 하더라도 쉽게 빌드되는 경우가 없다. 또한 이런 툴에 의해 생성되는 프로젝트의 헤더 파일 포함 경로나 라이브러리 포함 경로는 절대경로로 생성된다. 그래서 프로젝트를 다른 폴더로 옮기면 대부분 빌드가 되지 않는다. 이런저런 이유로 필자는 예전에 『WIN32

오픈소스 라이브러리 100』이라는 전자 서적을 출간한 적이 있다. 이 책은 WIN32 환경에서 오픈소스 라이브러리를 쉽게 빌드할 수 있도록 정리한 책이다.

다행히도 지금은 WIN32 환경에서도 패키지 시스템이 도입돼 라이브러리 빌드의 고통이 점차 줄어들고 있다. 예를 들어 vcpkg 패키지 시스템을 사용하면 SDL 등 대표적인 서드파티를 쉽게 프로젝트에 적용할 수 있다.

https://github.com/microsoft/vcpkg

MEMO ⟶ vcpkg를 알고 난 후 필자는 WIN32 SDL 프로젝트를 빌드하기 위해 설정했던 헤더 포함 디렉터리와 라이브러리 디렉터리 항목을 모두 지웠다. 깔끔한 것이 좋다.

그렇지만 새로운 플랫폼에서는 라이브러리를 손쉽게 활용하는 것이 어렵다. 왜냐하면 새로운 운영체제에서 라이브러리를 활용하려면 해당 라이브러리를 반드시 수정해야 하기 때문이다. 그래서 우리는 오픈소스 라이브러리의 전체 소스를 가져와서 일일이 빌드해야 한다. 필자는 이 방법이 너무 시대에 뒤처지는 방식이라고 생각하지만 현시점에서는 뾰족한 수가 없다. 그러므로 당분간은 불편하더라도 사용하고자 하는 라이브러리가 있다면 수동으로 전체 소스를 빌드할 것이다. 차후에 이 새로운 운영체제가 활성화되면 그때 서드파티를 빠르게 프로젝트에 통합시킬 수 있는 패키지 다운로드 시스템 구축을 고려해 보자.

비록 수동으로 라이브러리를 빌드하는 것이 유지보수도 어렵고 시간이 많이 걸리는 작업이지만 현재 YUZA OS에는 수많은 오픈소스 라이브러리가 포팅돼 있다. 지금부터는 YUZA OS 플랫폼에서 활용할 수 있는 여러 가지 오픈소스 라이브러리를 살펴보도록 하겠다.

1 리스트

오픈소스 라이브러리는 몇 개의 카테고리로 분류할 수 있다.

표 17-1 라이브러리 분류

항목	내용
압축	데이터 압축 및 해제
이미지	BMP, JPG, PNG 등 이미지 포맷 조작 및 변환, 픽셀 조작
폰트	폰트 이미지 생성 및 다양한 폰트 관리
직렬화/역직렬화	데이터 바이너리 스트리밍
파싱	커맨드 명령 분석
멀티미디어	동영상 스트리밍
마크업 언어	XML, JSON, YAML 등 데이터를 문서로 표현
로컬라이제이션	유니코드 처리
기타	정적 코드 테스트, 데이터 암호화 및 복호화, 물리 엔진, 언어 지역화

다른 형식으로도 분류가 가능하겠지만 일반적인 오픈소스 라이브러리는 표 17-1의 범주를 크게 벗어나지 않는다. 알고리즘, 수학, 자료 구조는 라이브러리 범주에서 제외했다. 오픈소스 라이브러리는 ThirdParty 폴더의 thirdparty.sln 파일을 열어서 참조하고 코드 테스트는 09_thirdparty.sln 파일을 열어서 참조한다.

1.1 압축

압축 라이브러리를 선택할 때 고려할 사항은 압축 효율성 및 압축하는 데 걸리는 시간이다.

라이브러리명	LZO, minilzo
설명	실시간 데이터 압축 라이브러리
다운로드	http://www.oberhumer.com/opensource/lzo/

라이브러리의 활용은 test_lzo 프로젝트, test_minilzo 프로젝트를 참조한다.

라이브러리명	snappy
설명	압축 효율이나 다른 압축 라이브러리와의 호환성을 고려하기보다는 빠른 속도로 적당한 압축 효율을 갖는 것을 목표로 함
다운로드	https://github.com/google/snappy

라이브러리의 활용은 5장, '콘솔 앱 살펴보기'에서 설명했다.

라이브러리명	lz4
설명	고속의 압축 알고리즘 사용
다운로드	https://github.com/lz4/lz4

사용방법은 test_lz4 프로젝트를 참조한다.

라이브러리명	zlib
설명	대부분의 플랫폼 및 운영체제에서 사용할 수 있는 무손실 압축 라이브러리
다운로드	https://zlib.net/
버전	1.28

코드는 test_zlib 프로젝트를 참조한다.

코드 17-1 zlib 활용 예제

```
int main(int argc, char** argv)
{
        const  int BUF = 1024;
        const  int DBUF = BUF * 2 + 13;

        Bytef raw_data[] = "안녕하세요.";
        Bytef deflate_data[DBUF];
```

```
uLong raw_size = strlen((const  char*)raw_data);
uLong deflate_size = DBUF;

// compress 사용하기
{
    compress(deflate_data, &deflate_size, raw_data, raw_size);
    printf("Raw Data Size %d\n", raw_size);
    printf("Deflate Data Size: %d\n", deflate_size);
}

Bytef inflate_data[BUF];
uLong inflate_size = BUF;
// uncompress 사용하기
{
    uncompress(inflate_data, &inflate_size, deflate_data, deflate_size);
    printf("Deflate Data Size: %d\n", deflate_size);
    printf("Inflate Size: %d\n", inflate_size);
    inflate_data[inflate_size] = NULL;
    printf("Original Data : %s\n", (const  char*)inflate_data);
}

return 0;
}
```

실행 결과는 다음과 같다.

```
Raw Data Size 11
Deflate Data Size: 20
Deflate Data Size: 20
Inflate Size: 11
Original Data : 안녕하세요.
```

압축^{Deflate}으로 오히려 데이터 크기가 11에서 20으로 커졌다. 5장, '콘솔 앱 살펴보기'에서 소개한 snappy 라이브러리 테스트 예제처럼 압축하려는 데이터의 크기가 매우 작다면 압축파일에 추가되는 헤더값들 때문에 압축 데이터의 크기가 더 커질 수 있다.

1.2 이미지

이미지 처리에는 특정 이미지 포맷을 로드하거나 이미지 간 포맷 변환, 픽셀 포맷 변환 작업 등이 있다. 또한 픽셀 하나하나를 조작하거나 벡터 이미지처럼 이미지가 확대돼도 그림이 깨져 보이지 않도록 해주는 스케일링 기능도 이미지 처리에 해당한다.

라이브러리명	libbmp
설명	비트맵 이미지 읽기 및 저장
다운로드	https://github.com/marc-q/libbmp

프로젝트는 test_libbmp 프로젝트를 참조한다.

코드 17-2 체커보드 이미지를 bmp 파일로 생성

```
int main(int argc, char** argv)
{
    bmp_img img;
    bmp_img_init_df(&img, 512, 512);

    // 체커보드 패턴 이미지를 그린다.
    for (size_t y = 0, x; y < 512; y++)
    {
        for (x = 0; x < 512; x++)
        {
            if ((y % 128 < 64 && x % 128 < 64) ||
                (y % 128 >= 64 && x % 128 >= 64))
            {
                bmp_pixel_init(&img.img_pixels[y][x], 250, 250, 250);
```

```
            }
            else
            {
                bmp_pixel_init(&img.img_pixels[y][x], 0, 0, 0);
            }
        }
    }

    bmp_img_write(&img, "test.bmp");
    bmp_img_free(&img);

    return 0;
}
```

프로그램을 실행하면 test.bmp 이미지가 저장된다.

그림 17-1 생성된 test.bmp 이미지

라이브러리명	libpng
설명	이미지 파일인 PNG 파일을 읽고 저장할 수 있게 해주는 라이브러리
다운로드	http://libpng.sourceforge.net/
버전	1.6.13

코드는 **test_libpng** 프로젝트를 참조한다. 이 프로젝트는 파일로부터 png 이미지를 읽고 나서 약간의 가공을 한 다음 다시 파일로 저장하는 내용을 보여준다.

코드 17-3 png 파일 읽기 및 라이브러리 예제

```
int main(int argc, char** argv)
{
    if (argc != 3)
        abort_("Usage: program_name <file_in> <file_out>");

    read_png_file(argv[1]);
    process_file();
    write_png_file(argv[2]);

    return 0;
}
```

코드의 자세한 사항은 `read_png_file`, `write_png_file` 함수를 참조한다. `process_file` 함수에서는 읽어들인 png 픽셀의 RED 채널값을 0으로, GREEN 채널값을 BLUE 채널 값으로 대체한 다음 파일로 저장한다.

```
test_libpng.exe sample.png sample2.png
```

그림 17-2 채널값 변경 전 이미지

그림 17-3 채널값 변경 후 이미지

라이브러리명	giflib
설명	GIF 이미지 포맷을 처리하기 위한 라이브러리
다운로드	http://giflib.sourceforge.net/

라이브러리 테스트는 **test_giflib** 프로젝트를 참조한다. 프로젝트는 임의의 데이터를 사용해서 GIF 이미지로 저장한 다음 생성한 파일을 읽어서 유효한지를 검증한다.

코드 17-4 GIF 이미지 파일 생성

```c
int main(int argc, char** argv)
{
    return (gif_write("test.gif") && gif_read("test.gif")) ? 0 : 1;
}
```

GIF 파일의 읽기와 쓰기는 각각 **gif_write**, **gif_read** 함수를 참조한다.

그림 17-4 생성된 test.gif 이미지

라이브러리명	pixman
설명	픽셀 조작을 저수준 단계에서 수행할 수 있도록 도움을 주는 함수로 이미지 합성 및 픽셀 래스터라이제이션 기능 제공. cairo 그래픽 라이브러리와 X 서버 라이브러리에서 사용됨
다운로드	http://www.pixman.org/

시각적으로 pixman 효과를 확인하기 위해 제공되는 샘플 코드는 gtk 그래픽 라이브러리지만 gtk 라이브러리는 포팅되지 않았다. 여기서는 SDL과 cairo 라이브러리를 사용해서 pixman 사용법을 보여준다. 코드는 **test_pixman** 프로젝트를 참조한다.

코드 17-5 체커보드 이미지 생성 코드

```
int main(int argc, char** argv)
{
    pixman_image_t* checkerboard = create_checkerboad(WIDTH, HEIGHT, TILE_SIZE);

    cairo_t* cairo_context = init_sdl(WIDTH, HEIGHT);
    render_pixman_image(cairo_context, checkerboard);
    loop_sdl();

    return 0;
}
```

SDL과 cairo 콘텍스트를 초기화하기 위해 **init_sdl** 함수를 호출한다. pixman을 통해 체커보드 이미지를 생성하는 **create_checkerboad** 함수를 호출한 다음 **render_pixman_image** 함수를 호출해서 생성한 이미지를 렌더링한다.

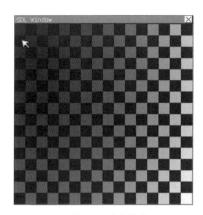

그림 17-5 결과 화면

라이브러리명	libjpeg
설명	JPEG 파일을 읽고 쓰는 데 도움을 주는 라이브러리
다운로드	http://giflib.sourceforge.net/
버전	8

테스트는 라이브러리 내 example.c의 구현을 참조한다.

라이브러리명	libtiff
설명	TIFF(Tag Image File Format) 이미지를 읽고 저장하는 데 활용
홈페이지	http://www.libtiff.org
버전	3.6.1

활용방법은 **test_libtiff** 프로젝트를 참조한다. 이 프로젝트는 tiff 파일에서 데이터를 읽는 방법을 보여준다.

라이브러리명	scale2x
설명	저화질 화면을 확대해도 괜찮은 수준이 될 정도로 누락된 픽셀을 예측해 보관하는 라이브러리로 에뮬레이터에 많이 사용됨
홈페이지	https://www.scale2x.it/

코드는 **test_scale2x** 프로젝트를 참조한다. 이 프로그램은 png 이미지를 받아서 스케일
링한 다음 새로운 png 파일로 저장한다. 파라미터없이 실행화면 사용방법이 출력된다.

```
C:\>test_scale2x.dll
scale2x v 3.1 by Andrea Mazzoleni
Fast implementation of the Scale2/3/4x effects
Syntax: scalex [-k N] FROM.png TO.png
Options:
        -k N    Select the scale factor. 2, 2x3, 2x4, 3 or 4. (default 2).
```

다음과 같이 입력하면 네 배 스케일링된 png 파일이 저장된다.

```
C:\>test_scale2x.dll -k 4 mslugx.png mslugx-4.png
```

그림 17-6 원본 이미지

그림 17-7 네 배 스케일링된 이미지

614

라이브러리명	libexif
설명	EXIF(EXchangable Image File) 데이터를 파싱하고 편집 및 저장하는 데 쓰이는 라이브러리로 C 언어로 작성됐으며 이미지 파일에서 EXIF 정보를 읽거나 이미지 파일로 EXIF 정보를 기록할 수 있음. 교환 이미지 파일(EXIF) 형식은 디지털 카메라에서 이용되는 이미지 파일 포맷이며 JPEG, TIFF 6.0과 RIFF, WAV 파일에서 이용됨. 이 포맷들은 사진에 대한 정보를 포함하는 메타 데이터를 추가하는데 exif는 JPEG 2000, PNG나 GIF 파일에서는 지원되지 않음
다운로드	https://libexif.github.io/
버전	0.6.22

EXIF 데이터가 포함된 이미지 파일 생성

write-exif 프로젝트를 참조한다. 프로젝트를 실행하면 write-exif.jpg 파일이 생성된다.

EXIF 데이터 추출

exif 프로젝트를 참조한다. exif 파일은 EXIF 메타 데이터를 처리하는 커맨드 유틸리티다.

1.3 폰트

문자열을 그림으로 렌더링하거나 문자 이미지^{글리프}에 음영효과를 적용하기 위해 폰트^{글꼴} 라이브러리가 사용된다. 또한 윈도우 운영체제나 리눅스 계열의 운영체제는 수많은 시스템 폰트를 갖고 있는데 응용앱 구동 시 응용앱은 적절한 폰트를 선택할 필요가 있다. 이 과정에서 폰트 라이브러리는 여러 가지 편리한 도움을 준다.

라이브러리명	freetype
설명	C로 작성된 폰트 렌더링 엔진으로 문자열을 비트맵으로 래스터라이제이션
다운로드	https://github.com/aseprite/freetype2
버전	2.9

freetype 자체는 화면 출력 기능이 없으므로 GUI 엔진과 결합해야 문자열 이미지를 출력할 수 있다. 코드 17-6은 SDL + ImGui + Harfbuzz + freetype을 조합해서 문자열을 출력하는 예제다. 프로젝트는 **test_freetype** 프로젝트를 참조한다.

코드 17-6 freetype 사용 예제

```
main(int argc, char** argv)
{
        SDL_Init(SDL_INIT_EVERYTHING);
        SDL_Window* window =
            SDL_CreateWindow("Test Window", SDL_WINDOWPOS_UNDEFINED,
                SDL_WINDOWPOS_UNDEFINED, WIDTH, HEIGHT, 0);
        SDL_Renderer* renderer;
        renderer = SDL_CreateRenderer(window, -1, SDL_RENDERER_SOFTWARE);

        ImGui::CreateContext();
        ImGuiIO& io = ImGui::GetIO();
        io.Fonts->AddFontFromFileTTF("Sarabun-Regular.ttf", 20.0f, NULL,
            io.Fonts->GetGlyphRangesThai());

        ImGuiSDL::Initialize(renderer, WIDTH, HEIGHT);
        ImGui_ImplSDL2_Init(window);

        Context c{ renderer, nullptr };
        FT_Init_FreeType(&c.ftLibrary);

        bool run = true;
        while (true)
        {
            SDL_Event event;
            if (SDL_PollEvent(&event)) {
                ImGui_ImplSDL2_ProcessEvent(&event);
                if (event.type == SDL_QUIT)
                    break;
            }
```

```
        SDL_SetRenderDrawColor(renderer, 0x50, 0x82, 0xaa, 0xff);
        SDL_RenderClear(renderer);

        ImGui::NewFrame();

        Scene::TickCurrent(c);

        ImGui_ImplSDL2_UpdateMousePosAndButtons();
        ImGui_ImplSDL2_UpdateMouseCursor();
        ImGui_ImplSDL2_UpdateGamepads();

        ImGui::Render();
        ImGuiSDL::Render(ImGui::GetDrawData());

        SDL_RenderPresent(renderer);
    }

    ImGui_ImplSDL2_Shutdown();
    ImGuiSDL::Deinitialize();
    ImGui::DestroyContext();

    FT_Done_FreeType(c.ftLibrary);

    SDL_DestroyWindow(window);
    SDL_Quit();
    return 0;
}
```

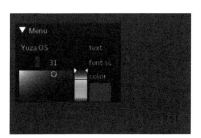

그림 17-8 test_freetype 프로젝트 실행 결과

freetype의 구체적인 사용은 FreeTypeStrokeScene, FreeTypeScene, FreeTypeOutline Scene 클래스를 참조한다.

라이브러리명	fontconfig
설명	필요로 하는 폰트를 설정하거나 커스터마이징하기 위한 라이브러리로 시스템에 필요로 하는 폰트가 없다면 적절한 대체 폰트를 찾아주는 역할을 함. 또한 시스템에 수많은 폰트가 설치돼 있어도 필요로 하는 폰트를 빠르게 찾는 데 도움을 줌
다운로드	• https://www.freedesktop.org/wiki/Software/fontconfig/ • https://github.com/tgoyne/fontconfig
WIN32 버전	https://github.com/ShiftMediaProject/fontconfig
포팅 여부	작업 중

fontconfig 라이브러리는 일견 그다지 중요해 보이지 않지만 비중있는 GUI 라이브러리가 필요로 하는 라이브러리 중 하나다. 책을 쓰는 현재 fontconfig 라이브러리는 YUZA OS에서 빌드는 되지만 정상적으로 동작하지 않는다.

라이브러리명	Harfbuzz
분류	이미지 처리
설명	텍스트에 음영 처리를 수행하는 라이브러리
다운로드	https://github.com/harfbuzz/harfbuzz

라이브러리 테스트는 test_freetype 프로젝트를 참조한다. FreeTypeHarfbuzzScene 클래스에서 Harfbuzz 라이브러리의 대략적인 사용법을 확인할 수 있다.

1.4 직렬화

데이터 직렬화는 복잡한 구조를 가진 데이터 객체를 바이트 스트림으로 변환하고 이 바이트 스트림을 다시 데이터 객체로 변환하는 과정을 말한다.

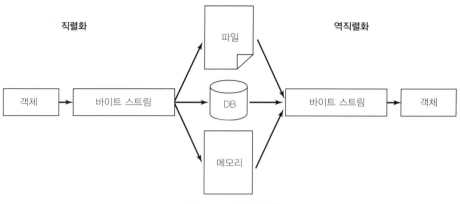

그림 17-9 데이터 직렬화

데이터 객체를 바이트 스트림으로 변환한 다음에는 목적에 따라 해당 데이터를 파일이나 DB 또는 메모리에 저장한다. 바이트 스트림은 로컬상에서 데이터를 교환하는 데 쓰일 수도 있으며 네트워크를 경유해서 원격지에 전달하는 데도 활용된다. 데이터 직렬화를 통한 이점은 다음과 같다.

- 직렬화된 데이터는 암호화하거나 압축하기 편하다.
- 다른 프로그래밍 언어 간 데이터 통신을 용이하게 해준다.

라이브러리명	msgpack
설명	효율적인 바이너리 직렬화를 구현. JSON 포맷처럼 다양한 프로그래밍 언어 간 데이터 교환이 쉬움
다운로드	https://github.com/msgpack/msgpack-c
버전	3.30

활용 예제는 **test_msgpack** 프로젝트를 참조한다. 샘플 코드는 **msgpack**을 사용해서 데이터를 직렬화하고 역직렬화하는 방법을 보여준다.

```c
#include <msgpack.h>
#include <stdio.h>

int main(void)
{
    // msgpack을 위한 버퍼 선언, 초기화
    msgpack_sbuffer sbuf;
    msgpack_sbuffer_init(&sbuf);
    char szYuza[] = "YUZA OS";

    // 직렬화를 위한 패커 준비
    // msgpack_sbuffer_write 함수는 콜백 함수다.
    msgpack_packer pk;
    msgpack_packer_init(&pk, &sbuf, msgpack_sbuffer_write);

    // 데이터 패킹. 5개를 패킹한다.
    msgpack_pack_array(&pk, 5);
    msgpack_pack_int(&pk, 12345); // int
    msgpack_pack_true(&pk); // bool
    msgpack_pack_str(&pk, strlen(szYuza)); // 문자열
    msgpack_pack_str_body(&pk, szYuza, strlen(szYuza));
    msgpack_pack_short(&pk, 12); // short
    msgpack_pack_char(&pk, 'a'); // char

    // 역직렬화 테스트
    msgpack_zone mempool;
    msgpack_zone_init(&mempool, 2048);

    msgpack_object deserialized;
    msgpack_unpack(sbuf.data, sbuf.size, NULL, &mempool, &deserialized);

    // 결과 출력
    msgpack_object_print(stdout, deserialized);
    printf("\n");
```

```
    msgpack_zone_destroy(&mempool);
    msgpack_sbuffer_destroy(&sbuf);

    return 0;
}
```

출력 결과는 다음과 같다.

```
[12345, true, "YUZA OS", 12, 97]
```

msgpack 라이브러리를 사용하려면 시스템이 사용하는 바이트 순서를 정의해야 한다. YUZA OS는 리틀 엔디안Little Endian을 사용하므로 응용앱에 다음 전처리 지시자를 추가한다.

```
MSGPACK_ENDIAN_LITTLE_BYTE
```

라이브러리명	protobuf-c
설명	구글 프로토콜 버퍼는 구조화된 데이터의 직렬화를 용이하게 해줌. 프로그래밍 언어와 플랫폼에 중립적이므로 이기종 간 데이터 통신에 용이함
다운로드	https://github.com/protobuf-c/protobuf-c

구글 프로토콜 버퍼는 C++로 작성됐지만 YUZA OS로 포팅하는 데 어려움이 있어 우선은 프로토콜 버퍼의 C 버전을 마이그레이션했다. C++ 버전은 아래 링크에서 다운받을 수 있다.

https://github.com/protocolbuffers/protobuf

구글 프로토콜 버퍼에서는 자체적으로 메시지 포맷을 작성한 다음 툴을 사용해서 C 언어
에서 사용할 수 있는 코드를 생성한다. 먼저 메시지 포맷을 살펴보자.

코드 17-8 개인정보 메시지

```
package YUZA;

message Person {
  required string name = 1;
  required int32 id = 2;
  optional string email = 3;

  enum PhoneType {
    MOBILE = 0;
    HOME = 1;
    WORK = 2;
  }

  message PhoneNumber {
    message Comment {
      required string comment = 1;
    }

    required string number = 1;
    optional PhoneType type = 2 [default = HOME];
    optional Comment comment = 3;
  }

  repeated PhoneNumber phone = 4;
}
```

패키지 이름은 YUZA고 Person이라는 메시지를 정의한다. Person 메시지는 이름, 아
이디, 이메일 주소 그리고 폰 번호로 구성된다. 사람은 폰을 여러 개 가질 수 있으므로
PhoneNumber 정의 앞에 repeated 키워드가 붙었다. optional이 붙은 항목은 값을 채

우지 않아도 상관없다는 뜻이다. 이제 이 메시지를 툴을 사용해서 C 코드로 변환한다. 툴은 tool 폴더의 protoc 프로젝트를 참조한다. 프로젝트를 빌드하기 위해 vcpkg를 사용해서 protobuf를 설치한다.

```
vcpkg install protobuf
```

그런 다음 다음 명령어를 입력해서 vcpkg를 활성화한다.

```
vcpkg integrate install
```

이제 프로젝트를 빌드해 보자. 정상적으로 빌드가 될 것이다. 그런 다음 위 메시지 포맷 파일과 툴을 사용해서 C 코드를 생성한다.

```
protobuf.exe test.proto ./
```

메시지 파일은 프로젝트 폴더 내에서 확인할 수 있다. 툴을 실행하면 test.pb-c.c, test.pb-c.h 파일이 생성된다. 이제 생성된 파일을 활용해서 메시지 객체를 직렬화하고 역직렬화하는 코드를 살펴보자. 코드는 test_protobuf 프로젝트를 참조한다.

코드 17-9 Person 메시지 직렬화 및 역직렬화

```
// Person 메시지를 생성한다. 초기화한 다음 이름, 아이디, 폰의 개수를 설정한다.
YUZA__Person person = YUZA__PERSON__INIT;
person.name = "Juhang Park";
person.id = 33;
person.n_phone = 1;
YUZA__Person__PhoneNumber* phone_list[1];
person.phone = phone_list;
// 폰 정보를 선언하고 값을 채운 다음 person 구조체의 phone 필드에 추가한다.
YUZA__Person__PhoneNumber phone = YUZA__PERSON__PHONE_NUMBER__INIT;
```

```
phone.number = "010-0000-0000";
phone.type = YUZA__PERSON__PHONE_TYPE__WORK;
phone_list[0] = &phone;
// 코멘트 정보는 옵션이기 때문에 채우지 않아도 상관없다.
YUZA__Person__PhoneNumber__Comment comment = YUZA__PERSON__PHONE_NUMBER__
COMMENT__INIT;
comment.comment = "yuzaos guy";
phone.comment = &comment;

// Person 메시지를 채웠으므로 이제 직렬화/역직렬화를 테스트!!
size_t size, packed_size;
unsigned char* packed;

// 예상되는 패킹 크기만큼 메모리 할당
size = yuza__person__get_packed_size(&person);
packed = (unsigned char*)malloc(size);
assert(packed);

// 패킹된 데이터는 원래 예측했던 패킹 데이터 크기와 동일해야 한다.
packed_size = yuza__person__pack(&person, packed);
assert(size == packed_size);

// person2 객체로 데이터를 역직렬화한 다음 데이터가 정확히 설정됐는지 확인하자.
YUZA__Person* person2;
person2 = yuza__person__unpack(NULL, size, packed);
yuza__person__free_unpacked(person2, NULL);
free(packed);
```

구글 프로토콜 버퍼의 C++ 버전은 훨씬 깔끔하고 사용하기가 편하다. 다만 마이그레이션
하는 것이 쉽지 않은데 가능하다면 직접 도전해 보기 바란다.

1.5 파싱

프로그램은 다양한 파라미터를 입력으로 받아 실행하는 경우가 많다. 파라미터가 한두 개
라면 상관없겠지만 다양한 옵션 명령과 파라미터가 추가된다면 프로그램상에서는 이 파
라미터를 분석하기 위해 적지않은 수고를 들여야 한다. 아래 커맨드 명령은 동영상 편집
툴인 ffmpeg 유틸리티의 명령 커맨드 사용 예제다.

```
ffmpeg -v quiet -y -i input.ts -vcodec copy -acodec copy -ss 00:00:00 -t 00:30:00
```

이런 복잡한 명령을 쉽게 처리해 주는 라이브러리가 커맨드 파싱 라이브러리다. 여기서는
getopt, libconfig++, argtable3, popt, gflags 라이브러리를 살펴본다.

라이브러리명	getopt
설명	대표적인 커맨드 파싱 라이브러리

코드는 **test_getopt** 프로젝트를 참조한다. 이 프로젝트는 사각형의 가로, 세로 값을 인자
로 받아 면적 또는 둘레를 계산한다.

코드 17-10 사각형의 면적 및 둘레 계산

```c
int main(int argc, char* argv[])
{
    int option = 0;
    int area = -1, perimeter = -1, width = -1, height = -1;

    while ((option = getopt(argc, argv, "apw:h:")) != -1)
    {
        switch (option)
        {
        case 'a':
            area = 0;
            break;
        case 'p': perimeter = 0;
```

```
            break;
        case 'w': width = atoi(optarg);
            break;
        case 'h': height = atoi(optarg);
            break;
        default: print_usage();
            exit(EXIT_FAILURE);
        }
    }
    if (width == -1 || height == -1)
    {
        print_usage();
        exit(EXIT_FAILURE);
    }

    // 면적 계산
    if (area == 0)
    {
        area = width * height;
        printf("Area: %d\n", area);
    }

    // 둘레 계산
    if (perimeter == 0)
    {
        perimeter = 2 * (width + height);
        printf("Perimeter: %d\n", perimeter);
    }
    return 0;
}
```

----

getopt 함수의 세 번째 파라미터인 "apw:h:"에 주목하자. w 및 h 다음의 콜론은 해당 파라미터 다음에 특정값을 요구한다.

```
test_getopt.dll -a -w 100 -h 20
```

예를 들어 위와 같이 커맨드 파라미터를 입력하면 가로 100, 세로 20의 사각형 면적을 구한다.

```
Area: 2000
```

라이브러리명	libconfig++
설명	설정 파일을 읽고 처리하는 C/C++ 라이브러리
홈페이지	http://hyperrealm.github.io/libconfig/

libconfig++ 라이브러리는 YUZA OS의 설정 파일 파싱에 사용된 바 있다.

라이브러리명	argtable3
설명	GNU 스타일의 명령 구문을 파싱하는 라이브러리
다운로드	https://github.com/argtable/argtable3
버전	3

코드는 test_argtable 프로젝트를 참조한다. 이 프로젝트는 n, e, E가 옵션으로 설정돼 있는지를 확인한다.

코드 17-11 argtable을 활용한 커맨드 명령 파싱

```
int main(int argc, char **argv)
{
    // 사용할 수 있는 파라미터를 등록한다.
    // 옵션과 옵션에 대한 설명을 담은 구조체를 선언한다.
    struct arg_lit *n = arg_lit0("n", NULL, "do not output trailing newline");
    struct arg_lit *e = arg_lit0("e", NULL,
    "enable interpretation of the backslash-escaped characters listed below");
    struct arg_lit *E = arg_lit0("E", NULL,
```

```
                         "disable interpretation of those sequences in <string>s");
    struct arg_lit *help = arg_lit0(NULL, "help", "print this help and exit");
    struct arg_lit *vers = arg_lit0(NULL, "version",
                         "print version information and exit");
    struct arg_str *strs = arg_strn(NULL, NULL, "STRING", 0, argc + 2, NULL);
    struct arg_end *end = arg_end(20);
    // 앞에서 선언한 옵션 구조체를 모두 담은 argtable 구조체를 선언한다.
    void* argtable[] = { n, e, E, help, vers, strs, end };
    const char* progname = "test_argtable";
    int exitcode = 0;
    int nerrors;
    ……
    // argtable 구조체에 등록된 정보를 사용해서 커맨드 명령을 분석한다.
    nerrors = arg_parse(argc, argv, argtable);
}
```

코드 17-12 실행 결과

```
C:\>test_argtable.dll
option -n = NO
option -e = NO
option -E = NO


C:\>test_argtable.dll -n
option -n = YES
option -e = NO
option -E = NO


C:\>test_argtable.dll -E STRING aaa bbb ccc
option -n = NO
option -e = NO
option -E = YES
STRING
aaa
bbb
ccc
```

라이브러리명	popt
설명	GNU 스타일의 명령 구문을 파싱하는 라이브러리
다운로드	• http://gnuwin32.sourceforge.net/packages/popt.htm • https://github.com/matszpk/popt-msvc

샘플 테스트 코드는 test_popt 프로젝트를 참조한다.

라이브러리명	gflags
설명	구글에서 제작한 커맨드 라인 파싱 라이브러리. 이 라이브러리가 다른 커맨드 라인 파싱 라이브러리와 구분되는 점은 하나의 소스코드 파일 안에서만 플래그를 정의할 수 있고 그 파일에서만 의미를 가진다는 점
다운로드	https://code.google.com/p/gflags/

샘플 테스트 코드는 test_gflags 프로젝트를 참조한다. 빌드한 다음 커맨드 창에서 gflagex -port 100 -languages english를 입력해 보자. 이 경우 에러없이 프로그램이 실행된다. 다음 커맨드 명령은 커맨드 체커에 의해 실패로 끝나는 상황이다.

```
gflagex -port 40000 -languages english
gflagex -port 100 -languages korean
```

코드 17-13 포트값과 언어가 유효한지를 파싱하는 예제

```
DEFINE_int32(port, 0, "What port to listen on");
DEFINE_string(languages, "english", "comma-separated list of languages to offer
in the 'lang' menu");
// 포트 값이 유효한지를 검사하는 콜백 함수
static bool ValidatePort(const char* flagname, gflags::int32 value) {
    if (value > 0 && value < 32768) // value is ok
        return true;
    printf("Invalid port value for --%s: %d\n", flagname, (int)value);
    return false;
}
```

```cpp
// 언어가 프로그램에서 지원하는지를 검사하는 콜백 함수
static bool ValidateLanguage(const char* flagname, const std::string& value) {
    if (value.compare("english") == 0 ||
        value.compare("french") == 0 ||
        value.compare("german") == 0)
            return true;
    return false;
}

int main(int argc, char* argv[])
{
    // 포트값이 유효한지를 검사하는 콜백 함수 추가
    bool result = gflags::RegisterFlagValidator(&FLAGS_port, &ValidatePort);
    assert(result == true);

    // 언어 스트링이 유효한지를 체크하는 콜백 함수 추가
    result = gflags::RegisterFlagValidator(&FLAGS_languages, &ValidateLanguage);
    assert(result == true);

    // 커맨드 라인을 파싱
    gflags::ParseCommandLineFlags(&argc, &argv, true);
    cout << FLAGS_languages.c_str() << endl;
    cout << FLAGS_port << endl;
    return 0;
}
```

1.6 멀티미디어

멀티미디어 라이브러리는 궁극적으로 사운드를 출력하고 동영상을 스트리밍하는 데 필요하다. 대표적인 동영상 스트리밍 라이브러리로는 ffmpeg가 있다. 지금 소개하는 멀티미디어 라이브러리는 ffmpeg를 빌드하기 위한 기반 라이브러리에 해당하므로 알아두면 좋다.

라이브러리명	libtheora
설명	OGG 멀티미디어 포맷의 스트리밍을 위해 릴리스된 비디오 코덱
다운로드	https://www.theora.org/

라이브러리 활용 예제는 png2theora 프로젝트를 참조한다. 이 유틸리티는 동일한 크기의 연속된 png 이미지를 받아 영상파일을 생성한다. 도움말을 보면 상세한 사용법을 알 수 있으며 간단한 사용법은 다음과 같다.

```
png2theora.dll -o result.ogv file%06d.png
```

위와 같이 입력하면 file000001.png에서 file9999999.png 이름 범위에 있는 파일을 합쳐서 result.ogv 파일을 생성한다.

라이브러리명	MAD
설명	고품질 MPEG 오디오 디코더. MPEG-1, MPEG-2 및 MPEG 2.5 포맷을 지원. MP3 출력도 완벽하게 구현했음
다운로드	https://www.underbit.com/products/mad/

라이브러리명	libmikmod
설명	mod, s3m, it, xm을 포함한 다양한 타입의 음원을 플레이할 수 있는 라이브러리
다운로드	http://mikmod.sourceforge.net/

라이브러리명	ffmpeg
설명	오디오, 비디오 데이터를 기록하거나 변환해 주는 라이브러리. ffmpeg를 사용하면 오디오/비디오 데이터를 실시간으로 스트리밍하는 것이 가능. 대부분의 영상 처리 응용앱의 기반이 되는 라이브러리
다운로드	https://www.ffmpeg.org/
포팅여부	진행중

ffmpeg는 YUZA OS로 몇 번 포팅을 시도했지만 실패했다. 프로젝트 규모가 크고 무엇보다 수학 연산 관련 코드에서 문제가 있어 빌드하는 데 어려움을 겪었다.

ffmpeg는 필자가 반드시 YUZA OS로 포팅하려는 라이브러리 중 하나다. 그러므로 언젠가는 마이그레이션이 될 것이다. 동영상의 입출력은 시스템에 큰 부하를 주므로 ffmpeg를 활용한 응용앱은 YUZA OS의 성능 최적화에도 도움이 될 것이라 기대한다.

1.7 마크업 언어

마크업 언어는 태그 등을 이용해 문서나 데이터의 구조를 정의하는 언어의 일종으로 데이터를 표현하는 용도로만 사용하기에 프로그래밍 언어와는 성격이 다르다. 대표적인 마크업 언어는 다음과 같다.

XML, JSON, YAML, HTML, MD(MarkDown), MathML

라이브러리명	libexpat
설명	Expat 라이브러리는 XML 파일을 파싱하기 위한 라이브러리. XML 파싱 관련 좋은 라이브러리가 많아서 Expat 라이브러리는 상대적으로 사용하기 불편하지만 여러 프로젝트에서 참조하는 경우가 많으므로 알아두면 좋음
다운로드	http://expat.cvs.sourceforge.net/
버전	2.0.1

활용 예제는 test_expat 프로젝트를 참조한다.

라이브러리명	roxml
설명	XML 파일 파싱을 위한 라이브러리. C로 구현됐으며 사용하기 쉬움
다운로드	http://blunderer.github.io/libroxml/

활용 예제는 소스코드를 다운받은 뒤 unittest 폴더에서 확인한다.

라이브러리명	tinyxml
분류	XML
설명	여러 프로젝트에 쉽게 통합할 수 있는 C++용 XML 파서 라이브러리
다운로드	http://sourceforge.net/projects/tinyxml/
튜토리얼	http://www.grinninglizard.com/tinyxmldocs/tutorial0.html

라이브러리 활용 예제는 test_tinyxml 프로젝트를 참조한다. 이 프로젝트에서는 C++ 객체를 XML로 저장하고 XML 데이터를 C++ 객체로 로드하는 예제를 보여준다.

코드 17-14 test_tinyxml 프로젝트

```
int main(void)
{
    // AppSettings 객체에 데이터를 저장하고 파일로 저장한다.
    {
        AppSettings settings;
        settings.m_name = "HitchHikerApp";
        settings.m_messages["Welcome"] = "Don't Panic";
        settings.m_messages["Farewell"] = "Thanks for all the fish";
        settings.m_windows.push_back(WindowSettings(15, 25, 300, 250, "Frame"));
        settings.m_connection.ip = "192.168.0.77";
        settings.m_connection.timeout = 42.0;

        settings.save("appsettings2.xml");
    }

    // xml 파일에 저장한 데이터를 복원해서 AppSettings 객체에 로드한다.
    {
        AppSettings settings;
        settings.load("appsettings2.xml");
        printf("%s: %s\n", settings.m_name.c_str(),
        settings.m_messages["Welcome"].c_str());
        WindowSettings& w = settings.m_windows.front();
```

```
    printf("%s: Show window '%s' at %d,%d (%d x %d)\n",
    settings.m_name.c_str(), w.name.c_str(), w.x, w.y, w.w, w.h);
    printf("%s: %s\n", settings.m_name.c_str(), settings.m_
    messages["Farewell"].c_str());
  }
  return 0;
}
```

1.8 로컬라이제이션

로컬라이제이션localization은 각 나라의 문화와 환경에 맞춘 현지화 작업을 의미한다. 여기서는 언어의 자국어화로 그 범위를 축소하겠다.

세상의 언어가 영어 하나로 통일됐다면 로컬라이제이션을 고려할 필요가 없겠지만 한국이나 일본, 중국, 아랍어권 나라는 고유의 언어체계를 사용하므로 응용앱은 이들 나라의 문자를 읽고 출력하는 기능을 지원해야 한다.

라이브러리명	libintl
설명	프로그램에 자국어 지원을 제공하는 라이브러리로 gettext의 일부임
다운로드	http://gnuwin32.sourceforge.net/packages/libintl.htm

라이브러리명	iconv
설명	문자열 인코딩 변환
다운로드	• http://gnuwin32.sourceforge.net/packages/libiconv.htm • http://gnuwin32.sourceforge.net/packages/libgw32c.htm

문자열 인코딩은 ANSI 인코딩의 상위 호환 버전인 UTF8 인코딩 방식이 표준으로 정착되고 있는 추세다. 하지만 아직 완전히 정착되지는 않았기 때문에 현재도 다양한 인코딩 방식이 혼재하고 있다. 특히 한국어는 UTF8, EUC-KR(완성형), 조합형 등 다양한 인코

딩 방식이 존재하므로 문자열 처리과정이 꽤 까다롭다. iconv는 이런 다양한 문자열 인코딩 간의 변환을 도와주려고 제작된 라이브러리다. 멀티바이트를 유니코드로 변경하는 MultiByteToWideChar WIN32 API는 YUZA OS도 지원하는데 이 API의 구현에 iconv 라이브러리가 사용됐다.

iconv 라이브러리는 프로젝트 빌드상의 순서 문제로 ThirdParty 폴더가 아닌 corelib 폴더에 있으니 참조한다.

라이브러리명	libhangul
설명	한자와 한글을 다룰 수 있으며 한글 입력을 처리할 수 있는 라이브러리
다운로드	https://github.com/libhangul/libhangul

YUZA OS는 한글 입력 처리 관련 다양한 라이브러리를 다루고 있다. 추후 YUZA OS 플랫폼이 활성화된다면 정교한 한글 입력체계를 제공해야 할 것이다. libhangul은 해당 목적을 달성하기에 충분한 기능을 제공한다. libhangul의 사용 예제는 test_libhangul 프로젝트를 참조한다.

코드 17-15 libhangul 라이브러리 사용 예제

```
int main(void)
{
    int i;
    char buf[16];
    char input[] = { 'g', 'k', 's', 'r', 'm', 'f', '\0' }; /* 한글 */
    HangulInputContext* hic;

    hic = hangul_ic_new("2");
    for (i = 0; input[i]; i++)
    {
        hangul_ic_process(hic, input[i]);
        printf("input: %c, committed: 0x%04X, preedit: 0x%04X\n",
```

```
        input[i], *hangul_ic_get_commit_string(hic),
        *hangul_ic_get_preedit_string(hic));
    }

    if (!hangul_ic_is_empty(hic))
        printf("flushed: 0x%04X\n", *hangul_ic_flush(hic));

    hangul_ic_delete(hic);
    return 0;
}
```

실행 결과는 다음과 같다.

```
input: g, committed: 0x0000, preedit: 0x314E
input: k, committed: 0x0000, preedit: 0xD558
input: s, committed: 0x0000, preedit: 0xD55C
input: r, committed: 0xD55C, preedit: 0x3131
input: m, committed: 0x0000, preedit: 0xADF8
input: f, committed: 0x0000, preedit: 0xAE00
flushed: 0xAE00
```

gksrmf는 "한글"에 대응한다. 위 실행 결과는 각 ANSI 문자가 입력기에 들어감에 따라 조합이 완성된 문자 또는 조합이 끝나지 않은 문자의 유니코드값을 출력한다. 유니코드 0xAE00은 '글'에 해당하며 입력기에서 데이터를 꺼내온 상태가 아니기에 `hangul_ic_flush` 함수를 호출해서 문자를 최종 완성한다.

1.9 기타

1.9절에서는 알아두면 좋을 유용한 라이브러리를 소개한다. 예제 코드가 없는 프로젝트는 샘플 코드를 인터넷에서 검색한 뒤 WIN32 환경에서 테스트해 보기 바란다.

라이브러리명	pcre, pcre2
설명	정규표현식은 문자열이 특정한 규칙 또는 패턴을 따르고 있는지를 표현하는 데 사용하는 형식 언어. pcre는 펄 프로그래밍 언어의 정규표현식 기능에 착안해 고안한 정규표현식 라이브러리
홈페이지	https://www.pcre.org/

정규표현식 활용 예제는 5장, '콘솔 앱 살펴보기'에서 살펴봤다. 서드파티에는 pcre, pcre2 두 가지 라이브러리가 존재하는데 상황에 따라 적절한 라이브러리를 활용한다.

라이브러리명	libmcrypt
분류	암호화
설명	대칭형 인크립션 알고리즘을 적용하는데 단일 인터페이스를 제공하는 라이브러리로 ofc, cbc, cfb, ecb 모드로 인크립션 알고리즘에 접근하기 위해 간단한 인터페이스를 제공해 줌. libmcrypt 라이브러리가 제공하는 알고리즘에는 DES, 3DES, EIJNDAEL, Twofish, IDEA, GOSST, CAST-256, ARCFOUR, SERPERNT, SAFER+ 등이 있음. 알고리즘과 모드는 모듈식으로 돼 있어 라이브러리를 재컴파일할 필요없이 상황에 따라 더하거나 제거할 수 있음
다운로드	https://github.com/winlibs/libmcrypt

라이브러리명	libmhash
분류	해시 라이브러리
설명	여러 해시 알고리즘을 사용하기 위해 단일한 인터페이스를 제공. rfc2014(HMAC) 메시지 인증을 지원하며 해시 알고리즘 기반 암호화 키 생성도 지원
다운로드	http://sourceforge.net/projects/mhash/

라이브러리명	Box2D
분류	물리 엔진
설명	C++로 작성한 2차원 물리 시뮬레이터 엔진으로 오픈소스며 앵그리 버드에서 사용
다운로드	https://box2d.org/

Box2D 물리 엔진 활용 예제는 19장에서 소개한다.

라이브러리명	pdcurses
설명	curses 라이브러리는 텍스트 사용자 인터페이스 응용 프로그램을 제작할 수 있게 해주는 라이브러리. pdcurses 라이브러리는 curses 라이브러리를 SDL상에서 동작하도록 수정한 버전
홈페이지	https://pdcurses.org/

pdcurses 라이브러리의 활용 예제는 19장에서 확인할 것이다.

라이브러리명	libuuid
설명	고유식별자를 생성해 주는 라이브러리. 이 고유식별자를 통해서 로컬 시스템 외부에서는 해당 개체를 고유하게 인식할 수 있음
다운로드	https://sourceforge.net/projects/libuuid/
버전	1.03

고유식별자 생성 예제는 test_libuuid 프로젝트를 참조한다.

코드 17-16 UUID 생성

```c
#include <stdio.h>
#include <uuid.h>

int main(int argc, char* argv[])
{
    uuid_t uuid;

    // 고유식별자 생성
    uuid_generate_time_safe(uuid);

    // uuid를 소문자로 구성된 문자열로 얻는다.
    char uuid_str[37];
    uuid_unparse_lower(uuid, uuid_str);
    printf("UUID = %s\n", uuid_str);
```

```
    return 0;
}
```

실행 결과는 다음과 같다.

```
C:\>test_libuuid.exe
UUID = 00000024-3aa0-1057-8000-e3c24a4c0a1c
```


2 정리

『C++로 나만의 운영체제 만들기』를 출간하고 나서 독자분들로부터 다음과 같은 질문을
받은 적이 있다.

"SKY OS에서 QT를 실행할 수 있나요?"

이 물음이 계기가 된 것은 아니지만 간단한 라이브러리가 아니라 견고하고 규모가 큰 라
이브러리를 YUZA OS에서 활용하려면 기반이 되는 라이브러리를 전부 포팅해야 함을
깨달았다. 17장에서 소개한 라이브러리는 일부 라이브러리를 제외하고 필자가 유용하다
고 판단하는 라이브러리를 마이그레이션하는 과정에서 필요했던 기반 라이브러리를 포
팅한 것이다.

표 17-2 17장의 오픈소스 라이브러리 정리

항목	라이브러리
압축	lzo, minilzo, snappy, lz4, zlib
이미지	libbmp, libpng, giflib, pixman, libjpeg, libtiff, scale2x, libexif
폰트	freetype, fontconfig, harfbuzz,
데이터 직렬화	msgpack, protobuf-c
파싱	getopt, argtable3, popt, gflags
멀티미디어	libtheora, MAD, libmikmod
마크업 언어	libexpat, roxml, tinyxml, libconfig++
로컬라이제이션	libintl, iconv, libhangul
기타	pcre, pcre2, libmcrypt, libmhash, Box2D, pdcurses, libuuid

표 17-2는 좋은 라이브러리를 마이그레이션하고 싶은데 외부 종속성 라이브러리가 있는 경우 참조하면 도움이 될 것이다. 또한 책을 집필하고 있는 시점에서, 책에서 소개하지 못한 유용한 라이브러리도 다수 포팅됐다. 이 라이브러리들은 thirdparty2 폴더에 정리할 예정이니 참조하자.

18

포팅하기

수많은 오픈소스를 새로운 플랫폼에서 활용하려면 표준 프로그래밍 인터페이스가 중요하다는 것을 계속 강조해 왔다. 이 표준 프로그래밍 인터페이스를 토대로 포팅된 라이브러리가 17장에서 소개한 오픈소스 라이브러리다. 이제 이 오픈소스 라이브러리를 기반으로 우리는 새로운 영역에 진입해야 한다. 그것은 규모가 큰 라이브러리의 마이그레이션이다. 이를 위해서는 표준 프로그래밍 인터페이스와 더불어 여러 모듈을 레고와 같이 조립하는 기술이 필요하다.

지금부터는 손쉽게 포팅할 수 있는 라이브러리를 선택하는 방법을 알아본 다음 그동안 학습한 내용을 바탕으로 규모가 큰 라이브러리의 포팅에 도전해 본다.

1 라이브러리 고르기

운영체제가 POSIX 규격을 완벽하게 준수한다면 서드파티의 포팅은 매우 쉬워진다. 예를 들어 리눅스 계열의 운영체제는 모듈이나 앱을 빌드하기 위해 GCC 컴파일러를 사용하며 POSIX 인터페이스를 제공하기 때문에 개발자 입장에서는 표준 프로그래밍 인터페이스만 정확히 준수하면 빌드 실패라는 문제는 발생하지 않는다. 하지만 필자가 제작한 운영체제는 리눅스 계열의 OS도 아니고 POSIX 규격도 완전히 준수하지 않았다. 서드파티를 마이그레이션하는 과정에서 API 인터페이스를 다듬어 나간 것이다. 이 부분에 내해서는 11장, '표준 프로그래밍 인터페이스'에서 자세히 설명한 바 있다.

하고 싶은 말은 YUZA OS는 API 표준을 최대한 준수하고자 노력했지만 표준과는 동일하지 않다는 것이다. 그래서 괜찮은 라이브러리를 YUZA OS에서 활용하려면 수정이 어느 정도 요구된다. 그래도 처음에는 이런 수정 작업의 양이 많았지만 지금은 굉장히 줄어든 편이다.

> 서드파티의 수정 → 행사비용!!

적당한 표준 프로그래밍 인터페이스 구축을 통해 마이그레이션 비용이 감소했다고 하나 실제 포팅을 해보면 라이브러리의 규모 및 구현 내용에 따라 여전히 무시할 수 없는 마이그레이션 비용이 발생한다. 어떤 경우에는 라이브러리를 마이그레이션하기 위해서 라이브러리 내부 동작을 완벽히 이해할 필요도 있는데 이런 경우 추가 개발 시간이 요구된다. 그러므로 포팅하려는 라이브러리가 필수 라이브러리인지를 먼저 고민해서 마이그레이션 여부를 결정하는 것이 좋다.

- 다른 라이브러리의 빌드를 위한 기반 라이브러리
- 별다른 수정없이 빌드되는 라이브러리

위 두 가지 사항을 충족하는 라이브러리를 포팅 기준으로 삼자. 당연한 얘기지만 YUZA OS로 모든 라이브러리를 포팅할 필요는 없다. 또한 YUZA OS가 제공하는 API 인터페이스가 다듬어지면 지금은 빌드가 힘들어도 나중에는 별다른 수고없이 쉽게 빌드될 것이므로 현재로서는 다른 라이브러리의 기반이 되는 라이브러리나 행사비용이 크지 않은 라이브러리를 포팅 대상으로 삼자.

이상적인 상황은 소스코드의 수정이 전혀 없는 경우겠지만 플랫폼 인디펜던트 라이브러리Platform Independent Library가 아닌 이상 소스코드의 수정은 불가피하다. 그래서 기반 라이브러리라 하더라도 크로스 플랫폼에 대응하는 라이브러리를 포팅 대상으로 삼는 것이 좋다. 크로스 플랫폼 라이브러리는 모두 그렇지는 않지만 새로운 플랫폼으로 라이브러리를 마이그레이션하기 위한 기초 및 단서를 제공한다.

그럼 여기서 좋은 크로스 플랫폼 라이브러리가 갖는 요소에는 어떤 것이 있는지 살펴보자.

- 플랫폼별 타입이 아닌 표준 C 타입을 사용
- 애플리케이션 프레임워크나 런타임 라이브러리를 사용하지 않은 라이브러리
- 원본 소스코드를 특별한 작업없이 직접 빌드할 수 있는 라이브러리
- #ifdef 구문 시 내장된 컴파일러 플래그만 사용한 라이브러리
- 플랫폼별 코드를 숨기고 재사용할 수 있는 인터페이스 세트만 노출시킨 라이브러리
- 모든 API에 유니코드 문자열(UTF8) 사용

궁극적으로 크로스 플랫폼 라이브러리가 추구해야 하는 이상향은 플랫폼 인디펜던트 라이브러리다. 플랫폼 인디펜던트 라이브러리는 특정 플랫폼과의 종속성이 없는 라이브러리를 뜻한다. 예를 들어 아래 링크의 소스는 플랫폼 인디펜던트 라이브러리의 좋은 예다.

https://github.com/seL4/util_libs

이 프로젝트는 OS에 독립된 유틸리티 라이브러리의 모음이다. 운영체제 개발 시에 참조할 내용이 많으니 꼭 살펴보기 바란다.

마지막으로 운영체제 개발에 한해서는 빌드 시스템(빌드 자동화, 빌드 스크립트 생성)에 의존하지 않는 오픈소스 라이브러리가 좋다는 것을 말하고 싶다. 대규모 프로젝트의 경우 환경을 구축하고 여러 외부 요소를 다루는 것만 해도 엄청난 시간이 걸리는 만큼 라이브러리 빌드를 위한 빌드 시스템은 필수 불가결한 요소다. 하지만 이런 빌드 시스템은 한 프로젝트를 장기간 작업하는 경우에는 유용하겠지만 YUZA OS 유형의 운영체제를 개발하는 입장에서는 독이다. 해당 빌드 시스템을 사용할 수 없을뿐더러 경험상 라이브러리 빌드를 위한 소스 구조를 투명하게 확인하는 것이 힘들다. 또한 우리는 라이브러리를 하나만 마이그레이션하는 것이 아니고 수많은 라이브러리를 다뤄야 한다. 이미 17장에서 이 사실을 인식했을 것이다. 그런데 이런 라이브러리마다 빌드 시스템이 존재한다면 먼저 라이브러리를 어떻게 빌드하는지 연구하다가 아까운 시간을 다 허비하게 되고 말 것이다.

> **MEMO** ➡ 필자가 실제로 그랬다. 빌드 시스템은 한 번 구축해 놓으면 좋지만 라이브러리 빌드를 위한 환경 구축은 시간이 많이 걸리는 작업이다. 또한 동일한 빌드 시스템을 사용하는 라이브러리라 하더라도 여러 가지 설정 문제로 빌드가 깔끔하게 되는 경우는 극히 드물다. 더 큰 문제는 빌드 시스템은 종류가 매우 많다는 것이다.
>
> ---
>
> scon, ninja, cmake, meson, nmake ……
>
> ---

그러므로 가장 이상적인 오픈소스 라이브러리는 빌드 시스템에 의존해서 빌드하지 않고 소스코드 그 자체로 컴파일이 가능한 라이브러리다. 예를 들어 5장, '콘솔 앱 살펴보기'에서 소개한 slog 라이브러리는 이상적인 오픈소스의 좋은 예다.

```
slog.c
slog.h
```

라이브러리를 마이그레이션하는 데 걸리는 시간은 행사비용의 대표적인 예다. 어쨌든 이런 행사비용에 필자는 너무나 많은 시간을 헌납했지만 독자분들은 이 고통을 똑같이 맛볼 필요가 없다고 생각한다. 앞으로 독자분들이 기반 라이브러리의 포팅에 도전한다면 1절의 내용을 꼭 유념해서 마이그레이션하자.

2 포팅 실전

지금부터는 몇 가지 프로젝트의 마이그레이션을 시도한다. 이미 책 전반에 걸쳐 몇 가지 라이브러리의 포팅 과정을 보여준 바 있다. 특히 15장, 'SDL 코어편'에서는 SDL을 YUZA OS로 포팅하는 과정을 구체적으로 보여줬다. 2절에서는 규모가 크다고 판단되는 프로젝트를 살펴봄으로써 향후 독자분들이 포팅을 진행할 때 도움이 되는 것을 목표로 한다. 살펴볼 프로젝트는 다음과 같다.

```
ScummVM, wxWidgets
```

ScummVM 프로젝트에서는 마이그레이션 성공과정을 보여주고 wxWidgets 라이브러리에서는 마이그레이션 실패과정을 보여줌으로써 포팅 작업이 만만치 않다는 것을 알려주려 한다.

2.1 성공 사례 – ScummVM

ScummVM^{스컴 가상 머신}은 고전 포인트 앤 클릭 어드벤처 게임이나 롤플레잉 게임의 데이터를 사용해서 현대 운영체제에서도 게임이 동작할 수 있게 해주는 가상 머신이다. 오래된 게임의 범주로는 도스 시절의 게임이나 Windows 3.1, Windows 95/98 게임이 해당된다. 도스게임 에뮬레이터로 도스박스가 존재하지만 도스박스는 실제 도스 운영체제 환경을 에뮬레이션해서 게임이나 응용 프로그램을 실행한다. 즉 프로그램의 바이너리 실행파일을 활용한다는 의미다. 반면 ScummVM은 게임의 바이너리 실행파일을 활용하지 않는다. 다만 게임에 필요한 리소스가 바이너리 파일에 포함돼 있다면 리소스를 추출해서 활용한다.

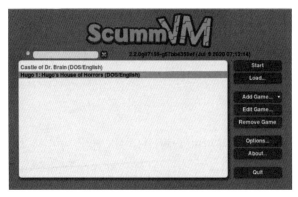

그림 18-1 ScummVM 실행화면

ScummVM에서 게임의 바이너리 코드가 필요없는 이유는 ScummVM에서 실행되는 게임들은 ScummVM 내부에서 자체 게임 엔진을 구현했기 때문이다. 이 게임 엔진이 바이너리 실행파일을 대체할 수 있으므로 바이너리 파일이 필요없다. 그리고 바이너리 파일에서 사용하던 그 당시 플랫폼의 그래픽 및 사운드 처리 API를 ScummVM에서 현대의 API로 제공해 준다. 현재 ScummVM에 등록돼 있는 대표적인 게임 엔진은 다음과 같다.

표 18-1 ScummVM에 등록된 대표적인 게임 엔진

표	내용
SCUMM	루카스아츠사에서 제작한 원숭이 섬의 비밀 시리즈, 인디아나 존스 시리즈가 SCUMM 엔진으로 제작됐다.
SCI, AGI, SGI32	시에라사가 제작한 게임들이 해당한다. 대표적인 게임으로는 스페이스 퀘스트 시리즈, 영웅의 길 시리즈, 폴리스 퀘스트 시리즈 등이 있다.
Gob	칵테일사의 고블린 게임 시리즈 및 다수의 게임이 해당 엔진을 사용한다.
Kyra	키란디아의 전설 시리즈, 주시자의 눈 등의 게임에서 사용된 게임 엔진으로 키란디아의 전설 1편은 한글화돼 발매됐다.
Hugo	휴고 시리즈에 사용된 게임 엔진
Sherlock	셜록홈즈의 잃어버린 사건 파일 시리즈에 사용된 게임 엔진
Xeen	마이트 앤 매직 시리즈에 사용된 게임 엔진

표 18-1에서 언급한 엔진 외에도 수많은 게임 엔진이 ScummVM에 포함돼 있다. 원래 ScummVM은 이름에서도 알 수 있듯이 Scumm 엔진만을 위한 가상 머신이었다. 하지만 시간이 지나면서 범용 인터페이스로 변경되면서 Scumm 엔진뿐만 아니라 다수의 게임 엔진이 ScummVM에 포함되고 있다. 게임 엔진이 ScummVM에서 동작할 수 있게 하려면 ScummVM이 제공하는 플러그인 인터페이스를 준수해야 한다.

ScummVM은 오래돼 현대 운영체제에서 실행이 불가능한 게임들을 실행할 수 있게 해준다는 데서 그 의미를 찾을 수 있다. 또한 현대의 운영체제에서 게임이 동작할 수 있도록 운영체제 및 플랫폼에 독립적인 인터페이스를 갖췄으므로 여러 플랫폼으로 이식할 수 있다. 즉 도스 플랫폼으로 제작된 게임을 여러 운영체제에서 실행하는 것이 가능해진 것이다. 현재 ScummVM을 구동할 수 있는 운영체제는 다음과 같다.

Windows, Linux, macOS, iOS, Android, PS Vita, Switch, Dreamcast, AmigaOS, Atari/FreeMiNT, RISC OS, Haiku, PSP, PS3, Maemo

이제 이 ScummVM이 YUZA OS에 구동되도록 구현할 것이다. 이 작업을 통해 다음과 같은 결과를 얻으려 한다.

- YUZA OS가 표준 인터페이스를 얼마나 따르고 있는가, 즉 코드의 수정이 얼마나 발생하는지 체크한다.
- ScummVM은 대형 프로젝트다. 이 프로그램을 실행시키면서 이전에는 고려하지 못했던 여러 사항을 확인하고 개선한다.
- ScummVM 프로젝트 포팅을 통해 다른 프로젝트 포팅에도 도전할 수 있는 자신감을 획득한다.

ScummVM에 대한 자세한 사항은 아래 홈페이지에서 확인한다.

https://www.scummvm.org/

프로젝트 구축

ScummVM은 250개 이상의 게임을 플레이할 수 있도록 지원하고 있다. 이런 게임들을 지원하기 위해 게임 엔진들을 모두 포함하면 생성되는 바이너리는 그 크기가 90메가 이상이 될 정도로 매우 크며 너무나 많은 소스파일을 다뤄야 한다. 여기서는 문제를 단순히 하기 위해 휴고 게임 시리즈를 플레이할 수 있게 해주는 Hugo 게임 엔진만 포함해서 바이너리를 생성할 것이다.

그림 18-2 휴고의 공포의 집 게임 화면

먼저 소스코드를 다운받는다. 소스코드는 홈페이지에서 다운받을 수도 있고 깃허브github에서도 다운받을 수 있다. 깃허브 주소는 아래와 같다.

https://github.com/scummvm/scummvm

최신 소스로 컴파일하는 것이 좋긴 하지만 소스코드가 갱신되면서 빌드 방법이 변경될 수도 있고 소스코드가 컴파일되지 않을 가능성이 있으므로 릴리스 탭에서 2.2.0 버전의 소스코드(2019년 9월 23일 태그)를 다운받아 빌드를 시도한다. 소스코드는 YUZA OS 루트 폴더 기준 /sample/emulator에 scummvm 폴더를 만들어 복사한다.

먼저 비주얼 스튜디오 프로젝트를 생성해야 한다. devtoolsＷcreate_projectＷmsvc 폴더로 이동하면 create_project.sln 솔루션 파일이 있다. 이 솔루션 파일을 열어 빌드하면

create_project.exe 파일이 생성된다. 그런 다음 scummvm 폴더에서 build 폴더를 하나 만들고 이 폴더로 이동한 다음 create_project.exe 파일을 복사한다. 그리고 콘솔 창을 실행해 build 폴더로 이동한 다음 아래와 같은 명령을 입력해서 실행한다.

```
create_project.exe C:\dev\os\yuza\sample\emulator\scummvm --msvc --disable-all-engines
--disable-libcurl --disable-sdlnet --disable-theora --disable-bink --enable-engine=hugo
```

위 명령 중 수정해야 될 부분은 C:\dev\os\yuza\sample\emulator\scummvm 이다. 이 경로는 scummvm 소스코드가 있는 경로로 필자의 작업 환경에 해당한다. scummvm의 소스코드 경로는 자신의 경로에 해당하는 위치로 변경한다. 기본적으로는

```
create_project.exe <scummvm 소스코드 경로> --msvc
```

입력으로 모든 엔진을 지원하고 모든 서드파티 라이브러리가 포함된 프로젝트를 생성할 수 있지만 문제를 단순화하기 위해 게임 엔진은 hugo 엔진만 포함한다. 또한 서드파티 라이브러리 중에서 몇몇 라이브러리는 제외한다.

표 18-2 제외된 서드파티 라이브러리

라이브러리	내용
libcurl	네트워크와 관계됨. 포팅되지 않음
sdlnet	네트워크와 관계됨. 포팅되지 않음
theora	포팅됐으나 포함시키지 않음
Bink	동영상 관련 라이브러리. 포팅되지 않음

정상적으로 실행됐다면 build 폴더에 scummvm.sln, scummvm.vcxproj, hugo.vcxproj 세 파일이 생성된다. scummvm.vcxproj는 가상 머신 프로젝트, hugo.vcxproj는 hugo 게임 엔진 프로젝트다. 일단 YUZA OS로 포팅하기 전에 scummvm.sln 파일을 열어서 WIN32 바이너리를 생성해 보고 프로그램을 실행해서 ScummVM에 익숙해지자.

ScummVM이 지원하는 게임은 어밴던웨어가 많으므로 인터넷에서 다운받아 실행해 본다.

프로젝트 포팅

YUZA OS로 포팅하기 위해 솔루션 파일을 새로 만든다. 솔루션 파일을 YUZA OS 루트 폴더에 만들고 솔루션 파일을 실행한 뒤 scummvm.vcxproj, hugo.vcxproj 프로젝트를 추가한다. 또한 디버깅 환경을 구축하기 위해 다음 프로젝트도 추가하자.

```
yuza, yuza_core, win32stub
```

시작 프로젝트는 yuza 프로젝트로 설정하고 프로젝트 종속성을 설정한다.

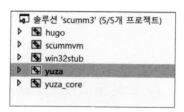

그림 18-3 scummvm 프로젝트

위 프로젝트는 scummvm 프로젝트를 디버깅하기 위해 최소한의 프로젝트만을 설정한 것으로 만일 테스트 과정에서 버그가 발생한다면 다른 프로젝트를 추가해 가면서 버그를 수정하면 된다. 기본적으로는 위에 포함되지 않은 프로젝트도 소스코드 위치가 변경되지 않았으면 디버깅을 할 때 추적하는 것이 가능하다.

변경해야 될 프로젝트는 scummvm, hugo 프로젝트다. scummvm 프로젝트는 DLL 프로젝트를 참조해서 YUZA OS의 프로젝트 형식으로 변경하고 hugo 프로젝트는 라이브러리 프로젝트 형식으로 변경한다.

포함 경로는 다음과 같이 수정한다.

```
.;
../../engines;
../../../../corelib/include;
../../../../runtime/include;
```

```
../../../../ThirdParty/SDL/SDL2/SDL/include;
../../../../runtime\include\ansic;
../../../../corelib\streams;
../../../../runtime\libcrt\string
```

전처리기는 다음 내용으로 변경한다.

```
SYSTEM_NOT_SUPPORTING_D_TYPE;SKYOS32;_MSC_VER=1920;FORBIDDEN_SYMBOL_ALLOW_ALL;
SDL_COMPILEDVERSION=1230;SDL_BACKEND;USE_NASM;ENABLE_HUGO
```

경고를 없애기 위해 프로젝트의 **속성 → 고급** 항목의 '특정경고 사용 안 함'에 다음 내용을 추가한다.

```
4310;4309;4828;4244;4100;4267;4702;4706;4389;4250;4103;4068;4127;4701;4005
```

C/C++ 명령줄 항목에는 다음 내용을 추가한다.

```
/arch:SSE /Zc:threadSafeInit-
```

scummvm 프로젝트 속성 → 링커의 추가 변경

일반의 출력파일 항목은 다음과 같이 변경한다.

```
$(OutDir)$(TargetName)$(TargetExt)
```

이렇게 변경해야 디버깅 시 파일을 복사하는 번거로움을 피할 수 있다. 추가 라이브러리 디렉터리 항목도 변경한다.

```
../../../../ThirdParty/Debug;
../../../../Debug;
../../../../runtime/Debug;
../../../../ThirdParty/SDL/SDL2/Debug;
../build/Debug32
```

출력의 추가 종속성은 다음과 같이 변경한다.

```
streams.lib;zlib128.lib;exestub.lib;filemanager.lib;math.lib;
systemcall.lib;libcrt.lib;sdl.lib
```

소스코드의 수정

endian.h

#elif defined(_MSC_VER)를 다음과 같이 변경한다.

```
#elif defined(_MSC_VER) && !defined(SKYOS32)
```

std::size_t

size_t로 변경한다.

memmove 함수 에러 관련

두 번째 파라미터 앞에 (void*)를 추가한다.

common/math.h

#ifdef _MSC_VER를 다음과 같이 변경한다.

```
#if SKYOS32
#include <minwindef.h>
#include <atomic.h>
#elif _MSC_VER
```

StdioStream 클래스

아래 두 함수의 구현부를 주석 처리한다(setBufferSize는 return false;로 변경).

```
void StdioStream::clearerr((FILE *)_handle)
bool StdioStream::setBufferSize(uint32 bufferSize)
```

common/str.cpp

파일 시작 부분에 다음 함수 선언부를 추가하고 vsnprintf 파일을 vsnprintf_로 변경한다.

```
extern "C" int vsnprintf_(char *buffer, size_t count, const char *format, va_list va);
```

TVP.cpp 파일

앞 부분에 #include <math.h>를 추가한다.

FileStream.cpp

```
ifsp.seekg(0, ios_base::end); <= 이 라인을 다음과 같이 변경한다.
ifsp.seekg(0, SEEK_END);
```

```
ifsp.open(filename, ios_base::in | ios_base::binary);
return !ifsp.fail();
```

위의 두 라인을 다음과 같이 변경한다.

```
return ifsp.open(filename, ios_base::in | ios_base::binary);
```

```
ifsp.seekg(0); <= 이 라인을 다음과 같이 변경한다.
ifsp.seekg(0, SEEK_SET);
```

achievements.cpp

```
return atof(tmp.c_str()); <= 이 라인을 다음과 같이 변경한다.
return atof((char*)tmp.c_str());
```

```
return atol(tmp.c_str()); <= 이 라인을 다음과 같이 변경한다.
return atoi((char*)tmp.c_str());
```

win32_wrapper.cpp

전체 소스를 다음과 같이 매크로로 감싼다.

```
#if WIN32
#endif
```

SdlEventSource 클래스

생성자 함수에서 조이스틱과 키매핑 부분 초기화 부분을 주석 처리한다.

지금까지 수정을 순조롭게 진행했다면 이제 남은 부분은 RTTI와 백엔드 시스템을 구축하는 것이다.

커스텀 파일 시스템

YUZA OS 루트 폴더에서 tool/scummvm 경로에 있는 yuza 폴더를 backends/fs에 복사한다. 그런 다음 프로젝트의 backends/fs 필터에 yuza 필터를 추가한 후 이 필터에다 yuza 폴더에 포함된 cpp 파일을 추가한다.

RTTI

현재 RTTI 컴파일러 기능은 사용할 수 없다. 이 문제를 해결하기 위한 방법은 다음과 같다.

- 컴파일러단에서 RTTI 기능을 지원하도록 구현한다.
- 코드상에서 RTTI 코드를 회피하는 코드를 작성한다.
- 커스텀 RTTI 코드로 대체한다.

첫 번째 방법은 필자가 여러 번 시도했지만 이상하게도 비주얼 스튜디오 환경에서는 구현이 잘 되지 않았다. 두 번째 방법은 임시변통적인 방법으로 추천하지 않는다. 그래서 현 단계에서는 코드 수정을 최소화하면서 정상적으로 코드가 동작하도록 커스텀 RTTI 코드를 추가하기로 결정했다.

먼저 YUZA OS 루트 폴더에서 tool/scummvm 경로에 있는 rtti.h 파일을 common 폴더에 복사한다. 그런 다음 dynamic_cast를 사용하는 소스코드를 추적해서 수정한다. 예를 들어 다음 코드를 보자.

```
AVIVideoTrack *vidTrack = dynamic_cast<AVIVideoTrack *>(_lastAddedTrack);
```

베이스 클래스는 Track이다. 이 클래스를 상속하는 클래스는 VideoTrack, FixedRateVideoTrack, AVIVideoTrack 등이 있다. 먼저 Track 클래스를 다음과 같이 수정해야 한다. Track 클래스는 video_decoder.h 파일에 존재한다. 먼저 헤더 부분에 #include "common/RTTI.h"를 추가한다.

그리고 class Track { 부분을

```
class Track : public Common::RTTI {
RTTI_DECLARATIONS(Track, RTTI)
```

와 같이 변경한다. 그런 다음 아래의 클래스를 찾아서 각각 다음 매크로를 클래스 내부에 추가해 준다.

VideoTrack 클래스

```
RTTI_DECLARATIONS(VideoTrack, Track)
```

FixedRateVideoTrack 클래스

```
RTTI_DECLARATIONS(FixedRateVideoTrack, VideoTrack)
```

AudioTrack 클래스

```
RTTI_DECLARATIONS(AudioTrack, Track)
```

RewindableAudioTrack

```
RTTI_DECLARATIONS(RewindableAudioTrack, AudioTrack)
```

AVIVideoTrack 클래스

```
RTTI_DECLARATIONS(AVIVideoTrack, FixedRateVideoTrack)
```

그런데 Common::RTTI를 상속한 클래스는 제법 되므로 일일이 수정하는 것은 번거로운 작업이다. 그러므로 편의를 위해 dynamic_cast가 사용된 클래스만 매크로를 추가해서 수정을 최소화하자. dynamic_cast를 할 때 해당 클래스의 타입 정보가 없다면 NULL을 반환하는데 다르게 말하자면 해당 클래스의 타입 정보를 얻기 위한 dynamic_cast의 사용이 없다면 굳이 타입 정보를 넣을 필요가 없기 때문이다. 즉 여기서는 AVIVideoTrack에만 매크로를 추가하면 된다.

마지막으로 dynamic_cast를 사용한 키워드를 모두 다음과 같은 형태로 변경한다. 예를 들어 AVideoTrack 클래스의 dynamic_cast는 다음과 같다.

```
AVIVideoTrack *vidTrack = dynamic_cast<AVIVideoTrack *>(_lastAddedTrack);
```

이 코드를 다음과 같은 형태로 변경한다.

```
AVIVideoTrack *vidTrack = _lastAddedTrack->As<AVIVideoTrack>();
```

이와 같은 형태로 dynamic_cast가 사용된 코드를 모두 변경해 준다.

이제 RTTI 관련 남은 문제는 하나다. 커스텀 RTTI 구현체를 적용하면서 발생하는 문제인데 그것은 클래스를 상속받을 때 virtual 키워드로 상속받는 클래스가 있다는 점이다. 이 문제를 해결하기 위해 프로젝트의 backends/graphics/opengl과 backends/graphics/openglsdl 필터를 제거한다. 현시점에서 렌더러는 SDL을 사용하므로 opengl과 openglsdl은 사용하지 않기 때문에 프로젝트에서 제외해도 문제없다. 그리고 WindowedGraphicsManager와 SdlGraphicsManager 클래스 선언부에서 virtual 키워드를 없앤다.

지금까지의 내용을 순조롭게 따라왔다면 프로젝트는 문제없이 빌드될 것이다. 제대로 빌드가 되지 않는다면 프로젝트의 설정을 재검토하고 소스코드 수정을 제대로 했는지 다시 한 번 확인한다.

작업된 ScummVM 프로젝트는 별도로 정리했으니 빌드에 어려움을 겪는다면 구글 드라이브나 카페에서 참조하기 바란다. 정상 빌드됐다면 프로젝트를 실행해서 게임 휴고를 등록한 다음 정상적으로 게임이 진행되는지 확인한다.

검토

커스텀 RTTI 구현체 적용을 제외한 수정사항을 재검토해 보자.

memove

함수의 정확한 정의는 다음과 같다.

```
void* memmove(void* destination, const void* source, size_t num);
```

vsnprintf

함수의 정확한 정의는 다음과 같다.

```
int vsnprintf(char *buffer, size_t count, const char *format, va_list argptr);
```

buffer에 기록한 문자열의 길이를 반환하는 것이 이 함수의 정확한 명세지만 현재 구현된 함수는 문자열의 길이를 반환하지 않는다. 리팩토링할 때 수정해야 될 사항이다.

abs, random 함수 관련

이 함수들은 원래 math.h 헤더에 포함된 것이 아니다. 이 함수들을 math.h 파일에 포함 시킨 이유는 해당 함수들이 수학 함수라 판단했기 때문이다. math.h 추가를 하지 않으려 면 이 두 함수를 stdio.h 파일로 이동시키면 되지만 그렇게 하지는 않을 것이다.

std::s_size 및 stl 스트림 관련 함수

향후 MSSTL로 STL을 업그레이드하면 소스코드 수정을 하지 않아도 될 것으로 판단된다.

지금 언급된 사항들을 모두 수정한다면 향후 새로운 프로젝트 포팅 시에 코드 수정은 더 욱더 최소화될 것이다.

 TIP 게임 Hugo를 다운받아 ScummVM에 등록한 후 실행하면 hugo.dat 파일을 찾을 수 없다는 메시지가 나온다. 이 파일은 scummvm 루트 폴더에서 dists/engine-data 경로에 있다. 이 파일을 게임 폴더에 복사해 주면 게임이 정상 실행된다.

2.2 실패 사례 – wxWidgets

wxWidgets는 개발자가 동일한 코드로 Windows, macOS, Linux 및 기타 플랫폼용 앱을 작성할 수 있게 해주는 GUI C++ 라이브러리다. Python, Perl, Ruby 및 기타 여러 언어에 바인딩됐으며 다른 크로스 플랫폼 툴킷과 달리 GUI를 에뮬레이션하기보다는 플랫폼의 고유 API를 사용하므로 플랫폼의 고유한 느낌을 살린다는 장점이 있다.

그림 18-4 wxWidgets 샘플 화면

wxWidgets 라이브러리는 대형 프로젝트에 해당하므로 YUZA OS가 표준 인터페이스를 완벽하게 제공해 주지 않으면 포팅이 어렵다.

이 시점에서 wxWidgets의 포팅을 결정한 이유는 다음과 같다.

- YUZA OS가 제공하는 인터페이스가 표준에 근접했는지 확인한다.
- 대형 프로젝트를 통해서 YUZA OS가 제공하는 표준 인터페이스의 부족한 부분을 찾는다.
- wxWidgets는 HTML 문서를 화면에 출력할 수 있다.
- 백엔드로 SDL을 활용한다.
- Visual Studio 프로젝트가 존재한다.

결국 마이그레이션은 실패했지만 왜 실패했는지를 확인함으로써 포팅의 노하우를 얻는 계기로 삼으면 좋을 것 같다.

WIN32 빌드

우선 프로젝트가 WIN32에서 정상 빌드되는지 확인해야 한다. 먼저 MinGW 같은 GNU 개발 툴로 빌드할 수 있다 하더라도 Visual Studio용 프로젝트를 생성할 수 없으면 포기한다. 물론 수동으로 Visual Studio 프로젝트를 구성할 수 있겠지만 이는 시간이 많이 걸리는 작업이다. 다행히 wxWidgets는 기본으로 Visual Studio 프로젝트가 존재한다. 소스코드는 아래 링크에서 다운받는다.

https://github.com/wxWidgets/wxWidgets

만일의 경우를 대비해서 개발 버전보다는 릴리스 버전을 다운받는다. 여기서는 wxWidgets 3.14 버전을 사용했다.

build\msw 폴더의 wx_vc16.sln 파일을 실행해서 프로젝트를 빌드한다. 아무런 문제 없이 정상 빌드될 것이다.

> **MEMO** 너무 많은 프로젝트를 다뤄서 그런지 한번에 제대로 컴파일되는 WIN32 프로젝트가 드물다고 생각했는데 뜻밖에 한번에 빌드되니 조금은 어리둥절했다.

독자분들은 여기까지만 따라하고 그 이후의 작업은 책의 내용으로만 파악한다.

YUZA OS 포팅

프로젝트가 많은데 wxWidgets를 사용하기 위해 필요한 코어 라이브러리는 base 프로젝트와 core 프로젝트다. 먼저 이 프로젝트들과 이 프로젝트들이 참조하는 종속 프로젝트의 옵션을 YUZA OS에 맞게 모두 변경해야 한다. 이미 YUZA OS로 포팅한 라이브러리도 보이지만 여기서는 활용하지 않는다.

base 프로젝트가 참조하는 종속 프로젝트는 다음과 같다.

먼저 위의 세 프로젝트를 포팅한다. 먼저 프로젝트 구성을 YUZA OS 구성에 맞게 변경한다. 세 가지 라이브러리는 정적 라이브러리이므로 프로젝트 속성의 C/C++만 변경하면 된다.

wxregex

wxWidgets를 포팅하는 데 있어서 가장 핵심은 유니코드 문자열 처리와 관련이 있다. 유니코드 문자열 처리 관련 동작을 변경하기 위해서는 우선 기본 플랫폼 설정을 변경해야 한다. 전처리 항목에 다음 항목을 추가한다.

```
SKYOS32
HAVE_SSIZE_T
SIZEOF_WCHAR_T
```

YUZA OS로 포팅하는 모든 프로젝트는 SKYOS32 매크로를 선언해야 한다고 약속했다. 그리고 YUZA OS는 ssize_t 변수와 wchar_t 변수가 이미 선언돼 있으므로 HAVE_SSIZE_T와 SIZEOF_WCHAR_T 전처리 지시자를 추가한다.

또한 MSVC로 컴파일을 하다 보니 MSVC가 사용하는 매크로가 필요한 경우도 있고 필요하지 않은 경우가 있다. 예를 들어 다음 매크로를 들 수 있다.

```
__WINDOWS__, __WIN32__
```

이런 매크로를 정의해제하면 컴파일러가 정의되지 않은 아키텍처라고 에러를 출력한다. 이런 부분은 SKYOS32 매크로를 추가해서 아키텍처를 등록해 준다.

```
#elif defined(__WINDOWS__)
……
#     endif
#elif defined(SKYOS32)

#else
#     error "Unknown platform."
#endif
```

wxexpat나 wxzlib 라이브러리도 에러 내용을 조금씩 수정해 나가면 빌드가 가능하다. 이제 base 프로젝트의 빌드를 시도한다. 하지만 몇 가지 문제로 빌드가 어렵다는 것을 깨닫고 마이그레이션을 포기했다.

문제는 유니코드!!

base 프로젝트 마이그레이션을 포기한 이유는 유니코드 문자열 처리 함수 때문이었다. 예를 들어 base 프로젝트를 빌드하려면 코드 18-2에 열거한 함수가 필요했는데 이 함수들은 YUZA OS에서 아직 구현되지 않았다.

코드 18-2 유니코드 스트링을 double, float, long으로 변환

```
double wcstod(const wchar_t *nptr, wchar_t **endptr);
float wcstof(const wchar_t *nptr, wchar_t **endptr);
long double wcstold(const wchar_t *nptr, wchar_t **endptr);
```

또한 값의 오버플로를 막기 위한 64비트 반환값을 갖는 함수도 구현되지 않았다.

코드 18-3 오버플로 문제 대비용 문자열 값을 숫자로 변경하는 함수들

```
int64 _strtoi64(const char *strSource, char **endptr, int base);
int64 _wcstoi64(const wchar_t *strSource, wchar_t **endptr, int base);
int64 _strtoi64_l(const char *strSource, char **endptr, int base, _locale_t
locale);
```

```
int64 _wcstoi64_l(const wchar_t *strSource, wchar_t **endptr, int base, _locale_t
locale);
```

유니코드 라이브러리

결국 wxWidgets 라이브러리를 빌드하려면 유니코드 문자열 처리 함수를 제대로 구현할
필요가 있다. 그래서 현재는 유니코드 문자열 처리 함수 모듈을 구축하고 있는 중이다. 이
미 알고 있겠지만 wstring 프로젝트에서 유니코드 문자열을 처리하기 위한 인터페이스를
구축하고 있다. 인터페이스는 wchar.h 헤더 파일에서 확인할 수 있다.

코드 18-4 유니코드 문자열 처리 함수

```
WSTRING_API double wcstod(const wchar_t* nptr, wchar_t** endptr);
WSTRING_API size_t wcsftime(wchar_t* wcs, size_t maxsize, const wchar_t* format,
const struct tm* timeptr);
WSTRING_API long wcstol(const wchar_t* nptr, wchar_t** endptr, int base);
WSTRING_API unsigned long wcstoul(const wchar_t* nptr, wchar_t** endptr, int
base);
WSTRING_API size_t wcsxfrm(wchar_t* a, const wchar_t* b, size_t n);
WSTRING_API int wcsnicmp(const wchar_t* s1, const wchar_t* s2, size_t n);
WSTRING_API size_t wcscspn(const wchar_t* s, const wchar_t* set);
WSTRING_API size_t wcsspn(const wchar_t* s, const wchar_t* set);
WSTRING_API int wcscoll(const wchar_t* a, const wchar_t* b);
WSTRING_API int wcsicmp(const wchar_t* cs, const wchar_t* ct);
WSTRING_API size_t wcsnlen(const wchar_t* s, size_t maxlen);
WSTRING_API wchar_t* wcsrchr(const wchar_t* s, wchar_t c);
WSTRING_API wchar_t* wcsstr(const wchar_t* big, const wchar_t* little);
WSTRING_API wchar_t* wcsncat(wchar_t* s1, const wchar_t*, size_t n);
WSTRING_API wchar_t *wcscat(wchar_t* dest, const wchar_t* src);
WSTRING_API wchar_t* wcschr(const wchar_t* str, wchar_t c);
WSTRING_API int wcscmp(const wchar_t *str1, const wchar_t *str2);
WSTRING_API wchar_t *wcscpy(wchar_t * strDestination, const wchar_t * strSource);
WSTRING_API size_t wcslen(const wchar_t *str);
WSTRING_API int wcsncmp(const wchar_t *s1, const wchar_t *s2, size_t n);
WSTRING_API wchar_t* wcspbrk(const wchar_t *s1, const wchar_t *s2);
```

```
WSTRING_API size_t wcstombs(char *mbstr, const wchar_t *wcstr, size_t count);

WSTRING_API size_t mbstowcs(wchar_t *pwcs, const char *s, size_t n);
WSTRING_API int _wcsnicmp(const wchar_t *s1, const wchar_t *s2, size_t n);

WSTRING_API wchar_t *wmemcpy(wchar_t * d, const wchar_t * s, size_t n);
WSTRING_API size_t wcslcpy(wchar_t *dst, const wchar_t *src, size_t siz);
WSTRING_API wchar_t* wcsncpy(wchar_t* s1, const wchar_t* s2, size_t n);
```

유니코드 문자열 처리 함수는 계속 추가 중에 있으며 언젠가는 wxWidgets 라이브러리가
요구하는 함수를 만족할 것이다. wxWidgets 라이브러리의 포팅에 성공하면 카페에 공지
하도록 하겠다. 코드 18-4의 함수 원형을 보고 잘 모르는 함수가 있다면 인터넷을 검색해
서 쓰임새를 알아두도록 한다.

3 정리

18장에서는 오픈소스 라이브러리 중 규모가 큰 라이브러리를 선정해서 마이그레이션을
시도했다. ScummVM은 마이그레이션에 성공했는데 이 프로젝트의 마이그레이션 성공
여부는 RTTI 기능 구현 여부에 달려 있었다. RTTI를 프로젝트에 활용하는 경우가 많지는
않으나 오래된 프로젝트의 경우 RTTI를 사용하는 경우가 많다. 그러므로 이런 프로젝트
를 YUZA OS로 마이그레이션하고 싶다면 ScummVM 프로젝트에서 보여준 RTTI 대체
방법을 사용하면 큰 무리없이 마이그레이션이 가능할 것이다.

마이그레이션이 힘든 프로젝트의 사례로는 wxWidgets 라이브러리를 보여줬다. 이 라이
브러리를 마이그레이션하기 힘든 이유는 다음과 같다.

- 네트워크 인터페이스 미구현
- 유니코드 API

유니코드 API는 계속 추가 중에 있다. 새롭게 추가되는 API는 wstring 모듈에 등록하면 된다. 네트워크 인터페이스는 YUZA OS 개발을 지속하는 한 반드시 구현할 것이므로 YUZA OS에 네트워크 기능이 탑재될 때까지 네트워크와 관련된 라이브러리의 마이그레이션은 당분간 보류한다.

sdlnet, libcurl, v8engine

18장을 통해 마음에 새겨둬야 될 한 가지는 포팅할 라이브러리를 선정하는 방법이다. 특정 라이브러리를 마이그레이션하고 싶은데 현 단계에서는 수정이 많이 발생할 것처럼 보인다면 과감히 포기한다. 왜냐하면 이런 라이브러리의 포팅 비용은 YUZA OS의 프로그래밍 인터페이스가 더욱더 견고해짐에 따라 줄어들 것이 확실하기 때문이다. 다만 아이러니한 사실이지만 이 부분에 대한 감각은 독자분들이 여러 번의 포팅을 시도하고 실패를 경험해야 얻을 수 있는 노하우다. 이 부분은 필자처럼 똑같은 실패과정을 밟아봤으면 하지만 강요할 수 없는 부분이다. 다만 확실하게 말할 수 있는 사실은 이런 실패는 시간 낭비로 끝나지 않고 독자분들의 피와 살이 된다는 것이다.

19

실전 응용앱편

19장에서는 Vol. 1 – 소프트웨어편을 마무리하는 차원에서 그동안 구축한 프로그래밍 인터페이스로 마이그레이션한 다양한 응용앱을 살펴볼 것이다. 19장은 사실 독자분들을 위한 것이기도 하지만 필자 개인적인 차원에서 YUZA OS가 구축한 성과를 확인하는 성격의 장이기도 하다. 19장을 통해 독자분들이 YUZA OS의 가능성을 재확인하고 다양한 응용앱을 YUZA OS 플랫폼에서 작성해 주기를 기대해 본다. 또한 19장에서 소개하는 프로젝트는 버그가 있거나 계속 작업 중인 프로젝트도 존재하므로 독자분들이 코드를 살펴보고 개선해 주기를 기대한다.

모든 응용앱의 소스코드가 확보돼 있는 만큼 지금까지 이 책의 내용을 잘 따라왔다면 스스로 디버깅을 해보고 소스코드를 이해할 수 있는 능력을 갖췄을 것이라 판단한다. 표 19–1은 19장에서 소개할 프로젝트를 정리한 것이다.

표 19-1 응용앱 리스트

카테고리	응용앱	비고
게임	SDL 봄버맨	게임
	페르시아 왕자	도스용 페르시아 왕자 1 포팅
	울펜스타인 3D	1인칭 FPS 게임
	둠	1인칭 FPS 게임
	지뢰 게임	게임
에뮬레이터	VBA	Visual Boy Advanced
	fmsx	MSX 에뮬레이터
	GNUBoy	포터블 게임보이 에뮬레이터
	DosBox	MS-DOS 에뮬레이터
GUI	pdcurses	텍스트 유저 인터페이스
	kiss	GUI 위젯 라이브러리
	imgui	GUI 위젯 라이브러리
	zgv	이미지 뷰어
기타	Box2D	2D 물리 엔진
	코드 에디터	편집기
	Load81 프로젝트	JIT 루아 컴파일러
	장기	게임

1 게임

필자의 예전 취미 중 하나는 WIN32 환경에서 제대로 동작하지 않는 게임 프로젝트를 수정해서 실행시키는 것이었다. 이제는 취미가 바뀌어서 좋은 게임 프로젝트를 발견하면 먼저 YUZA OS에서 동작하게끔 마이그레이션 작업을 진행하고 있다.

게임 프로젝트는 11_final_01_game.sln 파일을 열어 참조한다.

1.1 SDL 봄버맨

SDL 봄버맨은 서적 『SDL Game Development』가 제공하는 SDL 라이브러리 프레임워크와 『Game AI Programming by Example』의 AI 그리고 봄버맨 로직을 결합해서 만든 게임이다. 게임의 모습을 완전히 갖추지는 못했지만 AI는 길 찾기 알고리즘을 사용해서 길 찾기를 시도하며 상황에 따라 폭탄을 설치해야 할지 또는 말아야 할지를 판단한다. 안드로이드용 대전 게임 서버를 제작하기 위해 간단한 테스트 클라이언트가 필요했는데 봄버맨 스타일의 클라이언트가 대전용으로 적당해서 구현을 했다.

코드는 bomberman 프로젝트를 참조한다.

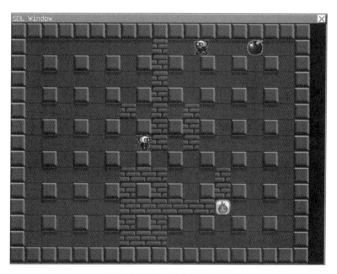

그림 19-1 SDL 봄버맨 실행화면

이동은 마우스 왼쪽 버튼을 누르면 되고 폭탄 설치는 마우스 오른쪽 버튼을 사용한다. 게임을 실행해서 로직을 이해했다면 이제 게임 구조를 살펴본다. 그림 19-2와 그림 19-3은 게임의 상태와 게임 오브젝트 간의 관계를 클래스 다이어그램으로 정리한 것이다.

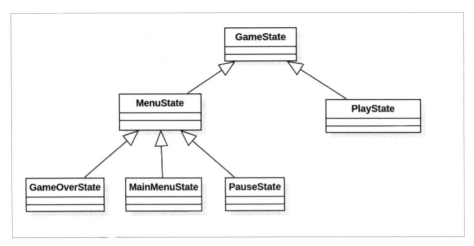

그림 19-2 게임 상태 다이어그램

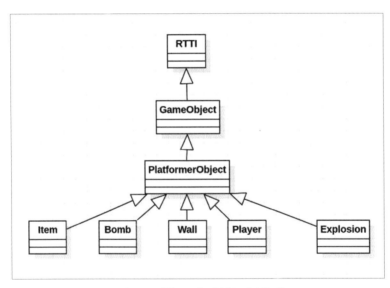

그림 19-3 게임 오브젝트 클래스 다이어그램

그림 19-3은 게임에 등장하는 게임 오브젝트와 상속관계를 보여주는 클래스 다이어그램이다. 게임 오브젝트로는 아이템, 폭탄, 벽, 플레이어, 폭발 이미지 등이 존재한다. 그림 19-3에서 주목해야 할 부분은 부모 클래스인 RTTI다. 12장, 'C++ & STL'에서 설명한 바 있지만 YUZA OS에서는 현재 RTTI 기능을 제공하지 않고 있다. 그런데 SDL 봄버

맨의 일부 코드는 실행 시간에 게임 오브젝트가 어떤 유형인지를 판별하는 코드를 사용했기 때문에 18장, '포팅하기'의 ScummVM처럼 RTTI 클래스를 사용하도록 게임 오브젝트를 수정해야 한다.

코드 19-1 RTTI를 사용한 클래스

```
#include "RTTI.h"
class GameObject : public Common::RTTI
{
    ……
};

class PlatformerObject : public GameObject
{
    RTTI_DECLARATIONS(PlatformerObject, GameObject)
    ……
};

class MenuButton : public PlatformerObject
{
    RTTI_DECLARATIONS(MenuButton, PlatformerObject)
    ……
};

class TriggerItemGiver : public TriggerLimitedLifeTime<GameObject>
{
    RTTI_DECLARATIONS(TriggerItemGiver, TriggerLimitedLifeTime<GameObject>)
    ……
};
```

MenuButton 클래스와 TriggerItemGiver 클래스는 모두 GameObject를 상속받았고 GameObject 클래스는 RTTI 클래스를 상속받았기 때문에 두 클래스는 이제 실행 시간에 타입 정보를 확인하는 것이 가능하다. 다음 코드는 실행 시간에 게임 오브젝트가 MenuButton인지를 확인한다. MenuButton이 아니면 다음 코드는 nullptr를 반환한다.

```
MenuButton* pButton = m_gameObjects[i]->As<MenuButton>();
```

SDL 봄버맨에서 가장 주목해야 할 부분은 AI 로직 처리 부분이다. 특정 시점에서 AI가 취해야 할 액션은 다음과 같다.

- 폭탄을 설치한다.
- 해당 지점으로 이동한다.
- 아이템을 먹으러 간다.

이 목표들은 단위 목표가 결합된 것이다. AI 입장에서 최소 단위 목표는 다음과 같을 것이다.

- 배회한다.
- 특정 위치로 이동할 수 있는 검색 경로를 찾는다.
- 에지를 건넌다.

AI의 이동을 처리하기 위해 SDL 봄버맨은 격자 시스템과 그래프 시스템을 사용한다. 노드NODE와 노드를 연결하는 것이 에지EDGE므로 캐릭터의 최소 이동 단위는 에지다.

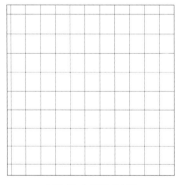

그림 19-4 격자 시스템

그림 19-5의 Goal_TraverseEdge 클래스는 에지를 건너는 목표를 나타내며 최소 단위 목표 중 하나다.

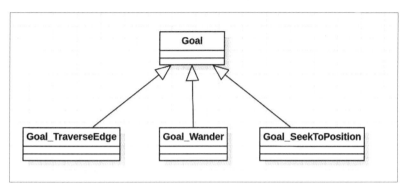

그림 19-5 최소 단위 목표 다이어그램

상위 목표는 단위 목표의 모음이라고 할 수 있다. 예를 들어 폭탄을 설치하는 경우라면 두 가지 세부 목표로 분리가 가능하다.

- 폭탄을 설치하고 싶은 위치까지 이동한다.
- 폭탄을 설치한다.

또한 타깃 위치로의 이동은 여러 개의 에지를 건너야 하므로 다수의 목표를 가진다. 그림 19-6은 상위 목표를 표현하는 골 컴포지트 클래스의 관계도를 나타낸다. 골 컴포지트 클래스도 다른 골 컴포지트 클래스의 하위 목표가 될 수 있으므로 모두 Goal 클래스를 상속했다는 것에 주목한다.

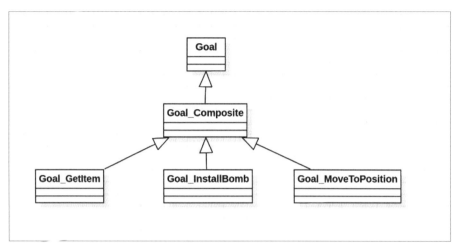

그림 19-6 골 컴포지트 다이어그램

게임 로직은 클래스 다이어그램의 여러 클래스를 디버깅해서 스스로 분석해 보자. SDL 봄버맨은 C++ 클래스를 활용한 객체 지향 코드로 작성됐으며 AI를 활용했기 때문에 YUZA OS 플랫폼에서 C++로 게임 개발을 위한 좋은 레퍼런스가 될 것이다. 또한 SDL 봄버맨은 마이그레이션 과정에서 RTTI를 제외한 소스코드 수정은 거의 없었기 때문에 YUZA OS가 어느 정도는 표준 프로그래밍 인터페이스를 구축했다는 것을 증명해 주는 프로젝트였다.

> **MEMO** 최근 AI 분야에서는 머신러닝, 딥러닝 같은 AI 프로그래밍이 대세가 되고 있으나 필자가 바라보는 이들 학문의 결점은 다음과 같다.
>
> - 머신이 학습한 내용을 저장해야 할 공간이 필요하다.
> - 계산을 위한 컴퓨팅 능력이 우수해야 한다.
> - 머신러닝이나 딥러닝을 위해 유명 벤더가 제공하는 프레임워크를 사용해야 한다.

시간이 흐르면서 컴퓨터의 연산 속도는 비약적으로 발전했고 저장공간은 이제 무한하므로 첫 번째, 두 번째 항목은 문제삼지 않아도 될지 모르겠다. 블록체인을 이용한 가상화폐 시스템만 봐도 컴퓨터와 그래픽 카드를 쉴새없이 괴롭히고 있지 않은가? 우리는 시대의 변화에 순응해야 할 것이다. 다만 세 번째 항목은 독자가 AI 개발에 관심을 갖는다면 진지하게 고민해야 할 대목이다. 딥러닝을 시작하려면 텐서플로나 케라스 같은 딥러닝 라이브러리를 사용해야 한다. 그리고 이런 라이브러리들의 우수성은 의심할 여지가 없다. 하지만 유명회사들이 딥러닝 라이브러리를 무료로 제공하는 데는 다 이유가 있다. 해당 라이브러리를 활용하는 생태계를 조성하기 위해서다. 그리고 개발자는 해당 라이브러리가 제공하는 인터페이스로 프로그래밍해야 한다. 다르게 말하자면 개발자의 프로그래밍 자유도를 강제한다는 것을 의미한다.

그렇다고 딥러닝 학문에 뛰어들기 위해 딥러닝 라이브러리를 제작하는 것은 시대착오적인 행위다. 필자가 강조하고 싶은 점은 운영체제 공부를 위해 대부분의 사람들이 별다른 고민 없이 리눅스를 학습하는 것처럼 AI 분야도 별다른 생각없이 기존 딥러닝 라이브러리를 활용하는 풍조를 따라가지 말라는 것이다. 딥러닝 라이브러리도 결국엔 사람이 만들었으며 이런 라이브러리들은 어떻게 제작이 됐을까 연구해 보는 것도 큰 의미가 있다.

AI의 예를 들어서 설명했지만 운영체제 학습도 밑바닥부터 직접 제작해 봐야 의미가 있다는 것을 강조하고 싶다.

1.2 페르시아 왕자

페르시아 왕자의 실행은 YUZA OS를 구현하는 목표 중 하나였다. 게임 화면은 0장, '개관'의 그림 14를 참조한다. 코드는 pop 프로젝트를 참조한다.

```
cd pop
pop.dll
```

페르시아 왕자 프로젝트는 멀티스레드 앱이 갖춰야 할 힌트를 제공한다. 예를 들어 페르시아 왕자는 메인 루프에 진입하기 전에 리소스 로드에 실패하거나 여러 에러 상황을 만나면 다음 함수를 호출해서 프로세스를 종료한다.

```
void __pascal far quit(int exit_code) {
        restore_stuff();
        Syscall_exit(exit_code);
}
```

만일 응용앱이 단일 스레드로 실행된다면 위의 종료 함수를 만날 때 해당 스레드의 종료
처리만 수행하면 되므로 별다른 문제가 발생하지 않는다. 그렇지만 여러 스레드가 실행되
는 상황이라면 해당 스레드 외에 다른 스레드의 종료 처리도 진행해야 한다.

YUZA OS는 기본적으로 응용앱이 정상적으로 실행할 경우에만 문제가 발생하지 않는
다. 예외적인 상황이 발생하면 원인을 분석해서 예외처리를 추가하는 방향으로 리팩토링
을 진행하고 있다.

1.3 울펜스타인 3D

울펜스타인 3D는 FPS의 기본 틀이 울펜스타인 3D에서 완성됐다고 말해도 과언이 아
닐 정도로 FPS의 교본격에 해당하는 게임이다. 코드는 Wolf4SDL 프로젝트를 참조한다.

```
cd wolf4sdl
wolf4sdl.dll
```

그림 19-7 울펜스타인 3D

1.4 둠

1990년도 FPS 3대장을 꼽으라면 울펜스타인 3D, 둠, 퀘이크를 꼽을 수 있다. 그리고 외국 운영체제 개발자 커뮤니티에서는 새로운 운영체제가 소개되면 그 플랫폼에서 둠이 동작하는지를 먼저 확인해 볼 정도로 둠은 게임역사 측면에서나 운영체제 개발 측면에서나 큰 의미가 있는 작품이다. 코드는 doom 프로젝트를 참조한다.

```
cd doom
doom.dll
```

그림 19-8 둠

1.5 지뢰 게임

게임 실행화면은 0장, '개관'의 그림 7을 참조한다. 코드는 minesweeper 프로젝트를 참조한다. 소스코드의 원 출처는 아래 링크에서 확인할 수 있다.

https://github.com/trongthanh01/minesweeperSDL

SDL로 작성된 지뢰찾기 게임은 상당수 있으니 지뢰찾기 게임을 직접 구현해 보거나 마이그레이션해 보길 바란다.

이 지뢰 게임 프로젝트에서 주목할 만한 이슈는 데드락이다. 실기에서는 데드락이 발생하지 않았는데 WIN32에서만 데드락이 발생했다. 결론만 얘기하면 지뢰 게임은 세마포어 오브젝트를 사용하는데 다른 동기화 오브젝트를 소유한 채 세마포어를 릴리스하는 코드가 문제가 됐다.

코드 19-2 세마포어를 릴리스하는 함수

```
int kReleaseSemaphore(HANDLE handle, int count)
{
    Semaphore* sem = 0;
    sem = static_cast<Semaphore*>(GetResource(handle, OBJ_SEMAPHORE));
    sem->Release(count, false); // 이 부분이 문제가 돼 수정
    sem->ReleaseRef();
    return E_NO_ERROR;
}
```

주석 코멘트가 있는 라인의 이전 코드는 다음과 같다.

```
 sem->Release(count);
```

이 세마포어를 릴리스하는 함수는 해당 스레드를 무조건 스케줄링한다. 실기에서는 문제가 되지 않았지만 WIN32에서는 SuspendThread API를 호출해서 스레드 실행을 멈추고 다른 스레드를 깨워 실행시키는데(ResumeThread) 이 깨어난 스레드가 실행을 멈춘 스레드가 소유하고 있던 동기화 객체의 획득을 시도한다면 데드락이 발생하는 것이다. 그래서 세마포어를 릴리스하는 스레드가 스케줄링되지 않도록 코드 19-2처럼 수정했다.

2 에뮬레이터

에뮬레이터에 대해서는 14장, 'SDL 살펴보기'의 에뮬레이터 절에서 설명한 바 있다. 2절에서는 YUZA OS로 포팅한 에뮬레이터를 소개한다. 프로젝트는 11_final_02_emulator.sln 파일을 열어서 참조한다.

2.1 VBA

VBA는 Visual Gameboy Advanced의 줄임말로 닌텐도사가 개발한 게임보이 어드밴스트 기기를 에뮬레이션하는 프로그램이다. 코드는 gba_sdl 프로젝트를 참조한다. 앱을 실행시키려면 GBA 롬 파일이 필요하다. 롬 파일을 구했으면 응용앱을 실행시킬 때 파라미터로 롬 파일의 이름을 입력해서 실행한다.

```
cd gba
gba_sdl.dll "롬 이름"
```

그림 19-9 GBA 게임 역전재판 1 실행화면

2.2 fmsx

그림 19-10은 fmsx 에뮬레이터를 사용해서 고전 명작 게임인 마성전설 1편을 실행시킨 결과 화면이다. 프로젝트는 fmsx 프로젝트를 참조한다. 게임 롬은 각자 구해야 한다.

```
cd fmsx
fmsx.dll
```

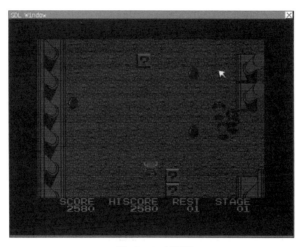

그림 19-10 마성전설

에뮬레이터를 실행시키기 위해서는 GBA 에뮬레이터처럼 파라미터를 입력해야 하는데
입력 파라미터가 많아서 코드상에서 파라미터를 처리했다. fmsx.c의 main 함수를 참조
한다.

```
const char* argv1[] = {"fmsx", "-msx2+", "-ram","16", "-vram", "16",  "-diska",
"1278127358_ko_all.dsk"};
const char* argv2[] = { "fmsx", "-msx2+", "-ram",  "16", "-vram",
"16","Knightmare_SCC-I.rom" };
argc = sizeof(argv2) / sizeof(const char*);
argv = argv2;
```

main 함수의 파라미터 argc, argv를 위 코드처럼 변경해서 제공했다. msx 롬을 구했다면
fmsx 폴더에 롬을 복사하고 "Knightmare_SCC-I.rom" 문자열을 구한 롬 파일의 이름으
로 변경한 다음 빌드해서 실행해 본다.

fmsx 프로젝트는 YUZA OS 개발 초창기에 마이그레이션했던 프로젝트다. 이 프로젝트를 마이그레이션했을 때 WIN32에서는 문제가 발생하지 않는데 가상 머신에서 실행하면 동작이 멈추는 현상이 발생했다. 코드 19-3에 주목하자.

코드 19-3 while 루프

```
while(true)
{
}
```

코드 19-3과 같이 코드를 작성하면 CPU가 헛도는 현상이 발생한다. 이 경우에는 PIT의 타이머 이벤트가 발생하지 않아서 해당 스레드가 스케줄링되지 않는다. 싱글 코어에서 동작하던 윈도우 XP 운영체제에서도 위 코드처럼 앱을 작성하면 시스템이 멈춰버리는 현상을 경험한 적이 있다. 이 문제는 최신 PC의 WIN32의 경우에는 문제가 발생하지 않으므로 가상 머신에서만 문제점을 수정하면 된다. YUZA OS가 멀티코어를 지원하면 자연스럽게 해결되리라 생각하지만 그 전까지는 CPU가 헛돈다고 의심되는 코드를 아래와 같이 수정한다.

코드 19-4 임시로 CPU 헛도는 현상 막기

```
while(true)
{
    Syscall_Sleep(0); // 스케줄링해서 다른 스레드에게 제어권을 넘긴다.
}
```

2.3 GNUBoy

GNUBoy는 휴대용 게임보이 에뮬레이터다. 소스코드 출처는 아래와 같다.

https://github.com/AlexOberhofer/SDL2-GNUBoy

이 프로젝트를 비주얼 스튜디오 2019로 변환한 프로젝트는 아래 링크에서 확인할 수 있다.

https://github.com/pdpdds/GNUBoy-MSVC

YUZA OS로 오픈소스 라이브러리를 마이그레이션하려면 먼저 비주얼 스튜디오로 빌드되게 작업하는 것이 좋다고 언급한 바 있다. GNUBoy는 이 룰을 따라 비주얼 스튜디오에서 빌드할 수 있게 작업한 다음 YUZA OS로 마이그레이션했다. 코드는 GNUBoy 프로젝트를 참조한다. 롬은 독자분들이 구해야 한다.

```
cd gnuboy
gnuboy.dll "롬 이름"
```

그림 19-11은 게임 포켓몬을 실행시킨 화면이다.

그림 19-11 GNUBoy 실행화면

2.4 DosBox

도스박스는 fmsx 프로젝트처럼 YUZA OS 개발 초창기에 마이그레이션을 진행했던 프로젝트다. 이 프로젝트는 YUZA OS가 표준 프로그래밍 인터페이스를 갖추는 데 많은 참조가 됐다. 코드는 dosbox 프로젝트를 참조한다. 도스박스 사용법에 대해서는 쉬어가기 1의 플로피 버드에서 설명한 적이 있다.

```
cd dosbox
dosbox.dll
```

도스박스 프로젝트는 비주얼 스튜디오로 PE나 DLL을 만들 때 중요한 이슈가 발생하므로 주목해야 한다.

정렬 옵션

YUZA OS의 모든 프로젝트는 속성의 링커 항목 중 명령줄에서 /ALIGN:1024 옵션을 넣고 있다. 이 옵션으로 도스박스 프로젝트를 빌드하면 3MB 정도에 불과하던 실행파일 용량이 30MB 이상으로 증가한다. 그래서 도스박스의 옵션은 현재 아래와 같이 변경했다.

```
/FILEALIGN:4096
```

그런데 이 옵션의 경우 파일 크기는 정상적이지만 가상 머신에서 도스박스를 실행하면 동작하지 않는다. 현시점에서는 도스박스가 가상 머신에서도 실행되려면 정렬 옵션을 반드시 /ALIGN:1024로 설정해야 한다. 이 때문에 가상 머신에서 도스박스를 실행하면 지나치게 커져 버린 용량으로 응용앱이 실행되는 속도도 느리고 메모리 부족으로 응용앱이 멈춰버리는 상황도 발생한다. 메모리 부족은 문제점을 인식하고 있기 때문에 커널 구조를 계속 수정해 나가면 자연스럽게 해결할 수 있는 문제다. 다만 섹션 정렬 문제는 YUZA OS 초기 시절부터 해결하지 못한 해묵은 문제로 이 문제를 해결한다면 링커 옵션을 깔끔하게 정리할 수 있을 것이다.

일반적으로는 정렬 옵션이 있든 없든 빌드한 이미지 파일의 크기는 크게 변함이 없다. 그럼 어떤 경우에 파일 용량이 크게 변하는지 샘플 코드를 작성해 보겠다. 01_console.sln 솔루션 파일을 실행해서 helloworld 프로젝트에 다음 코드를 추가해 보자.

```
int g_array[2000000];
```

이제 프로젝트를 빌드해 보면 몇십 킬로바이트 크기에 불과했던 바이너리가 8MB에 육박함을 확인할 수 있을 것이다. 이번에는 링커 옵션에서 정렬 옵션을 없앤 후 빌드해 보자. 다시 원래의 파일 크기로 되돌아왔음을 확인할 수 있다.

이로부터 우리는 크기가 큰 전역 변수의 경우 WIN32에서는 로더가 해당 변수를 위한 공간을 할당해 주지만 정렬 옵션이 포함되면 컴파일러는 전역 변수의 공간 자체를 파일에 포함시켜 빌드한다는 것을 알 수 있다. 그렇다면 이 문제는 YUZA OS의 DLL 로더 시스템의 개신을 통해 해결해야 할 것이다. 일단 int g_array[20000000]과 같은 무지막지한 전역 배열을 사용하는 프로젝트는 많지 않았기 때문에 YUZA OS 프로젝트는 그럭저럭 진행할 수 있었다. 또한 에뮬레이션 모드에서는 도스박스 프로젝트도 문제가 발생하지 않으므로 적어도 에뮬레이션 모드하에서는 링커의 정렬 옵션을 신경쓸 필요가 없다.

일부 애플리케이션의 동작 멈추는 현상

마이그레이션한 도스박스로 도스 프로그램을 실행하면 대부분 정상 실행된다. 그림 19-12는 한글과 컴퓨터에서 제작한 HWP 1.2 버전을 도스박스로 실행한 화면이다.

그림 19-12 HWP 1.2 실행화면

그런데 일부 앱의 경우 실행이 멈추는 현상이 발생한다. 이런 앱의 경우 대부분 SDL_mixer 모듈을 활용해서 사운드를 출력하는 것과 관계가 있었다. 이 역시 링커 정렬 옵션과 마찬가지로 해묵은 문제 중 하나다. 독자분들이 도스박스를 통해 다양한 응용앱을 실행하다 응용앱이 멈추는 상황이 재현되면 꼭 문제점을 해결해서 피드백을 주면 정말 감사하겠다.

3 GUI

필자는 게임 개발자 출신이라서 그런지 몰라도 GUI 라이브러리만 보면 무조건 소스를 다운받아서 빌드해 보려는 매우 안 좋은 습관이 있다. 그래서 현재 14장, 'SDL 살펴보기'에서 소개한 GUI 라이브러리와 3절에서 소개할 GUI를 제외하고도 YUZA OS에서 동작하도록 포팅한 GUI를 상당수 갖고 있다. 이 라이브러리들은 정리가 되는 대로 공유할 것이다. 3절에서 소개할 프로젝트는 11_final_03_gui.sln 파일을 열어서 참조한다.

3.1 pdcurses

pdcurses는 텍스트 사용자 인터페이스를 구축하는 데 도움을 주는 라이브러리다. pdcurses 라이브러리는 curses 라이브러리로부터 파생됐다. curses 라이브러리는 유닉스 계열 운영체제에서 사용하는 터미널 제어 라이브러리 중 하나며 pdcurses 라이브러리는 curses 라이브러리의 SDL 버전이다. 사용 예제는 pdcurse 프로젝트를 참조한다.

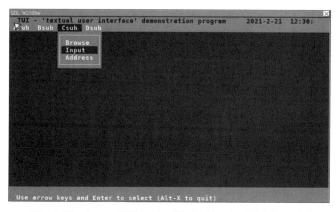

그림 19-13 pdcurses 라이브러리를 활용한 텍스트 유저 인터페이스 출력

SDL은 기본적으로 전체 화면을 프레임마다 갱신하는 구조인데 pdcurses는 특정 영역이 수정됐을 경우에만 해당 영역을 수정하니 참조한다.

3.2 kiss

kiss^Keep It Small and Simple 라이브러리는 심플한 GUI 위젯 툴킷이다. kiss 라이브러리는 범용 GUI 라이브러리를 지향하기보다는 최대한 간단하고 단순하게 만들어서 차후 개발자가 GUI를 쉽게 변경하는 것을 목표로 한다. 활용 예제는 test_kiss 프로젝트를 참조한다.

https://github.com/actsl/kiss_sdl

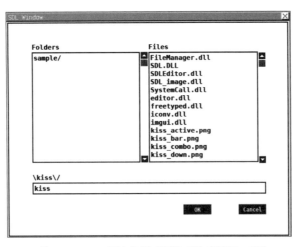

그림 19-14 kiss 라이브러리를 활용한 파일 다이얼로그 출력

그림 19-14에서 주목할 부분은 왼쪽 하단의 경로 문자열이다.

```
\kiss\
```

경로를 표현하기 위해 윈도우 운영체제는 역슬래시를 사용하고 유닉스 계열에서는 슬래시를 사용한다. 한편 YUZA OS는 WIN32 계열의 라이브러리나 GNU 라이브러리 계열의 라이브러리를 포트하다 보니 두 가지 경로 표현이 혼재된 상태다. 그래서 경로 이동 관련 호출을 하는 응용앱 중 일부는 경로 이동에 실패하는 경우가 발생했다. 문제가 발생했을 때 임시로 수정하는 방식으로 해결을 진행했지만 근본적인 해결책은 되지 못해서 결국은 printf 라이브러리와 같은 검증된 경로 이동 라이브러리를 찾게 됐다. 필자의 요구사항을 만족시킨 라이브러리는 cwalk 라이브러리다.

https://likle.github.io/cwalk/

cwalk 라이브러리는 윈도우 운영체제 경로와 유닉스 운영체제 경로 간 상호전환이 용이하며 까다로운 경로 문자열 처리를 해결해 주는 솔루션을 갖고 있다. 코드 19-5는 cwalk를 사용해서 지저분한 경로를 깔끔하게 정리하는 방법을 보여준다.

코드 19-5 cwalk 라이브러리 사용 예제

```
char result[FILENAME_MAX];
cwk_path_normalize( "/var/log/weird/////path/../../..///", result, sizeof(result));
```

실행 결과는 다음과 같다.

```
/var/log
```

/var/log/weird/////path/../../..///와 같은 해괴한 경로는 임의로 만들지 않으면 없을 것이라 생각할 수 있지만 필자는 YUZA OS를 개발하면서 대응(?)할 수 없는 이상한 경로를 수없이 봤다.

3.3 ImGui

ImGui는 이 책 전반에서 설명을 했지만 구체적인 사용 예제를 보여주지 않았다. ImGui
의 정식 명칭은 Dear ImGui다. 이 라이브러리는 크로스 플랫폼에 대응하며 외부 종속성
이 거의 없다는 것이 큰 장점이다. 그래서 3D 게임 및 응용앱 그리고 임베디드 시스템에서
도 자주 활용한다. 거의 대부분의 렌더러에서 활용할 수 있으며 당연히 SDL도 지원한다.
윈도우 창을 생성하거나 파일 다이얼로그 생성, 각종 위젯의 생성 및 사용방법은 imgui
프로젝트를 참조한다.

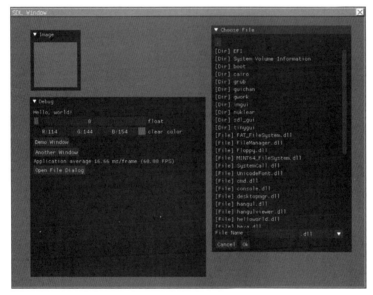

그림 19-15 ImGui 라이브러리 활용 예제

3.4 zgv

zgv는 섬네일 기반 이미지 뷰어다.

https://www.svgalib.org/rus/zgv/

프로젝트는 zgv 프로젝트를 참조한다.

```
cd zgv
zgv.dll
```

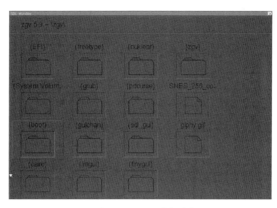

그림 19-16 zgv 실행 결과

현재 zgv 프로그램은 한 가지 결함을 갖고 있다. YUZA OS는 32비트 색상 모드만 지원하는데 zgv는 256 색상으로 SDL 초기화를 한다. 초기화 부분을 변경해도 소스코드 전반에서 화면 렌더링 시 256 색상 데이터를 프레임 버퍼에 전달하므로 화면이 정상 출력되지 않는다.

그림 19-17 32비트 프레임 버퍼에 256(8비트) 색상 데이터를 쓴 결과

이 프로젝트는 YUZA OS 초기에 포팅을 진행했으며 그 당시에는 마이그레이션에 실패했다. 가장 큰 이유로는 zgv 코드가 SDL1 코드로 작성됐기 때문이다. 당시에는 SDL 호환시스템이 갖춰진 상태가 아니었다. 그래서 SDL2 기반 코드로 변경했는데 정상 동작하지 않아 포기를 한 것이다. SDL 호환 시스템을 갖추고 다시 포팅에 도전했을 때는 소스코드의 수정을 대폭 줄일 수 있었다. 수정한 부분은 다음과 같다.

- 파일 디스크립터와 관련된 마우스 커서 처리
- setuid, setgid 등 리눅스 권한 함수 주석 처리

그리고 몇 가지 지원하지 않는 함수는 소스코드 수정을 최소화하기 위해 임시 함수를 사용했다.

코드 19-6 zgv 실행을 위해 임시로 추가한 함수들

```
// 문자를 콘솔에 출력
void putchar(char c)
{
    printf("%c", c);
}
// 마이크로초 쉬기
void usleep(int time)
{
    Syscall_Sleep(time / 1000);
}
```

위 함수들을 전역 공간에 포함해도 문제는 없겠지만 임시 코드므로 그렇게 하지는 않았다. 예를 들어 usleep 함수의 경우 해상도가 높은 틱 카운트값을 제공하는 API를 커널이 제공해 주면 그때 Syscall_Sleep를 대체하고 전역 공간에 추가하면 될 것이다.

그리고 zgv 응용앱은 라이브러리 레고 조립의 좋은 예 중 하나다. zgv가 필요로 하는 외부 종속성은 다음과 같다.

```
libjpeg.lib, libtiff.lib, libpng.lib, sdlcl.lib
```

이미지 뷰어다 보니 JPG, TIFF, GIF, PNG 파일을 읽을 수 있어야 하고 SDL1 버전으로 소스코드를 작성했기 때문에 SDL2에서 동작하도록 호환 라이브러리가 필요하다. 독자분들이 대형 프로젝트를 마이그레이션한다면 라이브러리들을 레고를 조립하는 것처럼 링크하는 작업이 필요하고 이를 위해 수많은 기반 라이브러리를 포팅해야 한다는 것을 뼈저리게 느끼게 될 것이다.

4 기타

4절에서는 물리 엔진인 Box2D의 활용방법과 편집기 작성에 도움이 될 프로젝트를 살펴볼 것이다. 그리고 루아 스크립트 에디터를 살펴보는 것으로 19장을 마무리하겠다.

프로젝트는 11_final_04_etc.sln 솔루션 파일을 열어서 참조한다.

4.1 Box2D

Box2D박스2D는 게임에서 자주 사용하는 2D 강체 시뮬레이션 라이브러리다. 전체 소스가 공개돼 있는 만큼 2D 물리 게임 엔진의 구현에 관심이 있다면 큰 도움이 될 것이다.

박스 충돌

Box2D 첫 번째 예제로 test_box2d 프로젝트를 참조한다. 이 프로젝트는 두 개의 상자가 부딪쳤을 때의 상황을 시뮬레이션한다.

그림 19-18 test_box2d 프로젝트 실행 결과

박스가 충돌하는 물리 환경을 구성하는 초기 코드는 코드 19-7과 같다.

코드 19-7 물리 공간 정의

```
b2Vec2 gravity(0, -10.0f); // 중력 정의
cache = new TextureCache(renderer); // 박스 외형에 필요한 텍스처 캐시
world = new b2World(gravity); // 중력이 적용된 물리 공간 생성
……
box = new Box(cache, world, 240, 300, 50, 50); // 첫 번째 박스 생성
box2 = new Box(cache, world, 260, 100, 50, 50);// 두 번째 박스 생성
debug_ground = new Tile(cache, world, "resources/sprites/debug-block.bmp", 100,
400, 400, 49); // 바닥 생성
```

Box 클래스는 Box2D가 제공하는 PhysicsObject 클래스를 상속했다. Box 객체 생성 시에
자신이 속해 있는 물리 공간을 설정해 주면 박스는 물리 공간이 정의한 중력의 영향을 받
아 좌표가 갱신된다. 렌더링 시에는 이 좌푯값에다 박스 외형을 그려주면 된다. 자세한 코
드는 Box.cpp 파일을 참조한다.

로프 자르기

한때 스마트폰에서 로프를 자르는 유형의 게임이 성행한 적이 있다. 전부는 아니지만 수많은 게임은 Box2D 엔진을 사용해서 로프의 움직임을 시뮬레이션했다. 로프 자르기 샘플 예제는 cutrope 프로젝트를 참조한다.

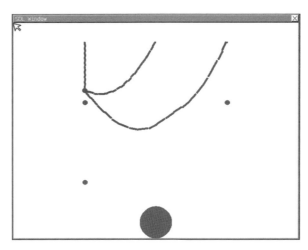

그림 19-19 로프 자르기

4.2 편집기

여기서 소개하는 편집기는 ImGui 라이브러리를 활용해서 구현됐다.

코드 에디터

코드 에디터는 EASTL 보강을 위해 정규표현식을 설명하면서 언급한 적이 있는 프로젝트다. editor 프로젝트를 참조한다.

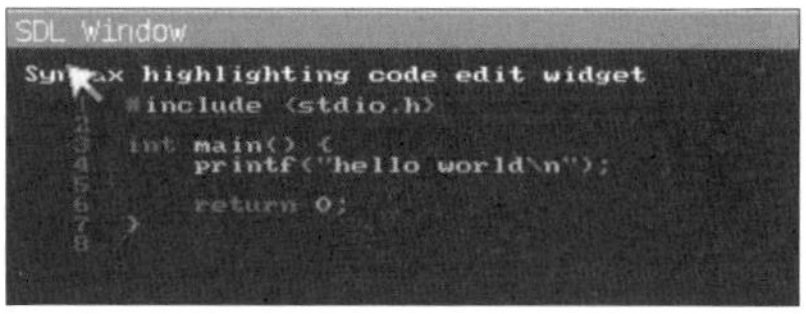

그림 19-20 코드 에디터

SDL 코드 에디터

코드 에디터를 좀 더 보강한 버전이 SDL 에디터다. 코드는 SDLEditor를 참조한다. 원본
소스코드는 아래 링크에서 확인할 수 있다.

https://github.com/BalazsJako/ImGuiColorTextEdit

그림 19-21 SDL 코드 에디터

그림 19-21은 특정 라인에 에러를 표시하거나 브레이크 포인트를 설정한 화면을 보여준다. 이 프로젝트도 C++11을 사용하기 때문에 EASTL을 사용해서 마이그레이션했다. 또한 메뉴 화면이 추가됐으며 파일 다이얼로그도 띄울 수 있다. 메뉴 화면을 구성하거나 브레이크 포인트를 설정하는 코드는 main 함수를 참조한다. SDL 코드 에디터는 파일을 열거나 저장하는 기능은 구현되지 않았으며 메뉴에서 파일 열기를 할 때 다이얼로그 창이 모달 다이얼로그로 동작하지 않는다.

4.3 Load81 프로젝트

Load81 프로젝트는 어린이에게 루아 프로그램을 작성하는 방법을 가르치기 위해 개발된 프로그램이다. 이를 위해 Load81 프로젝트는 그래픽 프로그래밍 환경과 Commodore-64 스타일의 통합 편집기를 제공한다. 그래서 사람들은 친숙한 개발 환경에서 간단한 편집기를 통해 루아 프로그램을 작성하는 것이 가능하다.

https://github.com/antirez/load81

프로그램 실행

GUI 콘솔 창에 다음과 같이 입력한다.

```
cd load81
load81.exe example.lua
```

실행 결과는 다음과 같다.

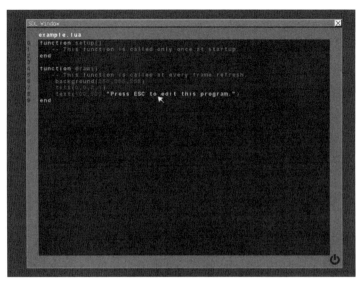

그림 19-22 실행 결과

ESC 키를 눌러서 편집기 모드와 실행 결과를 이동하는 것이 가능하다. 편집기 모드에서 백그라운드 색상을 변경하고 문자열을 적당히 변경한 뒤 ESC 키를 누르면 실시간으로 결과가 반영된다.

그림 19-23 실시간 루아 코드 반영

4.4 장기

필자가 YUZA OS에서 동작하는 게임을 포팅하려고 마음먹었을 때 반드시 마이그레이션 하고 싶었던 게임 중 하나가 장기였다. 그림 19-24는 janggi 프로젝트를 실행시킨 결과 화면이다.

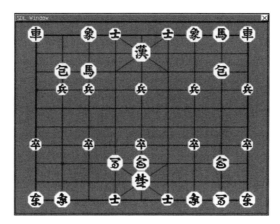

그림 19-24 장기 실행화면

장기게임 엔진 소스의 사용은 원저작자의 허락을 받았다.

https://blog.naver.com/choco529/221641253641

이 프로젝트는 유저의 입력을 받지 않는다. 대신 AI가 서로 대전하는 과정을 보여준다. AI 는 미니맥스 알고리즘을 사용해서 구현됐다. 미니맥스 알고리즘은 상대가 선택한 최고의 수에 대해 최소한의 피해로 대응하는 알고리즘이다. 이 알고리즘을 사용하면 선택지가 많 고 깊이가 깊어질수록 과도한 연산이 발생한다. 그래서 미니맥스 알고리즘은 깊이 값에 제 한을 두거나(장기로 한정하면 몇 수까지 내다볼 것인가?) 알파베타 가지치기 알고리즘(더 탐색할 필요가 없는 노드는 검색에서 제외하는 알고리즘)을 사용해서 연산 비용을 줄인다.

YUZA OS에서 장기를 실행하면 한 턴이 굉장히 느리다. 깊이 값을 조정해서 속도에 향상 이 있는지 살펴보자. Search 클래스의 다음 메소드에서 깊이 값을 조정할 수 있다.

```
void initParams(int depth, int hashLevel, int entryLimitTime, int maxLimitTime);
```

장기게임은 유저의 입력을 받을 수 있도록 작업 중에 있다.

5 정리

19장에서는 필자가 YUZA OS 플랫폼으로 마이그레이션했던 여러 응용앱을 소개했다. 응용앱은 정상적으로 동작하는 앱도 있지만 일부 수정해야 하는 앱도 존재한다. 일부 문제가 있는 응용앱을 소개한 이유는 필자가 표준 프로그래밍 인터페이스를 어떻게 구축해 왔는지를 구체적으로 보여주기 위함이었다. 예를 들어 GUI절에서 설명한 zgv 응용앱의 경우 이 응용앱에서 사용한 usleep 함수는 YUZA OS가 인터페이스를 제공하고 있지 않다. 수많은 프로젝트를 작업해 왔기 때문에 usleep 함수는 zgv 프로젝트 작업 이전에도 몇 번 마주친 적이 있지만 필수 API는 아니라고 생각해서 인터페이스 제공을 미뤄왔던 것이다. 한편 14장, 'SDL 살펴보기'에서는 SDL_GetPerformanceCounter 함수에 대해 설명한 적이 있다. 이 함수의 틱 해상도는 밀리초가 아니라 마이크로초다. 하지만 내부에서는 Syscall_Sleep 함수를 사용하므로 틱 해상도가 밀리초다. 즉 세밀하지 않다는 의미다. 그래서 마이크로초 해상도를 반환하는 커널 API의 제공 필요성을 느꼈으며 조만간 SDL_GetPerformanceCounter 함수는 수정될 것이다. 그리고 이 함수와 더불어 usleep 함수도 동일한 커널 API를 호출하는 표준 인터페이스로 자리잡을 것이다. YUZA OS의 표준 인터페이스는 이런 방법으로 조금씩 다듬어졌다.

19장에서 필자가 보여주고자 했던 또 다른 의도는 응용앱 마이그레이션의 효율성이다. 표 19-1의 응용앱 수가 적다면 적다고 볼 수 있겠지만 해당 앱을 빌드하는 데 필요한 기반 라이브러리를 고려한다면(그리고 이 책 전반에 걸쳐 소개한 프로젝트를 감안하면) YUZA OS는 개인이 전부 감당하기에는 무리가 있는 프로젝트다. 그래도 이 정도 성과물을 낼 수 있었던 것은 비주얼 스튜디오의 막강한 디버깅 기능 덕분이다. 또한 이것은 YUZA OS가 듀얼 시스템을 지원해서 실기에서 테스트하는 행사비용을 대폭 줄였기 때문이기도 하다.

마지막으로 필자는 독자분들이 YUZA OS 플랫폼으로 응용앱을 직접 작성해 보거나 널리 알려져 있는 응용앱의 마이그레이션을 기대하고 있다. 19장에서 소개한 응용앱을 분석하고 디버깅을 해봤다면 이제 확실히 알 수 있을 것이다. YUZA OS에서 동작하는 응용앱을 작성하는 것은 기존 플랫폼에서 프로그래밍하는 것과 별 차이가 없다는 것을 말이다. 지금까지 이 책을 충실히 따라와줬다면 YUZA OS를 자유자재로 활용할 수 있을 것으로 믿고 독자분들이 YUZA OS 활성화에 기여해 줄 것이라고 믿겠다.

너무나 힘들고 기나긴 여정이었지만 YUZA OS의 세계는 여기서 끝이 아니다. 19장을 끝으로 이제 소프트웨어편이 마무리된 것이다. 하드웨어편에서는 진정한 지옥문이 열릴지도 모르겠지만 여기까지 도달한 것만으로도 대단한 성과라고 생각한다. 축하한다!!

후기

YUZA OS Vol.1 – 소프트웨어편의 의의

YUZA OS 책 집필을 시작했을 때 책의 핵심 주제는 모두 『YUZA OS Vol.2 – 하드웨어 편』 몰려 있었고 이번 소프트웨어편 내용들은 전체 구상에서 비중이 적었고 산재해 있었습니다. 하지만 시간이 지날수록 책은 소프트웨어편과 하드웨어편으로 나뉠 수밖에 없었고 독자분들이 소프트웨어편을 소화해내지 못하면 하드웨어편의 내용도 의미가 없다고 판단해 책을 새롭게 쓰기 시작했습니다.

물론 OS 개발에서 소프트웨어편과 하드웨어편을 나누는 것은 크게 의미가 없을지도 모릅니다. 하드웨어 자체를 제작하지 않는 이상 운영체제 개발이라는 영역은 전부 소프트웨어 개발에 포함되기 때문입니다. 다만 제 관점에서 운영체제 개발에서 소프트웨어 영역과 하드웨어 영역으로 나누는 기준은 하드웨어에 대한 종속성 여부입니다. 이 관점에 따라 어셈블리 프로그래밍은 하드웨어 영역에 속합니다. 가상 메모리 시스템 구현도 하드웨어인 물리 메모리를 관리해야 하는 만큼 하드웨어 영역에 속합니다. 소프트웨어 개발 영역은 하드웨어에 독립적이고 추상화된 인터페이스로 개발하는 모든 프로그래밍 영역을 의미한다고 보면 될 것입니다.

그렇다면 필자는 왜 소프트웨어 개발 영역을 강조하는 것일까요? 첫째는 개발자가 기존 플랫폼에서 사용하던 프로그래밍 지식을 YUZA OS상에서도 그대로 활용할 수 있기를 바라기 때문입니다. 운영체제를 처음 개발할 때에는 모든 것을 스스로 제작해야 하므로 기존에 사용하던 프로그래밍 인터페이스는 사용할 수 없기에 필연적으로 개발 관련 어려움을 겪게 됩니다. 콘솔에 문자열 하나 찍으려고 해도 printf를 사용할 수 없기 때문에 손발이 모두 봉쇄된 느낌을 받게 되는 것입니다. 한편 YUZA OS같이 어느 정도 완성된 운영체제를 대중에게 공개하는 입장에서는 기존 프로그래밍 인터페이스와 호환할 수 있는 인터페이스를 제공하는 것이 중요합니다. 호환할 수 있는 인터페이스를 제공하면 기존 플랫폼에서 독자분들이 사용하던 유용한 유틸리티나 툴 같은 다양한 프로그램을 새로운 플랫폼으로 이식하는 비용이 줄어들기 때문입니다. 그러므로 이 호환 인터페이스의 제공은 새로운 운영체제가 사멸하지 않고 대중에게 관심을 받을 수 있는 필요조건이 됩니다.

둘째는 개발 속도의 비약적인 향상을 위해서입니다. 운영체제 개발의 핵심은 커널 구현이지만 커널의 완성도가 높아지면 높아질수록 그 개발 속도는 매우 느려집니다. 그 이유는 다음과 같습니다.

- 훌륭한 디버깅 시스템의 부재
- 생산성을 향상시켜 줄 유틸리티의 부재

특히 간단한 프로젝트라면 상관없지만 대규모 프로젝트의 버그를 빠른 시간 내에 잡아내려면 선행적 디버깅 시스템이 필수입니다. 간단한 프로그램이라면 그냥 코드만 보고도 "아 여기가 문제겠군" 하고 추론하는 것은 어렵지 않습니다. 좀 더 볼륨이 있는 프로젝트라도 코드 중간중간에 로그를 남기는 방법으로 버그의 원인을 추론하는 것은 어렵지 않습니다. 하지만 어딘가 문제를 일으켰지만 프로그램이 죽지 않고 동작하다가 문제가 누적돼 어느 시점에서 프로그램이 다운됐을 경우 프로그램에 크래시의 원인을 제공한 최초 시작점을 추론하는 것은 쉽지 않습니다. 동시성 문제에 따른 데이터 무결성 훼손, 힙 손상, 스택 손상 같은 문제들도 쉽게 해결하기 어려운 문제 중 하나입니다. 그리고 이런 문제들을 빠른 시간 내에 해결하지 못하면 운영체제 개발이라는 본연의 임무에 집중하지 못한 채

시간만 빼앗겨 종국에는 프로젝트를 접게 되고 마는 것입니다. YUZA OS는 이 책에서 언급한 라이브러리뿐만 아니라 다양한 서드파티 라이브러리를 마이그레이션했는데 이 어마어마한 포팅 작업은 WIN32에서 프로그래밍하는 환경과 동일한 디버깅 환경을 구축했기 때문에 가능했습니다.

강력한 디버깅 시스템 구축 외에 다양한 유틸리티를 구현하는 것도 운영체제 개발 속도를 비약적으로 향상시켜 줍니다. 유용한 유틸리티의 좋은 예로는 윈도우 터미널이나 파워셸 등을 들 수 있습니다. 독자분들이 책의 실습 내용을 잘 따라와줬다면 YUZA OS 콘솔이 매우 불편하다는 것을 알 것입니다. 히스토리 기능이 없으며 탭 키를 사용한 단어 자동 완성 기능도 없기 때문에 명령창에 명령을 입력하는 것이 매우 불편했을 것입니다. 이런 기능은 커널 핵심 개발과는 관련이 없지만 커널 개발 속도를 향상시키는 데는 필수 불가결한 존재입니다. 그래서 콘솔 창의 기능강화는 커널 개발에 있어서 반드시 필요합니다. 그런데 이런 콘솔 창 같은 유틸리티의 기능 구현은 시간이 많이 소요되는 작업이며 우리에게 시간은 금이기에 검증된 오픈소스 라이브러리를 활용하거나 참조해서 기능을 개발하는 것이 좋습니다. 하지만 이런 오픈소스 라이브러리는 표준 프로그래밍 인터페이스로 제작됐기 때문에 이런 라이브러리들을 활용하고 싶다면 이 책에서 언급했던 여러 프로그래밍 요소를 모두 구현해야 활용할 수 있습니다.

셋째는 독자분들이 어떤 프로그래밍 문제에 노출된다 하더라도 대응할 수 있는 풀스택 개발자가 되기를 바라기 때문입니다. 이 책은 필자의 경험을 살려 게임 관련 예제를 많이 수록했는데 본시 게임은 멀티미디어가 종합된 구현체입니다. 하나의 게임을 완성하기 위해서는 오디오 프로그래밍, AI, GUI 인터페이스, 3D 엔진, 네트워크, DB 등 다양한 분야에 대한 지식을 섭렵해야 합니다. 그리고 아무리 좋은 툴이 나와서 게임 개발 환경이 좋아진다 하더라도 위에 열거한 부분에 대한 지식이 부족하다면 시장에서 통하는 게임을 만드는 것이 불가능합니다. 왜냐하면 게임을 막상 출시하려는 시점에서는 초당 프레임이 제대로 나오지 않는다든지, 네트워크 지연으로 게임 동기화가 제대로 이뤄지지 않는 등 다양한 문제가 발생하기 때문입니다. 그렇기 때문에 이런 문제들을 해결하려면 문제의 근원이 되는 부분을 살펴보는 것이 가능한 역량을 갖춰야 합니다. 그렇지 않으면 아마도 자신만 만족하는 프로젝트로 끝나버리고 말 것입니다.

우리는 이 책을 통해서 운영체제 개발을 위해 다음과 같은 다양한 프로그래밍 영역을 다뤘습니다.

- 루아와 C/C++ 간의 이기종 통신
- 그래픽 프론트 인터페이스 SDL과 커널의 연동
- 데스크톱 시스템의 운용
- 한글 출력
- STL 구현
- 3D 인터페이스
- WIN32, POSIX API 구현
- 커널과 유저 라이브러리와의 연동

아마도 SDL 같은 라이브러리를 새로운 플랫폼으로 이식하는 작업을 경험해 본 독자분들은 많지 않을 것입니다. 3D 프로그래밍도 게임 개발자가 아니라면 독자분들이 접해보지 못한 영역일 수 있습니다. SQLite3 데이터베이스 라이브러리를 새로운 운영체제로 마이그레이션하기 위해서는 SQLite3가 강제하는 프로그래밍 인터페이스를 구현해야 합니다. 평소에는 신경쓰지 않아도 됐던 이런 문제를 접하고 해결함에 따라 독자분들은 어떤 프로그래밍 문제에 노출된다 하더라도 즉시 대응할 수 있는 역량을 갖추게 됐으리라 확신합니다. 이 부분은 돈이 되지 않는 OS 개발에 도전하려는 독자분들이 이 책을 읽음으로써 얻을 수 있었던 최고의 혜택이었다고 확신합니다.

> 운영체제를 처음부터 끝까지 스스로 완성할 수 있는 역량을 갖춘다면 어떤 프로그래밍 환경에서도 살아남을 수 있다.

사실 YUZA OS의 초기 개발 당시에는 난관에 부딪혀 좌절한 적이 많았습니다. 컴파일러로 MSVC를 선택한 것이 지금 와서 생각해 보면 큰 실수 중 하나였다고 생각합니다. 유닉스/리눅스 계열로 운영체제를 개발하면 수많은 레퍼런스와 구현 예제를 통해서 쉽게 운영체제 프레임워크를 작성할 수 있는데 MSVC로 운영체제를 개발함에 따라 GCC로 컴파일되는 수많은 소스를 마이그레이션하는 것이 힘들어졌고 MSVC를 본격적으로 사용해서 운영체제를 개발하는 사례가 없었던 만큼 항상 제 앞에는 아무것도 존재하지 않는 모래사막과 같았기 때문입니다. 그래서 개발 중간에 포기하고 싶은 생각도 많이 들었습니다. 이런 생각이 들 때마다 필자는 대학 시절 물리교수님이 강조하셨던 내용을 떠올렸습니다.

> "문제가 잘 안풀리면 정의로 되돌아가라."

저는 이 문구와 "기본으로 되돌아가라"를 작업의 근간으로 삼아서 운영체제 개발을 계속 진행했습니다. 그리고 그 기본은 소프트웨어 영역의 강화였습니다. 그래서 YUZA OS의 근간이 됐던 SKY OS를 통해 운영체제로서의 기본적인 외관을 갖췄다면 YUZA OS는 소프트웨어 영역 강화를 통해 하드웨어 작업에 수반되는 행사비용을 극적으로 줄이는 운영체제로 진화했습니다. 어떻게 보면 운영체제 개발을 장기적인 마라톤 레이스로 보고 기초 작업을 강화했다고 보면 되겠습니다. 그리고 이 과정에서 YUZA OS는 다음과 같이 의도치 않게 다른 운영체제와는 완전히 차별화된 OS가 됐습니다.

- 반 유닉스/리눅스 계열의 OS
- 비주얼 스튜디오로 운영체제를 개발하는 끝판왕
- 커널/응용 프로그램에 상관없이 선행적 디버깅이 가능한 시스템

다만 이런 독창적인 시스템을 운영하려면 시스템이 좀 더 안정화될 필요가 있습니다. 그래서 마음은 급하지만 개발 속도는 조금 늦추고 이 책을 다 읽으신 독자분들의 피드백을 받으면서 시스템을 한층 더 보강한 다음 더 진화된 OS로 개발을 진행하려 합니다. 어차피 YUZA OS는 납기가 정해진 생산품이 아니니까요.

독자분들의 다음 스텝

지금까지 이 책, 『YUZA OS Vol.1 – 소프트웨어편』의 의의에 대해서 살펴봤습니다. 장황하게 설명했지만 핵심은 두 가지입니다. 첫째는 소프트웨어 개발 영역도 운영체제 개발에서 핵심 요소라는 것, 둘째는 소프트웨어 영역을 자유자재로 다룰 수 있으면 하드웨어 개발 영역도 손쉽게 접근할 수 있다는 것입니다. 그리고 독자분들이 저와 함께 운영체제 개발 여행을 계속하시겠다면 하드웨어 개발 영역에 진입하기 전에 자신을 점검하는 차원에서 자신의 소프트웨어 개발 역량을 다시 한 번 점검하셨으면 합니다.

게임의 포팅

이 책 전반에 걸쳐 다양한 게임을 소개했지만 게임은 전부 필자가 마이그레이션한 내용을 토대로 설명한 것입니다. 이제는 독자분들이 처음부터 끝까지 마이그레이션하고 테스트하는 과정을 진행해 보십시오. 테스트하기 좋은 게임들을 소개합니다.

게임명	Pushover(한국명 : 아기개미 G.I)
장르	퍼즐
설명	블록을 밀어서 한번에 모두 넘어뜨리는 도미노 게임
소스코드	https://domino-chain.gitlab.io/

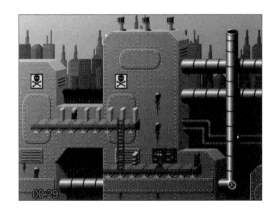

게임명	uMario(슈퍼 마리오 브라더스)
장르	액션
설명	버섯 왕국이 쿠파가 지휘하는 몬스터 군단에 침략을 당한다. 쿠파는 버섯 왕국 공주인 피치 공주를 납치하고 버섯 왕국 주민들을 벽돌이나 블록으로 변환시킨다. 버섯 왕국 주민들이 걸린 저주는 피치 공주만이 풀 수 있으며 이에 따라 배관공 형제인 마리오와 루이지는 피치 공주를 구하기 위해 쿠파의 성으로 향한다.
소스코드	https://github.com/jakowskidev/uMario_Jakowski

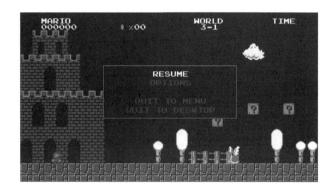

게임명	OpenTitus(타이투스 더 폭스/목타르(프랑스어 버전))
장르	액션
설명	납치된 여자 친구를 찾기 위해 모로코의 도시인 마라케시로 떠난다.
소스코드	https://sourceforge.net/projects/opentitus/files/

게임명	스페이스 인베이더
장르	슈팅
설명	갤러그의 효시격인 작품
소스코드	스스로 찾아볼 것

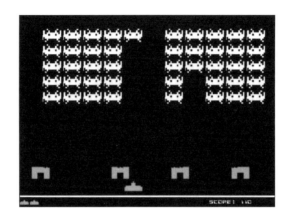

스크립트 언어로 운영체제 개발을 위한 연구

운영체제를 C/C++ 언어 외에 다른 언어로 개발하고 싶다면 C++와 루아가 연동하는 것처럼 글루 코드를 만들어서 제공하면 됩니다. 여기서는 파이썬 언어를 운영체제 제작 언어로 사용하려면 어떻게 해야 되는지를 살펴보겠습니다. 먼저 파이썬을 운영체제 개발 언어로 사용하려면 다음 DLL을 포팅할 수 있어야 합니다.

```
python.dll
```

그리고 python.dll을 YUZA OS에서도 동작할 수 있게 하려면 표 1과 같은 다양한 라이브러리를 마이그레이션해야 합니다.

표 1 파이썬 라이브러리 외부 종속성

라이브러리	내용
xml	XML 파싱 라이브러리
json	json 파일 파싱 라이브러리
urllib	URL 처리 모듈
venv	파이썬 사용 시 가상 환경을 제공함으로써 기존 환경이 지저분해지는 것을 막아줌
xmlrpc	xml 문서를 원격으로 주고받음
zoneinfo	IANA 타임존 데이터베이스를 지원
tkinter	표준 파이썬 인터페이스
sqlite3	독립형 데이터베이스 라이브러리
msilib	마이크로소프트 인스톨러 .msi 생성 지원, 압축파일인 캐비닛 파일(CAB) 생성 지원
http	http request/response 라이브러리
idlelib	파이썬 통합 개발 환경 구축에 필요

파이썬 코어 모듈은 생각보다 종속성이 적긴 하지만 그래도 포팅하기는 쉽지 않습니다. 특히 wxWidgets 라이브러리 포팅 실패 사례처럼 네트워크 프로그래밍 인터페이스가 정립되지 않은 상태에서 포팅을 진행하는 것은 쓸데없는 행사비용을 초래할 뿐입니다. 일단 현 단계에서는 현재 구축된 시스템을 보다 견고하게 만들고 프로그래밍 인터페이스를 더욱더 정교하게 다듬어야 합니다. 필자가 생각하는 수준으로 시스템이 안정화되면 추후에 파이썬뿐만 아니라 자바 가상 머신도 동작하게 될 것입니다. 그러니 그때까지는 파이썬이나 자바 가상 머신의 포팅은 보류하되 시도는 해보십시오. 그 과정에서 가능한 영역까지 포팅을 완료해낸다면 실력 향상에 도움이 될 것입니다. 다양한 스크립트 언어와 C/C++와의 통신방법에 대해서는 아래 링크에 정리해 뒀습니다. 다른 언어로 OS를 개발하기 위한 좋은 길잡이가 될 것입니다.

https://github.com/pdpdds/scriptengine

유틸리티 마이그레이션

다양한 유틸리티를 마이그레이션해서 YUZA OS를 쉽게 개발할 수 있도록 공헌해 주십시오. 어떤 유틸리티라도 상관없습니다. 이미 마이그레이션된 유틸리티라도 최신 버전을 사용해서 포팅을 함으로써 더욱더 YUZA OS에 익숙해지기를 바랍니다. 그리고 중복 작업이 될 가능성이 크지만 콘솔 창 기능의 강화에 도전해 보십시오. 콘솔 창 기능 명세는 bash나 cmd.exe 프로그램을 잘 다룬다면 알 수 있습니다. 콘솔 기능을 개발하고 싶다면 아래의 프로그램이나 라이브러리를 참조하면 좋습니다.

readline, 도스박스

YUZA OS Vol.2 - 하드웨어 편

이제 독자분들이 소프트웨어편을 통해 저와 함께 『YUZA OS Vol.2 - 하드웨어편』으로 진입할 준비가 된 것 같습니다. 『YUZA OS Vol.2 - 하드웨어편』으로 OS 구현체는 완성했기 때문에 바로 집필에 들어갈 수 있습니다. 하지만 제가 서두에서 밝힌 바 있듯이 소프트웨어편을 독자분들이 소화해낼 수 없다면 하드웨어편은 의미가 없습니다. 또한 일반 이론을 전개하는 책이라면 집필하는 데 시간이 그렇게 소요되지 않지만 YUZA OS처럼 구현체를 만들고 이를 독자분들이 학습하기 쉽도록 책을 집필하는 작업은 운영체제를 개발하는 데 걸리는 시간만큼 소요되는 작업입니다. 그래서 수요가 적다면 책은 출간되지 않을 가능성이 높습니다. 그러므로 YUZA OS 시리즈 출간 여부는 독자분들에게 달려 있습니다.

『YUZA OS Vol.2 - 하드웨어편』은 다음과 같은 주제를 다룹니다.

- OS 커널에서 필수적으로 구현해야 될 동기화 객체
- 진보된 페이징 시스템
- 가상 파일 시스템

- USB 부팅 및 USB 읽기/쓰기
- 하드웨어 디버깅
- 기타 하드웨어 장치에 대한 이해

아쉽지만 『YUZA OS Vol.2 – 하드웨어편』은 사운드 카드 인터페이스나 네트워크 인터페이스 구현 예제를 보여주지 않습니다. 해당 주제에 대한 내용은 YUZA OS Vol.3나 Vol.4에서 다룰 예정입니다. 책을 출간할 수 있다면 말이지요. 마음 같아서는 사운드 출력이나 네트워크 입출력이 되는 예제를 바로 보여드리고 싶지만 소프트웨어 영역처럼 기본이 갖춰지지 않은 상태에서 의욕만 앞서면 운영체제는 취미 OS 수준에서 멈춰버릴 공산이 큽니다. 그래서 현시점에서는 강력한 OS로 개발하기 위해 기본에 더 충실하기로 방향성을 정한 상태입니다.

필자가 말로는 기본을 강조하지만 독자분들이 결코 이 책을 편하게 읽지는 못했을 것입니다. 여기까지 글을 읽어주신 독자분들에게 진심으로 감사의 말씀을 드리며 독자분들이 진보하고 있는 만큼 필자도 계속된 집필을 통해 발전하고 있다는 점을 알려드리고 싶습니다. 다음 책에서는 좀 더 발전된 역량을 통해 집필한 서적으로 독자분들을 찾아 뵙겠습니다.

| 찾아보기 |

YUZA OS Vol.1 - 소프트웨어편

WIN32 플랫폼에서 C++로 운영체제 제작하기

발 행 | 2021년 7월 16일

지은이 | 박 주 항

펴낸이 | 권 성 준
편집장 | 황 영 주
편 집 | 이 지 은
디자인 | 윤 서 빈

에이콘출판주식회사
서울특별시 양천구 국회대로 287 (목동)
전화 02-2653-7600, 팩스 02-2653-0433
www.acornpub.co.kr / editor@acornpub.co.kr

한국어판 ⓒ 에이콘출판주식회사, 2021, Printed in Korea.
ISBN 979-11-6175-536-6
http://www.acornpub.co.kr/book/yuza-os1